新编21世纪金融学系列教材

金融营销

第四版

主 编 杨米沙
副主编 刘飞雨 方 芳

Financial Marketing

中国人民大学出版社
·北京·

内容简介

金融营销课程的理论体系是市场营销学框架与金融业特点的结合。本书针对金融业的服务性，在市场营销理论中加入了服务营销的内容，提高了知识的实用性以及学生就业的适用性。金融营销与一般产品营销在基本理念和环境分析等方面大致相似，而在营销策略方面突出了金融业的特点，在组合策略要素原“4P”上增加了服务营销的“3P”，即人员、过程、有形展示要素。除了突出这些理论特色以外，本书在写作上还引用了大量的金融实例和素材来诠释营销学在金融领域的运用。

本次修订在第三版的基础上，根据近年来金融业尤其是金融科技的发展变化，主要更新了以下内容：（1）为反映互联网金融的变化，增加了较多相关的内容；（2）为适应高校培养应用型人才的需要，对许多素材进行了更新，力图反映最新情况，并对一些实训项目的内容有所修改；（3）数据、阅读资料和案例尽量采用最新的，较好地反映了金融业发展的现状。

作者简介

杨米沙 教授，先后受聘于广东金融学院、东莞理工学院城市学院。中山大学金融学硕士。曾长期任职于金融机构，先后在信贷、财务、资产管理等业务部门工作，担任商业银行分行副行长、总行和证券公司总部业务部门负责人，兼任上市公司董事。进入高校后，主要从事金融学及金融营销学的教学与科研，发表论文30余篇，主持或参与多项省市级及校级研究课题，是省级精品课程金融营销学项目的主持人之一，其中若干金融营销学多媒体课件获省部级部门嘉奖。

第四版前言

经济全球化借助信息技术正以前所未有的速度改变经济版图和企业经营模式，所有行业都将经历从传统到变革的阵痛，金融业也不例外。市场的日趋开放与行业内激烈的竞争，成为金融业发展和改革的强大动力。与其他行业一样，卖方市场向买方市场的嬗变已经发生，尽管金融业来得比较迟。金融业的精英们放下了曾经“高傲”的身架，借鉴制造业或一些竞争激烈的服务业的经验，引进市场营销的理念和方法，奉客户为“上帝”，以客户需要为基础进行经营战略与策略的谋划，参与竞争，获取利润，是当今金融企业赖以生存和发展的主要模式。由此，金融营销的理论与知识也应运而生。

金融营销的理论是市场营销学在金融业的运用与发展。市场营销发端于 20 世纪初美国制造业产品过剩时代，其理论学说经历近一个世纪，尤其是近几十年的发展完善，成为大专院校商科必修的基础课程。随着它向各个行业的渗透和运用，与行业相关的营销学也日渐兴盛，其中一个重要的方向就是服务营销的兴起。随着经济的发展，工业经济时代逐渐向服务经济时代转变，服务业将替代制造有形产品的传统工业成为社会经济的支柱产业。服务业与制造业有十分显著的不同，大多数产品不同程度地包含甚至完全是以劳务形式出现，为客户服务的活动及其过程成为产品的必要组成部分。服务营销理论补充和完善了基于制造业的市场营销理论的不足，为服务企业的营销活动提供了理论支持。

从行业属性看，金融业是典型的服务业。但从现代社会经济地位看，金融业属于特殊的服务业。因此，即使是服务营销理论也不十分适合金融业。这种特殊性主要表现在三个方面。

首先，金融在现代经济中的核心地位是由其自身的特殊性质和作用所决定的。现代经济是市场经济，市场经济从本质上讲就是一种发达的货币信用经济或金融经济。它的运行表现为价值流导向实物流，货币资金运动导向物质资源运动。金融运行正常、有效，则货币资金的筹集、融通和使用就充分而有效，社会资源的配置也就合理，对国民经济走向良性循环所起的作用也就明显。

其次，金融是现代经济中调节宏观经济的重要杠杆。现代经济是由市场机制对资源配置起决定性作用的经济，其显著特征之一是宏观调控的间接化。金融现象往往是国民经济的综合或集中的表现，能够比较深入、全面地反映成千上万个企事业单位的经济活动。同时，利率、汇率、信贷、结算等金融手段又对微观经济主体有着直接的影响，国家可以根据宏观经济政策的需求，通过中央银行制定货币政策，运用各种金融调控手段，适时地调控货币供应的数量、结构和利率，从而调节经济发展的规模、速度和结构，在稳定物价的基础上，促进经济发展。因此，金融在建立和完善国家宏观调控体系中具有十分重要的地位。

最后，金融影响面广，牵一发而动全身，事事关乎国计民生。货币资金是现代经济生活中重要的经济资源和财富，是沟通整个社会经济生活的命脉和媒介。现代一切经济活动几乎都离不开货币资金运动。从国内看，金融联结国民经济各方面，连接各部门、各行业、各单位的生产经营，联系每个社会成员和千家万户；从国际看，金融成为加强国际政治经济文化交往、实现国际贸易、引进外资、加强国际经济技术合作的纽带。

仅仅从宏观上看金融业是特殊的服务业还不够，还要从行业特征上看。金融业与其他服务业最大的不同可以用“五高”来描述：专业化程度高、信息化程度高、国际化程度高、潜在风险程度高、监管程度高。因此，以揭示金融运行规律为目标的金融学理论成为当今经济学的核心和灵魂。一方面是对越来越复杂的宏观金融问题的研究，另一方面是越来越技术化的微观研究趋势，例如金融工程就是研究前沿和热点，金融科技正推动行业与市场发生颠覆性变化。

金融营销，顾名思义，是一门跨学科的具有市场营销和金融学知识交叉的理论体系（尽管还十分不成熟），严格来讲，是市场营销理论与方法向金融业的延伸和运用。可以说，金融营销的理论体系是以市场营销理论为框架，研究金融企业市场活动，并为其市场开发、发展提供有效的战略和策略方案的知识体系。

金融营销是一门学科交叉的知识体系，但只要系统学习过市场营销知识，同时有一定金融基础知识或实践经验者都能理解和掌握。另外，金融营销又是实践性很强的课程，需要金融机构在市场经营活动中不断补充完善，推动学科的进步与发展。

本教材由具有金融、营销和金融营销三方面专业背景的专家团队合作编著，杨米沙教授负责编撰全书大纲、设计章节要点。各章修订的具体分工是：杨米沙负责第一、二、四、五、七、九、十四章；东莞理工学院城市学院讲师刘飞雨负责第三、六、八、十、十一章；广东技术师范学院讲师方芳负责第十二、十三章。

本教材第四版的主要修订是：

（1）全书均用最新的数据与资料更新或补充原有的数据与资料，并尽量反映金融业，如金融市场、金融机构、金融产品等发展的新变化、新格局。

（2）为适应高校培养应用型人才的需要，修订时注重更多引用现实资料与素材，以更好地适应当前的金融行业状况。另外，对实训项目的内容进行了若干修改与补充，老师们可根据情况选用或改编使用。

（3）为反映互联网金融的最新发展，对有关章节相关内容进行了更新，具体是：

第一章对国家宏观经济、金融行业及市场等数据进行了更新。

第三章对宏观环境因素更新了数据及其影响变化，以反映我国发展的最新情况，如助力碳中和、碳达峰的绿色金融，多层次证券市场逐步形成等。

第六章增加、修改了表格、资料等，以适应市场及产品的新发展。

第九章有较多的增删，力图反映金融机构利用金融科技赋能自身竞争力，金融科技对渠道的影响给行业带来的新业态。

为了便于读者查找相关文献资料，每章后附的“拓展阅读”均进行了调整或更新，选用较新、较有代表性的文献。有些章节的“资料”也做了更新。

最后，第四版新增了本课程的综合实训课内容，供有实训教学内容的师生选用。读者可扫描书中二维码查看具体内容。

在本书编写过程中，参阅了大量的文献和相关书籍，在此向这些文献的作者表示深深的敬意。

编者

2021 年 12 月

目录

第五章　机构金融行为分析

第六章　目标市场营销

第七章　金融产品策略

第八章　金融产品定价策略

第九章　金融营销渠道策略

第十章　金融产品促销策略

第十一章　金融服务人员策略

第一章　金融市场概述

学习目标

1. 掌握金融市场的定义和功能。
2. 了解金融市场的一般类型与特征，以及我国金融市场的基本格局。
3. 了解金融机构的市场作用、其主要产品及服务的特点和形态。

金融学主要从宏观角度研究金融市场，不仅描述市场的基本类型及特性、各类金融产品，还研究参与市场交易的卖方与买方的交易活动规律，这里的买方与卖方是由千千万万个体组成的群体。市场营销学对市场的研究是从中观和微观层面，站在卖方角度研究买方市场，通过满足买方的需求获取利润。金融营销学则研究金融市场和金融行业的营销活动，是各类金融机构以及交易参与者进入金融市场从事营销活动要具备的基础知识。

在金融市场开展营销活动，需要具备金融专业知识和对金融市场的特点有所了解。本章将从金融学的角度分三节介绍金融市场：第一节介绍金融市场的功能和架构；第二节介绍金融市场的主要产品及特点；第三节介绍各类金融机构及经营的主要产品。

第一节　金融市场的定义、功能及特点

一、金融市场的定义

金融市场是金融领域各类市场的总称。所谓金融，即资金的融通，它是商品经济发展的产物，只要存在商品货币关系，就必然有金融产品为商品交易进行货币融通。

金融市场是以各种交易方式，促使金融产品的供求双方达成交易即进行产品买卖的场所，或者说，是金融产品的供求双方运用市场机制，通过交易进行融资活动的流通领域。资金融通要借助金融产品来完成。金融产品即资金融通的各种载体，包括货币、黄金、外汇、有价证券及其衍生产品等。金融产品是金融市场的买卖对象，金融产品的价

格，如利率或收益率等，是供求双方在市场中博弈或相互竞争，最后相互妥协达成交易的结果。

现代金融市场的场所形态多样，既可以是某一特定的有形场所，如证券交易所，也可以是某些特定的无形虚拟场所，如虚拟网络市场。金融市场的本质是一种资产交换关系。因此，金融市场的重要性不在其地理位置和场所，而在其交换的资产数量和质量。随着互联网信息技术的发展，金融市场的地理空间位置及其分布在很大程度上已经意义不大。

二、金融市场的作用与功能

（一）金融市场的作用及其要素

金融市场的主要作用是使资源得到合理的配置，资金是最具一般性、最基础的资源，一个有效率的金融市场能够把资金从那些由于支出少于收入而积蓄了盈余资金的人（储蓄者）那里，引导到那些由于支出超过收入而资金短缺的人（借款者）那里，使资金得到最合理的配置并发挥效用。

下面用一个现实的例子来说明资金融通的过程。某大学计算机系四年级学生小李颇有发明天赋，他设计了一种能清扫房屋、控制家用电器开关的机器人，但是他没有钱去生产这个奇特的发明物。老张家境比较殷实，靠多年积累退休时有了一笔不小的存款。假如老张和小李合作，由老张向小李提供资金，小李的机器人得以诞生，人们的社会经济福利将得到改善：有更加清洁的住宅和汽车，智能化家庭电器管理节省了时间，提高了生活质量。由此可见，金融市场的基本功能，就是创造小李和老张相互合作的条件：把那些拥有多余资金的人——老张们的资金，转移给缺乏资金的人——小李们。

类似例子还有：联想公司设计了新一代的电子计算机，准备进入商业运作，需要投入启动资金；一个地方政府可能需要资金来修建公路或桥梁；一个贫困家庭的大学生需要钱来交纳大学四年的学费及生活费……他们都是资金的需求者。而社会上也一定存在很多拥有剩余资金的人，他们的财富需要保值和增值，由此产生了资金供应的基本源泉。但这些资金供需者彼此都不认识、不了解，需要有信得过的“中间人”来牵线搭桥。这个中间人就是金融市场的中介机构。它们通过开发各种金融产品以满足资金供需两种人群的需要，资金的需求者例如联想公司可以用发行股票的方式为新项目筹资；地方政府可以用发行债券的方式筹集资金来修建公路或桥梁；贫困家庭的大学生可以用助学贷款的方式筹钱来完成学业。资金的供给者则通过购买这些金融产品（股票、债券、存款、贷款、保险等）融出资金并获得一定的回报，实现了财富保值或增值的目的。这样，资源就通过金融市场实现了有效和合理的配置。可见，金融市场对于国家经济健康运转、增进社会经济和公民福利至关重要。

一个完备的金融市场应包括三个基本要素，如图 1－1 所示：

（1）资金供应者和资金需求者。包括政府、金融机构、企业事业单位、居民、外商等等，既能向金融市场提供资金，也能从金融市场筹措资金。这是金融市场得以形成和发展的基础单元。

（2）信用工具。即资金供需双方在金融市场上交易的对象。如各种债券、股票、票据、可转让存单、借款合同、抵押契约等，是金融市场上实现投资、融资活动所依赖的标的。

（3）金融中介。即充当资金供求双方的中介人，起着联系、沟通和代客买卖作用的机构，如银行、投资公司、证券交易所、券商和经纪人等。

图 1-1 直观地展现了金融市场的融资作用及其构成要素。

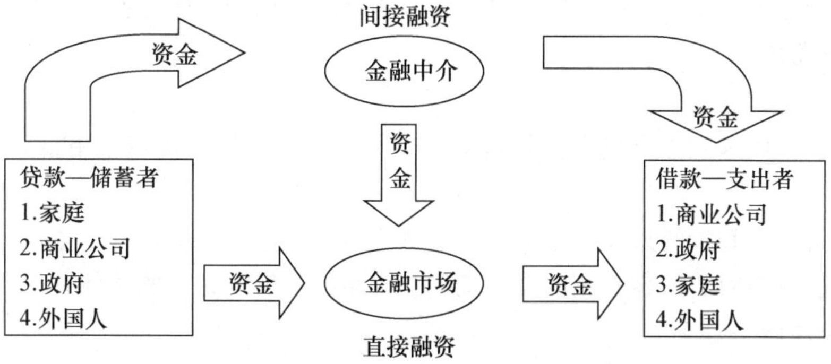

图 1-1　金融市场的作用

图 1-1 左边方框里是那些有储蓄并贷放资金的人，即贷款—储蓄者（资金的供给者）；右边方框里则是那些为支出筹资而必须借取资金的人，即借款—支出者（资金的需求者）。在我国，主要的贷款—储蓄者是家庭、商业公司、政府、外国人；主要的借款—支出者是商业公司和政府，家庭和外国人有时也会为购买汽车、住房、家具等而借取资金。

图 1-1 中的箭头标出了资金运动的两个方向，即两大融资模式：直接融资和间接融资。

直接融资是指资金需求者直接从资金所有者处融通资金，通常是通过在金融市场发行债券或股票的方式。例如，三峡水电站需要巨额资金建造大坝和水电站及其电力输送设施，它向储蓄者发售了三峡债券和三峡股票来筹集资金。三峡债券是承诺在未来一定时间内按期还本付息的企业债券，自 1997 年以来先后发行了六期，共募集资金 190 亿元。三峡股票是一种由出资人共同享受收益和承担风险的投资模式。它于 2003 年发行上市，发行 23.26 亿 A 股，每股发行价格为 4.30 元，募集资金 100 亿元。在直接融资方式下，金融机构往往不是股票或债券等金融产品的提供者，而是作为金融中介为发行股票或债券的公司提供各类咨询服务，同时代理或承销股票或债券及提供其他相关服务。

间接融资是指通过银行等信用中介机构作为媒介进行资金融通的方式。资金所有者（储蓄者）将手中的资金存放在银行等信用中介机构，然后由这些机构转贷给资金需求者。资金供需方彼此互不熟悉，它们与金融中介机构的存贷关系以信用为基础。

要注意，不能简单地将是否有金融中介参与作为界定直接融资和间接融资活动的标准。直接融资也需要金融机构参与，不过它们大多是提供咨询、代理和承销等中介服务，收取佣金，而不像银行在间接融资中赚取利差收入。

面对图 1-1 想一想：为什么这种将资金从储蓄者手中引导到支出者手中的融通对经济是如此重要？因为它使资金从没有生产性投资机会的人手中流向有这种机会的人。金融市场为整个经济增加生产和提高效率做出了贡献。同样，金融市场使消费者能更好地利用购买机会，从而直接提高了他们的福利。

（二）金融市场的功能

基于对金融市场重要性的了解，进一步分析金融市场的功能主要有以下六个方面。

1. 配置功能

即提升资金配置效率。

（1）使资金供求双方有更多接触机会，交易更便利了，融资成本更低，资金使用效益更高。

（2）为筹资人和投资人开辟了更广阔的融资途径。

（3）为各种期限、内容不同的金融工具互相转换提供了必需的条件。

2. 定价功能

金融市场价格波动和变化是宏观微观经济活动的晴雨表。

（1）金融资产均有票面金额，但不一定反映其内在价值。

（2）金融资产的内在价值——包括债务的价值和股东权益的价值——是多少，只有通过金融市场买卖双方，在讨价还价的交易过程中才能“发现”，而不是简单地依据会计报表的账面数字确定。

（3）金融市场的定价功能依赖市场完善程度和市场效率。

（4）金融市场的定价功能有助于市场资源配置功能的实现。

3. 创新功能

金融市场的发展可以促进金融工具的创新。

（1）金融工具是一组预期收益和风险相结合的标准化契约。

（2）多样化金融工具通过对经济中的各种投资所固有的风险进行更精细的划分，使得对风险和收益具有不同偏好的投资者能够寻求到最符合其需要的投资。

（3）多样化的金融工具也可以使融资者的多样化需求得到尽可能大的满足。

4. 风险管理功能

金融市场可以帮助实现风险分散和风险转移。

（1）金融市场的发展促使居民金融资产多样化和金融风险分散化。

（2）发展金融市场为居民投资多样化、金融资产多样化和银行风险分散化开辟了道路，为经济持续、稳定发展提供了条件。

（3）居民通过选择多种金融资产、灵活调整剩余货币的保存形式，增强了投资意识和风险意识。

5. 成本优化功能

金融市场可以降低交易的搜寻成本和信息成本。

（1）搜寻成本是指为寻找合适的交易对方所产生的成本。

（2）信息成本是在评价金融资产价值的过程中所发生的成本。

（3）金融市场帮助降低搜寻与信息成本的功能主要是通过专业金融机构和咨询机构发挥的。

6. 宏观调控功能

金融市场为金融管理部门进行金融间接调控提供了条件。

（1）金融间接调控体系必须依靠发达的金融市场传导中央银行的政策信号，通过金融市场的价格变化引导各微观经济主体的行为，实现货币政策调整意图。

（2）发达的金融市场体系内部，各个子市场之间存在高度相关性。

（3）随着各类金融资产在金融机构储备头寸和流动性准备比率的提高，金融机构会更加广泛地介入金融市场运行之中，中央银行间接调控的范围和力度将会伴随金融市场的发展而不断得到加强。

简单概括，金融市场的功能对于企业和居民个人而言主要包括：资源聚集功能、财富增值功能、避险减损功能、交易便利功能；对于政府在宏观经济促进与监管方面的功能包括：资源配置功能、调控功能、“晴雨表”功能。

三、金融市场的特点

将金融市场与通常的商品市场比较，通过考察它们的差异来凸显金融市场的特点。

（一）交易市场的虚拟性

与商品交易市场有固定场所、以有形产品为主的模式不同，金融市场虽然有一些有形市场，但大多是由电话、电报、电传、电脑等通信工具及其信息网络形成的无形市场，其覆盖范围之大、交易速度之快，是商品市场无法比拟的。例如，股票等有价证券在二级市场的转手并不涉及发行企业相应份额资产的变动，其代表的资产也不会在交易双方发生实物资产转手，而是结算和保管中心交易双方账户上的证券数量和现金储备额的变动。金融市场的这种虚拟性使得金融交易可以完全凭空进行，买空卖空活动在金融市场上司空见惯。但在进行实物交易的商品市场，没有实物转移或买空卖空的交易则难以想象。尽管这种虚拟性在一定程度上加大了市场的投机性，但同时也加速了金融产品的流动性，而这正是金融市场生命力旺盛的动因之一。

金融市场的虚拟性来源于金融产品的虚拟性。虚拟性是金融产品的重要特征，其实质是资金或财产的使用权和所有权的暂时分离或有条件的让渡。参与者之间的关系主要是资金借贷关系或财产的委托—代理关系，而维系这些关系的基础是信用。信用是看不见、摸不着的社会关系，是金融领域须臾不能离的“氧气”。

“虚拟”的市场和产品之所以能够生存和发展，就在于它强大的信息功能。金融市场信息的发布、传递、收集、处理和运用成为所有参与者都不能回避的竞争焦点。信息在金融市场中的特殊地位，不仅表现在关于已经实际发生的事实的信息上，更重要的还表现在对于未来的、还没有发生甚至不知道会不会发生的事件的预期信息上。因此，金融是信息技术应用最广、最深、最前沿的领域。此外，通过仔细观察可以发现，无论什么金融产品，其核心内容的形态都是有着特定意义的一堆数据，数据处理是电子技术最得心应手的“工作”。金融的信息化程度越高，虚拟性就越强。

（二）产品“价值”的普适性

商品无论其形态如何都具有双重价值，即货币价值（表现为价格）和使用价值。交易完成首先实现了货币价值，然后进入消费——使用价值发挥作用，直至消耗殆尽。在金融市场交易的金融产品，其货币价值是利率、分红率等收益标价，使用价值（即产品核心利益）是货币性财富的保值、增值与避险等效用。由于金融产品的形式离不开货币或相关的价值形式，而货币又是具有普世价值的一般等价物，因此不同金融机构对金融产品差异化的追求面临较大挑战，产品的同质性难以避免。

（三）交易活动的延滞性

商品的交易遵循等价交换的原则，通过议价、成交、付款交货而完成交易，双方不再发生任何相关的权利义务关系。金融市场的交易基于信用、投资关系的建立和转移过程，议价、成交、签署合同后，信用双方、投融资双方的关系需要延续相当一段时间，甚至永续（如股票），还有本息偿付、收益分配等行为。因此，金融市场上的交易，由于相关的信用或者投资关系，交易活动的时间较长，因而使达成交易合同延后结束。

（四）交易动机的多样性

一般商品交易的卖方希望实现货币价值以取得货币，买方则希望取得使用价值以满足消费的需求。金融市场上同一产品的买卖双方的交易动机往往相去甚远，卖方为取得资金及其使用的权利，买方则为取得投融资利息、控股等权利。此外还有派生的保值、投机等种种动机。

（五）金融市场是竞争市场

由于各种各样的金融产品在本质上都代表着一定量的货币或财富，它们之间有较高程度的相互替代性，因此，各种不同类型的金融产品在很大程度上是相通的，彼此的竞争程度很高，进而产生高效率的结果。与一般商品市场相比，金融市场更全面、更完整、更迅速地体现供求竞争规律，这在作为国民经济“晴雨表”的股票市场表现得尤为充分。

尽管金融市场非常独特，但也不能脱离商品市场独立运行。金融市场同商品市场之间的关联性表现在：一是金融市场为商品市场提供交易媒介，使商品交换得以顺利进行；二是金融市场可以有力地推动商品市场的发展，在外延的广度上促进商品市场的发展；三是通过金融市场的带动和调节，商品市场加速流动和组合，从而引起对资源的重新配置；四是商品市场从根本上决定金融产品的需求和定价。从更广阔的角度看，金融市场与商品市场之间的关系，体现的是虚拟经济与实体经济的关系。两者相互促进、共同繁荣才是长久、健康发展之道。

第二节 金融市场分类及特征

一、金融市场分类

金融市场是由许多不同类型的金融子市场组成的，看上去是金融活动参与者交易金融产品的场所，但实质是交易关系和交易规则的总和的体现。不同类型的金融市场有不同的交易规则、不同的交易产品，它们是金融交易各方长期博弈和创新的结果。如何对市场进行分类，营销学与金融学有不同的角度。营销学通常从客户角度分类，而金融学则按产品、期限、流动性等金融属性分类。金融营销学跨营销与金融两个学科，需在金融市场的框架中细分客户市场，即遵循先金融后客户的逻辑对市场进行分析解构。因此，首先从金融学的角度认识金融市场，是金融营销者认识并细分客户市场的前提和基础。

了解金融市场主要是了解各类金融子市场，它们的规模及架构、主要业务与产品、主要参与者以及市场运行规则。

（一）按业务或产品的类型划分

按金融业务或产品的类型划分，金融市场包括货币市场、资本市场、外汇市场、保险市场、黄金市场和其他市场（如衍生金融工具、租赁、典当市场等）等子市场。

(1) 货币市场，也称短期资本市场或短期资金市场，是1年以下（含1年）的短期资金交易活动的市场。货币市场上的金融产品包括国库券、商业票据、银行承兑汇票、大额可转让定期存单、回购协议等。通过一定的交易方式，例如贴现和拆借业务，实现资金的短期借贷，满足金融市场上供求双方对短期资金的需求。货币市场又可细分为票据市场、同业拆借市场等，参与者通常是有准入资格的金融机构，不对居民个人开放。

(2) 资本市场，也称长期资本市场或长期资金市场，是1年以上的长期资本交易活动的市场，为资金需求者筹措长期资金。资本市场的交易活动方式通常分成两类：一是资本的需求者发放和交易各种证券，包括债券和股票等；二是资本的需求者从银行获得长期贷款。由于证券市场是最重要的资本市场，在没有特别指明的情况下，本书中的资本市场就是股票市场、基金市场和债券市场的统称。

(3) 外汇市场是各种短期金融产品交易市场，是以不同货币计价的票据及有价证券的交易场所。狭义地讲，外汇市场是指从事外汇买卖的交易场所，或者说是各种不同货币相互之间进行交换的场所。

(4) 保险市场是保险商品交换关系的总和，或是保险商品供给与需求关系的总和。保险市场的主体是保险市场交易活动的参与者，包括保险市场的供给方和需求方以及充当供需双方媒介的中介方。保险市场的主要类型有：按业务承保程序不同，分为原保险市场和再保险市场；按承保标的不同，分为人身保险市场和财产保险市场。

(5) 黄金市场是专门进行黄金等贵金属买卖的交易市场。由于黄金是具有商品和货币双重属性的物品，历史上常常出现非货币化趋势，只有在金融危机时，其货币化属性才重新凸显。无论如何，黄金作为国际储备工具之一，因其地位重要，黄金市场依旧被视为金融市场的组成部分。

（6）衍生金融工具市场是进行衍生金融产品（工具）交易的市场。该市场交易的金融衍生品包括各种金融期货、金融期权、金融远期和金融互换。它们是在传统金融产品的基础上演化派生出来的，最初的用途是对冲传统金融产品的交易风险。进入 20 世纪 70 年代，它代表金融创新的主流而风靡世界金融市场。至今，衍生金融产品包含的风险远远高于派生它们的传统金融产品，具有很高的杠杆效应，是一种以小博大的投机工具。

（二）按产品交易顺序的先后划分

按产品交易顺序的先后，金融市场分为发行市场和交易市场。

（1）发行市场，也称为初级市场或一级市场，是资金需求者将金融资产首次出售给公众时所形成的市场，通常以证券产品形式出现。该市场以投资银行、经纪人和券商为主要金融服务商，承担政府发行债券和公司发行债券或股票的承购和分销业务。由于证券的发行人不容易与众多分散的货币持有者进行直接的交易，因此，由承销人包销是证券发行的主要方式。

根据发行对象的不同，有两种发行募资方式：一是公募发行，即事先没有特定发行对象，向社会广大投资者公开推销有价证券的方式。这些金融产品发行之后将流入二级市场，在社会公众之间买卖流通。二是私募发行，即发行人只对特定的发行对象推销有价证券，这样发行的金融产品只在少数投资者之间流通，不会流到二级市场。

（2）交易市场，又称为流通市场或二级市场，是证券发行以后，公开在不同投资者之间买卖流通所形成的，即有价证券转手买卖交易的市场。

该市场的主要金融中介机构是券商和证券经纪人，它们对已上市的各类证券，包括股票、债券和基金等产品提供中介服务。二级市场按有无固定的交易场所又分为交易所交易和场外交易两个市场。交易所交易有固定的交易场所、固定的交易时间和规范的交易规则，接受和办理符合有关法律规定的证券上市买卖，使原投资者有机会在市场上通过经纪人进行自由买卖、成交、结算和交割。场外交易，俗称柜台交易，相对交易所交易而言，这是一种非正式的交易组织形式，没有固定的场地，也没有会员制度，而是由很多独立经营的证券公司个别进行的。在证券转让柜台，绝大多数交易在投资者和证券公司之间进行，证券价格由双方协商形成。

二级市场与一级市场的关系及作用：一是实现资产变现的流动性功能，较为容易地交易股票、债券等，而流动性增强又促进了一级市场的发行销售。二是对一级市场产品定价的价格发现机制，因为一级市场的投资者购买发行企业股票或债券的价格预期，受二级市场价格影响很大。二级市场股票价格越高，购买发行股票的价格预期就越高，发行企业在一级市场上出售的股票价格就越高，筹措到的资本量也越大。

（三）按交易内容的不同划分

按交易内容的不同，可分为证券市场和借贷市场。

证券市场是证券发行和流通买卖的市场，它是以购买某种资产或权益为内容，以股票、债券、票据、权证、合约等为形式的交易。而借贷市场则是直接以货币作为交易对象的市场，其交易内容实质上就是货币使用权的转让，具有偿还回收性。

（四）按交易是否有固定场所划分

按交易是否有固定场所，可分为有形市场和无形市场。

有形市场是指有固定的交易场所、有专门的组织机构和人员以及有专门设备的组织化市场。而无形市场则无固定的交易场所，其交易是通过电传、电话、电报等手段联系，协商达成交易。英国、美国、加拿大、瑞士等国的外汇市场均采取这种柜台市场的组织方式，谓之“有市无场”。随着信息技术的进步，金融市场无形化是一个重要的发展趋势，正深刻影响着金融行业未来的经营方式。金融电子化将使分散于市场网络的各个节点不再以有形的固定场所作为其集散地，具体的地理概念变得模糊。这一点对于金融机构制定渠道策略具有特别的意义，后续有关章节对此将有专门论述。

（五）按交易的交割时间划分

按交易的交割时间，可分为现货市场和期货市场。

现货市场是现金交易市场，即买者付出现款，收进证券或票据；卖者交付证券或票据，收进现款。这种交易一般是当天成交当天交割，最多不超过 3 天。期货交易是指交易双方达成协议后，不立即交割，而是在一定时间后进行交割。

期货市场产生于大宗商品为规避市场价格大起大落带来的风险所进行的套期保值活动。其功能表现为：回避价格风险，发现并稳定价格，节约交易成本，作为投资工具。当作为投资工具时，它是一个高收益同时伴有高风险的金融产品。

（六）按交易的地域范围划分

按交易的地域范围，可分为国内金融市场和国际金融市场。

国际金融市场与国内金融市场之间有着一定的联系。从历史上看，随着商品经济的高度发展，最初形成了各国国内的金融市场。当各国国内金融市场的业务活动逐步延展、相互渗透融合时，就形成了以某几国国内金融市场为中心的、各国金融市场联结成网的国际金融市场。或者说，国际金融市场的形成是以国内金融市场发展到一定高度为基础的。同时，国际金融市场的形成又进一步推动了国内金融市场的发展。当国内国际金融市场紧密联系时，就形成了一个全天候无休的交易市场，如通过伦敦、纽约、东京三地的金融市场，可以不受时差影响，24 小时不间断地进行交易。

在经济全球化、经济金融化、金融电子化的今天，金融行业是最容易实现全球化的行业之一。事实上，金融全球化的过程最明显、最迅速，表现为资金跨境流动，“热钱”更是以电子般的速度横冲直撞；企业境外购并；投资者在全球范围寻求投资或套利机会；金融机构跨境设立机构；金融人才国际化跨境就业；等等。当今世界，任何一个地方发生的金融事件，其影响都可能是全球性的。2008 年发端于美国的金融危机波及全球，使得经济下滑以及金融市场剧烈波动，就是最好的例证。

二、我国金融市场体系及特点

（一）金融市场体系中银行占主导地位

改革开放以来我国的金融业发生了巨大变化，但相对国际上发达国家和地区的金融市场，我国金融市场体系中很多子市场还不完善，市场交易品种不齐备，一些金融产品的交易规模不大，公司债券市场、股票市场、票据市场、外汇市场、衍生金融工具市场都还有很大的发展空间。目前我国金融市场的基本格局是分业经营、分业管理，即银行、证券、保险三大金融行业划定市场经营范围，分别由中国银行保险业监督管理委员会、中国证券监督管理委员会进行监管，未经允许不得越界经营。在三大金融业务领域中，银行业仍然占据主导地位，至2017年底，存款性金融机构在我国金融总资产中的比重为68％，而同期美国仅为29％。① 证券和保险发展虽然迅速，但相对比重仍然不高。在居民金融总资产构成中，银行存款平均约占70％。到目前为止，以银行为主导的金融体系是中国金融最显著的特色，这在一定程度上造成了资源的不合理集中，影响了资源配置的效率。随着金融改革的深入发展，这种状况正在不断改善。

（二）多层次金融市场不断发展并完善

改革开放以来，我国金融市场规模迅速扩大，以不同交易工具和产品为对象的不同类型的市场渐次出现，市场结构层次以及交易产品不断丰富。目前已形成了一个由货币市场、债券市场、股票市场、外汇市场、黄金市场和期货市场等构成的，具有交易场所多层次、交易品种多样化和交易机制多元化等特征的金融市场体系，其主要组成是货币、资本、期货三大系列。以下分别介绍它们的具体形态。

1. 货币市场

货币市场由同业拆借市场、票据市场、银行间债券市场、外汇市场、黄金市场等子市场组成。

（1）同业拆借市场。同业拆借是指具有法人资格的金融机构及经法人授权的非法人的金融机构的分支机构之间直接进行短期资金融通的行为，不需要借助债券、票据等产品媒介，而是凭借自身信用融资。同业拆借的资金主要用于弥补银行短期资金的不足、票据清算的差额以及解决临时性资金短缺需要，是金融机构之间进行短期、临时性头寸调剂的市场。

1996年1月3日，我国建立起了全国统一的银行间同业拆借市场，1998年10月，保险公司进入同业拆借市场；1999年8月，证券公司进入市场。2002年6月，中国外币交易中心开始为金融机构办理外币拆借业务，统一的国内外币同业拆借市场正式启动。② 涉及市场基本规则的法规性文件有：《同业拆借管理办法》（中国人民银行令〔2007〕第

① 数据来源：国家统计局、中国人民银行官网有关数据。

② 其机构及业务等详情可登录中国外汇交易中心暨全国银行间同业拆借中心（简称交易中心）的官网——中国货币网网站。

3 号)、《银行业金融机构进入全国银行间同业拆借市场审核规则》(中国人民银行公告〔2005〕第 3 号)、《货币市场基金管理暂行规定》、《货币市场基金监督管理办法》等。近年来，我国同业业务发展迅速，新产品层出不穷，同业业务量、收入、利润等在商业银行各项业务中的占比和贡献明显提高。

国际经验表明，作为金融市场上引导其他利率走向的核心利率即基准利率，比较容易在货币市场上形成。银行间同业市场拆借利率一直被认为是信贷资金或丰裕或短缺的风向标，是发达国家中央银行货币政策最重要的中介工具。同业市场通过运作而形成基准利率是其重要功能之一。例如伦敦银行同业拆放利率（LIBOR)，是国际金融市场中大多数浮动利率的基础利率，美国以联邦基金利率代表短期市场利率水准。2007 年我国在上海同业市场推出上海银行间同业拆放利率（SHIBOR)，显现了通过市场化的方式决定基础货币利率的雏形，对于促进并完善我国利率市场定价和金融产品定价机制是根本性的措施。目前公布的 SHIBOR 品种包括隔夜、1 周、2 周、1 个月、3 个月、6 个月、9 个月及 1 年。

（2）票据市场，是以实质交易为基础、以自偿性为保证进行短期资金交易或融资活动的场所，其特点是期限短、数额小、交易灵活、参与者众多、风险易于控制，是一个古老、大众化、基础性的市场。它把“无形”的信用变为“有形”的票据，把不能流动的挂账信用变为具有高度流动性的票据信用，是财务状况良好、信用等级较高的公司筹集资金的主渠道和调节短期资金供求的主要场所。

票据的基本功能是一种支付工具，由于支付的流转性而演变成为具有交易性质的融资工具。市场上交易的品种有本票、汇票、支票三种形式，按发行主体分为银行票据和商业票据，按交易方式分为票据发行、承兑和贴现。目前，商业汇票的承兑、贴现、再贴现是我国票据业务的主要形式。数据表明，票据交易的主要品种是银行承兑汇票，占整个市场交易量的 95%以上。尽管票据市场还有待进一步发展和完善，但它已是我国金融市场中成长最快的子市场。

2015 年我国票据承兑余额和承兑发生量分别为 10.4 万亿元和 22.4 万亿元，分别比 2001 年增长了 20.4 倍和 17.5 倍；票据贴现余额和交易量分别达到 4.6 万亿元和 102.1 万亿元，分别比 2001 年增长了 13.5 倍和 55.8 倍，相当于当年货币市场总体交易规模（同业拆借＋债券回购＋票据贴现）的 19%，其发展速度明显超过其他金融子市场。2016 年，上海票据交易所成立以来，票据市场规模保持稳健增长的态势。2018 年票据承兑发生额、承兑余额、贴现发生额、贴现余额分别较 2017 年增长了 24.8%、22.3%、38.8%、45.2%；2019 年较 2018 年分别增长了 11.6%、6.4%、25.4%、22.5%。2020 年，全市场票据承兑发生额为 22.09 万亿元，同比增长 8.4%；贴现发生额为 13.41 万亿元，同比增长 7.7%。票据市场结构也发生了巨大变化，由最初的全部为银票到如今市场中商票、银票并存，且商票占比逐年提升。根据上海票据交易所数据，2020 年商票签发金额为 3.62 万亿元，同比增长 19.8%，商票签发金额占比为 16.4%，较上年提升 1.6 个百分点；商票贴现金额为 1.03 万亿元，较上年增长 9.9%，占比为 7.7%。

票据业务已经成为经济贸易往来的一种主要支付结算工具，同样也已成为银行业调控流动性、增加收益的重要手段。

上述情况发生的一个重要背景是，商业银行纷纷开展中小企业融资，业务模式主要是基于企业物流的票据业务。票据是现代物流业中的重要因素，是物流供应链中商品流、资金流、信息流的必要媒介，是物权、资金权等权益转移的重要凭证。票据的融资功能奠定了目前流行的物流金融服务的基础①，并带旺了票据融资交易市场的火爆。

（3）银行间债券市场，成立于 1997 年 6 月 6 日，是依托交易中心和中央国债登记结算公司，由商业银行、农村信用合作联社、保险公司、证券公司等金融机构参与，进行债券买卖和回购的市场。经过 20 多年的加速发展，银行间债券市场目前已成为我国债券市场的主体（沪深证券交易所的债券交易量约占 5%）。2019 年我国银行间市场债券存量规模约为 86.4 万亿元，约占全部债券存量规模的 87.2%；市场投资者达到 30 112 家，不仅包括商业银行，也包括证券公司、基金、保险公司、境内外金融机构等。2020 年，债券市场共发行各类债券 57.3 万亿元，较上年增长 26.5%。其中银行间债券市场发行债券 48.5 万亿元，同比增长 27.5%。债券市场交易量（现券+回购+债券借贷）为 253 万亿元，同比增长 16.5%。其中，银行间债券市场现券交易量为 232.8 万亿元，日均成交 9 350.4 亿元，同比增长 12%。交易所债券市场现券成交 20.2 万亿元，日均成交 830.4 亿元，同比增长 142.6%。② 债券市场已经成为我国宏观经济金融调控的重要平台，也为中国人民银行的公开市场业务操作、央行票据和国债的大规模发行提供了重要支撑，不仅支持了积极财政政策的顺利实施，更有效促进了货币政策的调控与传导效率。

目前市场的交易品种包括国债和地方政府债券（2009 年始发）、中央银行票据、政策性金融债及公司债券等；交易方式包括现券买卖、质押式回购和买断式回购。债券回购是交易双方以债券为权利质押的短期资金融通业务，是指资金融入方（正回购方）在将债券出质给资金融出方（逆回购方）融入资金的同时，双方约定在将来某一日期由正回购方按约定回购利率计算的资金额向逆回购方返还资金，逆回购方向正回购方返还原出质债券的融资行为。现券买卖是指交易双方以约定的价格转让债券所有权的交易行为。

金融机构依托票据和债券市场开发的理财产品被称为债券型产品，例如中国工商银行推出的“稳得利”理财产品等。

（4）外汇市场，成立于 1994 年，是货币市场的早期形式（后来在其基础上发展了同业市场和债券市场），主要职能是提供银行间外汇交易，办理外汇交易的资金清算、交割，提供外汇市场信息服务。交易币种由最初的美元、港币，发展到欧元、日元、英镑共 5 个品种。

外汇市场发展至今，无论是人民币外汇即期市场还是远掉期市场，交易规模都经历了爆发式的增长。银行间外汇市场从 2006 年累计成交 756.9 亿美元，增加到 2017 年的 27.57 万亿美元。2012 年人民币外汇及其交易量为 3.36 万亿美元，2017 年则增加到 6.4 万亿美元。与此同时，银行间外汇市场的参与主体也随之不断扩容。2006 年末，我国银行间外汇市场有 400 家会员，至 2017 年末，会员增加到 645 家。这种持续增量发展的长

---

① 杨米沙．论金融的物流服务职能与产品设计要点．中国流通经济，2007（6）．

② 数据来源：中国债券网，www.chinabond.com.cn。

期态势，并没有因为2008年金融危机而改变。

外汇市场的重要功能之一是形成主要由市场供求状况决定的人民币汇率，即人民币对外币的官方牌价。中国人民银行根据前一营业日银行间外汇市场上形成的美元对人民币的加权平均价，公布当日主要交易货币对人民币的基准汇率；外汇指定银行根据公布的基准价和国际主要外汇市场的行情，套算出人民币对其他货币的汇价，在规定的浮动范围内确定挂牌汇率，对客户买卖外汇。[①] 在投资理财中，汇率不仅是货币兑换的比例，更重要的是它与利率一起，成为分析宏观经济和金融市场状况及发展趋势的重要参数，在各国经济开放的全球化时代，成为影响贸易和资金跨境流动方向最敏感的因素之一，也是金融机构为金融产品制定价格营销策略时，首先要考虑的约束条件。

上述两个市场——银行间债券市场和外汇市场又是中央银行进行公开市场业务操作的场所。在这两个市场上，特约金融机构以国债、政策性金融债券等作为交易工具与中国人民银行开展公开市场业务。交易品种主要包括回购交易、现券交易和发行中央银行票据，其中回购交易分为正回购和逆回购两种。现在公开市场业务操作已成为中国人民银行货币政策日常操作的重要工具，起着调控货币供应量、调节商业银行流动性水平、引导货币市场利率走势的作用。公开市场是货币市场的核心，是政策意图表现的平台，人们可以通过观察中央银行的市场交易动向，在相当程度上把握金融政策是从紧、宽松还是中性等趋势，为投资决策提供政策依据。

关于我国银行间市场的交易产品概览见图1-2和图1-3，各产品及其交易数据等资料信息可登录该网站查阅。

(5) 黄金市场，是我国货币市场中最年轻的子市场。以2002年12月上海黄金交易所成立为标志，结束了1949年以来我国黄金不能自由买卖的历史，封闭了50余年的中国黄金市场踏上了全面开放的进程。2003年上海黄金交易所正式运营，经过10余年的发展，形成了“两个交易所，一个做市商”并存的市场格局，即上海黄金交易所黄金现货市场和上海期货交易所黄金期货市场两个场内市场，以及以商业银行为主体的场外交易市场，逐步建成了一个集套期保值、投资、避险等多种金融功能为一体的、现代化的黄金市场体系。

交易所的交易品种为黄金、白银、铂金等贵金属，但黄金交易占了绝大部分。目前，交易的黄金有Au99.95、Au99.99、Au50g、Au100g四个现货实盘交易品种和Au(T+5)、Au(T+D)两个延期交易品种及Au(T+N1)、Au(T+N2)两个中远期交易品种；白银有Ag99.9、Ag99.99现货实盘交易品种和Ag(T+D)现货保证金交易品种；铂金有Pt99.95现货实盘交易品种。

黄金交易参与者主要是金融机构和与黄金生产、消费、投资有关的企业。2008年11月上海黄金交易所首次开放了个人投资产品Au99.95，但要求一次性提货必须是3公斤及3公斤的倍数，因此限制其只能是少数富人参与的市场。大众化的个人黄金投资交易的渠道是商业银行代理交易柜台，产品主要有实物金、品牌金和纸黄金。

---

① 2005年5月18日，我国银行间外汇市场正式推出外币买卖业务，为我国金融机构增加了一种新的大众理财工具，也在我国金融市场体系中开拓了一个新市场。

- 拆借市场
- 回购市场
  - 质押式回购市场
  - 买断式回购市场
- 现券市场
  - （一级市场）
    - 同业存单发行市场
  - （二级市场）
    - 现券买卖市场
    - 债券借贷市场
    - 债券预发行
    - 做市支持
- 衍生品市场
  - 利率互换市场
  - 远期利率协议市场
  - 债券远期市场
  - 信用衍生品市场

图 1-2　我国银行间本币市场产品概览图

- 人民币外汇市场（RMB FX Market）
  - 人民币外汇即期（RMB/FX Spot）
  - 人民币外汇远期（RMB/FX Forward）
  - 人民币外汇掉期（RMB/FX Swap）
  - 人民币外汇货币掉期（RMB/FX Cross Currency Swap）
  - 人民币外汇期权（RMB/FX Option）
- 外币对市场（G10 Currency Pairs Market）
  - 外币对即期（G10 Spot）
  - 外币对远期（G10 Forward）
  - 外币对掉期（G10 Swap）
  - 外币对货币掉期（G10 Cross Currency Swap）
  - 外币对期权（G10 Option）
- 外币利率市场（FX Interest Rate Market）
  - 外币拆借（Foreign Currency Lending）
  - 外币回购（FX REPO）
  - 外币同业存款（FX Interbank Deposit）
  - 外币利率互换（G10 Interest Rate Swap）

图 1-3　我国银行间外汇市场产品概览图

2016年上海黄金交易所开发了普惠金融“百姓金”，联合几大银行以及部分券商，正式推出易金通App，将互联网和黄金融合到一起，使得更多的百姓大众能够更加便捷地参与到黄金交易当中，既满足了日益增长的市场需求，也大大改善了市场流动性。截至2017年8月底，易金通客户数已达6.4万余人，完成交易380万笔，交易额近4 480亿元。

由于经济发展的不稳定性，黄金作为货币属性的避险功能凸显，黄金市场空前繁荣。作为一种理财产品，各大金融机构积极开发面向个人投资者的新产品，以扩大市场份额。

2. 资本市场

资本市场主要由证券发行一级市场、证券交易二级市场组成。

资本市场是现代金融体系的核心。资本市场的发展壮大是我国改革开放以来经济建设和经济体制改革中最重要的成果之一。与发达国家的资本市场相比，我国资本市场目前最重要的特点是“新兴＋转轨”。

(1) 一级市场，即证券发行市场，分为公开上市发行与非上市发行两类发行方式。

我国目前主要上市的证券产品包括公司股票、公司或政府债券、证券投资基金、权证等，其中股票占比最大。从1984年11月，沪市第一股——飞乐音响公开发行股票，到2020年沪深两市逾4 100家上市公司，总市值不断实现突破，2000年突破5万亿元，2006年突破10万亿元，2007年接连突破20万亿元、30万亿元关口。截至2020年12月30日，沪深两市总市值已达80万亿元。这些发展与进步的速度及规模足以令人骄傲。

不以公开方式发行股票的市场称为股权投资市场，即与公募股票发行对应的私募股权（PE）市场。私募股权投资（包括创业投资）在发达国家资本市场中占有重要地位，在我国20多年政府和业界的大力推动下，从蹒跚起步到加速发展。截至2020年9月，国内私募股权（含创业投资）基金管理人近15 000家，管理基金38 000多只，规模达10.69万亿元人民币。普通民众参与PE投资的途径主要是通过信托方式，即PE基金，它被业内认为将是“全球经济中影响力增长最快”的行业之一。与美国PE投资额为我国的30余倍相比，我国PE市场的发展前途无量。

(2) 二级市场，即上市公司股票发行后的交易市场。目前，我国规模最大、影响最广的是以人民币结算的A股市场。此外，分布在各个省、市、地方的场外交易市场和非上市公司产权交易市场，以新三板市场、区域性股权交易市场为主，场内交易分别在上海证券交易所和深圳证券交易所。在我国构建多层次资本市场体制的进程中，沪市与深市在主板之外形成了不同的交易板块。沪市有科创版，深市有中小板、创业板。

除了股票，在二级市场交易的品种还有基金（开放式、封闭式）、债券（国债、公司债、可转债）、债券回购、权证等。

市场交易参与者分为机构和个人。由于沪深交易所规定只有会员才能进入交易所交易大厅进行交易，非会员投资者必须通过经纪人才能在交易所买卖股票，因此，以交易所交易为证券市场的一级交易，交易对手主要是具有交易所会员资格的证券公司经纪业务营业部。证券公司往交易所派出自己的坐席代表，代理客户下单实施证券买卖。大部分投资者通过委托—代理方式，从证券公司营业部交易终端进入交易所交易，并支付代理佣金。由此可见，证券公司营业部是争夺二级市场大众客户的前沿阵地。

3. **期货市场**

期货市场是现代金融市场体系不可或缺的部分。期货市场是进行期货交易的场所，是在现货市场基础上，按照公开、公平、公正原则发展起来的高度组织化和高度规范化的市场形式。它从现货市场延伸，形成了一个高级的市场发展阶段。在我国，期货市场发展迅猛，黄金期货和股指期货的推出是标志性事件。

根据交易的目的，期货市场参与者分为两类：套期保值者和投机者。套期保值者一般是生产经营者、贸易者等，他们利用期货市场进行保值交易，以减少商品价格波动带来的风险，确保生产和经营的正常利润。投机者参加期货交易的目的与套期保值者相反，他们愿意承担价格波动的风险，希望以少量的资金来博取较多的利润。在期货市场上，如果没有投机者参与，其回避风险和发现价格两大功能就不能实现。投机者参与交易可增加市场的流动性，起到“润滑剂”的作用。

我国期货市场分为商品期货市场和金融期货市场两大类。商品期货市场经历了十几年的发展，第一个贵金属品种——黄金期货挂牌交易是2008年的大事。目前商品期货品种已涵盖农产品、金属、能源和化工领域（见表1-1）。除原油外，国际市场主要的大宗商品期货交易品种基本上都已在中国市场上市交易。

表1-1　我国各期货交易所交易品种

交易所	交易品种
上海期货交易所	铜、铝、锌、铅、镍、锡、黄金、白银、螺纹钢、线材、热轧卷板、不锈钢、原油、低硫燃料油、燃料油、石油沥青、天然橡胶、20号浆、纸浆、原油期权、铜期权、铝期权、锌期权、黄金期权、天胶期权
上海期货交易所 上海能源交易所（子公司）	原油期货（2018年3月26日挂牌交易）
郑州商品交易所	强麦、普麦、棉花、白糖、早籼稻、晚籼稻、粳稻、菜籽粕、油菜籽、菜籽油、棉纱、苹果、红枣、花生、动力煤、PTA、甲醇、玻璃、硅铁、锰硅、尿素、纯碱、短纤
大连商品交易所	玉米、玉米淀粉、黄大豆、豆粕、豆油、棕榈油、鸡蛋、粳米、生猪、胶合板、纤维板、聚乙烯、聚氯乙烯、聚丙烯、焦炭、焦煤、铁矿石、乙二醇、苯乙烯、液化石油气
中国金融期货交易所	沪深300股指期货、中证500股指期货、上证50股指期货、沪深300股指期权、2年期国债期货、5年期国债期货、10年期国债期货

资料来源：各交易所网站。

金融期货市场则经过多年酝酿，终于在2010年4月推出重要的金融衍生产品——沪深300股指期货，从此A股市场进入“做空时代”。它将有利于形成股票市场的“内在稳定器”机制，增加市场弹性；有利于形成市场化的资产价格形成机制；有利于培育成熟的机构投资者队伍；有利于完善风险管理的内在机制；有利于完善期货市场体系，深化市场功能。另一个重要的期货产品是国债期货，于2013年9月重新挂牌交易，这是它18年前停牌交易后重返资本市场，意义非同一般。金融期货市场与商品期货市场一样是一个保值套利市场，不同之处在于其小众性和专业性。

第三节　商业性金融机构及主要产品

金融机构是金融市场的主要参与者，是其不可或缺的重要部分。我国目前金融机构之间的关系是“分业经营、分业管理”，即不同性质的金融机构必须在规定的业务范围内经营，国家设有相应的机构进行监管。广义地说，金融机构包括：银行、证券、保险等经营机构；中央银行、证监会、银保监会等监管机构；交易所、结算、登记、托管等中介服务机构。从营销角度看，经营性金融机构是市场营销的主体，因此这里主要介绍银行、证券、保险等经营性金融机构。

金融产品是指由金融机构创造的、可供资金需求者与供给者在金融市场上进行交易的各种金融工具。广义的金融产品是指金融机构向市场顾客提供的一切服务，如：存贷款、转账结算、委托理财、咨询等等，只要是金融机构提供的、能满足人们的某种欲望和需求的各种金融工具与服务，都被列入金融产品的范畴，例如上一节提到的金融市场产品都属于此列。但这里将银行、证券、保险等机构放在一起，介绍它们所经营的相关产品。

一、商业银行

商业银行在欧美一些国家被归为“存款机构”。它是从个人和机构处接受存款并发放贷款的金融中介机构。这类金融机构在吸收存款的同时，通过信贷又创造存款，成为货币供应的重要来源。因此，其经营行为在决定货币供应量方面发挥至关重要的作用。在我国，只有商业银行才可以从事存款业务，商业银行与“存款机构”是同义语。由于商业银行在金融行业所占比重大，信贷规模成为政府宏观经济调控的重要工具，因此受政府监督与管理的约束较大。

截至 2021 年底，我国商业银行按规模大小和地域等特征来分有：大型银行 6 家，股份制商业银行 12 家，城市商业银行 128 家，民营银行 19 家，农业商业银行 1 596 家，其他农村合作互助性质的小型银行 2 290 家。①

商业银行主要通过储蓄存款、发行支票和定期存款来筹措资金，通过发放商业贷款、消费信贷、抵押贷款和债券运用资金，从资金融通流转的中介服务中获取收益。虽然我国商业银行有较高的进入门槛，但行业内外的竞争日趋激烈，促使银行在传统存贷汇业务产品的基础上，不断推出一些创新产品。创新趋势呈现两个方向：第一是传统业务更新改造，第二是适应居民财富增长需要的理财业务新产品，目前后者的发展规模与速度超过了前者，未来前景值得期待。表 1－2 列举了目前我国商业银行的主要业务类型及产品品种。

① 数据来源：中国银保监会 2021 年年报。

表 1-2 我国商业银行主要业务类型及产品品种

业务类型	产品品种	服务对象
存款	储蓄存款（本外币、活期、定期、存款证明）	个人
	存款（本外币、活期、定期、约期、协议）	企业
贷款	个人贷款（住房、汽车、大额消费）	个人
	信用卡透支授信	个人
	融资贷款（短期、长期、信用、担保、质押）	企业
	银行汇票承兑与贴现、商业汇票贴现	企业
汇兑	境内外汇款、借记卡、支票、自助存取汇	个人
	网上银行、电话银行、手机银行、短信银行、ATM	个人
	银行汇票、银行本票、支票、汇款、托收承付	企业
	国际结算、结售汇	企业
	现金管理（含电子银行）	企业
投资理财	自有理财产品	个人
	代理理财产品（信托、保险、基金、债券、贵金属）	个人
	外汇买卖	个人、企业

二、保险公司

保险是集合具有同类风险的众多单位和个人，以合理计算风险分担金的形式，向少数因该风险事故发生而受到经济损失的成员提供保险经济保障的一种行为。从形式上看，有互助保险、合作保险、商业保险和社会保险等几种类型。商业保险通常被看作狭义的保险。

我国保险业起步较迟，但其发展速度极快，市场潜力大。20 多年来保费收入逐年递增，1997 年逾 1 000 亿元，2007 年逾 7 000 亿元，2017 年为 36 580 亿元，2019 年再创新高，达到 42 645 亿元。其中寿险保费收入为 29 628 亿元，其次是财产险保费收入 13 016 亿元。保险机构家数与规模的情况是：截至 2019 年底，我国保险机构共 235 家，其中保险集团公司 14 家、中资保险公司 160 家、外资保险公司 61 家。保险公司主要分为财产险公司、寿险公司和再保险公司三类，其中寿险公司资产规模最大，是财产险公司的 7 倍多，我国最大的寿险公司是中国人寿保险公司。

保费收入是保险公司的主要资金来源。资金运用则是通过银行存款、购买债券（国债、金融债、企业债）、购买证券投资基金（间接投资股市）等途径，达到保值增值的目的。

保险公司设计各种形式的保险产品，通过一定的营销方式，吸引人们购买从而获得保费收入。财产险公司的产品主要有（按产品收入份额由大到小排列）：机动车辆保险（产品收入占全部财产险产品收入的 70%以上）、企业财产保险、意外伤害险、责任保险、农业保险、货物运输保险、工程保险、船舶保险等。人寿保险公司的主要产品就是寿险，该产品收入占保费收入的比重可达 90%左右，其余产品有健康险和人身意外伤害险。

三、证券公司

证券公司是资本市场上从事证券的发行、买卖及相关业务的金融机构。它在金融市场上的作用是：一方面，充当股票和债券发行（一级市场）的承销商，它为需要资金的单位，包括企业和政府部门，提供从资本市场筹集资金的服务；另一方面，充当投资者买卖有价证券（二级市场）的经纪人。本质上证券公司是资本市场为投融资双方提供专业服务的中介机构。因此，它的客户群体分为两大类：一类是一级市场的机构客户，最典型的营销活动是股票上市之前的“路演”；另一类是二级市场的投资客户，既有机构客户，也有大众客户，营销活动丰富多彩，包括佣金优惠、投资研究信息与咨询服务、各类讲座和投资者教育等。

2021 年 8 月，我国共有证券公司 40 家。主要业务包括：投资银行业务——为企业提供上市服务；经纪业务——为机构和个人提供投资交易服务；代客理财业务——为非专业客户的资金或投资提供专业管理服务；自营业务——用自有资金从事以股票交易为主的投资业务。

合格境外机构投资者（Qualified Foreign Institutional Investors，QFII）自 2003 年进入中国市场，这是境外投资者能够投资中国境内上市 A 股以及在交易所买卖债券的唯一渠道。截至 2021 年 8 月，QFII 已包含瑞士银行、野村证券、花旗环球、摩根士丹利、高盛公司、香港上海汇丰银行、德意志银行等国际知名境外各类金融机构共 631 家，它们可以投资中国金融市场上的债券、股票、基金等多种金融工具，并日益成为影响中国股市的重要力量。

股票是我国资本市场目前的主要产品，也是证券公司经营的主要产品，这里做一简单介绍，更详细和专业性的介绍可参考有关书籍。股票是股份公司在筹集资本时向出资人发行的股份凭证，代表着其持有者（即股东）对股份公司的所有权。股票一般可以通过买卖方式有偿转让，股东能通过股票转让收回其投资，但不能要求公司返还其出资。股东与公司之间的关系不是债权债务关系。股东是公司的所有者，以其出资额为限对公司负有限责任，承担风险，分享收益。与债券相比，股票具有以下特点：

1. **不可偿还性**

股票是一种无偿还期限的有价证券，投资者认购了股票后，就不能再要求退股，只能到二级市场卖给第三者。股票的转让只意味着公司股东的改变，并不减少公司资本。从期限上看，只要公司存在，它所发行的股票就存在，股票的期限等于公司存续的期限。

2. **参与性**

股东有权出席股东大会，选举公司董事会，参与公司重大决策。股票持有者的投资意志和享有的经济利益，通常是通过行使股东参与权来实现的。股东参与公司决策的权利的大小，取决于其所持有的股份的多少。从实践中看，只要股东持有的股票数量达到左右决策结果所需的实际多数，就能掌握公司的决策控制权。

3. **收益性**

股东凭其持有的股票，有权从公司领取股息或红利，获取投资的收益。股息或红利的大小，主要取决于公司的盈利水平和公司的盈利分配政策。股票的收益性还表现在股票投资者可以获得价差收入或实现资产保值增值上。通过低价买入和高价卖出股票，投资者可以赚取价差利润。

4. **流通性**

股票的流通性是指股票在不同投资者之间的可交易性。流通性通常以可流通的股票数量、股票成交量以及股价对交易量的敏感程度来衡量。可流通股数越多，成交量越大，价格对成交量越不敏感（价格不会随着成交量一同变化），股票的流通性就越好，反之就越差。股票的流通使投资者可以在市场上卖出所持有的股票，取得现金。通过股票的流通和股价的变动，可以看出人们对于相关行业和上市公司的发展前景和盈利潜力的判断。那些在流通市场上吸引大量投资者、股价不断上涨的行业和公司，可以通过增发股票，不断吸收大量资本进入生产经营活动，收到优化资源配置的效果。

5. **价格波动性和风险性**

股票在交易市场上作为交易对象，同商品一样，有自己的市场行情和市场价格。由于股票价格受到诸如公司经营状况、供求关系、银行利率、大众心理等多种因素的影响，其波动有很大的不确定性。正是这种不确定性，有可能使股票投资者遭受损失。价格波动的不确定性越大，投资风险也越大。因此，股票是一种高风险的金融产品。

除了股票以外，证券公司还为投资者提供债券（国债、企业可转债等）、权证等产品服务，但业务总量占比还不是很大。

四、基金管理公司

本教材所讲的基金是资本市场证券投资基金的简称。基金公司就是管理运作基金的专业机构。基金公司通过发行基金（基金股份或受益凭证），将投资者分散的资金集中起来，由专业管理人员分散投资于股票、债券或其他金融资产，并将投资收益分配给基金持有者。基金公司聘请优秀的投资人才管理旗下基金，收益主要来自基金管理费，按基金净资产的固定比例提取。一家基金公司往往管理着许多不同风格的基金，如公募基金与私募基金、开放式基金与封闭式基金等。

证券投资基金行业在我国尽管问世不久，但发展迅猛，截至2019年底，我国共有公募基金公司128家，加上取得公募基金管理资格的证券公司或证券公司资管子公司13家，取得公募基金管理资格的保险资管公司2家，合计公募基金管理人为143家。管理的公募基金资产总计14.77万亿元（相当于当年GDP的14.91%）。基金总数6 544只。①

公募基金正逐渐成为中小投资者投资资本市场的主要产品。它是一种基于投资组合理念的金融产品，相对资本市场的其他金融产品，它的特点是专业理财、风险较小，而且由于基金是一种集合投资，因此具有规模经济的优势，投资费用在众多投资者之间分摊，降低了投资成本。同时，基金之间的相互竞争，使得基金的购买费用和管理费用大

① 数据来源：中国证券投资基金业协会网站“统计数据”。

为降低，直接降低了投资者投资基金的成本。此外，很多国家对基金也给予一定的税收优惠。中小投资者既没有时间、专业知识及资讯去管理个人的资产，又没有足够的能力去聘请专业人才代为理财，那么就可以根据自己的投资偏好，购买不同风险—收益组合的基金获得投资收益。

基金业的另一支劲旅是私募股权投资基金。截至2019年末，在证保监会登记的私募投资基金管理人24 471家，备案私募投资基金81 710只，管理资产规模14.08万亿元（相当于当年GDP的14.21%、年末社会融资规模存量的5.60%）。不到10年时间，私募基金规模已经追上公募基金，已成为我国直接融资体系中的重要力量，在支持实体经济发展中发挥着重要的作用。截至2019年第四季度末，各类私募基金累计投资于境内未上市未挂牌企业股权、新三板企业股权和再融资项目数量达11.71万个，为实体经济形成股权资本金6.89万亿元。

基金的客户群体按照购买渠道可以分为两大类，即证券营业部客户和商业银行柜台客户。为了适应投资者不同的风险偏好，基金的种类、风格繁多，为投资者选择合适的基金是营销者的基本任务。

第四节　金融营销发展

曾经很长一段时间，金融机构的经营重点是产品开发及其风险管理，对市场营销的认识及实施比工商企业晚。这与银行等金融企业长期处于“优越”的市场地位有关。美国营销学家、银行营销专家菲利普·科特勒（Philip Kotler）教授曾经这样描述当时的情形：主管贷款的银行高级职员，面无笑容地把借款人安排在大写字台前比自己低得多的凳子上，居高临下，颐指气使，阳光透过窗子照在孤立无援的客户身上，该人正努力诉说着他借款的理由，而冰冷的银行大楼则宛如希腊神殿。但是，至少近20年来，情况有了越来越大的变化。西方发达国家的变化较早，我国在近10年变化较大，尽管与发达国家相比差距仍然较大，但我国一直在进步。

一、发达国家金融营销的发展

美国银行业最早的营销概念可追溯到1958年。到20世纪60年代，美国的个人银行业务的营销飞速发展。而欧洲的应用相对较晚，直到70年代银行营销才逐渐成为英国银行界讨论的焦点。最近20多年，银行对营销的兴趣直线上升，银行的业务也因此而蓬勃发展。其发展进程大致经历了五个阶段：

1. 营销观念萌芽阶段（1958年以前）

之前普遍认为市场营销与银行无关。在人们的印象中，银行与客户之间向来用不着进行营销活动，因为客户在需要银行服务的时候不得不走进银行。直到1958年，美国银行业协会才在其年会上第一次提到市场营销在银行的运用。美国有些银行开始借鉴工商企业的做法，在个别竞争较激烈的业务上采用广告和促销手段。随后许多竞争对手争相效仿，银行营销观念由此推广。

2.“友好服务”阶段（20世纪60年代）

银行发现自己靠广告、促销获得的优势很快被竞争者的效仿抵消，它们感到吸引客户并不难，难的是使他们成为忠诚的客户。因此银行开始注重服务，但当时还仅仅把服务片面理解为员工的微笑和友好的气氛。许多银行开始对员工进行培训，推行“微笑”服务，拆除营业柜台窗前的栏杆，营造温馨、友好的环境。首先实施上述措施的银行在吸引客户方面卓有成效，但很快被竞争者察觉并效仿，于是全行业又兴起了友好服务培训和装饰改进的热潮，结果家家银行都变得平易近人，客户很难依据服务态度来选择银行。不过银行整体服务水平由此提高了一个层次。

3. 金融创新以及产品深度与宽度扩展阶段（20世纪70年代）

20世纪70年代中期以后，金融业经历了大变革，推动了金融市场营销的迅速发展。许多银行开始意识到其所经营的业务本质是满足客户不断发展的金融需求。客观上金融管制放松，使银行开发新产品和服务成为可能。为了获得差别优势，规避风险，寻求利润，银行开始在金融工具、金融市场以及金融服务项目等方面创新，如提供信用卡服务、上门贷款、共同基金、国际保险等。

4. 重视服务定位阶段（20世纪80年代）

由于金融产品有很强的同质性，每当银行领先推出注重广告、微笑服务和产品创新时，结果都逃不出逐渐沦为同一层次竞争者的命运。于是，银行被迫去探索如何发展自己的特殊优势。它们发现没有一家银行能成为所有客户心目中的最佳银行并向客户提供所需要的全部银行服务。因此，银行意识到应该有所选择，在本行业中寻找到适合自己的特定位置，以与其他银行区别开来。这个时候，许多银行纷纷确定自己的形象和服务重点。如有的强调自己精通各种金融技术，为大公司客户提供服务；有的专门服务于中小企业；有的注重规模形象，擅长国际金融服务；有的专注于对其产品的精心设计、定价和广告宣传，集中吸引高收入人群；有的把目标锁定在25～45岁年龄段的客户身上；而有些银行则把兴趣放在老年客户身上；等等。不同的市场定位体现了银行之间的差异，也使客户能挑选对他们最适宜和最大程度满足他们要求的银行。

5. 现代银行营销阶段（20世纪90年代以来）

银行为了保持自己的市场优势，获得持久的好业绩，开始重视营销环境的调研分析，自觉借助营销的理论与方法，制定战略目标和经营策略，通过营销分析、计划、实施和控制，建立和保持与目标客户之间互利的交换，最终实现自身目标。

二、金融营销在我国的发展

我国工商界重视市场营销是1980年以后的事。在理论界，前10年是探讨、研究、萌芽阶段。进入20世纪90年代以后，全国除了财经类院校及综合大学外，各类院校普遍开设了市场营销学课程，作为经济管理类专业的主要课程，现在市场营销学已成为最热门的专业之一。

现在工商企业越来越自觉地运用市场营销的原理与方法来指导经营活动。但金融机构营销起步很晚，目前虽有相当程度的发展，但与发达国家的金融营销比较，仍然存在较大差距。回顾我国金融机构营销的发展，宜以银行为主要线索。保险和证券机构是改革开放的产物，出生于市场竞争环境，其营销意识和手段相比银行起点比较高。以银行为代表的我国金融营销发展大致可以划分为四个阶段：

1. 排斥阶段（20 世纪 50—80 年代）

在改革开放之前的计划经济时代，银行是政府的出纳部门，与市场无缘。

2. 萌芽阶段（20 世纪 80 年代中期至 90 年代中期）

1984 年中国人民银行单独行使中央银行职能。1985 年信贷资金管理体制改革，银行的经营主动性有所增强。1987 年交通银行成立，揭开了银行业竞争的序幕，银行开始寻求业务拓展的渠道，向客户推销银行产品。但营销主要体现在存款推销上。

3. 初步发展阶段（20 世纪 90 年代中期至 2010 年前后）

1994 年政策性业务从专业银行剥离出去，归属政策性银行，专业银行向商业银行转轨，经营目标中的营利性目标为银行营销机制的建立提供了内在动力，市场竞争的激烈化以及加入 WTO 给银行营销发展带来了外部压力，而金融市场日益完善为银行开展营销活动开拓了广阔的空间。近年来，银行营销活动成效显著，主要表现为：

第一，银行服务理念树立。各大银行纷纷推广文明用语，改善行员的服务态度，推出微笑服务、限时服务、一米线服务、电话预约等形式多样的服务。

第二，金融产品不断开发推广。在传统业务的基础上，存贷款品种不断翻新，如信用卡存款及服务业务、个人汽车贷款、个人住房贷款等；推出许多中间业务，如代售基金业务、保管箱业务、理财咨询业务、租赁业务等。

第三，分销渠道拓宽。直接分销拓展主要是增设分支机构，形成规模庞大的营销网络，为客户提供便利的柜台服务。间接分销拓展是 ATM、POS 机、电话银行等远程服务网点铺设，自 1994 年以来得到迅猛发展。

第四，利用多种有效的促销手段。通过电视、电台、路牌等媒介宣传自己的产品，激发客户需求，鼓励购买本行产品。1998 年以来各银行相继推出客户经理制，开发和培育长期客户。

4. 迅速发展阶段 (2010 年前后至今)

随着世界金融行业信息化、电子化、虚拟化的加速发展与广泛渗透，我国金融产品与服务出现虚拟化特征，开始了全面网络化的转型，市场竞争出现了“无网不胜”的态势。金融营销伴随着网络化的潮流，网络金融营销的观念与践行应运而生，以达到成本更低、效率更高、服务更贴心的经营目标。

各种各样的互联网工具、电信工具与有线电视终端等，被金融机构用来开展营销活动。

从近几年的发展情况看，网络金融营销的模式大致分为四种：

第一，自建网站模式。采取 B2B 和 B2C 等网上金融服务模式，销售自己的产品与服务。这是所有金融机构都有的模式。通过采用搜索引擎、电子邮件、网络广告等多种工具进行全方位营销。

第二，第三方交易平台模式。金融机构将自己的产品与服务置于第三方电子商务交易平台进行网上销售，如同花顺、大智慧、天天基金、慧择网等。

第三，专业网络媒介营销。金融机构在大型门户网站做广告，开设专栏、博客做广告，并开设专栏等专业频道。

第四，广电通信营销模式。借助广电通信设施，宣传推广产品与服务，如电话通信、WAP 服务、有线电视等，目前最流行的模式是手机 App。

银行营销的发展过程表明：(1）银行营销是银行适应日益加剧的竞争状况的产物，并已成为银行开发市场、提高经营业绩的重要手段；(2）银行营销已经不限于促销范畴，几乎涉及所有的经营活动，如市场研究、市场预测和售后服务、信息反馈等，成为银行经营管理，如产品研制、开发、定价、促销等的基础工作；(3）银行营销的出发点是客户的需要和客户的满意度，银行意识到最有价值的“资产”不是存款，而是客户，因此，银行已经抛弃妄自尊大的意识，利用最先进的网络信息技术，提升竞争力，实现全方位客户满意体验。

三、我国银行营销中存在的一些问题

(1）观念狭隘。有些银行职员认为银行营销就是做广告，推销产品；有的银行仍拘泥于“为客户提供什么”，而没有转变到“客户需要什么”。

(2）产品单一。银行资金来源主要是存款，资金运用主要是贷款，靠利差生存的状况还没有根本改变，真正有创新的产品很少。

(3）内部组织不健全。营销部门地位不明确，部门间不协调，营销管理不规范。

(4）营销手段简单。产品开发缺乏深入的市场调研，品种还不能完全满足客户需要，促销和宣传不系统，甚至流于形式。

(5）营销活动的地区差别较大。主要是受东南沿海与中西部经济发展程度不同的影响而产生的差别。

本章小结

从事金融营销，必须对金融市场有十分清晰的了解，并熟悉其运作的基本规律。我国金融市场与其他市场相比，首先是对国民经济的渗透和影响力大，因此是一个政府有一定程度控制的市场；其次是市场结构和层级日趋多样化，相互影响、相互关联日趋加强，跟踪多个市场信息指标，捕捉跨市场套利机会，可以提高营销竞争力；再次是市场产品比较传统，同质化程度高，创新不足，存在满足国民财富增长需求的巨大潜力；最后是市场参与者的队伍不断扩大，在我国金融市场逐步开放的过程中，机构和大众的参与规模将不断扩大，程度不断加深。虽然金融营销在我国起步较晚，但发展迅速，已经成为金融企业经营管理的重要内容，未来对于营销的知识和人才需求将更大。

重要术语和概念

金融市场　货币市场　资本市场　外汇市场　黄金市场　期货市场　一/二级市场

金融机构　商业银行　保险公司　证券公司　基金公司　金融产品　股票　基金　债券

复习思考题

1. 如何理解金融市场具有“资源配置功能”?
2. 按交易标的物的不同，如何划分金融市场?
3. 与商品市场比较，金融市场有何特点?
4. 简述金融市场的主要子市场的特点及其主要金融工具或金融产品。
5. 国家要修建高速公路如何筹资? 一个企业要扩大经营规模有什么筹资途径?
6. 试述主要商业性金融机构的经营范围和主要产品，以及主要客户群体。

拓展阅读

[1] 黄达，张杰. 金融学. 5版. 北京：中国人民大学出版社，2020
[2] 易纲，吴有昌. 货币银行学. 上海：格致出版社，上海人民出版社，2014

第二章　金融服务营销

学习目标

1. 了解服务营销学与市场营销学的异同。
2. 理解服务活动的本质特征、服务产品区别于工业产品的特性。
3. 掌握金融服务营销的特点。

从传统来看，市场营销学注重的是生产实体产品的企业营销活动，对基于劳务的服务产品营销的重视只是近 20 年的事，并由此派生出了服务营销的新学科领域。金融行业是不同于实体产品生产的服务行业，其虚拟性和重要性又使它成为一个特殊的服务行业。其营销更适用服务营销理论，遗憾的是，许多金融营销者对此并不熟悉。

服务营销学源于市场营销学，伴随服务经济时代的到来而越来越受重视。在学者们多年研究的努力下，服务营销理论日益显现出其独特性，并逐渐形成具有巨大发展潜力的新兴学科。它从理论上分析并解释服务活动的本质与特征，比较了服务产品与实体产品的差异，提出了许多新的营销理念，为企业、政府、社团等服务型组织提供了服务管理方法和策略。其基本内容包括服务设计、服务传递、顾客接触、顾客满意等，近几年又逐步延伸至关系营销、内部营销、后勤支持等领域，与市场营销学的发展主流自然融合，相互补充、相互促进。目前，国外多数管理学院都开设了服务营销与管理方面的课程。有学者认为，如果没有服务营销与管理方面的课程，MBA 将是不完整的。

人们常常将金融产品或金融服务混为一谈，但本质上金融就是服务。因此从事金融营销，仅仅了解市场营销理论还不够，还需要进一步掌握服务营销的理论知识。

作为市场营销理论知识的必要补充和延展，本章将概括介绍服务营销理论的发展与特点，了解服务活动和服务产品的本质特征，以及有关营销策略。由于金融营销发展历史比较短，学习金融服务营销理论及其实践时，还需从其他服务行业的经验教训中吸取营养。教材中许多素材虽然并非直接来自金融行业，但富有启示和值得借鉴。本章最后将阐述金融服务营销的特点。

第一节　服务营销理论概要

一、服务营销理论的兴起与发展

服务营销理论于20世纪60年代兴起于西方，80年代进入高潮。主要原因是西方经济发达国家进入了知识型的服务社会，不仅服务机构而且包括工商企业对有形产品提升服务附加值的活动，都需要新理论来指导。服务营销学是市场营销学运用于服务行业后，进行适应性的蜕变或变革的必然结果。

营销学著名学者科特勒曾经指出，服务代表了未来市场营销管理和市场营销学研究的主要领域之一。事实上，服务营销学已经在欧美国家蓬勃发展。在21世纪，随着世界服务业的进一步发展，服务业将继续成为国际市场营销界一个重点关注的领域。近10年服务营销学理论发展加速，学科的独立性趋势日渐呈现。现在营销学者们再也不会像以前那样，不太关注服务，通常只在工业营销学或国际营销学的最后一章才提及服务营销点缀一下。随着知识经济的发展、信息技术的进步、服务社会的到来，服务需求被大大激发，对服务营销理论的专门研究吸引了越来越多学者的关注和进入。

服务营销学是一门年轻的理论，回顾其发展历程，学者们大致将其归纳为三个阶段，每个发展阶段都有关注和研究的重点问题。

第一阶段（20世纪60—70年代）是服务营销学的脱胎阶段。这一阶段是服务营销学刚从市场营销学中脱胎而出的时期。这一阶段主要研究的问题是：

（1）服务与有形实物产品的异同；

（2）服务的特征；

（3）服务营销学与市场营销学研究角度的差异。

第二阶段（20世纪80年代初至80年代中期）是服务营销的理论探索阶段。其间主要探讨服务的特征如何影响消费者购买行为，尤其集中于消费者对服务的特质、优劣及潜在购买风险的评估研究。这一阶段具有代表性的学术研究课题主要是：

（1）顾客评估服务如何有别于评估有形产品；

（2）如何依据服务的特征将服务划分为不同的种类；

（3）可感知性与不可感知性差异序列理论；

（4）顾客在服务生产过程中的高参与和低参与模式；

（5）服务营销学如何跳出传统的市场营销学的范畴而采取新的营销手段。

第三阶段（20世纪80年代后期至今）是理论突破及实践阶段。在第二阶段取得对服务基本特征的共识基础上，营销学者们集中研究了用传统的“4P”组合要素来推广服务产品的缺陷及其对策，以及究竟要增加哪些新的组合变量的问题。这一阶段代表性的学术观点是：

（1）服务营销应包括7种变量组合，即在传统的产品、价格、渠道和促销“4P”要素之外，还要增加“人”“服务过程”“有形展示”3 个要素，从而形成“7P”组合。

（2）由“人”（包括顾客和企业员工）在服务推广以及服务生产过程中所扮演的角色衍生出两大研究领域，即关系营销和服务系统设计。

（3）服务质量的新解释，确认服务质量由结果质量和过程质量组成，前者与服务的硬件要素关系密切，后者指服务的软件要素。服务质量的标准以可靠性、反应性、保证性、关怀性和有形性为基本内容。

（4）提出服务接触的系列观点，包括企业一线员工与顾客相互之间沟通时的行为及心理变化，服务接触对整体服务感受的影响，如何利用一线员工及顾客双方的“控制欲”“角色”和对投入服务生产过程的期望等因素来提高服务质量等问题。

（5）从对“7P”研究的深化，到强调加强跨学科研究的至关重要性。服务营销学强调从人事管理学、生产管理学、社会学以及心理学等学科领域观察、分析和理解服务行业中所存在的各种市场关系。

（6）特殊的服务营销问题，如服务价格测定理论、服务的国际化营销战略、资讯技术对服务的生产管理及市场营销过程的影响等。

二、服务营销学与市场营销学的比较

（一）服务营销与商品营销的不同

20 世纪 70 年代，美国一些服务性公司日益重视营销，需要雇用营销人员。它们从世界上最优秀的营销企业——宝洁公司、通用食品公司、柯达公司等招兵买马。这些优秀的营销经理们从制造企业的工业产品营销转向医疗、航空、酒店、银行及其他服务行业后发现，自己原先的经验并不能应付在服务营销中所面临的问题和困难。他们认识到服务业的营销和管理与工业产品营销有很大的不同，需要采用新的观念和方法。

1979 年，美国一家咨询顾问公司就“服务营销是否不同于市场营销”进行了专门调查，特别调查了几个高级营销管理人员，他们都有丰富的产品营销经验（因其出色的营销才能而出名），后转入服务行业。他们都认为两者之间存在区别。一位从宝洁公司转向假日酒店的人员描述：服务营销的组合变量比消费品多；生产过程是营销过程的一部分；顾客介入服务过程，推销宾馆房间是“人对人”的销售。航空业的营销人员指出：航空服务中人员是产品的一部分。人们购买产品是因为他们相信产品有效用，但对于服务来说，人们会与他喜欢的人打交道，因为喜爱而购买。因此，顾客与员工的接触成为服务营销的关键部分。

推动服务进步的一个重要因素是技术，尤其是网络信息技术正深刻影响着服务方式。电话、交互语音系统、远程设备、互联网等的使用，使许多需要顾客亲临现场的传统服务可以远距离获得，因而更加简单、方便和有效率，例如：信息问讯、现金支付、核对账目记录、跟踪订货，甚至进行远程授课、外科手术。此外，网络信息技术还带来了新的高度互动的服务模式，例如：亚马逊的网上书店；《华尔街日报》提供交互的版面编辑方式，让客户根据自己的偏好和要求组织报纸；在欧洲和日本手机普及率较高，有的国家甚至能够让消费者使用手机在自动货柜和加油站付费。技术在带来新效用的同时也有副作用，如人际关系疏远、触犯客户隐私、投资巨大而回报不确定等，给营销带来新的挑战。

行业与产品的特点、社会的发展变化、技术的进步、竞争的压力以及原有理论的局限，促使服务营销理论从市场营销学的母体诞生并快速发展。

（二）服务营销学与市场营销学的不同

服务营销学衍生于市场营销学，它们之间既有联系又有区别。其理论基础和分析框架有较强的相似性，特别是在营销理念、市场战略、营销环境分析等方面存在很大程度的共通性，但在市场和消费者分析的侧重点、营销组合策略等方面，服务营销自身特点突出。服务营销学与市场营销学存在的主要差异可以归纳为六个方面，即研究对象、产品质量、顾客地位、产品生产人员的地位、有形展示和渠道，具体如表 2－1 所示。

表 2－1 服务营销学与市场营销学的主要差异比较

存在差异的主要方面	服务营销学	市场营销学
研究对象的差别	服务企业生产和营销服务产品的活动	制造企业的整体市场销售活动
产品质量的定义不同	强调客户满意的质量标准，进行过程控制	强调质量的物理测试标准和合格认证
顾客是否参与生产过程	生产与消费同时发生，顾客接受服务的行为影响服务产品质量	侧重产品交易，顾客的交易表现不是营销的内容
提供产品人员的地位不同	以人为本，将顾客满意内化为员工满意，强调内部营销	人是商品交易行为的承担者，不构成产品质量因素
是否需要有形展示	强调服务环境营销对服务活动产生的效果，是营销要素之一	无
产品进入消费渠道的差异	生产直接面对消费，极少有中间环节，物流渠道被服务传递替代	生产远离消费，物流渠道必不可少

1. 研究对象差异

市场营销学以产品生产企业的整体营销活动作为研究对象。服务营销学以服务机构（包括营利企业和非营利社会组织及政府部门）的营销活动，以及生产企业提升产品服务附加值的营销活动作为研究对象。服务企业的产品营销与生产企业的产品营销存在较大的差异，不能等同。

2. 对待产品质量的着眼点不同

市场营销学针对产品生产企业，强调产品质量的标准化、合格认证等，质量的测定一般在生产结束时通过物理手段进行。而服务产品的质量很难像有形产品那样用统一的质量标准来衡量，其缺点和不足不易发现和改正。服务营销学对此进行了特别的研究，认为通过服务过程控制可解决服务质量难以把握的问题。

3. 服务营销学强调对顾客的管理

市场营销学虽然强调以消费者为中心，但侧重点为与顾客达成交易的产品，不关心交易过程中顾客的表现。而服务产品是一个与顾客互动的活动过程，是服务生产与服务消费同时进行的过程，生产过程也是消费过程。服务品质的优劣、服务绩效的好坏，不仅取决于服务提供者的品质，也与顾客行为密切相关，所以研究顾客的服务消费行为变得十分重要。服务营销必须把顾客当作服务生产力的一部分，将其纳入服务营销管理的内容。

4. 服务营销学强调内部营销管理

人是服务产品的重要构成部分。服务的生产与消费过程，是服务提供者与顾客广泛接触的过程。因此，提高服务员工素质、加强服务企业内部人力资源管理、以人为本的内部营销管理，是服务营销学的重要研究内容。市场营销学也涉及人，但他只是商品买卖行为的承担者，而不是产品本身的构成因素。

5. 服务营销学突出解决有形展示问题

服务产品的无形性，是服务营销学研究服务有形展示的现实基础。服务产品有形展示的方式、方法、途径、技巧成为服务营销学研究的独特问题。工业产品是可见、可触摸的，一般不需要对产品以外的环境给予更多关注，只要展示产品本身就够了，因此，市场营销学通常无须研究此类问题。而对无形的服务产品通过有效的形象线索展示其品质，是服务营销学的特色之一。

6. 物流渠道被服务传递替代

服务活动直接面对顾客或近距离靠近顾客，生产与消费之间很少有中间环节，大部分是直销形式。而有形产品生产远离顾客，物流渠道等中间环节必不可缺，否则无法将产品送至消费者。大众消费产品“渠道为王”对生产企业的制约，对服务企业则不是问题。服务企业的问题是如何传递服务，使顾客感受到服务产品的价值。基于这一特点，服务经济又叫体验经济。

三、服务的定义

服务作为服务营销学的核心概念需要明确其内涵与外延。各国学者有关服务概念的界定不下几十种，此处引用四个颇具代表性的服务定义。

早在 1960 年，美国市场营销协会最先给服务下定义：用于出售或者是同产品连在一起进行出售的活动、利益或满足感。实践一段时间后又进行了修改。新的定义是：可被区分界定，主要为不可感知，却可使欲望得到满足的活动，而这种活动并不需要与其他产品或服务的出售联系在一起。生产服务时可能会也可能不会需要利用实物，而且即使需要借助某些实物协助生产服务，这些实物的所有权也将不涉及转移的问题。

1963 年著名学者雷根对服务的定义是：直接提供满足（交通、租房）或者与有形商品或其他服务（信用卡）一起提供满足的具有无形特征的活动。

1990 年，国际著名的芬兰服务营销学家格鲁诺斯，在收集和研究了前 30 年有关服务活动的文献后，对服务所下的定义是：服务是指或多或少具有无形特征的一种或一系列活动，通常（但并非一定）发生在顾客同服务的提供者及其有形的资源、商品或系统相互作用的过程中，以便解决消费者的有关问题。

英国著名学者 A. 佩恩在分析了各国营销组织和学者对服务的界定之后，把服务界定为：服务是一种涉及某些无形因素的活动，它包括与顾客或他们拥有的财产的相互活动，它不会造成所有权的变更。条件可能发生变化，服务产出可以与或不与物质产品紧密相连。

其实，要对服务下一个准确的定义是十分困难的，因为服务形态非常复杂和多样。无论学者们认为自己的描述是多么完美，总可以找到不适合任何定义的服务例子。于是，人们在苛求精准定义不成后，转而从服务的特征去把握服务的实质。这就是在一些教科书中常常看到，对服务的定义先根据行文的需要引用某一比较权威的表述，而后将更多笔墨放在描述服务特征上的主要原因。本书亦概莫能外。通过对上述服务定义的综合理解和概括，本书将服务简要表述为："服务是用以交易和满足顾客需要的本身无形的和不发生实物所有权转移的活动。"

为了便于理解，可以再简单地说，服务是行动、过程和表现。比如，IBM 公司提供的信息系统解决方案服务，并不是能够触摸到、看得到或者感觉得到的有形产品，而是一系列的行为，结果表现是绩效，当服务活动停止时，则产品归于无形。具体来说，IBM 公司为信息设备提供维护服务，为信息技术和电子商务应用提供咨询、培训、网页设计和其他服务。这些活动的结果可能是一个最终形成的报告，或是员工培训以及指导材料，或通过问题分析活动、与客户会见、进一步的电话联系和报告等一系列行动、过程和行为，在客户面前展示它们的整个服务产品。类似地，医院、饭店、银行和公共事业提供的服务产品，其核心利益的授受也是通过服务人员与客户之间的行为和活动实现的。请看表 2－2 所示的例子。

表 2－2　服务的行为及绩效举例

行业	行为	绩效
医院	医生诊断病情、开处方；护士操作治疗过程；患者配合吃药治疗	解除病痛和不适
银行	接受客户现金储蓄委托，承诺并开出受托凭证受理客户借钱申请，核实并接受信用，出款	安全、使融通资金增值、把握商机
理财	成本控制、资金调配、投资品种	增加利润、降低风险
社会治安	巡逻、设岗、警示违规、抓捕罪犯	秩序井然、安居乐业
政府活动	公示程序、采购招标、关心弱势人群	透明、公正、公平

四、服务活动的特点

上述定义将服务作为活动和过程，概括了它的四大本质特点：利他性、交易性、无形性和所有权不转移。

（一）服务活动的利他性

服务是满足他人需要，而不是满足自己需要的活动。人们满足自己需要的活动，不能叫作服务。服务营销离不开他人的需要，这是所有营销活动的共性。服务的利他性体现了服务的商业性，也是实现服务交易的基础。

（二）服务活动的交易性

在市场经济条件下，满足他人需要的服务只有通过交易才能实现。仅仅是利他而没有交易，不属于商业服务活动。例如，父母照看自己的孩子有利他性但没有交易，因而不属于服务范畴。而从劳务市场请保姆照看孩子的活动则属于服务范畴，因为有用劳务换取报酬的交易。商业社会中，服务的交易性是服务生产与营销的动力。

服务是一种不能自产自用，只能买卖交易的东西，所以商业服务活动的利他性和交易性密不可分、缺一不可。例如，游泳——在自家泳池还是在体育馆泳池、父母教还是教练教，体育馆提供的场所服务具有交易性和利他性，教练提供的劳务服务具有交易性和利他性；类似的还有：就餐——自家做还是外出吃，家务——自己动手还是请钟点工，等等。

（三）一切服务本质上都是无形的

服务活动本身是无形的或抽象的。不但教师、律师、护理、保姆提供的这些以纯劳务为内容的服务是无形的，零售、餐饮、交通、通信、金融、保险、房地产、旅游、美容、店堂环境等具有有形（实体）成分的服务，本质上也是无形的。如零售业的商品、店堂环境和营业人员是有形的，但这些实体成分并不是零售服务的本质，零售服务的本质是商品买卖服务，它是动态而无形的。又如餐饮业的菜肴、点心、酒或饮料、店堂环境、厨师和服务人员是有形的，但这些实体成分并不是餐饮服务的本质，餐饮服务的本质是美味佳肴及其相关的烹饪服务、就餐服务和酒或饮料的买卖服务，这些服务是动态而无形的。再如房地产服务业的房产、地产和房地产业的营业场所、营业人员等是有形的，但这些实体成分同样不是房地产服务的本质，房地产服务的本质是提供房地产实物的买卖或租赁服务，这两种服务同样也是动态而无形的。

同样，对金融而言，货币本身就是抽象的一般等价物，为货币提供流通、保值增值、避险服务的金融产品，必然也是无形的服务产品。人们手持的现金或其他来源的货币资产进入金融机构账户后，成为数字和符号，这些数字和符号以电子速度在人们看不见、摸不着的电子系统或网络上高速流动。为推销金融产品，金融机构还有许多配套的服务手段，如高效率的流程、优惠的价格、网上银行、电话银行等。这些服务虽然可触摸性低，但人们是能体验其存在和效用的。

在服务研究领域内，无论服务产品是否包含有形部分，服务都强调其中与产品使用过程有关的活动，而有形部分位于次要地位。由此又衍生出了以下第四个特点：服务产品中的无形部分与所有权无关。

（四）一切服务本质上都与所有权无关

格鲁诺斯在谈到服务与所有权的关系时有一段精彩的论述："服务与所有权不相干。我们乘坐航班抵达目的地后，除了机票和登机卡留在手上外，其他一切都清算交割。在银行提取存款，我们可能会感到是在拿银行的钱，在服务过程结束后，我们确确实实把钱捏在自己的手中，但是银行服务不会产生所有权的变更。事实上任何时间里我们都是这笔存款的主人，银行只不过是一个存放的场所，而且银行要给我们一定的利息。不过也有例外的情况，比如在百货商店购物后我们就取得了所购商品的所有权，这样商店的服务导致了有形商品所有权的转让。”① 百货商店的零售服务在形式上发生了实物（商品）所有权的转移，但从实质看，为百货商店提供买进卖出的零售服务与格鲁诺斯讲的银行服务一样，本身并没有发生实物所有权的转移，百货商店在零售服务中转移的只是他人的实物所有权。因此，格鲁诺斯的“服务与所有权不相干”的论断是普遍适用的，百货商店的服务也不例外。

服务不发生所有权转移的原因是，服务是一种人的活动，服务知识和技能依附在服务提供者身上。服务活动能被他人享受，可以重复使用，但无法被他人占有。教师、律师、理财师、护理、保姆等纯服务与所有权无关，零售、餐饮、金融、房地产、美容等的服务（即使产品包含有形部分）也与所有权无关。这也是服务行业“人才是第一资源”的道理。不过知识技能拥有权独占的优势不一定是长久的优势，因为知识技能和机器一样都会老化或被其他人模仿。知识更新、员工培训是服务机构人力资源管理的重要内容。因此，服务活动的主体——人员，必须是服务营销策略的要素之一。

第二节　服务产品特性

虽然服务机构种类繁多，提供的服务产品形态五花八门，但与工厂制造的实物产品相比，不同服务产品之间仍存在一些共同特点，最主要的特点表现在四个方面，即无形性、异质性、不可分性、易逝性，分别对应实物产品的有形、标准、生产远离消费和产品可储存的特点。下面对服务产品的四大特点展开逐项分析。

一、无形性

相对实物产品具有的物理化学特性而言，服务产品是抽象的、无形的，常常以运动形式表现出来，顾客在购买之前，一般不能看到、嗅到、尝到或触摸到。由于无形性是服务产品最重要的特征，因此相对其他特性需要进行更多的分析说明。

（一）无形与有形的相对性

尽管服务的定义明确无形性是确定提供品是否为服务的关键，但很少有产品是纯粹无形或有形的。相对而言，服务要比制造品更无形。例如，快餐业属于服务业，但它仍有许多有形部分，如食品、包装材料等。汽车行业属于制造业，但也产生许多相关联的无形产品，如交通运输。因此，在服务这个包含众多行业的领域内，不同服务机构产品的有形性与无形性不可说绝对有或无，而是存在程度上的不同。因此，将产品无形与有形的相对程度作为重要变量，对服务产业内部进行分类，是服务分类的基本方法之一。

---

① 克里斯蒂·格鲁诺斯. 服务市场营销管理. 上海：复旦大学出版社，1998.

用一个化学的比喻：服务产品的“有形——可触知”和“无形——不可触知”两部分，就好像由两种元素（产品加服务）构成的分子，“分子式”代表着有形和无形成分各占一定比例而形成的一种产品。改变分子中一个元素的数量，由分子构成的物质就会变成另外一种物质。同理，以航空运输服务为例，有形的可触知部分是地面设施（机场）和飞机，无形的不可触知部分是飞行的班次密度、飞行前各类服务（订票、登机手续、候机和行李管理）和机上乘客服务等。类似地，在汽车销售中，有形的可触知部分有汽车，无形的不可触知部分是销售者提供的专业服务，例如“4S店”① 模式。在航空运输服务中没有物品所有权的转移，而汽车销售中则有汽车所有权的转移问题。但租用汽车时，用户购买的不是汽车的所有权，而是汽车的使用权以及相关服务。

对于各类服务产品中无形部分与有形部分的占比，可以用一个渐变的连续图谱来表示，见图 2－1。

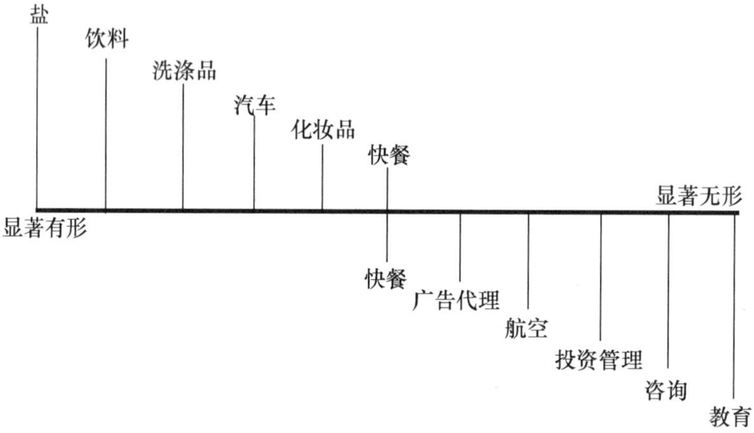

图 2－1　有形产品—无形产品连续谱图

这是一种描述无形服务与有形实物产品难以分割的较好方法。连续图谱的一端是纯粹的无形服务，而另一端是纯实物产品。它们之间的许多类型的服务产品都是有形特征和无形特征兼有，只是程度不同而已。

（二）有形与无形的属性

图 2－1 也是一种对服务进行分类的方法。在服务机构进行营销战略规划之前，首先要确定自己的产品或服务在连续谱图轴线上所处的位置。越往左边，产品的有形成分占比就越大，例如食盐就无须附加更多服务，属于有形产品。营销的决策方式取决于产品“分子”内起核心作用的元素构成。无形成分越大，越难以采用有形产品的营销手段。以餐饮为例，餐馆提供的既有产品又有服务。一盘色、香、味、形俱全的菜端上餐桌，包含着有形与无形两种成分。菜肴、点心、酒或饮料、店堂环境、厨师和服务员是有形的，

① 4S店是一种以“四位一体”为核心的汽车特许经营模式，包括整车销售（sale）、零配件（sparepart）、售后服务（service）、信息反馈（survey）等。它拥有统一的外观形象、统一的标识、统一的管理标准以及只经营单一的品牌的特点。它是一种个性突出的有形市场，具有渠道一致性和统一的文化理念，4S店在提升汽车品牌、汽车生产企业形象上的优势明显。

但这些有形成分并不是餐饮服务的本质。餐饮服务的本质是菜肴食品的特色口味、店堂整洁或环境情调、服务人员殷勤周到，这些使人产生食欲和情感愉悦，这些虽然无形但会产生体验。如果一定要强调有形的食品就是餐馆出售的产品，那也不错，但那属于烹饪业务，其生产和营销活动与汽车制造没有本质区别，不属于服务营销的范畴。

（三）制造企业的无形服务

还要认识到，无形产品并非仅由服务部门提供，像波音公司和福特汽车公司这样的制造企业也生产图 2-1 轴线上右边部分的产品。如波音公司对外销售时，向购买飞机的航空公司提供咨询服务和乘客需求预测服务；或提供航空公司内部生产流程支持系统，包括一些技术和后勤支持（如数据处理、法律服务），帮助客户提高内部运营效率。这些都是客户在购买飞机的同时得到的服务附加值。

在知识经济时代，工业产品的服务附加值不断增加，许多制造业的先行者积极向“以服务为导向”的经营模式演变。例如，“高质量”和“低价格”曾经是 IBM 公司孜孜以求的目标，可是现在，“快速交货”“售后服务”等服务附加值已超过质量与价格，成为企业竞争制胜的重要因素。

（四）服务的广义性

产品制造企业为了增强其核心产品竞争力而提供许多附加服务，如客服中心、接受订单、单据事务处理、投诉处理等，一般不收取费用。这种制造企业提供的附加服务，与专业服务机构通过服务活动所提供的专业服务或专门产品是不一样的。尽管如此，服务营销涉及的服务是广义的，既包括通信、酒店、航空、银行、医院、咨询顾问、IT 等产品无形成分较大的专业服务机构，也包括制造业的附加服务活动。本书用“服务机构”的称谓来特指服务涵盖的广义性。

即使是专门的服务企业，即图 2-1 轴线上靠右侧的行业，也一样有附加服务业务。例如美国联邦快递，它提供快递服务产品，但也提供高水平的客户服务。其快递服务包括短时间递送包裹以及利用先进技术进行库存管理、仓储和分派，这是核心服务。而附加服务主要是提供在线跟踪查询系统，便于顾客实时了解自己邮件的去处，还建立客服中心并培养了一批经过良好训练和充分授权的应答员。优质的核心服务加上非常出色的附加客户服务，为联邦快递造就了大批高度忠诚的客户。

以上分析表明，要严格区分产品营销和服务营销并非易事。有时购买实物产品时会伴随某些辅助性服务（如安装、维修等），而购买服务时有时会包括一些辅助产品（如餐厅的食物）。同一件物品，使用场合、地点、目的不同，作为产品的属性就可能不同。例如一家企业想为人们乘车出行提供便利，如果卖汽车，则是在营销有形产品，如果出租汽车，则是在出售无形的服务。想想我们用的复印机、电脑等设备是不是也可能有类似情况。

（五）无形性对服务营销的利弊

（1）有利的影响：顾客虽然看不见、摸不着，但能感觉到和享受到，如著名的“星巴克”咖啡，那种“不仅仅是一杯咖啡的”神秘感独具吸引力，就是一个出彩的卖点。“无形”背后是依附于服务提供者的技术、才能，包括服务技艺、技术、知识、文化乃至信息等，这些具有抽象美的东西，使服务产生了魅力和吸引力。服务岗位多少都是需要某方面技巧或技能的岗位，这对喜欢钻研技巧或有某种技能的就业者具有很大的吸引力，他们一旦进入服务岗位，就在兴趣和爱好的驱使下自觉促进服务营销。许多服务明星的表现都可以证明这一点。

（2）不利的影响：顾客不容易识别服务产品，有较大的购买风险；产品不容易展示和沟通，难以定价；服务质量较难控制；服务投诉或纠纷较难处理。服务产品的广告、展览比服务产品的营销难度大，例如人寿保险公司推销其产品，如何表现当人们生老病死等意外发生时，其保险带来的好处？如果直接表现一定是令人不适的，所以人们看到的其广告通常是间接的、隐晦的，因此效果大打折扣。

二、异质性

服务是以人为中心的产业，这是其与制造业另一个重要的不同之处。由于人与人的素质、修养、文化与技术水平存在差异，同一服务，由不同人操作，品质难以完全相同；同一人做同样的服务，因时间、地点、环境与心态变化的不同，服务效果也难以完全一致。因此，服务品质的标准难统一、不稳定。

此外，服务提供者与顾客之间彼此相互影响，使影响服务质量的因素更趋复杂，品质标准更难确定，难以确切知道提供的服务是否与承诺相符，所以，服务的产品设计需要特别注意保持应有的品质，力求始终如一，维持高水准，建立顾客信心，树立优质服务形象。

异质性对服务营销既有有利的影响，也有不利的影响。

（1）有利的影响：促使服务机构更多地关心顾客或市场的差异，并针对不同顾客采取不同的营销手段，将差异化、个性化作为营销策略，以体现服务营销的优势；促使服务机构更多地关心顾客或市场的变化，提高服务的灵活应变能力；由于服务岗位多少都有较大的自由发挥空间和创造性、灵活性，这对于喜欢自由发挥、喜欢创造和比较灵活的就业者有较大的吸引力，这些人员进入服务岗位对营销是有利的，例如，美国西南航空公司在招收机舱服务人员时，喜欢具有幽默品质者，他们的服务带来了“最快乐的航班”的赞誉；服务业比制造业更便于采取顾客差价策略。

（2）不利的影响：服务不易标准化、规范化；服务质量不易稳定；顾客不容易形成固定的服务认知；服务品牌较难树立；服务规范较难严格执行。

三、不可分性

服务的生产与消费同时进行，生产过程与消费过程紧密相连。顾客只有参与生产才能接受或享用服务，而服务出售者同一时间只能在一个地点提供直接服务，因此服务难以进行大规模生产，直销往往是最主要的渠道形式。

不可分性对服务营销也有利弊两方面的影响。

（1）有利的影响：服务的生产与消费不可分，这在客观上形成了一种压力，推动服务生产者或主动或被动地去改善顾客关系，关心顾客需要，而这正迎合了营销的本质——顾客需求导向；服务企业运用客户市场细分、市场定位和差异化营销等策略比制造企业更重要、有更高价值，因为服务是随时随地直接面对不同的顾客，不能不重视和更多地运用市场细分、市场定位和差异化营销，还要做得更加精细；服务的不可分性促使服务企业更多地从客户关系的角度、在与顾客接触的“真实的瞬间”提高服务质量，增强“产品”要素的营销力；服务的不可分性促使服务企业缩短流通渠道，更多地采用直销方式，从而降低渠道费用；服务的不可分性促使服务企业不得不在定价方面更多地与顾客协调，定价要素的营销作用得到提升。

（2）不利的影响：许多服务只能采取“一对一”的方式，限制了顾客数量增长，损失了部分营销成效；服务质量形成于买卖双方接触过程中的一个个“真实瞬间”，倘若“一招不慎”，则“全盘皆输”；服务质量需要公司全体人员或所有部门形成整体配合和协调，但事实上往往难以做到；顾客的参与使服务创新及实施比较困难，因为客户习惯原有的服务，会对新服务抵制或不配合；顾客的参与使服务生产过程变得复杂，如果参与服务过程的顾客不能在运行、操作上配合服务规程的要求，就难以保证服务生产过程的顺利进行。

四、易逝性

服务的无形性及其生产与消费同时进行的特性，决定了服务不能生产后储存备用，消费者也无法购后储存。许多服务价值若不及时利用，就会“过期作废”，不能退货或转售，不能申请专利。因此，为了提高服务生产能力的利用率，需要对服务供需进行管理。

易逝性对服务营销也有利弊两方面的影响：

（1）有利的影响：促使服务企业珍惜时间资源和高度重视服务的时间效率；改进服务过程的设计和服务人员的组织管理，而过程和人员正是服务营销组合中的两个要素；促使服务企业珍惜空间资源，高度重视服务网点的空间布局和空间利用率。

（2）不利的影响：服务供求在时间、空间上的矛盾较难协调；由于供求在时间上的矛盾较难协调，服务产出的时间波动比较大，常常出现忙闲不均，影响服务的效率和质量；服务营销受空间和地理条件的限制比较大。

第三节　服务营销对策与营销要素

上述服务产品的四大特性可以简单归纳为：摸不着、分不开、难同质、无储备。这些特性带来了特定的营销问题，需要用特定的策略去解决。

一、无形性问题的对策

在超市里，顾客可以拿两种不同品牌的酸奶对比，了解其成分、分量，阅读其标签，比较其价格，在饮用之前对广告宣传的信息加以对照验证。可是，顾客要对从未去过的海南岛的两处夏令营作出选择就没有那么简单了。对于那里的生态环境、气候、安全、服务品质，甚至与其他同行旅客的契合，顾客能预期什么呢？这就是服务产品无形性给顾客带来的在选购产品时的困惑，进而导致放弃购买。解决这个问题的主要对策如下。

1. 使之可触摸

因为没有一个实在的物体供顾客比较选择，服务营销应当在宣传广告中强调服务的好处。如上面海南岛度假的例子，可用一张对折的铜版纸，印上旅行社提到的碧蓝的大海、蔚蓝的天空，意味着和谐安逸的假期；DHL 强调其特快专递文件交货特别快捷与准时；保险公司强调产品的安全与保护；航空公司强调航程的安全、舒适与准时；麦当劳成功地用两个连环拱形图案树立了自己可触知的企业和产品形象。

尽量使不可触知的无形变为可触知的有形展示。以信用卡为例，一张小小的长方形塑料卡片，印上表现卡片特性的漂亮图片，客户持有它就使得发卡金融机构的信用卡服务变得可视、可摸，可驱使许多商店的同类机器动作。这种有形化带来的好处是：

第一，扩大客户享受服务的地域范围，不失去和他们的联系，使之保持对自己的忠诚；

第二，便于分销中介（如专门的发卡公司）宣传品牌、扩大信用卡发行量；

第三，把销售者（客户存款的银行）与服务者（零售商或者餐馆）分开。

2. 树立良好口碑

口碑传播在购买服务中起着重要的作用。购买服务产品的人通常信任街谈巷议的“口碑”，而不信任广告或组织的宣传。在普通大众心目中，口碑传播比其他信息来源更具有信誉。因此，服务组织要善于创建和利用口碑。服务的最佳推广者是那些向周围人推荐自己喜欢的服务产品的顾客，许多新顾客就是受口碑传播“慕名而来”。

3. 建立信任

服务组织的声誉和形象是服务购买者决策的关键因素。声誉和形象的作用是建立人们对服务的信任。企业为建立让顾客放心的形象、标识、象征而进行投资是值得的。比如，银行靠雄伟坚固的建筑物传达自信、可靠的信息等等。一线服务者个人的能力也非常重要，他（或她）的形象常常就是服务企业或服务产品的“第一形象”。

二、不可分性问题的对策

有形产品的消费者在决定是否购买时，只需注重评价其性能特征，无须考虑其生产过程。生产者与消费者之间无须对话，更不必接触。购买立体组合音响的人，不关心生产厂家是怎么组织生产的，也不问生产线上工人的履历、如何或者用什么方式生产。而服务的购买则不然，消费者会试图了解服务生产主角的个人或集体情况（态度、能力、专业化水平等)。在外科手术室里，病人得知自己的主刀医生被调换后，所作出的反应通常都是非常强烈的。同样，如果剧院导演临场通知，主要演员因病不能出场，观众会发出“嘘……嘘……”声，表达上当受骗或者吃亏的愤怒。

此外，服务的规模效益低下。一位牙医，无论他是否声名卓著，每天可以接受就诊的患者数量总是有限的，想要扩大生产规模非常困难。有些服务可以通过职业培训提高合作者（员工）的技能，扩大生产能力，增加服务对象，但能够扩展的规模仍然有限。然而，制造业生产的有形产品都是在某一个地方生产的（按照成本优势选定），然后运输到消费需求最旺的地方销售。这样将生产与消费分开带来的好处主要有：（1）可以集中在几家工厂生产，实现规模效益；（2）可以在进入市场之前检查产品质量。但是服务产品是无法获得这些好处的。

要克服服务产品生产和消费不可分的这一局限，通常的措施有：

1. 鼓励顾客积极介入服务

例如在餐厅里，教会顾客怎样做到擅于点菜；在理发店，引导顾客说清楚自己喜欢某种发型的意思；在培训课上，启发学员的学习热情和积极性；在医院，鼓励病人配合医生的诊断，准确描述自己的病情；在进行家居设计时，让住户与设计师充分沟通对装修的设想。总而言之，服务质量不仅取决于服务提供者，还取决于顾客的态度、动机和经验。顾客越是积极参与，就越有可能成为专家，甚至成为服务提供者的伙伴，就越能从服务过程中收获自信、成就或情趣。

2. 设法延长服务半径

但凡需要与顾客直接接触的服务都有地域的限制。除了少数享誉全球的外科医院可以吸引全世界的病人来求医，一般的医院都只能为其所在社区的病人服务。同样，一家银行、券商或保险公司的营业网点都只能服务一个有限的区域。如果服务半径过大，则或者客户要承担较高的交通成本，或者对提供服务者的往返移动造成许多不便，尤其是需要携带很多精密仪器的时候就更困难。

解决地域限制的办法就是在若干地方开办网点分店。连锁店是一种值得提倡的延长服务半径的方式，它拷贝母店的经营方式，远距离设立网点，有效解决了地域限制问题。例如麦当劳、假日酒店就采取这种连锁经营方式。在美国，有的医生利用先进的通信技术，为远距离的病人做手术。通信网络技术的发展极大地扩大了客户直接接触的服务的经营范围，越来越多的服务可以做到远距离“面对面”地进行。这种由传统到现代服务方式的转变，酝酿着巨大的市场机遇。例如自动售货机和电子邮件，使得服务的生产与消费之间的不可分离程度大大下降。又如，客户在银行开立一个账户，同时与银行建立手机、邮箱、互联网的关联，就可以将生产者与消费者之间的一部分关系交给信息系统去管理。

三、异质性问题的对策

服务异质性产生的问题是质量难以保持和评价。无论是对不同的生产者，还是对同一生产者的不同时段，要保持服务产品质量的稳定不变是很难做到的。原因有四：

1. **生产程序的改变**

因为人的介入成分很大，很难保持服务质量的稳定不变。对有形产品确定质量标准的做法，对服务产品不一定有效。演员在剧场里的表演不是每一场都相同。外科医生对同一种病的手术成效也不一定一样。同一支足球队的场上表现就更难说了，全国冠军赛和友谊赛绝不可能一样，无论是球员的拼搏精神还是观众的较劲程度都相差甚远。

2. **其他顾客**

其他顾客的存在可能影响服务的生产，只要仔细观察营业大堂、课堂教学、餐馆、电影院、冬季滑雪场等场合，都可以看到顾客之间相互影响产生的效果。以营业大堂为例，柜台上有办现金业务的、有兑换货币的、有买理财产品的，等待者中有安静耐心的、有烦躁不安的、有说话大嗓门的。这些顾客的活动状态以及彼此的相处情况都会让他们产生不同的服务感受，而感受决定质量，因此使服务质量很难保持一致和稳定。

3. **同时性**

服务在生产的同时也在消费，因此当发生生产错误时所造成的顾客的损失是难以挽回的。有形产品可以在工厂生产和商店销售之间加上一道产品质量检验程序，但是服务做不到。还有许多服务生产不能延误时间，比如航班、电信、现金支付等，即使服务可以推后，顾客也不肯费时间等待。

4. **心理与观念**

服务的感觉有赖于顾客的心理状态和固有观念。譬如，在一列北京开往广州的高铁上，虽然基本的服务对所有乘客是一样的，但是不同的人们感觉却不一样。两个朋友久别重逢一起兴奋地叙旧，一个经理聚精会神地阅读几小时后就要讨论的报告，两个青年因餐车座位问题差点打架。到旅程结束时，他们乘车的感受各不相同，这能说是列车上的服务带来的吗?

服务异质性问题和对策如表 2－3 所示。

表 2－3　服务异质性问题和对策表

潜在的问题	主要应对措施
服务在于提供一种活动	控制生产过程，制定一定的标准
消费与生产同步同时	将服务分解为若干部分并加以简化
对服务质量的感受具有主观性	降低一些服务部分的职业性要求
对生产过程的控制能力取决于对服务性质的了解和经验积累	对人员的筛选、培训和激励进行投资
服务的可变性加大了其质量评价的风险	用机械替代人工

具体来说，可采用下面的对策：

1. **明确区分服务类型**

服务的种类纷繁复杂，分类目的不同，使用的方法也不同。当要解决异质性问题时，分类依据是：服务提供主要靠人（劳动密集型）还是靠设施（资本密集型）。如果是后者，则比较容易实施统一的质量标准，如一部电话或者一间自动洗车房的服务性能，可以预先评估和规范。而对于前者，例如组织到西藏去探险旅行，则很难事先把握最终质量。

劳动密集型的服务比较难确定统一标准。为了降低这类服务质量的不确定程度，常用的办法有：（1）对生产过程进行简化和标准化；（2）进行人员培训，使他们提供的服务尽量一致；（3）不断跟踪顾客的满意程度，及时纠正服务中的缺点和不足。有时即使做得很好，质量仍然难以确定，这时就需要借助某种工具，对顾客的主观感受与客观提供的质量分开分析研究。

2. 将可变性转变为机遇

服务提供者不一定要把提供标准化服务当作目标。统一规则不见得一定有益。顾客在向银行借贷或找牙医的时候，乐于得到和其他顾客不同的优待。因此，一定的多样化是服务营销的积极因素，可以视为一种机遇。换言之，这种可变性为提供个性化服务、迎合顾客需求提供了机遇。服务多样性的有利和不利因素是可以互相转化的，关键看服务管理人员的眼光和能力。如果针对顾客需求和各种因素的多样性，提供相应的个性化服务，就能使之成为一种竞争优势。

四、易逝性问题的对策

服务产品是在生产中被消费的。其消费时间是有限的，如果不在有效时间内消费，就会不可弥补地失去。例如，节目演出时剧场的空座位、闲置的电话线等，这些都是无法挽回的没有被消费的产品，顾客不能为将来的消费购买并“储存起来”。

在服务企业的需求稳定或者需求走势可以预料的时候，服务产品的这种不可储存性并不重要。但是，在需求上下波动严重且难以预料时，这一问题就会凸显。我国春运高潮、节假日娱乐（体育场馆、电影院）、上网高峰时间等，是最典型的需求过旺、供不应求的情况，还有航空客运、旅店、医院门诊部、学校、大商店等，都有类似的淡季与旺季问题。

但也有一些例外。精神或感受性的服务产品是可以在顾客身上持续保留的。例如，企业管理专业的硕士研究生学习结束了，而从学习中所得到的东西会使他终身受益。莫里哀或卓别林的喜剧，人们看过之后能始终保留在记忆中。同样，参观故宫，使人感受至深、终生难忘，成为民族文化沉淀的组成部分。顾客消费了精神或感受性的服务产品，从中受到的思想文化熏陶是可以持续很久的。

服务易逝性问题和对策如表 2-4 所示。

表 2-4　服务易逝性问题和对策表

潜在的问题	应对措施
（1）企业若不在生产时销售就会失去服务的收益，而消费者对此并不关心。 （2）只要几秒钟，服务的概念就会留在记忆里。 （3）在服务供不应求时，消费者才意识到服务没有库存的特点，被迫排队等候。	（1）预订系统。 （2）通过刺激手段调节需求流量。 （3）补充服务。 （4）人员的弹性。 （5）自助。 （6）只提供服务的主要内容。 （7）引导需求（如“明智的度假”报道，避免交通拥堵）。

对易逝性问题进行管理的目标是：（1）设法让生产能力尽量具有弹性，在设施和人力资源上加以调节而不影响服务质量；（2）设法削减高峰期、提高低谷期的需求量，使

需求总体上尽可能稳定均衡地分布在各个时段。

相应的措施主要有：(1) 建设预订系统，尽量监控需求流量；(2) 在需求下降时期设法刺激需求增长；(3) 当顾客在等候主要服务的时候，提供补充服务，使其不因丧失耐心而离去，例如在等候用餐时，餐馆给客人送开胃小菜；(4) 服务人员实行弹性工作制，根据需求情况决定工作时间的延长或缩短；(5) 需求高峰期只提供服务的主要部分；(6) 让顾客动手“自助”一部分。

五、服务营销要素

服务活动和服务产品的特点给服务营销带来了与实物营销不同的特点。市场营销学将实物营销策略的要素概括为“4P”，即产品、价格、渠道和促销。用它们来开展有效的服务营销无疑是必要的，但是还不够，需要调整和增加一些因素。例如，定价问题，服务组织往往难以确定“单位成本”价格，而客户则把价格作为衡量质量的一个有形线索，所以定价变得比较复杂。更重要的是，由于服务通常是同时生产和消费的，顾客常常出现在服务生产现场，与服务机构人员直接接触，成为服务生产的一部分。同时，顾客经常会寻找任何可以帮助他理解服务体验实质的有形线索，以降低购买无形性的服务产品的潜在风险。这些事实使服务营销人员认识到，应该增加一些因素来与顾客沟通互动进而使之满意。由此，服务营销组合从“4P”扩展到“7P”，即增加了人员（people）、过程（process）和有形展示（physical evidence）三个要素，以便更好地、有针对性地解决因服务产品的不同特征而带来的营销及管理问题。

扩展之后的服务营销要素“7P”的结构框架可以用图 2－2 表示。

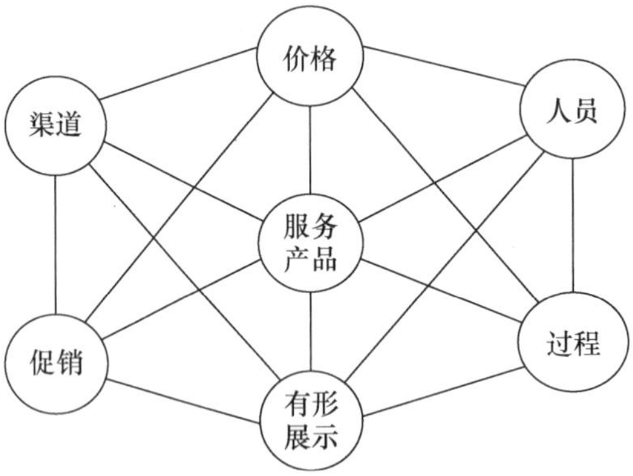

图 2－2　服务营销组合“7P”要素

1. 人员要素

人员是指参与服务提供并影响顾客感觉的全体员工、顾客以及处于服务环境中的其他顾客。这句话的含义可以从三个方面理解：

第一，所有参与服务提供过程的人，都是顾客认识服务性能的重要提示。他们的着装、个人外表以及态度和行为，都会影响顾客对服务的感知。人员的重要程度与其在服务过程中的参与程度相关。例如，顾问、咨询服务、教练以及基于顾客关系的专业服务，提供者是重要的服务人员。而软件安装调试人员、水电办公环境维护人员，则属于相对次要的人员，在形成顾客感知的服务中处于靠后的间接参与地位。

第二，在许多服务情景中，顾客本身也影响服务的提供，从而影响服务质量和自己的感觉。例如，医生和病人，通过病人及时就医和准确描述病情，按照医嘱服药，调整饮食起居，就可以达到比较好的治疗效果，获得满意的医疗服务质量。如果病人与医生配合较差，就难以达到预期的治疗效果，病人对疗效不满意也不能全怨医生。

第三，顾客不仅影响他们自己的服务产出，也会影响到其他顾客。例如在营业厅排队、在歌剧院听歌剧、在球场看比赛或在教室听课，顾客的行为会影响周围其他人接受服务的质量——强化或减损其他顾客的体验。

2. 过程要素

过程是指服务提供的实际程序、机制和作业流，即服务的提供和运作系统。

服务过程有复杂程度和差异大小之分。有复杂程度较低而差异性较大的，如理发、美容、照相等；有复杂程度较高且差异性较大的，如外科手术、银行客户理财方案等；有复杂程度较低且差异性较小的，如超市的服务过程、快餐服务等；有复杂程度较高而差异性较小的，如酒店服务、银行的存取款业务等。服务过程的这些特征本质上并无好坏优劣之分，之所以成为营销因素之一，是因为它可以成为顾客判断服务质量的依据。

例如，两家航空公司提供的服务过程不同，但同样获得了成功。一家是美国西南航空公司，另一家是新加坡航空公司。美国西南航空公司提供简单无附加的服务（没有食品、没有指定座位），与其市场目标和定位一致——便捷、充满愉悦和低价位的产品。而新加坡航空公司主要服务商务旅行者，注重顾客的个别需要，实施对单个顾客高度定制化的服务过程。

3. 有形展示要素

有形展示是指服务环境、顾客与员工相互接触的场所，以及任何便于服务履行和沟通的有形要素。

服务的有形展示包括服务的所有有形表现形式，大到外部环境、内部环境、服务设施和招牌，小到小册子、公司信笺、名片、报表等。由于服务的无形性带来对产品品质识别的困难，顾客会依靠这些有形信息或线索判断服务质量。有形信息或线索是服务组织传递组织目标、进入细分市场和保持服务品质一致性的手段。

与服务营销特征相关的“3P”营销要素，对于金融服务营销是非常重要的，其意义在于：可以使金融机构摆脱产品同质化竞争，使客户对金融机构或产品的满意度提高，稳定员工队伍，建立良好的企业文化。因此，本书将人员、过程、有形展示“3P”策略与产品、定价、渠道、促销“4P”策略并列，在论述“4P”策略的章节之后，分别在第十一、十二、十三章逐项阐述。

资料 2-1

行业借鉴：美国西南航空公司

——人员、过程和有形展示要素结合的典范

美国西南航空公司运行 40 多年，一直是美国最赚钱的航空公司之一，哪怕是发生

“9·11”事件那段时间。观察它成功的经历，可以看出它的营销组合中的所有因素都紧紧结合其市场定位，有力加强了公司的价值形象。该公司在消费者心中成功定位的形象是——可靠便捷、充满愉悦、低价位和没有附加服务的航空公司。它的市场营销组合是如何与之配合的呢？

人员 美国西南航空公司非常有效地利用员工与顾客沟通来巩固其市场定位。员工很团结。公司为使员工愉悦而进行培训，明确“愉悦”的含义，授权他们做可以使航班轻松和舒适的事情。公司根据为人的态度来招聘员工，通过技术技能的培训，使他们成为美国航空业中生产率最高的劳动力。顾客也被纳入“愉悦”的气氛中，许多乘客和机组人员相互开玩笑，发送大量信件表达他们的满意和高兴。

过程 美国西南航空公司的服务过程同样也强化了其定位。飞机上不指定座位，乘客排队按顺序进入飞机找座位。航班上不提供食品，也不向其他航空公司的转乘航班交移行李。飞机周转迅速，成本费用低廉。顾客是服务过程的组成部分，积极发挥他们的作用。总之，过程是很有效、标准化和低成本的。

有形展示 美国西南航空公司的飞机为橘黄色或深棕色，突出了它的独特性和低成本导向。员工着装随意，在炎热的夏天穿短裤，以增加“乐趣”，并突出了公司对员工履行舒适的承诺。可重复使用的塑料登机卡是低成本和对顾客没有花样的，这是其简单直白的一个有力证据。航班不提供餐饮服务，食品的缺位强化了低价格形象。

第四节 金融服务营销的特点

服务营销的理念在金融行业的延伸和扩展，形成了金融服务营销的思想体系。但这不是简单的延伸。金融是经营货币的特殊行业，在一国经济体系中处于核心地位，影响覆盖社会的任何角落，受到政府高度关注和监管。因此，金融服务除了有服务的一般特性外，还有自身的行业特性，金融营销活动如果不考虑这些特性，将不能获得预期效果。

一、金融服务的专业性

这是金融行业与其他服务行业最重要的区别之一。专业服务具有以下特征①：

（1）是具备专业资格的服务者提供的、能解决问题的指导性意见。

（2）服务提供者需要通过一定的资格考试，遵守本行业的传统和职业道德规范。

（3）服务提供者需要具有高度的专业知识水平。

（4）服务提供者通常有很强的与客户面对面交际的能力，能保证服务质量达到顾客满意的水平。

---

① 菲利普·科特勒，等. 专业服务营销. 2版. 北京：中信出版社，2003.

二、金融产品的特殊性

货币是一般等价物、典型的无差异物品。金融机构确保自己竞争优势的主要途径，就是为客户提供差异性服务并保证其质量。金融产品不仅有服务产品的四大特性，还有更多的金融属性，具体分析如下。

1. 无形性

一项金融产品的无形性，比如银行存款，是指顾客无法通过自己的触觉、味觉、视觉、嗅觉和听觉等感官感觉其存在。但通过一些有形设备、物品或其他有形线索，如存折明细、刷卡存取现金、网点柜台、人员服务等，感觉并证明存款产品的真实存在。

无形性带来的问题是：不是总能说明、证明或展示服务提供者承诺的功效，客户不容易理解并作出购买决策。金融机构要设法告诉顾客服务内容，强调特别的利益，得到顾客的理解与支持。因此，银行与顾客之间的直接营销是主要形式。

2. 不可分性

一方面，由于金融服务的生产和消费同步发生，在服务接触的“真实瞬间”提供令顾客满意的服务体验十分重要。

另一方面，随着现代通信技术的进步，信用卡、ATM、网络银行、移动银行的使用，使不可分性的问题在一定程度上得到了缓解。

3. 不可储存性

这个特性产生的问题是：生产能力与需求常常错位，比如，高峰时间来柜台的顾客太多，长时间的排队令顾客难以忍受；有时候柜台人丁稀落，富余的服务能力无法储备到高峰时使用。因此，一方面，要在条件容许时增加服务能力的可调性；另一方面，要对客户需求进行管理，对起伏较大的需求曲线削峰填谷，使服务生产能力与服务需求尽量靠近，使设备设施利用率达到最大，同时减少排队。

4. 传统产品的同质性

由于货币的无差异性，金融机构传统的存、贷、汇等产品功能单一，差异不大。这类产品即使有新产品推出，其“新”的优势持续时间也不会太长，因为同质性就使其易于模仿。可是若对许多单一功能产品进行组合搭配，衍生出各种各样的满足客户各种需要的“产品包”，则有利于克服同质性的问题。例如，有些银行针对公司客户的特定情况，推出了现金管理产品，将收款、付款、账户结构管理、资金清算和汇兑、投资、外汇资金风险管理、客户远程查询及资金监控管理等集成组合产品，成为竞争者无法模仿的个性化产品。

5. 服务类型的多样性

金融服务一方面提供非定制、交互性低的标准化的传统大众产品，另一方面也提供技术和知识含量很高的专业服务，如针对高端人群的私人银行定制服务，针对大众的个人投资理财服务，针对企业的理财顾问、债券投资、外汇买卖服务等。不同的服务类型有不同的营销策略。

6. 货币流动的广阔性和金融服务的社区性

为了使货币“无边界”的流动更加便利和快捷，金融机构广泛铺设业务网络，拥有大量分支机构。而具体到某一个营业部，面对的往往是某一社区集中的客户群。因此，推出的服务产品或促销手段，必须既能够广泛适用又对社区客户有吸引力。

7. 信托义务

金融机构是从事资金转移、融通的中介机构，受客户之托，管理客户资金、提供财务咨询、保护客户利益。消费者作为委托人，可以自主选择信任的金融机构。在存款交易中，客户得到的信托承诺是：银行将负责妥善保管其资金并保证获得一定收益。这个承诺可靠吗？客户会在交易前根据一些信息，比如银行规模、声誉、业务历史等进行判断。银行在与客户达成交易后，仍然需要通过各种方式维护客户关系，保持和强化这种信任与信心。

8. 交易的持续性

金融产品的交易往往要经历一定的周期。如存款，即使是没有期限的活期存款，也鲜有存一两天就销户走人的情况，更不用说定期存款了。而贷款少则几个月多则几年才能完成还本付息的周期。因此，金融服务是伴随着交易过程的长期活动，其间包括资金收付、核对账簿、处理账单、拜访客户、信息收集处理等业务。金融机构长期跟踪管理客户，积累了大量客户信息，如账户余额变动、账户使用频率、储蓄和贷款行为、理财行为、信用卡消费等有价值的信息，在大数据技术时代，这些都是难得的信息宝库，应该最大限度利用其建立客户关系管理（customer relationship management，CRM）体系。

9. 风险控制

一项金融产品或多或少是有风险的，无论是金融机构还是顾客，拥有金融资产的同时就拥有了风险，而资金出让方往往处于风险信息弱势一方。因此，金融机构必须在业务和规模扩张的同时，进行内部风险控制，或对投资理财顾客进行风险提示和长期风险教育。金融机构在追求市场规模的同时要注意客户质量，根据信用风险程度对客户进行分类管理。有跨地区网络机构的要对分支机构以及人员授权，绩效考核应以风险控制为核心。但是，控制风险与开发市场往往有矛盾，这是风险管控部门无法回避的问题。

三、资金供需双方营销的双重性

如果将资金的供应方看作原材料供应商，将资金的使用方看作产品的消费者，那么供需双方对于居间的金融机构而言，都是客户市场，都是进行营销的对象。银行是典型的资金中介角色，既有存款业务客户又有贷款业务客户，还有与之相关的表外（或中间）业务客户，形成多方位的营销市场。

存款及汇兑业务，即资产保管及转移业务，属于大众服务产品，如活期存款、定期存款、保管箱、信托计划等，交互程度较低，定制程度低，同质化程度高，营销的主要内容是人员热情、方式便捷、环境优美、流程标准，将尽可能多的客户从柜台业务方式迁移到网上银行或移动银行方式。

贷款业务属于专业服务，具有高度交互性和定制性，个性化程度很高，风险也高，客户是有选择的，因此营销的范围有限。

表外业务是以客户存贷款业务为基础延伸的服务，是当今银行新的利润增长点。表外业务是银行利用自身信誉为客户提供服务并收取手续费的服务，如票据承兑与贴现、信用担保、贸易信用证、存款证明等。中间业务主要是一些以赚取佣金为目的的代理业务，如代理发行国债、保单、基金，股民保证金账户管理，信托计划等等。

四、关系营销的重要性

服务业的最大资产是客户，银行也不例外。银行产品的同质性，决定了必须从客户服务多样化角度来建立竞争差异。客户服务及管理的核心就是关系营销。以往传统银行的经营以达成交易为目标，而现代银行不仅限于达成交易，还致力于通过质量、服务和创新来保留这些实现了交易的顾客，从实现顾客满意提升为顾客忠诚，贯彻客户价值型的关系营销和管理。在这种以关系为中心的营销战略中，需要对客户区别管理，将老顾客由买卖关系变成经营伙伴关系。他们不仅降低了服务成本，还对产品价格在一定范围内的波动不会太在意。现在以信息技术为基础的客户关系管理系统正在广泛运用和普及。

五、直复式渠道的优越性

直复营销①既是一种营销传播的方式，也是产品销售的渠道，后者的作用对于没有中间渠道商的金融企业尤其明显。直复营销使用了信息营销的因素，是现代营销发展过程中的一种高级的营销形态。它强调个性化，是传播个性化产品和服务的最佳渠道，能更有效地接触到目标受众。美国直复营销协会（American Direct Marketing Association，ADMA）认为：直复营销是一种为了在任何地点产生可以度量的反应或达成交易而使用一种或几种广告媒体的互相作用的市场营销体系。

直复营销包括三个方面的内容：直接电话或邮件、邮购和直接回复，它以强大的生命力和适应性迅速席卷了所有的西方国家，掀起了一场21世纪的营销革命。在直复营销中，直接电话或邮件实质上也是广告媒体的一种，与电视和杂志不同的是，它是直接与人的话语双向交流，或者是直接发给个人的邮递品或信函，并且涵盖面非常广，可以是减价信息，也可以是促使人们改变自己观点的信息；邮购是商业活动，顾客可以通过电话、信函等方式直接向生产商订货；直接回复是一种特殊类型的广告技术，要求广告接受者立即行动或立即答复。

金融机构乐于在产品推广、信息交流的活动中使用一些直复营销的方法，例如信用卡、开放式基金、保险产品以及它们的促销项目宣传。具体做法是：针对选择好的目标群体，通过电话中心、电子邮件、信件、面谈以及促销活动等多种形式，把客户需要传递的信息传达给目标消费群体，然后对受访者回复的信息进行统计分析，将有关信息数据存入数据库，积累顾客偏好分析资料，为产品创新和营销策划提供依据。花旗银行曾凭借直复营销，成功地开辟新市场，在同业中业绩领先，高居榜首。

---

① 直复营销源于英文词汇 direct marketing，即“直接回应的营销”。

资料 2-2

中国银行业服务状况

中国经济景气监测中心对北京、上海、广州等700余位常住居民进行了银行问卷调查。

1. 目前银行服务水平一般

调查结果表明，现阶段绝大多数居民对我们自己银行提供的服务质量持保守态度，反映出银行在服务方面还需要大大提高与改进。具体见表2-5。

表 2-5　问卷调查结果

评价项目	满意	一般	不满意
总体评价	10.1%	69.6%	20.3%
银行环境	41.9%	44.0%	14.1%
业务水平	17.6%	60.1%	22.3%
等候时间	5.7%	36.4%	57.9%

2. 多数居民支持营业大厅分区服务（见表2-6）

表 2-6　对银行实行分区服务的态度

居民态度	占比
支持	48.7%
不支持	29.7%
观望不确定	21.0%
未回答	0.5%

最近一些银行开始实行分区服务，即分出大额现金、小额现金、非现金、理财业务、自助服务等多个服务区。对于这样的服务方式，银行方面的解释是同时符合大客户安全、贴身的服务需求，以及小客户快捷、高效的服务需求，适应了客户市场的多样化、个性化发展。客户方面的意见则是48.7%的居民表示支持，理由一是市场细分有利于提高效率、降低成本，二是针对不同客户服务更加周到、减少不满，三是此种方式是国际做法，因而是发展趋势；29.7%的居民表示反对，理由主要是感觉不好，如歧视性行为；另有21.0%的居民对此持观望态度；0.5%的居民未发表意见。

3. 达到国际水平需较长时间

对于在5年内中资银行能否与国际水平接轨，46.2%的居民对此有信心，25.7%表示不看好，另外27.6%承认目前还说不清（见表2-7）。综合人们的意见，中资银行现有服务水平可以说落后，同时改变的力度不够，这阻碍了中资银行与外资银行在服务上的接轨速度。对此，中资银行有必要结合中国居民的实际情况，认认真真借鉴先进经验、扎扎实实提高业务水平，实现在服务水平上的真正飞跃。

表 2-7　对3~5年内中资银行能否实现与国际接轨的看法

居民态度	占比
可以	46.2%
不可以	25.7%
说不清	27.6%
未回答	0.5%

资料 2-3

花旗银行直复营销的成功经验及启示

20 世纪 80 年代初，美国法律对金融业放松管制，允许银行在其他州设置分行，花旗银行决定打进中大西洋区的抵押放款市场。然而，要设置一家分行所花费的成本，包括资金、人力以及时间相当可观，于是花旗银行决定另辟蹊径，采用直复营销，利用广泛普及的电话及发达的邮递业务与顾客进行直接接触。由于不需要寻找地点建立分行，无须过多的营业员，而且不受地区局限，直复营销为银行节省了资金、人力、时间，并收到了良好的效果。

花旗银行的做法是：首先成立专案小组，设计推出金融产品——换屋贷款，向有相当资产的符合条件的客户提供贷款用于改建、增置房屋或其他用途。然后推出报纸广告，在较大区域内进行宣传，给消费者留下一定印象，以此与直接信函相配合。接着便给消费水平高的消费者寄发直接信函，邀请消费者“在周一至周五早上 8:30 至晚上 7:00 打我们的免费热线电话 080……您可以知道您家中的财产可以使您在换屋贷款中得到多少钱，不需成本，没有负担……随便您怎么用都可以。”并强调贷款利率富有竞争性、期限富有弹性、快速、方便等优点。当消费者产生兴趣拨打电话时，经过严格训练的电话营销员便在电话中给予消费者热情详尽的解答，并记下愿意申请贷款的客户的地址，给他寄去申请表，同时约好下次电话沟通时间。在第二次电话中，营销员通过电话协助客户填妥申请表。填写完备的申请表被送到区域推销员处，由他进行信用审核和贷款处理，一个贷款协议便产生了。在以上直接沟通进行的同时，另一个重要过程——数据库的建立也在进行。通过回复邮件和电话获得的资料是非常有价值的营销信息，银行据此可建立客户数据库，对客户的职业、收入、消费水平、贷款兴趣等进行调查分析。数据库还为银行开展长期业务提供了准确、动态的信息。比如，当客户的子女到了上大学的年龄时，银行便可向客户推荐大学教育费贷款。这种一对一的服务使营销活动更具人情味，更有利于银行与客户保持长期良好的关系。因此，有人认为数据库营销是直复营销更重要的部分。

为了评价效果，花旗银行设立了三项标准：(1) 推广达成的户数；(2) 每户的收益；(3) 推广贷款的成本。根据统计分析，符合条件的消费者均较喜欢利用免费电话查询，因此直复营销可以接触到高比例的合适客户，信息反馈效果较好。测试还表明，将多种媒体加以组合，将会产生互补效果。花旗银行在马里兰州本来并无知名度，由于此次运用直复营销成功，不仅在当地建立了新客户关系，成为区域房地产生意的领导业主，而且为金融产品开辟了新的营销渠道，成为全美银行界营销成功的典范。

花旗银行的成功经验说明，直复营销是金融企业开拓市场、发展业务的有力武器。对我国金融企业的启示有：

(1) 直复营销成本低。因为无须设置行址、购买设备、配备人员，可大大节省人力物力；一个中心覆盖广大地区，又可发挥规模优势。而且信息产业的发展使电视、电脑、电话、手机等多媒体日益普及，电子转账系统也在推广中，这些均可节省交易成本。

(2) 直复营销效果好。直复营销可以仔细挑选消费者作为目标客户，针对性强，人情味浓，较易获得顾客的共鸣与参与，回复率高。而且，直复营销在我国开展还不多，竞争者少，较易引起消费者的注意和兴趣。与之相比，大众传播广告费用年年提高，而竞争日益激烈，广告泛滥，浪费严重，效果很不理想。

（3）直复营销有利于获得顾客资料，开展长期业务。直复营销实质上是一种关系营销，其重点在于了解顾客需要，建立长久的良好关系。现在许多公司认识到：保住现有顾客比花钱去吸引新顾客成本更低、收益更大。金融产品同质性强，竞争优势不明显，利用数据库营销建立长期业务关系对金融企业来说尤为重要。因此，直复营销是金融企业营销现实而明智的选择。

（4）金融企业开展直复营销具有其他行业所不具备的优势。第一，许多金融产品的目标市场有较明确的条件限制和特征，或为某一类工商企业，或为符合某些条件的个人，故较易确定范围，减少因目标顾客不精确造成的浪费。第二，金融产品的目标顾客多为企业或收入水平较高的消费者，他们的电视、电话、电脑普及率较高，信用卡使用也较广泛，尤其是在经济发达的沿海地区及各大中城市信息化程度更高，为开展直复营销准备了较好的物质基础。第三，金融业是我国信息装备现代化水平较高的行业，这也是其他行业不具备的优势。

本章小结

金融营销需要服务营销理论的补充。尽管服务营销的理论与实践发展还处于初级阶段，但发展趋势随着服务经济的到来而前景广阔。服务营销理论体系与营销学理论体系既有联系又有区别，区别主要体现在六个方面。服务定义揭示了服务活动必须具备四大特点。

与工业有形产品相比较，服务产品具有四大特性：无形性、异质性、不可分性、易逝性。故要采用许多与工业产品营销不同的对策，营销策略也要增加人员、过程、有形展示三个组合要素。

金融服务营销不同于一般服务营销的特点，首先是具有专业性；其次，产品具有更多的金融属性，其他特点包括注重关系营销、直复式渠道、资金供需双方营销等。

重要术语和概念

服务　服务产品特性　服务营销对策　服务营销要素　专业服务　信托义务　资金供需双方营销　直复营销

复习思考题

1. 比较服务营销学与基于工业产品的市场营销学的异同。
2. 服务的本质是什么？有什么特点？
3. 无形的服务产品与有形的工业产品相比，有何特性？

4. 什么是服务产品的无形性？对金融营销而言意味着什么？
5. 针对服务产品特性的服务营销对策有哪些？
6. 服务营销组合要素从“4P”扩展到“7P”，试述增加的“3P”的内容。
7. 请说明金融营销的专业性的具体表现。
8. 金融产品有哪些与一般服务行业不同的特点？其营销意义何在？
9. 如何理解银行借贷双重营销的特点及营销意义？
10. 什么是直复营销渠道？为什么将其作为金融营销的特点？

拓展阅读

[1] 迈克·舒尔茨，约翰·E. 杜尔. 专业服务营销. 北京：企业管理出版社，2010
[2] 瓦拉瑞尔·A. 泽丝曼尔，玛丽·乔·比特纳，德韦恩·D. 格兰姆勒. 服务营销. 北京：机械工业出版社，2018
[3] 陈祝平，郭强，王文怡. 服务营销管理. 4 版. 北京：电子工业出版社，2017
[4] 詹姆斯·A. 菲茨西蒙斯，莫娜·J. 菲茨西蒙斯，萨尼夫·波多罗伊. 服务管理：运作、战略与信息技术（英文原书第 8 版）. 北京：机械工业出版社，2015

第三章　金融营销环境分析

学习目标

1. 了解对金融营销产生影响的主要宏观因素，以及它们在我国的具体表现。

2. 了解影响金融营销的微观环境因素。

3. 认识当今推动金融市场发展变化的主要推动力。

营销环境是金融机构营销活动之外能够影响营销部门建立并保持与目标客户良好关系的能力的各种外部因素和力量。由于环境的外在性、动态性，其间既可能有机遇也可能有威胁，因而对营销环境的研究成为营销部门一项必备的基础工作。所谓“适者生存”的“适”，就是适应环境。成功的企业一定会将持续不断地观察并适应变化着的环境作为非常重要的战略研究内容。

营销环境研究通常分为宏观和微观两个递进层次。研究方法是拆解细分各层次的主要构成因素，逐项考察，再综合得出整体结论。宏观环境是指影响微观环境的广泛的外部综合体，被分为人口、经济、自然环境、技术、政治和文化等因素进行分析。微观环境是指与公司关系密切、能够直接影响服务顾客能力的各种客观因素的综合环境，主要因素包括自身经营、设备和材料供应商、各类服务商、顾客、竞争对手和公众等，也要逐项考察研究。除了上述一般性环境因素外，还有一些有中国特色的环境因素要考虑，例如政府主导型经济发展模式、改革开放程度、金融发展及市场结构、金融监管、信息技术水平等。

第一节　宏观环境

宏观环境是某一国家、某一地区所有企业都面临的环境因素。一般而言，宏观环境通过微观环境作用于企业营销活动，所以又称为间接环境。研究和了解构成宏观环境的各种因素，可以发现市场机会或威胁，掌握趋利避害的主动权。营销学将影响企业营销的宏观环境因素大致分为人口、经济、政治与法律、社会文化、科技与资源等五大类，通过逐类深度分析，了解宏观环境的现状和发展趋势。

一、人口环境

做生意要有人气。人是构成市场的首要因素。营销部门之所以关注人口，是因为其关乎市场规模或容量。人口环境研究的主要内容是：人口数量（密度、分布等）、结构（年龄、性别、种族等）、增长率（出生率、死亡率等），数据来源主要是政府统计部门。

第七次全国人口普查数据表明，中国现有人口 14.4 亿（2020 年 11 月），占世界总人口的 18%，仍是世界第一人口大国。我国人口的主要特征是：总量增速放缓，劳动人口下降、抚养比上升，人口素质改善、人力成本上升，城镇化水平提高、人口流动活跃，老龄化加深、家庭规模下降。[①] 金融行业必须密切关注人口特征及其变化与发展。对金融行业发展影响较大的人口因素主要是人口结构因素，如城乡结构、收入结构、年龄结构、教育结构等。改革开放以来，人口红利是推动我国经济高速发展的重要引擎，但现在人口红利已渐消失。

（一）人口基数大、地理分布不均匀

1949 年后，我国人口快速增长。1949 年，我国总人口只有 4.5 亿，2010 年第七次全国人口普查数据显示我国总人口已经达到 14.4 亿。我国人口仍可能呈缓慢增长态势，但增速在下降，主要原因是育龄妇女人数持续减少等因素导致人口增长惯性减弱。

在有限的地理版图上，随着人口逐步增加，人口密度必然提高（见表 3-1）。但是我国人口密度的地理分布是不均衡的，呈现“东南多西北少”。内蒙古、新疆、青海、西藏 4 个地区面积约占全国的一半，但人口仅占全国的 4%，平均人口密度约为 9 人/平方千米。而江苏、山东、河南等地区，人口密度高达 500 人/平方千米以上，是全国人口最稠密的地区。特别是深圳，其人口规模和人口密度目前位居中国第一。

表 3-1 1949—2020 年中国总人口和人口密度变化表

年份	总人口（万人）	人口密度（人/平方千米）	年份	总人口（万人）	人口密度（人/平方千米）
1949	54 167	56	2000	126 743	132
1959	67 207	70	2005	130 756	136
1969	80 671	84	2010	133 972	140
1979	97 542	102	2015	137 462	143
1989	112 704	117	2020	144 349	150

资料来源：中国统计年鉴（2020）. 北京：中国统计出版社，2020.

中国人口的另一特征是城市化加速、人口流动更趋活跃。改革开放以来，我国流动人口规模持续增长。根据历年人口普查数据，流动人口规模从 1982 年的 675 万人增长到 2015 年的 2.47 亿人。第七次全国人口普查数据显示，2020 年流动人口规模近 3.8 亿人，相比 2010 年大幅增加 1.5 亿人，与上一个 10 年流动人口增长 1 亿人相比，我国流动人

① 陈功. 我国人口发展呈现新特点与新趋势. 人民网，2021-05-13.

口增长速度加快。经济和产业结构布局调整及户籍政策改革影响了流动人口规模的变化。人口主要流动方向是农村人口向城市的转移，主要的流动人口即在东部沿海经济发达地区务工的“农民工”及其家人。以农民工为主体的流动人口已成为不可忽视的社会群体，他们的子女升学、就业、医疗、保险、福利和社会治安等问题逐渐得到当地政府的关注，也给商家展现了一个富有潜力的市场空间。人口流动伴随着资金、物资和信息流动，带来了交通、餐饮、租赁等行业的繁荣，形成了全世界绝无仅有的“人潮经济”。

人口流动加快了我国的城市化进程。20 世纪 90 年代以前，人口流动的主要特征是农村剩余劳动力季节性候鸟式向城市流动。但 20 世纪 90 年代后期，许多流动者不再流动，而在城市“安营扎寨”，成为新工人阶级，其中许多人将自己的家庭也迁入了城市。世界城市化历史表明，如果一个国家或地区的城市化水平超过 30%，就会进入快速城市化时期。第七次全国人口普查数据显示，2020 年我国常住人口城镇化率达到 63.89%，比 2010 年提高了 14.21 个百分点，与前一个 10 年提高 13.46 个百分点相比，常住人口城镇化率在近 10 年间提升速度有所加快。相比发达国家平均 70%的城镇化率，我国还有一定上升空间。

人口密度是金融机构选择目标市场的首要因素，金融机构网点分布的密度与人口密度分布大致吻合，东部密集，西部稀疏。农民工进城和公民跨国迁徙活动，伴随着资金的频繁流动，导致汇兑业务大幅增长。随着中国公民出国留学、经商、旅游热兴起，个人外汇需求成为外汇业务的新热点，全球资金流动量也随之增大。不仅国内银行汇兑业务兴旺发达，国际汇兑业务巨头，如美国的西联汇兑、英国的速汇金和通济隆速汇也挤进我国来分一杯羹。表 3-2 说明，2010—2015 年，我国旅游服务贸易总量呈两位数的增长态势，近几年增幅收窄；贸易差额则由逆差转为顺差。

表 3-2　2010—2017 年我国旅游服务贸易发展情况　　单位：亿元人民币

年份	2010	2011	2012	2013	2014	2015	2016	2017
收入	3 100	3 127	3 158	3 198	1 054	1 137	1 200	1 234
支出	3 712	4 685	6 438	7 963	896	1 045	1 098	1 153
收支差额	−612	−1 558	−3 280	−4 765	158	92	102	81
贸易总额	6 812	7 812	9 596	11 161	1 950	2 182	2 298	2 387
年增长率（%）	—	14.7	22.8	16.3	—	11.9	5.3	3.9

资料来源：国家旅游局. 旅游服务贸易继续顺差. 2018-02-05.
注：2018 年国家旅游局并入文化部，数据统计方式变化较大，无法补充以后年份的数据。

（二）人口年龄结构的老龄化逐步加速

自 20 世纪 90 年代以来，我国人口的自然增长率下降加快。到 1998 年，我国人口的自然增长率第一次下降到 10‰以下，为 9.14‰，2003 年下降为 6.05‰，2012 年继续下降到 4.95‰，2016 年为 5.86‰，鼓励二孩政策效果初显。

与此同时，我国老龄化问题凸显。一般而言，国际上将 60 岁及以上人口超过总人口的 10%，或者将 65 岁及以上人口超过总人口的 7%的社会，称为老龄化社会。2020 年我国 65 岁及以上人口占总人口的比重，已经达到了 18.7%（见表 3-3），我国早在 2000 年就已经进入了老龄化社会，而且老年人口占比不断上升，成为“未富先老”的国家。

"十四五"期间，我国将从轻度老龄化迈入中度老龄化。随着第二次生育高峰时期出生的"60后"群体步入退休年龄，老年人口增长速度将明显加快，到2030年占比将达到25%左右，其中80岁及以上高龄老年人口增加幅度更加明显。我国的养老问题突出，社会承担了养老的巨大压力，客观上需要大力发展我国的人寿保险业以及适合老年群体的理财产品。

表3-3　1995—2020年我国各年龄段人口比重（%）

年龄段＼年份	1995	2000	2005	2010	2015	2020
0～14岁人口	26.6	22.9	20.3	16.6	16.5	16.7
15～64岁人口	67.2	70.1	72.0	74.5	73.0	63.35
65岁及以上人口	6.2	7	7.7	8.9	10.5	18.7

资料来源：历年《中国统计年鉴》；其中2020年数据为第七次人口普查数据。

虽然老龄化带来了社会福利方面的负担，但给商家也带来了无限商机。所谓的"银色市场"是一个朝阳市场。现在，一些有眼光的汽车制造商、医药公司以及保险、旅游、健身等行业，注意到了消费人口年龄的变化，开始转变观念和市场策略。如福特和宝马汽车公司正在开发适合老年人使用的汽车；一些电器公司纷纷研制方便老人使用的家电；名牌化妆品企业也在生产供老年人专用的化妆品。很多老年人属于有产阶层，也成为金融理财业务的一个目标市场，例如，有的保险公司推出了以房养老产品。

（三）人口素质改善，人力资本提升

中国人的教育程度不断提高。比较2019年与2010年的有关数据，10年间变化巨大。例如以每10万人中拥有不同教育程度的人数来看，拥有本专科学历的人数由575人上升为759人；拥有研究生学历的人数由38人上升为64人。随着高等教育扩招，国民教育程度将不断提高，拥有高等教育程度的人数应该会接近峰值，并维持相当时间的稳定。随着国家发展和人民富裕，我国将迎来大众教育品质提高、职业教育和特色教育等快速发展的阶段。

由于金融的专业性，国民教育水平提高对金融业的影响是积极的，无论是从业人员素质还是客户素质都将得到提高，使整个金融行业水平得以提升。以保险行业为例。教育结构的改善使保险的供求和市场的扩大具有持续的推动力，促进了对保险的需求，原因在于：

其一，高的学历教育可以使人更好地理解现代金融技术、风险管理手段以及运用保险的风险分散功能进行风险管理，从而提高终生效用。

其二，学历教育增加了人力资本，提高了风险厌恶程度，人们更加倾向于回避风险。伴随着人力资本的提高，人们的收入也在增加，对保险产品的需求相应增加。

其三，延长学历教育等于延长了自身被抚养的时间，因而增加了家庭对死亡保险的需求。自身人力资本的增加，提高了未来收入预期，改善了生存环境，增加了预期寿命，因而会促进人们对储蓄类保险产品的需求。

同理，人口教育程度提高对于银行、证券投资、信托等其他金融行业也有类似的促

进作用。

（四）人口性别比趋合理，家庭规模持续下降

第七次全国人口普查数据显示，全国总人口性别比为 105.07（以女性为 100），与 2010 年的 111.3 相比降低了 6.8。出生性别比偏高的问题得到有效控制，性别平等的生育观念更加普及。

近 40 年来，中国传统大家庭的模式趋于消失，家庭规模逐步缩小。1990 年、1995 年、2000 年、2005 年、2010 年、2015 年、2020 年的家庭平均人口分别为 4.12、3.82、3.63、3.57、3.16、3.10、2.62，呈现出家庭结构小型化、核心化趋势。在此趋势下则是空巢家庭增多，家庭养老功能弱化，子女们忙于工作和应酬，“常回家看看”的越来越少了。据调查，夫妻家庭、核心家庭、单亲家庭等，即通常所说的小家庭，占一半以上；主干家庭、联合家庭，即三代人共同居住、生活在一起的家庭，仅占 16%。在相当长一段时间持续的低生育率形成了“四、二、一”（四个老人、一对夫妇、一个孩子）式的家庭结构（随着推行放宽生育的政策，情况将逐步有所改善）。年轻人结婚年龄普遍较以前大，有些结婚了甚至不生小孩，选择做丁克家庭。这些变化在房地产开发商的户型设计思想中有所体现，小户型住宅近几年在市场上抢手热卖。同时，体积小、价格低的电器、家具、装饰、小包装食品也受到欢迎。银行为此类小型家庭设计的金融产品或理财方案，也比较受城市居民欢迎。

二、经济环境

经济环境对金融业的影响最显著、最直接，是金融机构最着力研究的环境要素。其中又分为收入因素，个人收入、个人可支配收入、个人可任意支配收入，消费结构，储蓄倾向，经济周期与货币财政政策等几个次级因素，以下逐一深入考察分析。

（一）收入因素

分析收入因素要理解和掌握以下概念和变量。

1. 国内生产总值（GDP）

国内生产总值（GDP）是指一个经济社会在一定时期（通常为一年）内生产的以货币表示的物品和劳务的总和，体现为经济总量和经济增长率等数字指标，是用来衡量一国或一地区经济发达水平的主要宏观经济变量。对于发展中国家，增长率比总量更重要。我国改革开放以来，GDP 增长率长期居全球之首，吸引了大量发达国家的投资者。

2. 人均 GDP

GDP 除以总人口就是人均 GDP，它能够大体反映该国人民的生活状况。按照国际标准，人均 GDP 达到 1 000 美元就算进入发达国家行列。我国改革开放前 30 年即 1979—2009 年，GDP 以年均 9.8%的速度快速发展，2010 年以来虽然增速有所下降，但经济总量至 2017 年底达 827 122 亿元，已经仅次于美国，居全球第二。人均 GDP 从 1978 年的 379 元增长到 2017 年的 59 660 元。根据消费经济学理论和国际经验，当人均 GDP 达到

1 000 美元时，居民消费结构将从生存型向享受、发展型转变；而消费结构的升级将促进经济结构和社会结构的转变。我国早在 2003 年就已达到并超过人均 GDP 1 000 美元的水平。

3. 基尼系数

由于我国经济发展不平衡，在收入总量之外，还要关注不同地区、不同层次的收入分配。分配的均衡程度通常采用基尼系数来衡量，其含义是：全部居民收入差距的百分比。基尼系数介于 0 和 1 之间，分配不均程度越大，系数值就越大。国际上通常将 0.4 作为警戒线。2019 年我国的基尼系数为 0.465 左右，高于警戒线，但自 2012 年以来呈下降趋势。收入不均衡的宏观表现有：

（1）城乡居民收入差距仍然较大。2000 年城乡居民收入差距即城乡居民收入之比只有 2.79∶1，2008 年达到改革开放以来的最大差距，为 3.31∶1，但近年政府大力推进惠农和扶贫行动，基尼系数呈缓慢缩小趋势，2019 年降至 2.64∶1。乡村是否富裕直接影响我国消费市场的扩大和提升。

（2）地区间收入差距较大——东高西低。以最具购买力的全国居民人均可支配收入指标为例，2019 年东部地区人均为 50 145 元，中部地区为 36 608 元，西部地区为 36 041 元，东北地区为 35 130 元，其中东北地区近 5 年的增速相对较低。

高收入地区的市场广度和深度比低收入地区强、发展潜力大，是大型金融机构的主要市场。例如，国有大银行除中国农业银行外，其他几家即中国工商银行、中国银行、中国建设银行和交通银行的业务中心逐步移向经济较为发达的沿海地区和大中城市。

高收入富裕人群是开展投融资理财业务的黄金客户。所谓富裕人群，参考国际通行标准《福布斯》的定义是：个人可投资资产在 10 万美元（约 63 万元人民币）至 100 万美元（约 630 万元人民币）之间的中国中产阶级群体。根据《2017 福布斯中国中高端富裕人群财富白皮书》的数据，中国中高端富裕人群保持稳定增长，从 2012 年的 748 万人增长到 2016 年的 1 261.08 万人，人均可投资资产超过 140 万元。中高端富裕人群的财富的增长速度高于中国国民平均财富的增长速度，呈现“强者愈强”现象。

（3）不同经济类型、职业和行业的收入差距。据国家统计局对城镇高收入户的专项调查，目前在我国城镇高收入群体的职业构成中，机关企事业单位负责人比重最大（31.01%），其次为专业技术人员（25.15%）。收入前 10 位的另外 8 种职业是：社会中介服务人员、导游、股份制企业负责人、“三资”企业中高级管理人员、IT 行业从业人员、个体经营者、工艺美术人员、国有企业负责人等。农林牧渔业、批发零售贸易和餐饮业从业人员收入列后几位。①

高收入者的消费不受经济形势的影响，而且是大宗消费品和奢侈品的主要消费者。中产阶层虽对花销会有所算计，但仍有能力追求高品质的生活。这两个层次是商业银行住房和汽车贷款产品的主要交易对象。中下层的主要消费限于食品、衣服、住房，并尽量存钱，他们是银行储蓄类产品和本外币小额汇兑的主要客户。

---

① 河南科技大学. 改革开放以来城镇居民收入差距扩大的基本情况. http://www.haust.edu.cn/article/detail.aspx?id=16960。

（二）个人收入、个人可支配收入、个人可任意支配收入

1. 个人收入

个人收入指各种来源所得到的经济收入，包括工资、奖金、津贴、股息、利息、红利、租金等一切货币收入。它决定着消费者的购买力。

2. 个人可支配收入

个人可支配收入指个人收入中扣除个人直接交纳的各种税款和保险等费用后的剩余部分。消费者可以自己决定是现时消费还是留一部分储蓄供未来消费。

3. 个人可任意支配收入

个人可任意支配收入指可支配收入中除去家庭生活必须支出部分外，如食物、水电、煤气、通信等支出后的剩余部分，是消费者可以任意支配的收入。它决定个人投资理财购买金融产品的能力，是影响金融市场需求最活跃的经济因素，是金融营销研究的重点。

（三）消费结构

家庭或个人拥有一定可支配收入后，对不同消费品分配使用的方式和比例关系就是消费结构。恩格尔系数越小，表明食品支出在家庭总支出中的占比越小，说明生活水平越高；恩格尔系数越大，表明食品支出在家庭总支出中的占比越大，说明生活水平越低。对于国家而言，根据联合国的标准，恩格尔系数为50%～59%称为温饱、40%～50%称为小康、20%～40%称为富裕。我国自改革开放以来，人民的生活水平有了很大提高。全国居民的恩格尔系数在1978—2012年从57.5%降到33%，2020年为30.2%，相比2012年下降了3个百分点，接近联合国划分的20%～30%的富足标准，表明我国已从温饱型社会步入富裕型社会。城镇居民的消费品结构开始升级换代。居民的吃、穿、用、住消费向优质、高档化迈进，花钱买健康、买知识、买时间、买时尚、买新鲜成为居民新的消费观念和追求。中国消费市场增长，带动了住房消费以及装饰、装修、家具、家电等消费增长，通信及电子产品消费增长，以及汽车消费增长。金融业迎来了消费贷款业务的黄金时代。

（四）储蓄倾向

可支配收入中没有消费掉的剩余部分就是储蓄。高消费意味着低储蓄，低消费意味着高储蓄，两者互补，此消彼长。金融营销不仅要关心居民的消费方式，还要关心储蓄倾向。前者影响与消费品生产有直接或间接关系的公司借贷活动，后者涉及居民储蓄水平和个人理财等零售业务。不同国家、不同收入、不同文化都会影响储蓄水平。从国际比较看，美国是比较典型的低储蓄率国家，而我国是典型的具有东方色彩的高储蓄率国家。根据中国人民银行的统计数据，我国城乡居民人民币储蓄存款保持持续上升态势，2003年2月底首次超过10万亿元，2007年为17万亿元，2012年达到41万亿元，2016年继续保持上升态势，达到60万亿元，占GDP的80%，长期位于高水平。近10年我国居民储蓄存款仍然保持增长态势，详见图3-1。

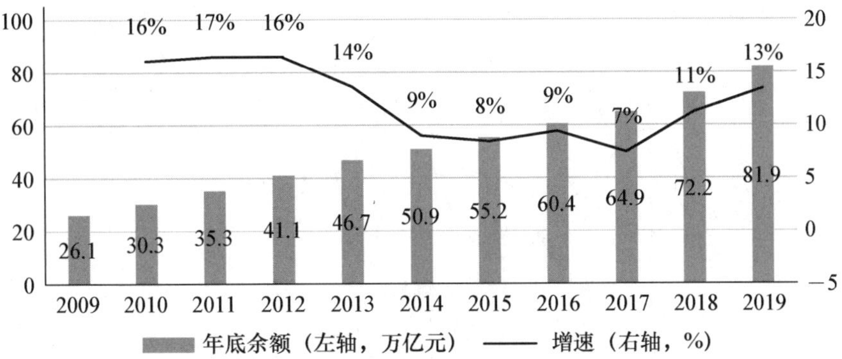

图 3－1　我国近 10 年居民储蓄存款变化

一般而言，我国高储蓄现象的主要原因是：(1) 国民具有勤俭储蓄的传统；(2) 社会保障水平较低，要为病老灾养储蓄；(3) 为后代接受良好教育进行储蓄的动机非常强烈；(4) 经济持续快速发展，使居民工资收入增长较快；(5) 缺乏多样化的投资工具。

居民储蓄存款的高速增长对于经济有两面性。一方面，它给我国的经济发展提供了充裕的资金。高储蓄率如果伴随着高投资率，则是理想的经济形态。因为高投资率扩大了需求，通过需求拉动了经济增长；同时又形成了新的生产能力，从供给方面推动经济增长。从金融行业看，居民手中有大量余钱，以储蓄方式为银行提供了大量的“生产原料”，以证券投资方式为券商带来了交易“活水”，以购买保险规避风险方式为保险公司带来了保单业务，等等。总之，一方面，高储蓄率为金融机构扩大经营规模、开展各项金融业务奠定了基础，支持了改革开放以来我国金融业的发展和改革。另一方面，高储蓄率的负面影响是压制了当期消费与投资，阻碍了经济的健康均衡发展。因此，如何将储蓄有效地转化为投资和消费是金融从业人员的社会责任。

（五）经济周期与货币财政政策

经济周期是影响金融市场景气的重要宏观因素。经济周期也称商业周期、景气循环，是经济运行中周期性出现的经济扩张与经济紧缩交替更迭、循环往复的一种现象，是国民总产出、总收入和总就业的波动，是国民收入或总体经济活动扩张与紧缩的交替或周期性波动变化。经济周期一般分为衰退、萧条、复苏和繁荣四个阶段。

经济学家研究认为，中国经济周期以增长型周期为主（见图 3－2），形态逐渐从过去的短周期向中周期过渡，周期持续时间不断延长，波动幅度减缓，波峰和波谷的位势从“高位型”向“中位型”转变，即高谷底、低峰值、长平台。政府宏观调控的指导思想、方式、力度等也随之发生转变。因此，金融的营销策略也应该调整变化，与之适应。

在经济扩张期，金融市场繁荣，表现为存贷业务两旺，市场信用良好，即使利率在上升通道，人们也敢于贷款购房买车，对按期还本付息充满信心。固定利率型的贷款产品，由于具有锁定借款成本的作用而特别受欢迎。在储蓄市场则是短期的固定利率产品，如通知存款、大额存单、货币基金、信托产品等受到欢迎。而经济收缩期的情形则相反。股票市场对于经济周期的变化更敏感，通常会提前作出一定反应，故谓之国民经济的“晴雨表”。

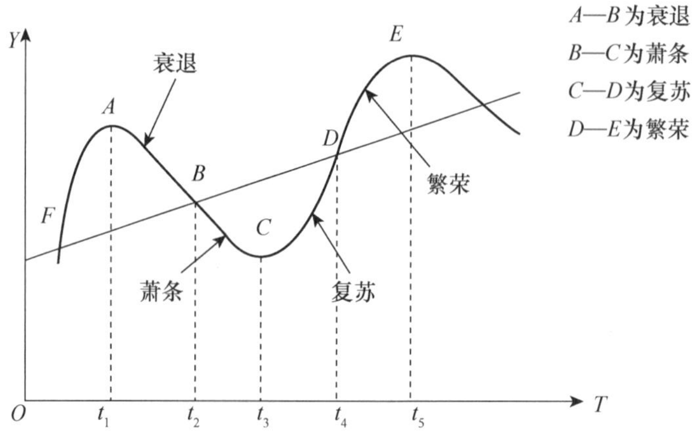

图 3-2 中国式经济周期模型

政府为了对冲经济周期的不利影响，如通货膨胀或通货紧缩，通常会采取相应的货币与财政政策，即宽松或紧缩的货币与财政政策的不同组合，以保持经济运行的稳定性。

对于金融营销人员，具备对经济发展趋势的洞察力和对政策走向的预见性是一项需要长期练就的基本功。要关注并能正确解读各项宏观经济金融指标和数据，包括一些重要的行业指标或市场指数，从它们自身的变动以及相互之间联动的变化中，发现投资机会或规避风险。

三、政治与法律环境

政治与法律环境是指：在特定社会中影响和限制各个组织和个人的法律、政府机构和压力集团。对于处于一国经济核心地位的金融行业，政治和法律的影响是无法回避的。中国特色社会主义的国情，更使金融营销决策与运营在很大程度上不仅要守法律，还要讲政治。

（一）执政党的方针路线

中国特色最重要的是中国共产党执政，党的方针路线对社会经济文化环境起着根本性的影响。了解党的方针政策、社会经济改革和发展规划，是金融从业者了解政治法律环境的首要任务。中国共产党改革开放的方针及发展路线和政策，为 40 余年来的中国带来了翻天覆地的变化，取得了举世瞩目的成就。每一次改革理念的进步和新举措，都不同程度地带来了政治经济制度的变化以及商机和财富。仅以下列金融改革历程中的若干事件为例。

1. 金融市场由谨慎开放转为大幅开放

民营资本和外国资本曾经都被挡在我国金融市场之外。随着开放程度逐渐提高，民营和外资通过参股方式进入传统的商业银行机构，伴随着放开贷款公司，批准境外汽车金融公司、汇兑公司进入，开放农村金融市场，证券市场合格境内机构投资者（QDII）

进入等。市场参与者多样化，它们之间的竞争会产生“鲶鱼效应”。

近年来，金融市场的开放尺度更大。例如2018年落实的政策：对商业银行新发起设立的金融资产投资公司和理财公司的外资持股比例不设上限；大幅度地扩大外资银行的业务范围；不再对合资证券公司的业务范围单独设限，内外资一致；全面取消外资保险公司设立前需开设两年代表处的要求。更多的开放政策将陆续推出。这些政策促进我国更深度地融入世界经济金融体系。

2. 利率市场化改革

20世纪90年代之前，我国利率一直是由政府管制。利率市场化改革始于1996年。采取渐进方式，先外币、后本币，先贷款、后存款，先批发、后零售。几年前，货币市场上许多金融产品已实现了市场化定价。作为我国利率体系主体的银行存贷款利率正在放开，很快将迎来利率市场化的时代。经过近20年的努力，2016年，周小川在中国发展高层论坛上表示，中国的利率市场化在2015年底已经完成，央行不再对存贷利率进行干预，金融机构都有自主决定利率的权力。不过，这只是从政策上来讲。放开利率并不代表央行对利率的指导作用完全消失，基准利率仍然发挥着基础性作用。

3. 人民币汇率改革

改革的总体思路是：按照主动性、可控性、渐进性原则，实行以市场供求为基础、参考一篮子货币进行调节的有管理的浮动汇率制度，稳步推进人民币汇率形成机制改革，目标是人民币自由兑换。2005年7月，中国人民银行正式宣布了人民币汇率制度改革的消息，标志着“人民币解冻”，与十年固定汇率体制告别。由于汇率是国际贸易中重要的调节杠杆，一个国家或地区生产或出售的商品都是按本国或本地货币来计算成本的，汇率的高低直接影响该商品在国际市场上的成本和价格，以及在国际市场上的竞争力。2009年，在金融危机最严重的时期，为了维持经济的稳定，我国采取了钉住美元的权宜之计。在经济运行已趋于平稳后，2010年6月，中国人民银行决定进一步推进人民币汇率形成机制改革，即不再单纯依据美元来衡量人民币汇率，从双边汇率转向多边汇率，更多关注篮子汇率变化，以人民币相对一篮子货币的变化来决定人民币汇率水平，从而增强人民币汇率弹性。2012年人民币汇率浮动幅度由中间价0.5%扩大到1%，2014年进一步放宽幅度到2%，限制约束更加放松。

2015年8月11日出台了人民币兑美元中间汇率报价方式的新规定：做市商在每日银行间外汇市场开盘前，需参考上一日银行间外汇市场的收盘汇率，综合考虑外汇供求情况和国际主要货币汇率变化，向中国外汇交易中心提供中间价报价。这次改革使人民币中间汇率形成机制更透明和更有弹性，人民币汇率更加市场化。

4. 资本市场开放

2014年资本市场开放取得了突破性进展，我国决定建立上海与香港股票市场交易互联互通机制，简称“沪港通”。2016年12月5日，“深港通”也正式落地。这将促使境内股市与全球经济联系更加紧密，将从市场运作机制、监管机制等多方面，推动中国内地资本市场深化改革。2015年11月30日，IMF执董会决定将人民币纳入特别提款权（SDR）货币篮子，新的SDR篮子于2016年10月1日生效。这将使我国货币政策框架更加稳定和更有弹性，同时将加速人民币国际化进程。

总之，以市场准入、利率和汇率的改革为核心的金融改革过程，在“一带一路”倡议的引领下，将更快推进。它带来的变化可能是革命性的，最终将改变金融市场格局，带来新的竞争力量和新的多样化的产品。所以，善于解读政策、具有灵敏的政治嗅觉者，就可能捷足先登，抓住市场机遇。

（二）法律与制度

随着经济体制的改革以及市场经济的深入发展，我国政府一直致力于逐步建立和完善法律制度，早日全面建成法治社会。金融法治有两层含义：一是法治下的金融；二是对金融实行法治。

金融机构市场营销法律环境分析的目的在于：一方面，凭借国家制定的各项法律、法规来维护金融机构的正当权益；另一方面，法律是评判金融机构市场营销活动的基本准则，在开展市场营销活动的过程中，金融机构应知法懂法，依法行事，不至于因自身违法或陷入客户违法活动而受到法律制裁。同时，还要对不断变化的政治经济形势以及相应出台的各项规定与措施比如刺激消费、控制经济过热、鼓励中小企业等政策措施作出迅速反应。

与金融行业关系密切的重要法律制度有《中华人民共和国公司法》《中华人民共和国民法典》《中华人民共和国广告法》《中华人民共和国商标法》《中华人民共和国反不正当竞争法》《中华人民共和国商业银行法》《中华人民共和国证券法》《中华人民共和国票据法》《金融机构反洗钱规定》等。我国目前实行金融机构分业经营，银行、证券、保险业务和产品不能交叉，资金必须通过合法途径进入不同的市场和业务领域。例如，股市牛气冲天，极具赚钱效应，但银行也不能进入，否则赚了钱也要受处罚。

加入世界贸易组织后，我国更全面、深入地融入了世界经济，已经跃升为世界第二大贸易国。近年来，国际上贸易保护主义抬头，争端和摩擦频发。因此，金融机构还要了解并熟悉国际市场的游戏规则，准备应对更加复杂的国际市场环境和更大的贸易纷争。

（三）政府机构的执行能力

政府是法律的执行机构。高效廉洁的政府可以降低金融机构的市场运作成本，提高经营效率。金融机构直接面对的国家政府监管机构是中国人民银行、中国银保监会、中国证监会，同时还有各地政府、工商、税务等的监管。

我国幅员辽阔，金融环境差异的原因纷繁复杂，但地方政府行为始终是社会环境的关键因素。原因是：一方面，地方政府的公共服务直接影响当地金融生态环境；另一方面，在中国，诸如地方法制环境、经济基础、地方金融发展等几乎所有金融生态环境的构成要素，都强烈地受到地方政府执政行为的影响。

在地方政府机构人员的履职行为方式上，有些过分积极（权力寻租），有些似乎不可捉摸（玩弄潜规则），还有一些机构人员缺乏经验（官僚和武断），对市场和商业活动缺乏现实的了解。金融机构可能将为此付出一些代价，如果代价太高，则需要权衡进入这样的市场是否值得。

（四）道德和社会责任的重视

法律和规则条文不可能覆盖所有市场活动，已制定的法律也很难全面落实。因此，金融机构的同行和面对的客户是否遵守职业道德和社会规范，即社会诚信水平，也是影响市场环境健康的一个重要因素。一方面，一个充斥着虚假欺诈的市场将给坚持诚信的金融机构增加许多不确定的因素，加大经营风险；另一方面，有虚假欺诈行为的金融机构将被市场抛弃，是短命的。在社会转型阶段，我国公民和企业的社会道德与责任感的培养还有较长一段路要走。

四、社会文化环境

社会文化环境包括影响一个社会的基本价值、观念、偏好和行为的风俗习惯与其他因素。社会文化环境是影响人们欲望和行为（包括消费者购买行为）的重要因素。下列文化特征对金融营销决策的影响较大：

（1）核心价值观的固定性。特定社会中的人会有许多特定的信仰和价值观念，而且轻易不会改变，又称“核心价值观”。它影响日常生活中的具体态度和行为。核心价值观由父母传给孩子，并由学校、企业和政府加以强化。例如：与人为善、做人讲诚信等等属于核心价值观范畴。

（2）从属价值观及其可变性。从属价值观指由核心价值观衍生出的对某些具体事务、某些现象的认知、观点等。其相对容易改变，并导致了文化环境变化。一个社会主要的价值观（核心+从属价值观）是通过人们对自己和他人，以及对组织、社会、自然和世界的看法而表达出来的。

对金融环境有重要影响的社会文化因素，主要考虑社会诚信文化和财富价值观。诚信是一种文化，是一种社会公共产品，而不仅仅限于与参与金融交易的当事人有关的狭隘范围。事实上，由于经济主体的所有活动都是在社会网络中进行的，一个经济主体相互不信任的社会极有可能会陷入“所有人对所有人的战争”。如果在社会网络中存在一种诚信规范或者诚信规则，并作为一种类似文化和习俗的东西传承下去，一直被社会经济活动中的当事人所遵守，就形成了诚信文化。在诚信文化水平低的社会，金融机构的经营成本将十分高昂。

我国有数千年的文化传统，沉淀了许多特别的财富观念，比如“财不露白”强调财富的高度私密性；“不患寡而患不均”强调均贫富观念；“不患贫而患不安”强调风险意识；崇尚勤俭节约的美德；孝文化强调养老和敬老，年轻时要为养老留够储备；“盛世收藏”使传统文化珍宝和稀缺性资源工艺品成为富裕社会投资理财的热门。

不同的财富观念决定了对不同的融资方式和不同金融产品的追求。一些从极端贫困奋斗到资产过亿元的老板，往往有炫耀和摆谱的心理，而普通民众则“量入为出”，精打细算过日子。

所以，社会文化决定了人们的财富观念，观念决定了做事的方法，并产生了相应的行动与结果。

五、科技与资源环境

科技环境可能是目前影响人类命运的最引人注目的因素。以计算机、通信、互联网为基础的现代信息技术，正全面改变着人们的生产、生活方式，电子化正渗透到社会的各个角落。金融机构只有顺应潮流走电子化的道路，才可以避免“恐龙灭绝”的命运。金融电子化是金融行业利用现代信息技术改造传统产品，提供更迅速、多功能、远距离、低成本服务的统称。以银行为例，电子银行的出现改变了人们对传统“水泥银行”的印象，开创了银行业产品创新、渠道（销售网络）创新的时代。近 10 年来，我国银行在向电子银行迈进方面取得了长足进步。ATM 和 POS 机等自助设施与电话银行、网上银行、手机银行是商业银行重要的渠道创新方式，而且逐渐整合成综合业务平台。

金融机构营销人员应注意下列技术发展趋势：

1. 科技高速发展，金融科技不断涌现

许多今天常见的产品在 100 年前还未出现。科学家们正致力于广泛的新技术研究，这些研究将革新我们的产品和生产方式。每项新技术都会取代一项旧技术。例如晶体管取代真空管，复印机取代复写纸，光盘取代唱片，汽车超越铁路，高铁超越飞机等等。现在网络购买规模越来越大，传统实体店面临严峻挑战，与之相伴的第三方支付方式也对银行传统支付方式构成了威胁。每当旧的行业对抗和忽略新技术时，该行业就会衰落。跟不上科技进步的公司会发现自己的产品过时了，失去了新的市场机会。电子化、虚拟化程度很高的金融业更是如此，很难有长盛不衰的金融产品，甚至传统融资模式也受到诸如“余额宝”“众筹”等网络金融的挑战。金融机构需要直面网络金融的挑战，利用新的信息技术不断创新，才是互联网时代的生存之道。

金融机构正发力与网络电信技术全面结合，以至金融科技成为金融行业互联网时代的新业态。金融科技旨在通过利用各类科技手段创新传统金融行业所提供的产品和服务，提升效率并有效降低运营成本。根据金融稳定理事会（Financial Stability Board，FSB）的定义，金融科技主要是指由大数据、区块链、云计算、人工智能等新兴前沿技术带动，对金融市场以及金融服务业务供给产生重大影响的新兴业务模式、新技术应用、新产品服务等。金融科技的关键技术，包括互联网技术（互联网、移动互联网、物联网），大数据，人工智能，分布式技术（区块链、云计算），安全技术（生物识别技术）等。我国的金融科技起步较晚，但发展速度很快，大有后来居上之势。

2. 向节能环保低碳经济发展模式转变

在各国遏制全球变暖的共同努力中，2009 年 12 月哥本哈根世界气候大会被喻为“拯救人类的最后一次机会”。温家宝总理代表中国政府和人民郑重承诺，到 2020 年单位 GDP 碳排放比 2005 年减少 40％～45％。在 2021 年两会上，节能环保低碳发展的重要指标“碳达峰、碳中和”被首次写入政府工作报告，受到前所未有的高度重视。碳达峰是指我国承诺 2030 年前，二氧化碳的排放不再增长，达到峰值之后逐步降低。碳中和是指企业、团体或个人测算在一定时间内直接或间接产生的温室气体排放总量，然后通过植树造林、节能减排等形式，抵消自身产生的二氧化碳排放量，实现二氧化碳“零排放”。

我国低碳经济发展模式由此更大规模地展开。

实现“碳达峰、碳中和”过程中有大批传统产业得到改造、大量新兴产业得以成长，如新能源产业——风能、太阳能、核能和生物质能等最具发展潜力的可再生能源；智能电网改造与建设；新能源汽车；清洁煤和碳捕捉技术；节能技术；绿色家居与交通；环保技术；等等。随之而来的“绿色金融”将成为中国金融业新的“兴奋点”。绿色金融是指支持环境改善、应对气候变化和资源节约高效利用的经济活动，即对环保、节能、清洁能源、绿色交通、绿色建筑等领域的项目投融资、项目运营、风险管理等所提供的金融服务。例如针对将产生的巨大“绿色信贷”需求，银行可提供信用咨询、理财产品、低碳项目融资等新服务新产品，还可以直接参与碳交易市场。资本市场通过创业板可以推出许多低碳、绿色、环保、新能源等新兴行业公司，加速其发展步伐，通过并购重组改造和淘汰落后产能。

2021 年 7 月，我国碳交易市场正式上线。在减排限量的要求下，碳成为一种资产，可以通过交易市场对碳的排放权及排放量进行定价并交易。

3. 注重微小技术改进

由于研发新技术成本过高，许多金融机构往往只做些小的技术改进而不冒险去开发新技术。许多金融机构的研究经费主要用于模仿或跟随竞争对手的产品，并做一些形式上的微小改进，对现有品牌做简单延伸。因此，许多研究只是防御性的而不是进攻性的，但也能够在一定时间内取得较好的市场效果。

4. 加强管制

美国次贷危机就是一个因金融创新缺乏适当的风险管理和风险监管，从而演变为金融风险的典型事例。由于金融产品的衍生变得越来越复杂，而公众又需要了解这些产品是否安全，因此，政府机构会对有不安全因素的产品进行调查，决定是否禁止销售。这些管制使金融机构的研究成本增加，并使产品从制造到面市的周期变长，可能对金融创新产生压制作用。例如我国 P2P 网贷，在不到 10 年的时间里，展现出如抛物线般的发展轨迹，从创新一跃而起到繁荣、过热畸形、风险积聚，最后归于沉寂，其间伴随着政府监管的逐步升级。

金融发展一方面需要金融创新作为动力，另一方面又需要加强金融监管以维护金融安全。金融创新与金融监管既存在矛盾的一面，又有相辅相成的一面，二者互相作用，因此金融创新与金融监管的关系本身是动态“博弈”。对于金融机构而言，创新是生存竞争之道，一般发生在监管或制度的模糊地带。营销人员在研发新产品时应对这些管制有所了解，并把握好创新与监管的关系。

第二节　微观环境

金融机构的营销部门通过创造顾客价值和满意来吸引顾客并建立与顾客的联系。但是，营销部门仅靠自己的力量是不可能完成这项任务的，还要依赖与金融机构微观环境相关的其他因素，这些因素包括机构内部其他部门、供应者、竞争对手、外围服务提供者、最终客户和公众等。

一、机构内部其他部门

在制订营销计划时，营销部门应兼顾与其他部门的关系，如高层管理、财务、研究与开发、行政后勤、业务职能、会计、分支机构等部门。所有这些相互关联的部门构成了机构的内部环境（见图 3－3）。

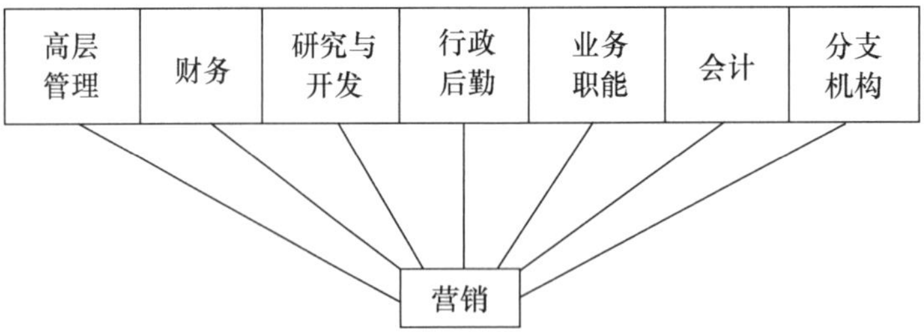

图 3－3　营销部门与机构内部其他部门关系图

高层管理部门制定公司的目标、总战略和策略。营销部门依据高层管理部门的规划来做决策，营销计划也必须经高层管理部门同意才可实施。

营销部门同样必须与公司其他部门紧密合作。如果营销管理实行项目制，那么财务部门要负责寻找和使用实施营销计划所需的资金；研究与开发部门要研制安全且吸引客户的产品；行政后勤部门负责办公机器设备和办公用品；业务职能部门分工管理和控制各类业务的日常经营与运作；会计部门核算收入与成本，以便管理部门了解是否实现了预期目标；分支机构是最后与顾客达成交易并维持顾客关系的市场前端。这些部门都会对营销部门的营销项目产生影响。营销部门应该起到协调各部门行动的核心作用，让所有这些部门都做到“想顾客之所想”，协调一致行动，提供上乘的客户价值和满意度，完成营销项目预期的目标。

二、供应者

供应者是金融机构整个顾客价值传递系统中的重要一环，是价值创造的出发点。最大的供应者是资金供应者，对于商业银行而言是存款客户，对于资本市场而言是证券购买者，对于保险公司而言是投保者。此外，许多大的金融机构进入了同业拆借市场，这个市场上也有短期资金的供应者。供应者的变化对营销有重要影响。营销部门必须关注：（1）供应能力，即提供资金的数额和速度、期限等因素；（2）资金价格变动，因为资金成本上升将影响金融产品的销售额。

其次的供应者是设备供应商。金融是高度信息化的行业，随着经营规模的扩大、管理的复杂，信息技术的应用越来越普及，金融对信息技术的依赖程度也越来越高。例如，管理信息系统（MIS）、客户关系管理（CRM）系统、企业资源计划（ERP）系统、信用卡运营系统等。昂贵的电子设备的硬件与软件的升级换代与兼容性以及维护管理，不仅对投资成本影响很大，同时还涉及金融机构自身和客户资产的安全。因此，重要的管理系统设备必须经充分的研究论证后才可以进入采购阶段。

三、竞争对手

竞争是微观环境中最需要重视的因素。竞争使得营销成为必要。营销学认为，一个企业要想获得成功，就要比竞争对手做得更好、使顾客更满意。因此，营销部门不仅要考虑目标顾客的满意度，而且要在顾客心中留下比竞争对手更有优势的印象，以赢得战略上的优势。

1. 竞争者类型

识别竞争对手是战胜竞争对手的前提。从消费者的角度划分，主要有以下四种类型：

(1) 愿望竞争者。愿望竞争者指提供不同的产品以满足不同需求的竞争者。例如消费者要选择一种万元消费品，他所面临的选择就可能有电脑、电视机、摄像机、出国旅游等，这时电脑、电视机、摄像机以及出国旅游之间就存在着竞争关系，成为愿望竞争者。

(2) 普通竞争者。普通竞争者指提供不同的产品以满足相同需求的竞争者。如面包车、轿车、摩托车、自行车都是交通工具，在满足代步提速需求方面是相同的，它们是普通竞争者。

(3) 产品形式竞争者。产品形式竞争者指生产同类产品但规格、型号、款式不同的竞争者。如汽车有轿车、SUV，其中分大型、中型和紧凑型，按燃料分有汽油车和电动车等，这些构成产品形式竞争者。

(4) 品牌竞争者。品牌竞争者指生产相同规格、型号、款式的产品，但品牌不同的竞争者。以空调为例，美的、格力、海尔等众多产品之间互为品牌竞争者。

产品形式竞争者和品牌竞争者是同行业中的竞争者。在同行业竞争中，卖方密度、产品差异和进入难度的变化是三个特别需要重视的因素。卖方密度是同一行业或同一类产品经营中卖主的数目。产品差异是指同一行业中不同企业生产同类产品的差异程度。进入难度是指企业试图进入某行业时所遇到的困难程度，特别是技术难度和资金规模。

2. 竞争性营销策略

市场营销学将竞争性营销策略分为实力制胜型、后发制人型、特色经营型、特殊策略等四种类型。

(1) 实力制胜型。资本雄厚、实力强的企业能够“以强有力的研究推动新产品尽快投产”，先声夺人，在技术上处于领先地位，在成本降低方面先于其他企业，还可通过高促销、低价倾销等手段不断开辟新的生产领域和服务领域。

例如，1945 年美国实力雄厚的雷诺公司率先引进新技术生产圆珠笔，其成本只有 0.50 美元，按正常定价难以形成新产品声势。当年恰好时逢战后第一个圣诞节，该厂别出心裁，大力宣传以圆珠笔作为圣诞礼物，并采取竞争性定价，结果人们以送出圆珠笔或得到圆珠笔为荣。而没过几年，圆珠笔价格一落千丈，但该公司早已达到目的。

（2）后发制人型。采用这种策略的企业主张“以质量更好的产品”来进行营销竞争，即绕过产品开发这一环节，节省研制费用和减少投资开发的风险。当市场上出现新产品时，就立即进行仿制或加以改进，消除原产品最初的缺陷，改善其性能、外观等，进一步形成自己独特的新产品，赶超对手。

（3）特色经营型。这种是“在市场夹缝中生存”的中小企业采取的策略。由于实力有限，中小企业想与大企业正面交锋获胜很困难，只有扬长避短，发挥自身优势，寻找市场的薄弱环节，开辟角落市场或专一经营某细分市场，提供最有效的服务，在产品或服务上彻底追求个性化，形成与其他竞争企业的显著区别，造成差别优势。

例如，杭州市著名企业家宗庆后在竞争激烈的营养液市场上，选择了适当的定位战略，开发出有独特风格和适合特定需要的新产品“娃哈哈儿童营养液”，一举成功。

（4）企业竞争的特殊策略。“水无常形，兵无常势”，不存在对所有竞争对手都适用的战无不胜的营销战略。每个企业都应该考虑与对手相比，自己独特的市场规模与定位。在市场中占有绝对优势地位的大企业所使用的策略，对小企业不一定适用。但仅靠规模优势是不够的，有些战略可以使大企业制胜，但有些战略也可以使大企业惨败。小企业也可以采用大企业无法采用的高回报营销战略。企业运用超常规思维，依据具体情况采取竞争特殊策略，同样可以获胜。（金融专业学生可尝试用金融行业的例子来说明上述竞争类型与竞争策略。）

四、外围服务提供者

外围服务提供者帮助金融机构对其产品进行促销、销售并分销给客户。它们是财务咨询公司、律师事务所、资产评估公司、信用卡服务公司、财产保险公司、物流仓储公司等。它们会对金融机构的营销活动产生直接影响。但由于它们的具体作用和所处地位不同，因而影响程度不同。

值得注意的是，金融服务外包业务的兴起，使外围服务提供者的地位和作用发生了很大变化。发达国家的金融机构越来越多地将原先自行承担的业务转交外包服务商完成，以降低成本，实现战略目标。外包业务主要涉及信息技术（如应用开发、编程及译码），专业运作（如某些金融、会计领域，后台业务及处理、管理活动），执行合约功能（如客服中心），逾期贷款催收等等，从而把资源集中到核心业务上，形成核心竞争力。外包服务商可以是金融集团内的附属机构，也可以是集团以外的机构。

最早的金融业务外包发生在 20 世纪 70 年代，证券机构为节约成本，将一些准事务性业务（如打印及存储记录等）外包。20 世纪 80—90 年代，在成本因素及技术升级的推动下，外包交易的规模已相当可观并涉及整个 IT 行业。随后，外包出现在人力资源等更多的战略领域。同期出现了一种名为“业务处理外包”（BPO）的新形式，是一种点到点（end-to-end）的商业链外包。在 BPO 中，金融机构与服务商的关系也由传统的服务提供转变为战略合作。外包的另一个趋势是“离岸化”，即将业务外包到境外。许多跨国公司试图通过建立离岸交易及服务中心来提高公司整体效率。金融机构除将业务外包给服务商外，也会把一些业务交由海外附属机构来完成。印度成为承接发达国家金融服务外包量最大的国家。中国也被视为开展金融外包的理想地区。

我国已经认识到了金融服务外包的巨大商机，沿海发达地区利用产业调整的机会发展金融外包承接业务，用优惠政策吸引离岸外包落户，如所得税税率为15%、员工前期培训费由政府补贴等，因此最近两年的外包增长速度很快，年均增长100%以上。

五、最终客户

最终客户对金融机构营销活动的影响远远超过其他因素的影响。金融机构应当仔细研究其客户市场。金融机构面对的最终客户市场可大体分为五类，如图3-4所示。

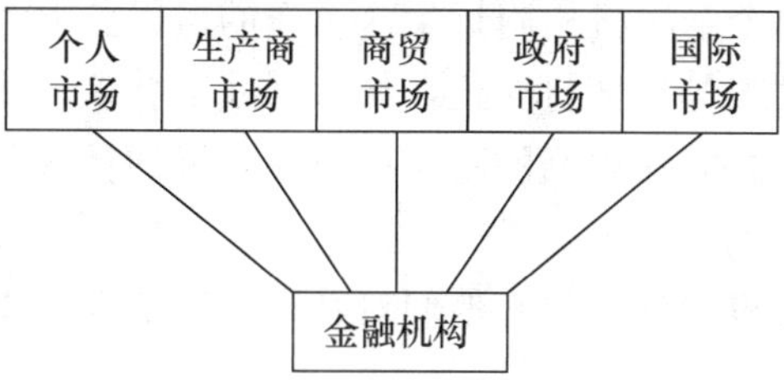

图3-4 金融机构最终客户关系图

（1）个人市场由个人和家庭组成，它们仅为自身货币资产保值增值而购买金融产品。

（2）在生产商市场，厂商购买金融产品和服务是为了提高资金运作效率，通过市场方式融通资金，利用金融工具锁定原材料或产品价格以规避风险。

（3）在商贸市场，贸易商购买金融服务产品是为了得到资金，获取便利和快捷的支付方式，加速贸易物流周转，从买卖价差中获取利润。周转次数越多，获取的利润越大。

（4）政府市场由政府机构构成，金融机构为其提供专项资金管理与支付，或者为公共产品提供柜台收费便利性服务。例如，居民通过银行支付税费及通信、交通、水电费，保险公司代理政府收取交通事故强制保险，等等。

（5）国际市场由其他国家的购买者构成，包括消费者、生产商、经销商和政府。每类市场不仅有国别的差异，也有各自不同的特点，销售人员需要对此进行深入研究。

六、公众

公众是指对金融机构实现其目标的能力感兴趣或有影响的任何团体，可分为七类（如图3-5所示）。

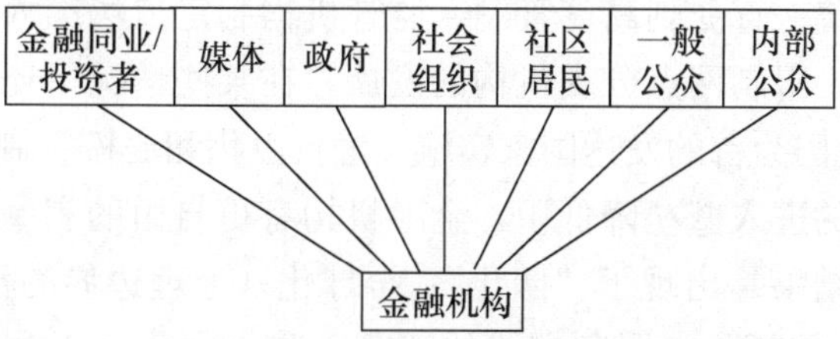

图3-5 金融机构与公众关系图

（1）金融同业/投资者是其他金融机构如银行、证券公司、保险公司、投资公司、财务公司等的统称，它们影响一个金融机构从外部获得资金的能力。股东作为公司的投资者，是金融机构内部资金的重要来源。

（2）媒体由发表新闻、特写和社论的机构组成，主要包括报纸、杂志、电台和电视台等。

（3）政府的活动是金融机构管理层必须关注的。营销人员必须经常就金融产品的风险性、广告真实性及其他事项，向金融机构律师咨询合规性和合法性。

（4）社会组织包括消费者组织、环境组织、少数民族组织等维护某一类人群权益的民间团体，它们可能对金融机构的营销战略提出质疑。还有行业协会性质的社会组织。金融机构的公关部门应专门负责搞好与这些组织的关系。

（5）社区居民是在每个金融机构附近生活工作的居民。大型金融机构通常会指定一个专门的社区关系负责人来与社区打交道，如参加社区会议、回答居民咨询和给公益事业捐款等。英国壳牌石油公司在惠州的石化项目中开展的社区关怀活动，给我国的企业提供了一个值得效仿的典范。

（6）一般公众。金融机构需要关心他们对其产品和活动的态度，金融机构应注意自身的公众形象对产品销售的影响。

（7）内部公众包括员工、经理和董事会。大型金融机构往往用内部通信和其他手段给内部公众传递信息，鼓舞斗志。当员工对自己就职的机构感觉良好时，他们的积极态度会传递给外部公众。

金融机构在制订针对顾客的营销计划的同时，也应制订对其主要公众群体的营销计划，尽管他们可能不是直接的购买者。如果金融机构希望从某个特定的公众那里得到特别的回应，如信任、赞扬、时间和金钱的帮助，就需要针对这个公众团体制订一个具有吸引力的计划以实现其目标，例如捐资助学计划、环保行动计划、体育赞助计划等，塑造自身的社会责任形象，以获取公众的信任和好感。

第三节　变化中的营销环境和机会

金融行业经历着剧变，导致其革命性变化的主要因素有以下几个。

一、金融监管面临重大变革

历史上金融行业曾一直受到高度管制。监管机构制定市场准入规则，核准市场进入者，管制利率和汇率，限制网点分支机构的发展，在某些情况下还规定产品的特性。20世纪80年代初，以美国为首的发达国家实施金融自由化和放松管制，鼓励金融创新、混业经营，新金融机构的进入壁垒降低了，金融机构有更自由的利率定价空间，以利于展开价格竞争。放松的结果是出现了“四化”：全球化（地理边界的消失）、一体化（产品或行业边界的消失）、创新化（服务方式的革命）和集中化（少数机构高度占有全球市场)。金融行业一片繁荣，直至2007年美国次贷危机爆发，并进一步演化为席卷全球的金融海啸。人们开始重新审视以往的监管模式，变革的大幕正在徐徐开启。下面用几个简单的事实来勾勒变革前景。

(1) 2010年5月，美国参议院通过了对大银行实施更多监管的金融改革法案。主要内容包括：创立一家消费者保护机构，加强对衍生品交易的监管并禁止银行进行自营交易；实施纠正混业、分业经营的“沃尔克规则”；建立一套针对倒闭金融机构的清算机制，成立金融监管委员会来监控市场；为那些欲发行证券的银行指派信用评级机构；提高银行资本标准；加强股东在公司治理和确定高管薪酬方面的作用；等等。

(2) 中央银行加强宏观审慎监管的国际趋势。金融危机后，人们认识到了微观审慎监管的不足，对单个金融主体安全和稳定的监管不足以确保整个金融系统的稳定。针对系统性风险的宏观审慎监管成为主要的监管改革方向之一，主要从两个维度展开：一是跨行业跨机构维度，即考虑不同机构间相互影响导致的系统性风险，通过加强对具有系统重要性的金融机构的监管、改进对交易对手的风险计量和控制等来维护金融体系的整体稳定；二是跨时间维度，即重视金融体系的内在风险随着时间的推移而变化，防范金融体系的顺周期性导致的系统性风险。就政策方向而言，就是要进行逆风向调节，即在经济衰退、银行资产收缩的阶段，降低拨备和资本要求，以缓解信贷紧缩、平滑经济波动；在经济快速增长、银行资产扩张过快的阶段增加拨备和资本要求，以加强风险防范，提高金融持续支持经济发展的能力。

(3) 坚持银行、证券、保险以及非银行金融机构之间的风险隔离，防范风险的跨市场蔓延和传染。近年来，在中国金融业经营中已经出现了混业经营的事实。许多金融机构出于竞争的需要，不断拓展自己的经营领域，使得传统的信贷、证券和保险产品不断出现交叉，新的衍生工具不断涌现。为了发现和限制金融机构过度创新的负面影响，我国金融分业经营、分业监管的体系继续发展和完善。2018年伊始，原“一行三会”的组织架构调整为“一行两会”，将原银监会与保监会合并为银行保险监管委员会（即银保监会)。金融监管部门和宏观审慎监管机构——中央银行只有保持密切关系，才能在承受压力时有更迅速的反应并作出更好的决策。

(4) 实行更严格的资本充足率监管。我国为落实《新巴塞尔资本协议》，确立了分类实施、分层推进、分步达标的基本原则。2007年银监会对《商业银行资本充足率管理办法》进行了修改，2008年底将银行资本充足率要求从8%提高至10%。目前大型中资银行的资本充足率为10%～13%，高于《新巴塞尔资本协议》8%的要求。较高的资本充足率正是监管机构逆周期调节的表现。

银监会建立了以资本和风险管理为核心的长效机制，构建了有中国特色的银行业风险监管框架。2009年底银监会发布了《商业银行资本充足率监督检查指引》，确定了资本充足率监督检查的四条原则：一是要求商业银行内部建立完善的资本充足评估程序，确保资本能够充分覆盖其所面临的各类风险；二是银监会对商业银行内部资本充足评估程序进行监督检查，全面评估商业银行资本规划和满足最低监管资本要求的能力；三是银监会根据监督检查结果，确定商业银行的最终监管资本要求；四是银监会对资本不能充分覆盖风险的商业银行采取干预或纠正措施。通过监管部门的监督检查，推动商业银行完善风险管理体系和控制机制，实现资本要求与风险水平和风险管理能力的密切配合，提高商业银行抵御风险的能力。

二、鼓励中小民营企业发展

作为我国经济的重要组成部分，民营经济为我国贡献了50%以上的税收。因此，政府将对中小企业的支持提高到战略高度，并不断推出一系列鼓励发展的政策。相对大型企业而言，中小企业的优势体现在以下三个方面：

（1）吸纳就业能力强。目前，我国有一千多万家进行了工商登记注册的企业，其中中小企业的数量占99%，其满足了80%的城镇人口就业，而第三产业具有就业容量大的特征。

（2）创立和管理的成本比较低，对市场变化的反应比较快，在制度创新和技术创新方面有优势。在企业创新成果中，中小企业占70%。

（3）在劳动密集型和市场多样化的行业中，中小企业有天然优势，尤其在一些新兴技术行业，一些世界500强就是从小企业做起，逐渐壮大的。如微软、戴尔，我国的阿里巴巴、腾讯等都是从小企业成长起来的。

尽管中央政府再三强调发展中小企业的重要性，但中小企业面临的难题仍没有彻底有效地得到解决，尤其是融资难的问题。我国80%以上的企业是民营企业，然而金融资产绝大多数流向另外20%的国有企业和大中型企业。中国民生银行率先改变观念，改变商业模式，明确将自己定位为民营企业银行，着力解决民营企业“首贷续贷难”的问题。

我国证券市场已经形成了包括主板、科创板、中小板、创业板和新三板在内的层次分明的板块体系，成为众多中小企业发行新股、增发股票、发行可转债等进行融资的重要渠道。2019年开板的科创板，为科技创新企业构建了新的资本平台，当年有70家科创型公司完成上市，募集资金达到824亿元。成立于2009年的创业板，是服务中小科技创新和战略性新兴产业企业的平台。至2019年，10年累计上市公司近800家，占A股上市公司总数的两成，其中超过九成属于高新技术企业，累计实现股权融资约7 500亿元。多层次场内证券市场为大量中小微企业提供了融资支持，助力中小企业实现了腾飞发展。

三、信息技术进步与金融电子化

新技术正在剧烈地改变着金融机构同客户的交易方式，如今最强大的变革力量就是来自计算机和电子通信的集成，七大颠覆性技术，即互联网、数字货币、社交网络、众筹、P2P借贷、微型金融平台、移动手机，将瓦解以信息服务为特征的传统金融模式。新技术导向的未来的银行可以说是数字世界和物理世界通过前端的接触器，依托生物特征的识别、人工智能提升的服务效率、大数据的资产安全、客户理解、区块链连接的网络化和平行化等科学技术，最后送达客户手上。“未来的银行将不再是一个地方，而是一种行为。”

（1）服务方式创新。在计算机和电信技术进步的共同推动下，以信息为基础的远程服务领域正在迅速扩张。金融服务方式正在被计算机和互联网改变。现在很多人对互联网的依赖越来越强，甚至觉得没有互联网提供的服务，日子就没法过。

（2）顾客参与更多的自助服务业务。例如电子银行远程自助交易、自动取款机每天24小时提供自助服务。

（3）建立专门的顾客服务部门。这是以计算机化的文件系统为支撑，顾客可通过免费电话得到的服务。例如银行的电话银行、网络银行及信用卡消费和信息沟通。服务部门在提供信息、预约、处理问题和投诉方面，可以使多点业务服务保持较高的运作标准。

（4）客户信息的云计算大数据时代。信息时代我们面临信息爆炸。云计算主要为数据资产提供了保管、访问的场所和渠道，然而长期运作积累的客户数据是金融企业最有价值的资产。大数据就是利用一定的方法发掘数据资产的价值。例如通过数据分析，了解顾客对产品类型的偏好，给金融机构划分不同的顾客细分市场提供依据，以便改进价格决策，更好地针对目标市场开展销售和广告工作。所谓的数据库营销，正在成为产品和服务营销人员的重要工具，它允许营销人员同顾客一起对他们之间的沟通方式进行量身定做，还可以对机器与顾客的相互作用进行人性化设计，等等。

第四节 环境分析方法

SWOT 分析最早是由美国旧金山大学韦里克教授于 20 世纪 80 年代初提出的，随着企业竞争理论与环境研究的发展而逐渐发展和完善。SWOT 分析法的基准点是在对企业所处环境深入了解的基础上，进一步对企业内部环境之优劣进行分析，判明企业面临的机会和威胁，继而制定企业发展的战略和策略。

所谓的 SWOT 是英文 Strength（优势）、Weakness（劣势）、Opportunity（机会）和 Threat（威胁）的首字母缩写。SWOT 分析法是通过具体的环境分析，将与研究项目密切关联的各种主要的内部优势因素、劣势因素和外部机会因素、威胁因素分别识别和评估出来，依据矩阵形态进行科学的排列组合，然后运用系统分析的研究方法对各种主要因素相互匹配进行分析，最后提出相应对策的方法。它的优点在于考虑问题全面，是一种系统思维，可以把问题的“诊断”和“开处方”紧密结合在一起，条理清晰，便于检验。

1. SWOT 模型的道斯矩阵及分析步骤

把外界的条件和约束同组织自身的优缺点结合起来，随着环境变化做动态系统分析，识别项目或企业所处的位置及存在的风险，并把分析的结果填入道斯矩阵（见表 3-4）。

表 3-4 道斯矩阵

		内部因素	
		Ⅲ优势 S	Ⅳ劣势 W
外部因素	Ⅰ机会 O	Ⅴ：SO 战略 把握机会，发挥优势	Ⅵ：WO 战略 利用机会，克服弱势
	Ⅱ威胁 T	Ⅶ：ST 战略 把握机会，避免威胁	Ⅷ：WT 战略 克服弱势，避免威胁

（1）Ⅰ、Ⅱ、Ⅲ、Ⅳ区：分析项目的优势和劣势、可能的机会与威胁，填入相应的道斯矩阵区域内。

（2）Ⅴ区：是内部优势与外部机会相匹配，是最理想的匹配，存在的项目风险较小。此时可通过两种方式强化组织内部的优势：一是通过找出最佳的资源组合来获得竞争优势；二是通过提供资源来强化、扩展已有的竞争优势。

（3）Ⅵ区：是与外部机会相关的内部劣势，此时可通过两种方式来权衡对机会的取舍：一是加强投资，将劣势转化为优势开拓机会；二是放弃机会给对手。

（4）Ⅶ区：是内部优势与外部威胁相匹配，此时如果用坐标轴来表示这四方面的关系，这种分析方法就会更加直观、清晰。

（5）Ⅷ区：是与外部威胁相关的内部劣势，这是最糟糕的匹配，存在的项目风险最大。此时也存在以下两种选择：一是主动进取，争取领先；二是主动放弃。

2. 案例：某小额贷款公司的SWOT分析

为简单起见，将本案例中的某小额贷款公司简称为XD。

（1）XD面临的机会。

第一，国家政策对小额贷款的支持。政府试图将多年来现实存在的民间借贷市场纳入合法、规范的轨道，使民间金融合法化。这催生了小额贷款公司，并为其提供了一定的生存空间。

第二，宏观及微观环境为小额贷款公司的发展提供了契机。当前为防止通货膨胀，各大银行纷纷紧缩银根，严格贷款审批手续，中小企业融资处境更加艰难。这些小企业转而成为XD的主要客户群。此外，国家对地下金融市场的整顿和限制，使一部分资金需求转向小额贷款公司，为小额贷款公司提供了更多的资金来源。

第三，市场开发潜力巨大。微型信贷是近几年刚刚兴起的金融领域的一场变革。一方面，市场本身发展空间巨大；另一方面，随着微小金融观念的不断普及，资金需求者的需求会被激发出来。

（2）XD面临的威胁。

第一，国家政策的不确定性。目前，国家对于小额贷款公司没有明确的法律规定，只有关于试点的一些指导文件和地方性指导文件。此外，对小额贷款公司的资金来源、利率水平、贷款金额的规定，使其不能完全按照市场供求及市场规则发展运行。

第二，越来越多的金融机构关注中小企业，未来市场竞争会更加激烈。越来越多的银行开始重视对中小企业的金融服务支持，纷纷成立专门机构和创新专业的产品为中小企业服务，无疑给小额贷款公司的发展带来了更大的威胁，市场竞争将更加激烈。

第三，征信缺位导致风险难控。XD争取的多是一些银行不愿做的客户，大部分贷款都是信用贷款，潜在的坏账风险要高得多，加之征信体系缺位，在规避风险上有着先天不足，加大了公司风险控制的难度。

（3）XD的优势。

第一，经营机制灵活。XD规模小、人员少，简单、高效的组织形式使公司在经营过程中能针对市场及客户情况迅速作出反应，采取灵活多变的形式，及时妥善地处理业务开展过程中出现的各种问题。

第二，贷款程序简明清晰、审批时间短。由于XD的高层管理者和员工都是本地人，对当地经济情况、产业状况、风土人情都比较熟悉，一笔贷款从申请到发放短则一两天，长则三五天，很好地满足了中小企业和农户对资金“短、频、快”的需求。

第三，准确的信息优势更符合人性化原则。相对于商业银行及其他金融机构通过财务报表、资产保证等方式取得客户的经营及财务信息的传统手段，XD更倾向于通过与客户建立融洽的合作关系来了解客户的情况。在长期的信贷实践中，公司员工掌握了通过信息来判断客户的经营前景及偿债能力的方法，不仅节约了成本，还解决了银行等金融机构因信息不对称而造成的客户流失，争取到了被银行拒绝了的客户。

第四，拥有宝贵的人际资源资产和融洽的客户关系。XD属于中小企业范畴，和服务对象相同的角色定位使公司更容易换位思考，与客户建立良好的合作关系，提升了客户的忠诚度。忠诚稳定的客户群、长期积累的各行业的人脉关系、其他有影响力群体的支持和帮助，为公司的长足发展奠定了良好的基础。

（4）XD的劣势。

第一，资金不够雄厚。XD注册资金为5 000万元，远远不能满足资金需要，也束缚了公司拓展市场的步伐，使达成扩大业务规模、实现企业快速增长的目标困难重重。

第二，业务结构单一，金融创新能力不足。目前由于政策和自身的原因，XD无法开展其他金融业务，只能发放贷款，因此既无法满足快速发展的需求，又增大了市场风险。

第三，专业化程度不够。从员工专业构成来看，金融专业尤其是信贷审核的专业人才缺乏。这种人才结构决定了XD无法从专业的角度认识问题、发现问题，更谈不上对小额贷款公司产品的创新和设计了。

第四，风险控制体系不健全。处于起步阶段的XD目前还在摸索中前进，加之受政策导向因素影响比较大，其在内控制度、流程设计、内控执行等方面都很欠缺，抗风险能力很弱。

以上分析用矩阵方式表示见表3－5。

表3－5 XD的SWOT矩阵图

策略方向 / 内部因素 / 外部因素	优势S	劣势W
	● 经营机制灵活 ● 贷款程序简明、清晰 ● 信息优势更符合人性化原则 ● 拥有宝贵的人际资源资产	● 资金不够雄厚 ● 业务结构单一，创新能力不足 ● 专业化程度不够 ● 风险控制体系不健全
机会O	SO	WO
● 国家政策支持 ● 宏微观形势有利 ● 市场开发潜力巨大	● 利用已有资源优势，加大市场开发力度，吸引更多客户 ● 强化自身优势，尽快开发新业务 ● 积极寻求合作伙伴，实现快速增长 ● 利用已有的良好形象，建立品牌	● 重新分配资源，用闲置资源加大客户开发 ● 完善内部人力资源管理和薪酬体系 ● 增强薄弱环节，弥补资金不足
威胁T	ST	WT
● 国家政策不确定 ● 市场竞争将更加激烈 ● 征信缺位导致风险难控	● 培养核心竞争力，苦练内功 ● 趁竞争尚未充分时，加强员工培训 ● 利用客户关系融洽的资源优势，培养忠诚客户，与竞争者争夺客户	● 适当进行人员调整，减少闲置人员 ● 适当下调薪资水平，减少提成比例 ● 强化主营业务，对薄弱业务直接放弃，不再投入资源

资料3-1

“大数据时代”来临

这是一场革命，庞大的数据资源使得各个领域开始了量化进程，无论学术界、商界还是政府，所有领域都将开始这一进程。

——哈佛大学社会学教授加里·金

1分钟内，微博推特上新发的数据量超过10万；社交网络脸书的浏览量超过600万……

这些庞大的数字意味着什么？

它意味着一种全新的致富手段也许就摆在面前，它的价值堪比石油和黄金。

事实上，当你仍然把微博等社交平台当作抒情或者议论的工具时，华尔街的敛财高手们却正在挖掘这些互联网的“数据财富”，先人一步用其预判市场走势，而且取得了不俗的收益。

现在就让我们一起来看看他们是怎么做的。

这些数据都能干啥？

- 华尔街根据民众情绪抛售股票；
- 对冲基金依据购物网站的顾客评论，分析企业产品销售状况；
- 银行根据求职网站的岗位数量，推断就业率；
- 投资机构搜集并分析上市企业声明，从中寻找破产的蛛丝马迹；
- 美国疾病控制和预防中心依据网民搜索，分析全球范围内流感等病疫的传播状况；
- 美国总统奥巴马的竞选团队依据选民的微博，实时分析选民对总统竞选人的喜好。

案例：你开心他就买　你焦虑他就抛

华尔街德温特资本市场公司首席执行官保罗·霍廷每天的工作之一，就是利用电脑程序分析全球3.4亿微博账户的留言，进而判断民众情绪，再以1～50进行打分。根据打分结果，霍廷再决定如何处理手中数以百万美元计的股票。

霍廷的判断原则很简单：如果所有人似乎都高兴，那就买入；如果大家的焦虑情绪上升，那就抛售。

这一招收效显著——2012年第一季度，霍廷的公司获得了7%的收益率。

数据如何转化成财富？

国际商用机器公司（IBM）估测，这些“数据”值钱的地方主要在于时效。对于片刻便能定输赢的华尔街，这一时效至关重要。5年前，华尔街2%的企业搜集微博等平台的“非正式”数据；如今，接近半数企业采用了这种手段。

● “社会流动”创业公司在“大数据”行业生机勃勃，和微博推特是合作伙伴。它分析数据，告诉广告商什么是正确的时间、谁是正确的用户、什么是应该发表的正确内容，备受广告商热爱。

● 通过乔希·詹姆斯的Omniture（著名的网页流量分析工具）公司，你可以知道有多少人访问你的网站，以及他们待了多长时间——这些数据对于任何企业来说都至关重要。詹姆斯2011年卖掉公司，进账18亿美元。

● 微软专家吉拉德喜欢把这些“大数据”结果可视化：他把客户请到办公室，将包含这些公司的数据图谱展现出来——有些是普通的时间轴，有些像蒲公英，有些则是铺满整个画面的泡泡，泡泡中显示这些客户的粉丝正在谈论什么话题。

● 脸书数据分析师杰弗逊的工作就是搭建数据分析模型，弄清楚用户点击广告的动机和方式。

资料来源：北京日报，2012-06-15.

本章小结

营销环境是影响金融机构营销活动的外在因素和力量，通常分宏观和微观两个层次递进拆细分析。宏观环境可分解为人口、经济、政治与法律、社会文化、科技与资源等因素进行分析，微观环境对金融营销的影响更直接，是主要因素，包括机构内其他部门、竞争对手、供应者、外围服务提供者、最终客户和公众等。各种因素的分析依据主要来自政府和权威机构的数据资料。分析研究中要重视中国特色或某一局部区域的特征。要有环境是动态变化的意识，研究其蕴藏的营销机会或风险。当前，金融营销要关注的变化主要有监管变革、中小企业支持和金融信息技术发展。

SWOT 分析是在对企业所处环境深入了解的基础上，进一步对企业内部环境之优劣进行分析，判明企业面临的机会和威胁，继而制定企业发展的战略和策略。

重要术语和概念

宏观环境 微观环境 基尼系数 个人可任意支配收入 恩格尔系数 经济周期 金融生态环境 诚信文化 金融监管 金融电子化 SWOT 分析法

复习思考题

1. 影响金融营销的宏观环境因素有哪些?
2. 我国的人口结构因素有哪些特点? 对金融营销产生了什么影响?
3. 教育水平提高对于金融行业有什么意义?
4. 金融机构最关注哪些经济因素? 它们的营销意义是什么?
5. 试分析近 10 年我国居民储蓄保持持续增长，但增速出现起伏的原因。这对于金融营销有什么意义?
6. 我国的政治与法律环境主要从哪几个方面影响金融机构的营销?（请联系实际说明。）
7. 社会文化如何影响金融营销?
8. 试以金融行业为例说明竞争的四种类型和四类竞争策略。
9. 营销部门为什么要兼顾内部其他部门和层次?
10. 促进中小民营经济发展有什么经济意义? 这给金融机构带来了哪些机会与挑战?

11. 试用对蚂蚁金服等电商金融服务进行SWOT分析（用坐标形式展现，Ⅰ、Ⅳ象限的内容必做，Ⅵ、Ⅷ象限的内容选做）。

拓展阅读

[1] 中国人民银行研究局. 中国人民银行金融研究重点课题获奖报告（2018）. 北京：中国金融出版社，2019

[2] 崔耕瑞. 消费升级、产业升级与经济高质量发展. 统计与决策，2021（15）

[3] 董晶. 空间视角下“一带一路”沿线国家金融生态对我国对外直接投资的影响研究. 桂林：广西师范大学，2021

[4] 胡一举. 金融科技驱动绿色金融发展的研究. 长春：吉林大学，2020

[5] 杨涛，杜晓宇. 以“碳中和”为目标重新思考绿色金融. 全国新书目，2021（10）

第四章　个人金融行为分析

学习目标

1. 了解个人交易行为的一般原理和影响顾客选择金融机构或金融产品的主要因素。

2. 了解顾客金融交易的决策过程，掌握分析顾客决策过程的方法。

3. 简要了解行为金融学的核心内容。

金融机构的一切活动最终都是为大众和机构需求服务的。大众和机构客户构成的金融市场，是营销研究的核心。了解客户金融交易行为是不容易的，受许多因素的综合作用和影响。

对金融市场客户行为的研究依据特点可分为两大类：个人金融行为和公司金融行为。在金融机构内前者为零售业务，后者为公司业务。个人金融市场的交易特点为：(1) 市场广阔、人数众多、次数频繁、数量不大；(2) 品种规格多、技术专用性不强、可替代性强；(3) 大多数人凭情感交易；(4) 供需不易控制。公司金融市场的交易特点为：(1) 交易者是机构或企业；(2) 许多属于（消费需求的）引发性需求；(3) 产品专业性强、替代性弱，需求弹性小；(4) 需求量大，金额大；(5) 产品供需结构复杂。个人金融交易行为是本章的分析内容，公司金融交易行为将在下一章分析。

分析个人金融行为，首先要掌握营销学的消费者行为理论，因为它的基础性可用来分析信贷、保险、证券等各种类型的金融行为。其次，需要增加一些行为金融学知识，主要用于分析类似股票市场的投资行为。

第一节　个人交易行为理论基础

个人交易行为的理论研究基于市场营销学的重要部分——消费者行为理论。消费者行为学是所有营销方法之母，金融营销也不例外。

一位资深的宝洁职业经理人说：“行为学是一切营销策略的源泉，几乎世界上所有的营销企业，包括宝洁，无一例外地都在每天的工作中使用着它的思想。从某种意义上来说，消费者行为学是所有成功的营销人员一生中最有价值的一门课程。”

另一位百事可乐的高级经理曾说："在我了解了行为学的方法后，所有的营销策略犹如透明的水晶般清晰，过去的种种困惑与困难都无影无踪，我甚至认为营销如游戏般刺激和有趣。"

消费者行为理论运用于金融市场个人交易行为研究中，最富有成就的领域是行为金融学在近几十年的长足发展。它研究以股票投资为主的金融活动，解释经典金融学不能解释的一些"偏异"市场现象，解释人们非理性交易行为的内在原因。

无论是消费者行为学还是行为金融学，都是心理学、社会学、行为学运用于营销学和金融学的产物，都是研究个人金融交易行为的理论基础。

一、个人金融交易行为定义

个人金融交易行为是指顾客在一定的交易欲望（动机）的支配下，为满足以货币为主要形式的资产增值或避险需求而购买金融产品的行为。

金融机构很想知道顾客在市场上为什么交易、交易什么、交易多少、何时何地交易，据以开发更受顾客喜欢的产品。但是对于顾客而言，很多时候其交易行为是无意识、下意识自然而然产生的，没有多少语言文字信息给金融机构参考。可行的办法是通过顾客实际交易活动中的种种行为来了解他们买什么、在哪里买的、买多少。但是，如果要进一步了解顾客交易行为出自什么动机，就不那么容易了，需要借助更多的理论与方法，其中之一就是来自心理学的"刺激—反应"行为模型。

二、"刺激—反应"行为模型

金融机构如果真正了解顾客对不同的产品、定价、广告宣传等会如何反应，就会在竞争中占据领先优势。营销学利用心理学的"刺激—反应"行为模型（如图 4-1 所示）作为研究交易行为的工具，使营销人员由可视的顾客行为窥视到不可捉摸的顾客心理。这个模型较好地解释了营销活动以及其他刺激如何通过顾客心理这个"黑匣子"产生反应。

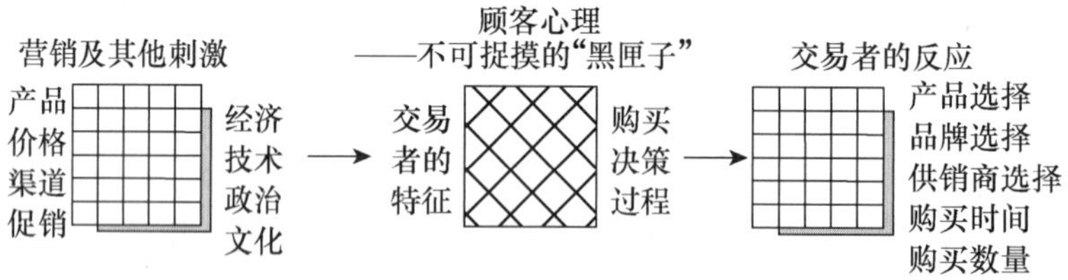

图 4-1 "刺激—反应"行为模型

要想了解外部刺激如何在消费者的"黑匣子"中转变成特定的反应，就要从两方面分析，即图 4-1 中"黑匣子"的输入和输出部分。首先，了解交易者的个人特性如何影响他对外部刺激的理解和反应；其次，了解交易者的内在决策过程如何导致他的行为。

三、“刺激—反应”行为解析

一个顾客在外界刺激下发生行为反应的机制是复杂难解的，因此，人们视其为记录了大量刺激信息和反应信息的“黑匣子”，并试图通过特定的解码方式解读其中的奥秘。其实将人们复杂的心理活动喻为“黑匣子”并不准确，似乎它只有被动的信息记录功能，而没有体现由刺激转化为行动的主动激发功能。行为心理学家对此进行研究，结果建立了“刺激—反应”转化机制的一个简单模型（见图 4-2），为人们解读“黑匣子”打开了一扇窗户，也提供了研究个人金融交易行为的分析框架。

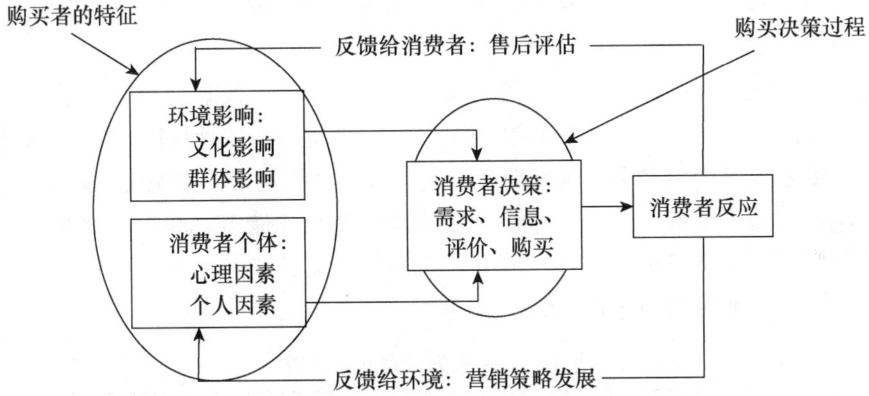

图 4-2 “刺激—反应”行为的简单模型

这个模型揭示了影响购买者特征和购买决策过程的因素以及它们之间的关系。其核心思想是：环境影响和个人因素决定顾客的购买特征，而个人需求、机构信息、评价和购买条件等是影响顾客购买的决策因素。因此，接下来的内容就是沿着这个逻辑，进一步分析购买者特征的影响因素和购买决策过程的影响因素。

第二节　影响客户交易行为的因素

“刺激—反应”行为模型表明，顾客交易行为的特定方式是由环境影响和购买者个人特征共同作用的结果。前者是宏观因素，主要分为文化、群体等因素，后者是存在于个体身上的微观因素，主要分为心理和个人因素。营销人员基本上无法控制这些因素，只有在进行营销时正视和了解这些因素，进行营销策划时考虑这些因素，才可能使营销策略达到预期的效果。

一、文化影响

一家国际性的杂志《电子世界》早在 20 世纪 90 年代曾就“什么是在全球市场上做

生意的最大障碍?”在全球范围内询问国际营销人员，结果在所列的八大障碍中，文化差异被列在首位。事实上，没有任何人能脱离文化的影响，人自出生以来，文化便开始发挥其影响力。文化是一个社会所共同接受的信念、价值、风俗习惯与行为标准，包含在文化中的社会核心价值往往是持续和稳定的。营销人员如果能够了解目标客户的文化的核心价值，就能够比较顺利地预测和掌握顾客行为。

1. **主流文化**

每个群体或者社会都有自己的文化，主流文化是引发人们的愿望和行为的最根本原因。人们的行为是通过学习形成的。在特定社会中成长的孩子会从家庭及其重要组织那里学到基本价值观、对事物的理解、愿望和行为。文化对金融行为的影响在国家之间的差异很大，营销活动如果不针对这些差异进行调整，就会没有效果，甚至犯尴尬的低级错误。

对比中国的低消费高储蓄和美国的高消费低储蓄，可以发现背后其实是巨大的文化观念差异（见表 4-1）。中国崇尚节俭的儒家文化影响着人们的消费习惯，在市场经济条件下，尽管城乡人民生活水平大幅度提高，人们特别是年轻人的消费观念逐渐发生变化，但传统的消费习俗、消费心理仍主导着大多数人在消费和储蓄之间的交替决策，人们通常不愿意“负债”消费或超前消费。美国人无须依靠储蓄进行消费和投资，他们的信用经济发达，习惯于通过信用方式先消费后还款。

表 4-1　中西方理财文化比较

中国	西方
（1）投资保守，不擅借钱；	（1）鼓励创业，积极投资；
（2）勤俭节约，储蓄为先；	（2）鼓励超前消费、借钱消费；
（3）企业和家庭产权不清；	（3）社会产权明晰、亲兄弟明算账；
（4）表面都耻于谈钱；	（4）不忌讳谈钱，商业交易实话实说；
（5）社会信用不健全。	（5）重视社会信用。

中西方在信用文化上也存在较大差异。在观念上，西方主要从经济角度认识信用，信用被看作促成个人利益和公共利益双赢的特殊资源；中国主要从道德的角度认识信用，信用被视作人们立身处世及治国安邦的伦理基础。在性质上，西方的信用是建立在契约和法律基础上的经济信用，崇尚公正、互利，及致普遍化的交往或交易关系；中国的传统信用是建立在亲缘和礼仪基础上的人伦信用，讲究义理、人情，及致人们的交往或交易关系。在维护方式上，西方主要依据刚性的制度约束，主要借助法律权威监督和保护；中国传统信用侧重于软性的机制约束，主要依靠道德自律和外在社会舆论来保证。中西方信用文化存在的差异，从根本上说是由不同的物质文明程度决定的。

2. **亚文化**

每个文化都包含更小的亚文化。亚文化由具有共同生活经历和环境以及共同价值观念的人群组成，例如因为国籍、宗教、宗族和地区不同而形成不同的亚文化。金融业以城市文化为背景，要注意几个重要的城市亚文化群体。

（1）上班族。上班族英文为“white-collar workers”，前半部分为“白领”；后半部分是“劳动者”，泛指在城市里的工作者。他们具有一定的学历，有稳定的收入，大多都要从居住的地方来往办公地区上下班，承受职场压力。这是因为，他们注重节约时间，对于银行的选择往往是看谁更有效率，而不一定是名气。电子化程度高的银行比较受欢迎，例如提供网络和手机银行服务、ATM分布广泛、对客户投诉反应快捷、存贷款程序简单，即使这些银行服务收费稍高，他们也不在乎。他们的存款增长速度较快，是汽车贷款、住房贷款或理财服务需求的主要群体。伴随着我国的城市化进程，这个亚文化群体还将扩大。

（2）中小企业主族。中小企业主是受益于改革开放而迅速成长的新兴社会群体，他们经历了创业的辛苦打拼，绝大多数时间都用来发展事业，虽然已有颇为殷实的身家，但生意的运转和发展对其本人依赖度高。他们没有时间打理财务，理财知识和意识欠缺，通常将家庭自有资金与企业资金混用。当生意好时，愿意负债以期获得更好的投资机会，但也担心万一发生债务纠纷，可能全部家产都会付诸东流，因此需要风险隔离墙式的理财产品、大病医疗或身故保险、为保障子女健康和教育进行储备的理财产品等。

（3）老年族。按照国际标准，中国已经进入老龄社会。城市老年族许多是家底殷实的退休群体，主要资产是储蓄和稳定的退休金收入，而且大多数人身体健康、精力不减，有许多和年轻人一样的愿望和需求。随着退休工资稳步增长，社会保障日益完善，退休族的可支配收入远高于工作不久的年轻人，因此有较大的理财需求，证券公司交易大厅里的“银发族”已成为一道都市风景线。不过大多数老年人理财观念与年轻人相差较大，注重资产安全，求稳“守财”，喜欢风险较低的金融产品投资，例如债券、保本基金、打新股等，条件更好一些的则投资房产，获取比较稳定的租金收入。

3. 社会阶层

几乎所有社会都有某种形式的社会阶层结构。它是一个社会相对稳定和有序的分类，每一阶层成员都有类似的价值观、兴趣及行为。社会阶层的划分不是以单个因素（如收入）为依据的，而是依据职业、收入、教育、财富和其他因素综合衡量的。用恩格尔系数划分，算是其中一种。

不同的社会阶层花钱的态度各不相同。以获得安全感为例，由于出生阶层不同出现了两类不同的花钱方式：一类是要在花钱的过程中体验获取资源、享受快乐的安全感，这种情况多出现在童年家庭富裕的人身上；而另一类就是要在存钱的过程中获得防患于未然的安全感，童年时家庭拮据甚至饿过肚子的孩子，通常会选择后一种方式。

根据零点研究集团的调查资料，不同收入群体的投资消费偏好存在一定的差异，积极理财者随着收入提高，理财积极性也呈现上升趋势；而消极理财者的情况与之相反，如图4-3所示。这对于分析不同阶层的理财偏好提供了重要的参考数据。

进一步的调查表明，积极理财者对各类金融产品的需求高于消极理财者，他们的具体需求占比以及需求程度见表4-2。表中积极群体的第（2）、（7）项占比最高，说明高收入群体对金融机构人员素质和短信服务要求比较高。

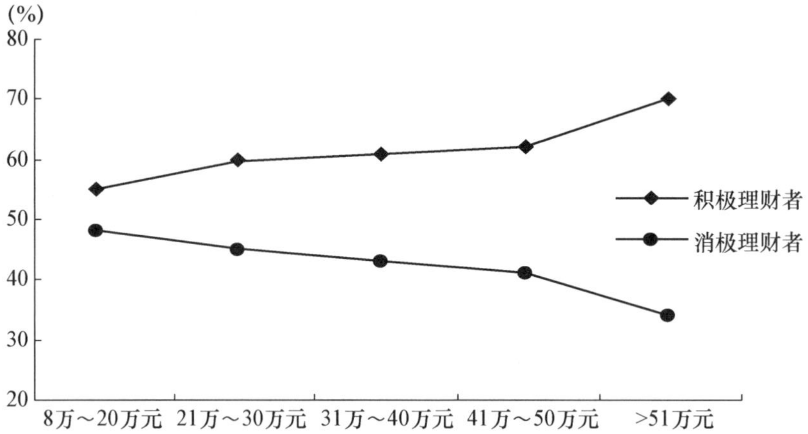

图 4-3 不同收入群体潜在投资和消费金额的比率

表 4-2 不同群体对理财服务需求的倾向性

需求倾向	积极群体占比（%）	消极群体占比（%）
(1) 理财产品	57.1	42.9
(2) 客户经理素质	66.3	33.7
(3) 贵宾厅、理财中心条件	63.4	36.6
(4) 服务态度	56.5	43.5
(5) 服务效率	56.7	43.3
(6) 增值服务	59.3	40.7
(7) 理财资讯短信服务	64.4	35.6
(8) 理财资讯电子邮件服务	47.8	52.2
(9) 手续简化	60.0	40.0
(10) 服务安全	59.7	40.3

资料来源：招商银行与零点研究集团 2004 年 4 月发布的中国高收入群体理财综合指数报告。

二、社会影响

对于金融交易行为研究而言，最重要的社会影响因素是群体和家庭。以下分别来考察和分析它们是如何产生影响的。

（一）群体影响

社会影响又称群体影响。人很难离群索居，人是生活在人群之中的，用通俗的话来说叫“圈子”，即所谓“物以类聚，人以群分”，所以“圈子”文化又叫小众文化，例如同学圈、老乡圈、工作关系圈以及一些业余爱好者组成的圈子，编织成了一个个人际关系网。中国人的人际关系恐怕是世界上最复杂的。圈子里套着圈子，大圈子里有小圈子，这取决于你喜欢谁，希望和谁在一起。圈子的好处是，大家彼此了解，有共同的理念和志趣，由于彼此的信任，容易共同合作。圈子群体除了会对人们的学习、婚姻、事业、休闲购物产生很大影响，还会影响人们的投资理财交易行为。

1. **主要群体影响**

在现代城市生活中，工作圈子应为逗留时间最长的，因此称为“第一圈子”。工作之外还有“第二圈子”。在“第一圈子”里的单位同事，大家是工作关系、利益关系，但并不排斥成为朋友，有时甚至是驱动圈子更加紧密的一个原因。只是在这样的圈子与人相处未必真正毫无顾忌。通常，在这种圈子里游荡的人们多数都有过身不由己的体会，但游戏规则却是大家在一起慢慢形成的，轮到你不情愿时已是无法脱身，只要你还想在这个圈子里继续待着，你就得服从这个规则。例如单位同事家有红白喜事，大家要出“分子钱”，推脱往往会觉得难为情，借钱都要出。

2. **参照群体影响**

参照群体是指在一个人的态度或行为形成过程中起着直接（面对面）或间接比照作用的，或仅供参考的群体。人们常常受自己并不属于其中的参照群体影响。营销者要努力发现目标市场的参照群体。参照群体为人们带来了新的行为和生活方式，影响人们的态度和自我观念，让人们追随它。所有这些都可能影响人们对金融产品和品牌的选择。

比如人们出于对巴菲特、彼得·林奇等理财奇才的崇拜，从事投资理财。人们崇拜心中的偶像，与演艺界的“追星”行为一样是一种英雄崇拜心理，那些被崇拜的偶像往往被人们当作投资理财的楷模、参照系，人们追随他们的思想、理念和方法从事投资活动。

3. **虚拟群体影响**

虚拟群体是基于互联网兴起而产生的新型社会群体。他们之间互称网友，通过特定的网络空间（如 QQ 群、微信群等）互动交往并相互影响。虚拟社会群体打破了人们交往的地域限制，不一定需要面对面就可以进行互动，但是也存在互动对象真实性如何确定的问题。网上群体之间的信息来源广泛、交流方便迅速，可对在变动迅速的股票市场上进行投资决策提供必要的帮助。但是虚假和诈骗事件的风险也如影随形。例如在网上蹿红一时的“带头大哥”，通过开设 QQ 股市讲坛，招收收费会员，涉嫌诈骗案就是一个典型的风险案例。

社会群体对个人的影响主要是导致个人在群体中出现去个体化状态，也就是个人在群体中失去自我，而将自己与群体融为一体。这使得个人的表现往往和其平时单独一个人时的表现不一样。例如懈怠状态，即一个人在群体中愿意作出的贡献远比单枪匹马时少。而且，群体决策远比个人决策更愿意承担风险，倾向于接受更具风险性的替代方案，出现了责任分散现象。群体成员共同出现的场合，个别顾客更容易进行冲动性购买、支付更大的购买金额、光顾更多网点。

营销学认为，社会群体对消费者的影响以三种方式体现：信息的影响、规范的影响、认同的影响。从金融的角度看，最重要的是信息的影响。在金融市场的博弈中，最重要的优势就是信息优势。当顾客认为群体是一个可信赖的信息来源或该群体提供的信息具有专业性时，他会认为该信息能够增加他对产品的判断和选择的知识。出于对风险的厌恶或对金融败德行为的警惕，金融客户往往对金融机构提供的信息持一定的怀疑心态，希望能从自己信任度较高的群体中获得需要的信息。

金融客户在两种情况下特别需要来自群体的信息影响：第一，当金融产品的交易具有一定风险时，客户特别希望获得来自群体的信息。例如在股市，人们好打听“内部”

消息。第二，如果个人对于金融产品只有有限的知识和经验，例如当银行向顾客推荐纸黄金投资产品时，由于是新产品面世，大部分顾客不熟悉，他们即使有兴趣也会先去寻求群体成员的建议，再作打算。

（二）家庭影响

家庭是最基础的社会组织。在影响人们的价值观、态度及自我概念，乃至购买交易行为上，家庭都扮演着相当重要和持续的角色。同一家庭的成员往往会表现出极为类似的交易行为方式。许多顾客的交易行为会受到家庭成员的影响，投资理财活动有时是个人行为，有时是家庭共同行为，例如住房贷款、人寿保险等。

家庭决策可以分为若干类型，如妻子和丈夫各自或共同主宰型、交叉主宰型。什么因素决定了家庭主宰的类型呢？以下因素决定了夫妻之间的角色分工（Lavin，1993）：

（1）性格角色的传统影响。如秉承男主外女主内的传统观念，妻子的绝对权威在厨房和厅堂，丈夫的权威则在机械、电器维修方面。

（2）配偶对家庭的贡献度。配偶的一方对家庭资源的贡献越大（如挣钱越多），则其对家庭决策的影响力也越大。

（3）家庭生命周期的阶段。新婚阶段较偏向共同决策，经过一段时期后，渐渐转由与该事务较为相关的人来决定。

（4）经验。当配偶的一方对于某项决策较为擅长或经验较丰富时，则其对该决策的影响力较大，或是可能被赋予权利来从事决策。

（5）社会经济地位。一般而言，共同决策型常见于中产阶级，而较高或较低阶层的较少见共同决策，往往采取个别决策。

（6）决策的重要性。决策越重要，则越是呈现夫妻共同制定。

在家庭理财决策和交易活动中，多数是丈夫主宰型。尽管也有很精明的妻子善于理财，但对于资本市场投资和复杂的连投保险，妻子们的参与似乎不多。

家庭的形态会随着家庭生命周期变化而变化，进而影响家庭成员的理财交易行为。与家庭生命周期相关的金融需求如表 4－3 所示。

表 4－3　家庭生命周期的金融需求

阶段	财务状况	理财需求
年轻阶段：单身	几乎没有财务负担，喜欢消遣和娱乐	储蓄账户、电商系宝宝
满巢阶段：夫妻双职工，孩子上幼儿园，或有老人同住	购置房产高峰，流动资产低	抵押贷款、信用卡、消费信用贷款
满巢阶段：夫妻年长，孩子成人但仍在家	财务状况良好，有很多全职妈妈	定期存款单、保险单、信用卡、投资理财账户
空巢阶段：夫妻年老，其中一人或两人退休，子女不在身边	经济收入大幅下降	社会保障账户、定期存款单、投资理财账户、信用卡

营销人员利用家庭生命周期来细分目标市场，必须了解处于不同家庭生命周期的顾客需求有什么不同，了解家庭生命周期不同阶段的差异，从而设计满足不同家庭生命周期阶段理财需求的营销组合。

三、个人因素

（一）年龄和人生阶段

人们在一生中随着对价值认识的深化、财富的积累和对风险承受能力的变化，而不断改变着对金融产品和服务的选择。人们对金融产品的偏好不仅与年龄有关，还受到家庭生命周期的不同阶段的影响——家庭随时间推移而不断成熟所经历的各个阶段，如单身、两人世界、三口之家、三代同堂之家等。营销者通常先确定其目标市场所处的生命周期阶段，并针对每一阶段提供适当的产品和营销计划。

在北上广深一线城市，精明的上海房地产商瞄准了单身一族。因为单身一族希望在结婚之前独立拥有自己的空间，不必很大，价格适中。而单身公寓以其便利的交通、合理的总价、完备的物业管理体系及时尚的包装理念，受到年轻购房者的追捧，长期热销，在楼市消费中占有重要一席，形成住房按揭贷款需求的重要来源之一。

不能忽视人生中的一些重大或偶然事件，如中彩票、继承遗产、转换职业、创业、移民、迁居、破产等。它们也可能成为左右投资理财行为的重要因素。

（二）职业

一个人的职业对金融产品和服务交易的影响也是显而易见的。最积极的理财群体是白领或富人，但由于职业的不同，他们理财的热情、态度、方式、投入多少有很大差别。人力资源专家对上千种职业按属性进行归类，将其简化为六大类型的职业：实际型——主要是各类工程技术工作和农业工作；调研型——主要是科学研究和科学实验工作；艺术型——主要是各类艺术创作工作；社会型——主要是各种直接为他人服务的工作；企业型——主要是组织与影响他人共同完成组织目标的工作；常规型——主要是各类科室工作。

根据中国理财网的《中国白领理财报告》，对不同职业类型人群的投资理财积极性的调查结果如图 4－4 所示。其中职员占比最大，达被调查人数的 1/3 多；金融从业者居第二，约占 20%；科研公务员和工程技术人员占比接近金融从业者，仅比后者少 2～3 个百分点。这证明了从事技术管理职业的人比较重视理财，而金融从业者更多是一项专业优势。

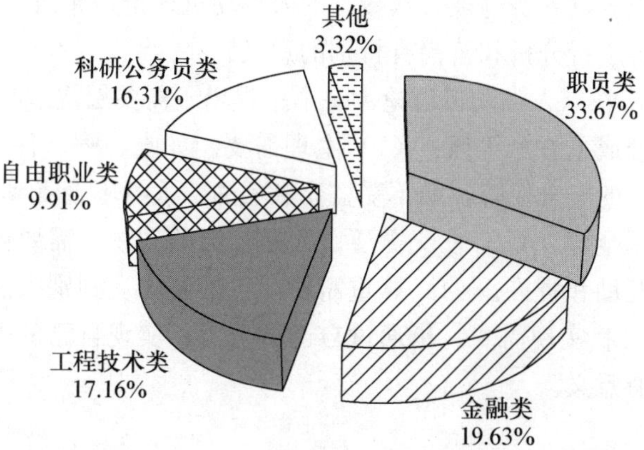

图 4－4 理财客户职业分布图

（三）经济状况

一个人的经济状况会影响其产品选择。推销收入敏感型产品的营销者最关注个人收入、储蓄、利率的发展趋势。如果经济指标显示将要出现经济衰退，那么营销者就要采取行动来重新定位、重新设计、重新定价。

（四）生活方式

生活方式是一个人自我概念的外在表现，即在既定的收入和能力约束下，一个人选择什么样的生活方式，在很大程度上受到自我概念的影响。生活方式就是如何生活。它影响消费行为的所有方面，因而比客户所处的社会阶层或性格更能解释对理财的态度。

借助一些分析工具，营销分析人员可以分析和辨认顾客的生活方式，例如 AIO（Activity，Interest，Opinion）量表、VALS（Values and Lifestyle Survey）量表、PRIZM（Potential Rating Index by Zip Market）分析法等。如果使用得当，生活方式的概念可以帮助理解顾客不断变化的价值观及其对交易行为的影响。

四、心理因素

一个人的交易选择行为受其需要和欲望的驱动。中国古话说得好：人都有七情六欲。所谓的“欲”，就是欲望，用心理学的术语来说，就是需要。需要和欲望都受到个人心理活动的影响，心理活动是动机、知觉、经验、看法和态度、个性等要素相互作用的结果。

（一）动机

一个人每时每刻都会有许多需要。有些是生理的，由饥饿、干渴、不舒服等焦虑状态引起。另外一些是心理的，由对被了解、尊重或归属的需要引起。这些需要大多数没有强烈到使人在某一时刻去做什么的地步。

需求达到足够强烈的程度才能成为“动机”，即动机是足以迫使人们行动起来去寻找满足的强烈需要。当今世界普遍被大众接受的人类动机理论是弗洛伊德和马斯洛的理论。运用这些理论对顾客进行分析和营销有特别的意义。

1943 年，马斯洛在《人类动机理论》一书中提出了需要层次理论模型，如图 4－5 所示。他将人的需要分成了五个等级：（1）生理需要。如吃、喝、住等。（2）安全需要。包括心理上与物质上的安全保障，如不受盗窃和威胁、人身不会受到伤害、职业有保障、有社会保险和退休基金等。（3）社交需要。人是社会的动物，需要依附于群体，人际交往需要彼此同情、互助和赞许。（4）尊重需要。包括要求受到别人的尊重和自己具有内在的自尊心。（5）自我实现需要。指通过自己的努力，实现自己的人生价值，从而真正感到生活和工作很有意义。

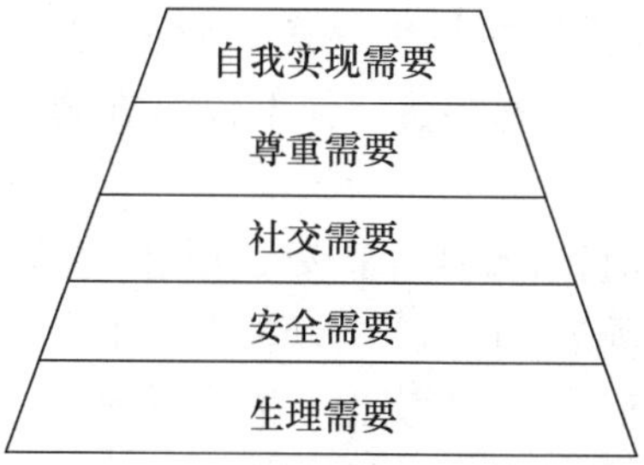

图 4－5　马斯洛人类需要理论模型

马斯洛还指出：人的需要是天生的，只有未满足的需要才能够影响人的行为。需要被满足之后就不再是一个动机。而且，人的需要按重要性可分为不同的层次，从基本的生理需要到复杂的自我实现需要。只有当人的某一级的需要得到最低限度满足后，才会追求高一级的需要，如此逐级上升，成为推动人继续努力的内在动力。马斯洛人类需要理论解释了为什么在特定时刻受特定需要驱使，一些人把大部分精力放在安全问题上，而另一些人放在获取他人的尊重上。但马斯洛人类需要理论没有考虑文化差异对需要的影响。不同的风俗文化孕育的价值观，使各个层次动机的重要程度不一样。

在金融领域，对于人们持有货币的动机，凯恩斯的货币需求理论给出了一种解释。凯恩斯认为，人们对货币的需求出于三个动机，即交易动机、预防动机、投机动机。

(1) 交易动机。经济社会中，价值、财富用货币来衡量，并用货币来交换。人们持有货币是因为所有交易都需要用货币来完成。人们交易商品和服务时，需要向出售者支付货币。货币需求量的大小与收入成正比。

(2) 预防动机。未来是不确定的。因此人们除了用货币完成当期交易外，另一个动机是预留一些货币来预防未来意外事件。例如，当你途经一家名牌服装店时，有一套时髦服装吸引了你的注意力，但昂贵的价格使你望而却步，你一转身看到一个招牌上写着“换季降价 50%”。此时，如果你持有为预防诸如此类事件的货币，就可以立即交易，否则就会坐失良机。如果在旅途中遇到汽车故障，或生病住院，预防性货币都能派上用场。

(3) 投机动机。货币具有财富储藏的功能。人们的货币性财产有两种储藏形式：货币和债券。既可以用货币形式保存财产，也可以用获取利息的金融资产，如债券保存资产。所谓投机，是指用货币交易债券来赚取收入的行为。人们选择哪种方式来储藏财富取决于利率。当持有货币的预期回报率大于持有债券的回报率时，人们就愿意持有货币。

(二) 知觉

受动机驱使的人准备行动了。可是人的行动会受到他对情况的知觉的影响。在相同的情况下，有相同动机的两个人可能会采取完全不同的行动，原因是对情况的知觉不同。人们通过五个感官——视、听、味、嗅、触来获取信息，但每个人将以自己的方式来接受和解读这些信息。因此，知觉是人们收集、整理及解释外部世界信息的过程。

心理学认为，人对同样的刺激产生不同知觉的原因在于知觉形成的三个过程不同，即选择性注意、选择性曲解、选择性保留。

(1) 选择性注意，人们有剔除面临的大部分信息的倾向。当你匆匆走进银行营业大厅，急于取一笔现金时，营业大厅的装饰、摆放在柜台上的业务资料、新投资产品介绍等大量信息，甚至营业员迎上来的笑脸，你都没有在意，只注意寻找 ATM，着急取钱用。

（2）选择性曲解，人们以自己的思路来接受获得的信息。因为以前办理取款很顺利，所以你对这家银行的服务较满意。这次当 ATM 显示机器故障时，你由于着急而生气，感到银行的服务水平没有以前好了。事实上，大堂外还有一台 ATM 可以用，只是你忽略了有关提示信息。然而你的不满情绪已经产生。

（3）选择性保留，人们倾向于保留能支持他们的态度和信仰的信息。由于这次不愉快的体验，你感到需要选择提供更好应急服务的银行，接着把账户资金更多地转移到附近另一家你认为符合需要的银行的账户上。

如果换成另外一个人，过程以及结果可能不一样。顾客的知觉差异产生了不同的体验，导致了交易。

（三）经验

人们在行动的同时也在学习，通过学习而获取经验。例如一些年纪较大的人，为什么无视银行 ATM 的存在，而要固执地排队等待到柜台办理交易呢？因为难以熟悉交易程序、经常按错数字键、机器吞卡后需要等待较长时间、冷漠的机器不会及时告诉他问题是什么等等，令人沮丧不已。他们经过使用性学习获得了机器不友好的经验，因此选择放弃机器交易方式。所以，无论 ATM 如何先进发达，银行柜台业务应该始终是机器的重要补充形式。而年轻人接受网络支付则是相反的过程。通过使用网络支付，获得方便、快捷、体面的经验而不再愿意去柜台排队。

（四）看法和态度

通过行动和经验，人们会获得看法和态度，这反过来又会影响他的行为。看法是指一个人对某事的具体想法。态度是一个人对某个客观事物或观念的相对稳定的评价、感觉及倾向。态度不是天生的，而是后天通过学习形成的。看法对情感的影响不确定。

例如对于储蓄的看法，有人认为安全、方便，有人则认为回报太低，不如买国债甚至买股票，还有人介于两者之间。有些人会因为各种原因改变原来的看法和理财方式。只有看法长期稳定了才可能形成一种态度，例如通常所说的投资风格，即保守型（稳健型）——厌恶风险或回避风险，冲动型（冒险型）——喜欢或偏好风险，中庸型（折中型）——既不厌恶风险也不喜欢风险。

营销者对于人们关于某个产品或服务所形成的看法和态度的应对方式和策略有很大区别，对看法最关注。因为看法构成了能影响交易行为的品牌或产品形象。如果其中有些看法不正确或对交易不利，营销者就需要开展攻势来更正它。而态度是很难改变的，往往成为个性的一部分。一个人所有的态度合成一种模式，想改变其中一个态度也许还需要相应改变许多其他的态度。因此，应对客户对金融产品的态度的最好策略，是尽量使产品适应客户（市场）而不是试图去改变客户（市场）。

（五）个性

每个人与众不同的个性会影响其交易行为。个性是导致一个人对自身环境产生相对一致和持久的反应的独特心理特征。个性常常用性格术语来描述，例如自信、好支配他人、好交际、自主、自卫、适应性强、进取。个性也会体现在人们对自己财产管理的态度上，例如，根本懒得管钱、不知道钱该放哪儿好，从众跟风随大流，盲目听从专家建议，独立理性判断，等等。在分析特定产品或品牌的顾客行为时，个性会很有帮助。近几年，金融机构不断推出各种各样的个性化产品，如存款方式、资产组合、信用卡、虚拟银行基金品种、保险品种等，尽量满足客户的个性化要求。因此，客户个性的识别和迎合在个人金融营销业务中十分必要。

第三节　个人金融交易决策过程

研究顾客交易决策，实质上是研究交易心理活动的过程。假设一个客户持有 6 300 元现金。面对这笔财富，应该如何管理才好呢？让我们借助下面这个具体的例子来观察理财问题是如何解决的，其解决问题的过程就是一个典型的交易决策过程。理论上将这个过程分解归纳为以下五个主要步骤。

一、认识问题（需求确认）

就像上面的问题“如何管好我的 6 300 元现金”一样，客户认识到一个问题或需求，交易过程就开始了。需求可能由内部刺激引起，例如本例，也可能由外部刺激引起，例如通货膨胀或紧缩。人们出于财产规避风险或增值的动机而产生投资理财的需求。在这一步骤中，营销人员的任务是了解顾客有什么样的需求或问题，它们是怎样产生的，以及如何把顾客引向特定的产品。

二、信息寻找

产生了需求的顾客可能会也可能不会寻找更多的信息。如果顾客动机很强烈而周围又有现成满意的产品，那么顾客极有可能直接进行交易。如果不是这样，顾客可能会把需求记在心里或展开更大范围的搜寻。

有时顾客仅仅是提高注意力，如注意有关广告、朋友们使用的情况以及有关交谈。也可能进行积极的信息搜寻，寻找有关书籍、打电话咨询等。搜集调查信息的工作量的大小，取决于顾客动机的强烈程度、初始信息量、获得信息的难易程度、对获得更多信息的重视以及在寻找信息过程中获得的满足。

信息来源大体有四类：公共来源，即大众传媒、中介机构、评价机构等；商业来源，即广告、营销推广及人员促销等；个人来源，即家庭、朋友、邻居、同事等；经验来源，即自身的经历、体验和感觉。

这些信息来源的相对影响力随产品和交易者的不同而变化。总的来说，顾客得到的关于产品的信息量主要来自商业来源——被营销者控制的来源。而最有影响力的来源一般是个人来源。商业来源的信息多数情况下仅限于告知，对于经验丰富的个人，大众化和商业性的信息所起的作用不大。

营销人员必须仔细识别顾客的信息来源及每个来源对于特定顾客群的重要性。他应该向顾客询问是怎样知道某个品牌的、获得了哪些信息、更看重哪个信息来源。就前述持币待理财者而言，在这一阶段如何作为，要看他本人是否熟悉金融市场、他的工作和生活圈子以及获取有效信息的能力。客户在了解到可能的理财产品有储蓄、国债、基金、委托理财、信托计划、股票投资、保险分红等形式后，接着就进入下一个判断选择产品的阶段。

三、判断选择

顾客掌握了信息后就有了评价选择产品的依据。然而，顾客并不是在所有交易中都使用同一种简单的评价方法。实践中有几种不同的评价方法。营销者应该了解这些评价方法，从而预测顾客交易行为，或设计细分市场。

在对理财产品进行判断选择时，顾客会考虑多重因素，如产品属性、重要程度、品牌形象、评价程序等。作为产品选择的依据，客户将得到类似下面的涉及产品属性的信息资料。

1. 产品属性

不同的理财产品有不同的属性，例如表 4-4 中列出了储蓄性金融产品的期限、利率或收入、成本、流动性和风险等。期限、利率或收入、成本、流动性和风险等都是产品的属性，产品之间的差异是用属性来描述的。

表 4-4　储蓄性金融产品属性表

产品	期限	利率或收入	成本	流动性	风险
储蓄	活期存款	0.72%		高	低
	一年期定期存款	1.98%		低	低
	三年期定期存款	2.97%		低	低
	一年期通知存款（提前 7 天）	1.62%		较高	低
	五年期教育存款	同档固定利率；免税		低	较高
国债	三年期记账式国债	2.32%；免税	0.025%	高；银行可按当期利率回购	低
	五年期记账式国债	2.61%；免税	0.025%		
基金	开放式基金	低于面值 5%～10% 出售；盈利分红	手续费	高；按市价出售兑现	高
证券	集合投资（国债回购/新股申购）	月兑现 1%～3%；免税	手续费	较高	较低
信托	银行资产信托计划	3.3%；免税	每份 10 万元	低	较低

2. **产品属性重要程度**

顾客会根据自己的需要，划分产品各种属性的重要程度。哪些属性比较重要，不同的顾客看法不同。他们会特别注意与自己的需求有重要关系的那些属性。有稳定收入者看重收入属性而不在意期限属性。有人用一段时间攒钱准备买车、买房或支付孩子读书费用等大宗支出，则其看重流动性属性。如果对自己的未来不确定的预期较高，则看重风险和期限属性。有人精于计算，以投资获利为乐趣，其看重的是利率、成本、流动性等多重属性，等等。因此，产品属性的重要性排序因人而异。

3. **产品品牌形象**

品牌形象是关于某个特定品牌的一系列信念。顾客接收到的信息受到自身经验和选择性注意、选择性曲解及选择性保留的影响，所以可能与真正的产品属性存在差异。

上述持币待理财者可能选择银行与券商合作的集合投资产品，原因是可以避开上次遭遇不愉快经历的银行。这次重新选定的银行正在热情周到地挽留他，起劲地解释说明为什么集合投资产品比储蓄产品优越。至此，持币待理财者有了可以进行分析判断的信息材料，并形成初步印象，开始进入购买决策的最后一个程序。

4. **评价程序**

顾客通过某种评价程序而形成对不同品牌的态度。在不同的交易决策中顾客会使用一种或几种评价程序。顾客依靠感兴趣的产品属性，如质量、操作方便程度、尺寸大小及价格，形成关于不同品牌在不同属性上的性能的看法。如果进一步了解到顾客对有关因素看重的程度，就能较为可靠地预测其交易选择。

假定上述持币待理财者综合评价后圈定的几种较为相近的投资产品为集合投资、一年期储蓄存款、一年期通知存款、开放式货币基金。因为市场普遍对国债行情看好，他选择了开放式货币基金。尽管预期收益有一定程度的不确定性，但是远程交易的便利可以使他在市场变化之初，通过电话交易渠道及时套现，从而调整投资策略，再选择其他更合适的产品。

除了像上述这类理性顾客会对交易产品做仔细估计和逻辑思考外，还有一些冲动型顾客几乎不做评价，凭感觉交易。此外，一些顾客倾向于自主作出交易决策；一些顾客则会谨慎地向朋友或销售人员进行更多的咨询。

营销人员应研究客户在实际中如何评价可供选择的品牌。如果了解到评价如何进行，就可以努力改变客户对产品属性的考虑顺序，或改变不同属性的重要程度，可以进一步采取行动来影响客户的决策。

表 4－5 是一个决策判断行为的调查实例。它以银行客户为对象，通过调查，以了解他们对银行服务属性及其差异比较的认识，分析影响各个属性重要性排序的因素。分析结果表明：仅仅了解顾客心中银行服务属性的重要程度，还不足以使顾客作出决策判断，还要考虑那些重要的服务属性在各个银行之间的差异。只有那些既重要，同时银行间呈现较大差别的属性，例如员工友好态度、信用的可获得性等，才构成判断决策的重要因素。同时这也提醒我们：产品或服务属性的重要性是相对的。

表 4-5　银行属性评价因素比较表

银行属性重要性评价		银行属性差异性评价		选择决定的属性排序	
属性	评价值	属性	评价值	属性	评价值
银行速度与效率	4.44	朋友或亲友推荐	2.66	职员友好态度	11.15
职员友好态度	4.39	职员友好态度	2.54	银行速度与效率	10.39
信用可获得性	4.07	信用卡透支优惠	2.43	信用可获得性	9.77
营业时间长短	4.06	信用可获得性	2.40	结算账户服务费	9.11
全面服务提供	3.96	24 小时 ATM	2.35	朋友或亲友推荐	8.67
结算账户服务费	3.86	结算账户服务费	2.36	全面服务提供	8.59
银行位置	3.76	停车方便性	2.36	银行位置	8.54
信用卡透支优惠	3.42	银行速度与效率	2.34	信用卡透支优惠	8.31
朋友或亲友推荐	3.26	银行位置	2.27	营业时间长短	7.75
24 小时 ATM	3.09	全面服务提供	2.17	24 小时 ATM	7.32
停车方便性	3.09	营业时间长短	1.91	停车方便性	7.29
评价值在 1～5 之间，1＝根本不重要，5＝极为重要		评价值在 1～4 之间，1＝非常相似，4＝极为不同		决定分＝平均重要性评价值×平均差异性评价值	

四、交易决策

在选择评价步骤中，顾客对不同产品进行了排序并形成了交易意向。一般来说，顾客的交易决策将倾向于最爱的产品或品牌，形成交易意向。但在交易意向和交易决策之间还会受到三个因素的影响：他人的态度；预期环境因素；非预期环境因素（见图 4-6）。因此，倾向性甚至交易意向并不一定总是引起实际的交易选择。继续前述产品选购案例，即使持币待理财者已经作出购买开放式货币基金的决定，但只要没有最后实施交易，就仍然可能改变决定。可能意外事故、重大政策变化或社会事件，甚至家人或好友的一句话都会改变他的交易意向，使他在产品选择序列中寻找第二方案——一年期储蓄存款或通知存款。

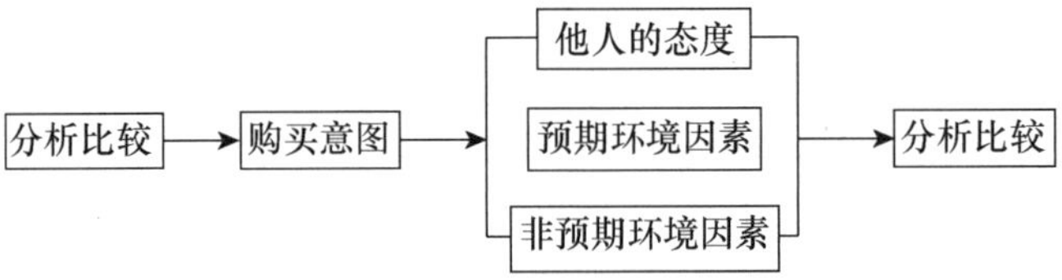

图 4-6　购买决策的影响因素

五、交易后行为

产品完成交易后，营销人员的工作并没有结束。交易后，顾客可能满意，也可能不满意，并产生交易后行为。是什么决定顾客对交易满意还是不满意？答案在于顾客对产品事先的期望和实际的感知之间的比较。顾客的感觉好于期望是大喜过望，感觉低于期望则是失望，感觉接近期望产生的是满意。

顾客不满意的情形除了自身的认知原因外，有时还与销售者夸大产品和服务性能，拔高顾客期望有关。销售者应诚实地描述产品和服务的性能。聪明的销售者甚至会适当压低对性能水平的描述，通过缩小期望与感知的差距来提高顾客对产品和服务的满意度。如集合投资宣传资料上承诺回报率在1%～3%之间，而实际底线可以达到2%以上，客户满意程度由此而提高。

第四节　行为金融理论简述

一、理论意义

一般认为，现代金融学始于20世纪50年代初，其代表性原创理论主要包括一般经济均衡理论、投资组合理论、资本资产定价理论、有效市场理论、期权定价理论和套利定价理论等。这些理论都假定行为主体是理性经济人，所用的分析框架为一般均衡理论或无套利定价理论。这些理论在一定程度上较好地解释了金融市场的运行机理和金融资产的定价机制，成为现代金融学的理论基础。但是，自20世纪80年代以来，随着金融学研究的深入，越来越多的与上述经典金融理论解释不一致的现象被揭示出来，成为金融学的“未解之谜”，例如股票溢价之谜、波动性之谜、股价的反转与惯性之谜、封闭式基金折价之谜等。对这些新现象的研究推动了金融学研究的进一步发展。以心理学研究成果为基础的行为金融学逐渐成为金融学研究中的一个重要领域。

现代金融学和行为金融学二者之间最大的差异在于它们研究的目标不同。现代金融学描述的是经济个体的最优决策行为，而行为金融学描述的则是经济个体在现实生活中的真实决策行为。目标的差异导致了现代金融学在解释现实金融现象时的乏力。它力图说明无论人们做什么，都会用正确的方式去做，而且能够做好。至于他们是如何做到这一点的，现代金融学并没有给出任何答案。在现代金融学的框架内，经济个体的决策行为和决策过程就像一个“黑匣子”，外人很难从中窥得究竟。行为金融学认为人们是正常的而不是理性的，注重研究经济个体真实的行为特征。经过20多年的发展，行为金融学仍然无法像现代金融学那样从一些基本的假设出发，在一个统一的框架下对金融市场的问题给出一致的解释。但是，它毕竟为人们认识和解释金融现象提供了新的视角。而且，有了现代心理学、社会学以及实验经济学的支持，它的结论的可靠性有了大的提升。

二、影响理性投资的心态和情绪

行为金融学认为，投资者在投资过程中通常表现出五种心态和情绪：过度自信、自我归因偏差、避害大于趋利、追求时尚与从众心理、减少后悔与推卸责任。

1. 过度自信

过度自信源于人们的乐观主义，大多数人在很多方面对自己的能力以及未来的前景都表现出过于乐观。同样，在投资决策过程中，投资者总是倾向于过高估计自己的判断力，从而表现出过分的自信或过分乐观。举例来说，如果根据目前市场上出现的信息，某只股票明天的价格有70%的概率落在6～10元之间，则过度自信的人会缩小这一判断的价格区间，认为价格有70%的概率落在7～9元之间，从另一个角度说就是他们认为价格有80%的概率落在6～10元之间。但心理学研究发现，如果人们称对某事抱有90%的把握，成功的概率大约只有70%，这一心理特质在金融活动中表现得尤为突出。过度自信的投资者高估了投资的期望收益，因此他们频繁地进行交易，从而导致股票市场上期望交易规模的上升。

过度自信是市场过度交易行为的心理根源。根据心理学的研究成果，男性投资者的过度自信程度要高于女性；认为自己的投资技巧或者以往的投资收益表现超过平均水平的人倾向于过度自信；亚洲的文化使投资者更容易产生过度自信。

2. **自我归因偏差**

与过度自信紧密相连的一个心理学现象是自我归因偏差。当人们在某项工作中获得成功的时候，会倾向于将成功归功于自己个人的一些特质；而当工作失败的时候，却往往归因于偶然因素或者外部因素。这种现象就是所谓的“自我归因偏差”。自我归因偏差最典型的表现是，在合作项目中人们通常会过高估计自己对项目的贡献。同时这还会影响对自己所属团队的评价，进而影响对事情的公平性或者合理性的判断。

自我归因偏差的存在，使得交易者在市场中获得较高收益的时候，更多地归因于自己选择股票的能力和交易技巧，从而过高地估计自己的能力，产生过度自信。不过，随着投资者从事股票交易的时间和投资经验的增加，他们过度自信的程度会降低。

3. **避害大于趋利**

趋利避害是人类行为的主要动机之一。人们在经济活动中首先考虑如何避免损失，其次才是获取收益。这表明，人们在从事金融交易的过程中，其内心对利害的权衡是不均衡的，赋予“避害”因素的考虑权重是“趋利”因素的2倍。例如，在以50%的概率获得1 000元和以100%的概率获得500元之间，多数人会倾向于选择后者，使收入“落袋为安”；而在以50%的概率损失1 000元和以100%的概率损失500元之间，人们又会倾向于选择前者，使自己有机会不发生任何损失。人们对财富减少的敏感程度高于对财富增加的敏感程度。

4. **追求时尚与从众心理**

人们的相互影响可以改变人的偏好，且作用巨大，追求时尚与从众心理便是其中最突出的特点。这对投资决策的形成与改变具有特殊的影响。在金融投资领域，这方面的表现尤为突出，因此这一条心理特征应该作为重要的偏好选择因素加以考虑。

5. **减少后悔与推卸责任**

在投资决策失误后，投资者的后悔心情是难以避免的。即使是同样的决策结果，如果某种决策方式可以减少投资者的后悔心理，则对投资者来说，这种决策方式将优于其他决策方式。避免决策失误的后悔心态的方式有多种，比如委托他人代为进行投资、随大流、仿效多数投资者的投资行为进行投资等。如果委托他人投资可以避免因自身决策失误造成的后悔心态，则这种委托—代理关系将会提高委托人的效用。

由于投资者在投资过程中有以上五种心态和情绪，所以人们通常并不遵循基于理性分析的最优模型进行决策，而是追求感性成分较多的满意。

三、投资行为偏差与策略

1. 投资者的非理性

与现代金融学认为投资者是理性的不同，行为金融学认为投资者并非都是理性的，市场不可能完全由理性投资者主宰，非理性投资者的存在对证券市场价格的形成会产生影响。

导致人们投资非理性行为的原因是掌握、理解信息的差别性、偏好性和不精确性。

(1) 信息获得的差别性是指投资者获得的信息有的多、有的少，有的充分、有的不充分。不是每一个投资者都能获得必要的信息。

(2) 对获得的信息各有偏好，有的确认这个信息有价值，有的确认那个信息有价值，对信息的理解不同，会导致不同的取舍行为。

(3) 所发布的信息有不同的导向，因为人们以不同的心态来对待内容大致相同的一条信息，会有不同的反应。哪怕只是信息在语句上的不同组合，也会使人们有不同的心理反应。如“失业率为历史最低水平，但工资增长低于预期”，如果改为“工资增长低于预期，但失业率为历史最低水平”。前者的影响可能消极，后者的影响可能积极。

(4) 信息纷繁复杂，传播速度又快，决策者难以适从。在这种情况下，就运用经验、直觉选择信息来决策，但掌握的信息又可能不正确、不精确。

2. 处置效应

处置效应是一种比较典型的投资者认知偏差，表现为对投资盈利的“确定性心理”和对亏损的“损失厌恶心理”，在行为上主要表现为在盈利面前趋向于规避风险，急于卖出盈利的股票以锁定利润，不愿轻易卖出亏损股票实现损失的现象等。我国投资者的处置效应比欧美国家更明显。

3. 羊群行为

羊群行为是指投资者趋向于忽略自己有价值的私有信息，而跟从市场中大多数人的决策方式。投资者在资本市场中相互模仿，对同种证券采取相同的投资交易策略，即不同的投资者同时买入或卖出同种证券。我国市场中的羊群行为比较突出，下跌行情中的羊群行为要比上涨行情中的更加明显，说明我国投资者欠缺理性意识。

4. 过度反应和反应不足

过度反应是指某一重大事件引起股票价格产生剧烈变动，超过预期的理论水平，超涨或者超跌，然后以反向修正的形式回归至其应有价位上的现象。其内涵包括两方面：股价波动后，会出现价格反向运动；波动越大，反向修正、调整幅度越大。

反应不足是指当市场上有重大消息时，股价波动平平，而一些较大的波动却出现在没有什么消息的日子里。反应不足常见于市场对刚公布的消息没有足够的反应力度，随后才逐步修正的现象。反应不足源于对于新趋势、新变化反应迟钝，丧失获利的良好时机。

基于以上理论，行为金融学主张的主要投资策略有：

（1）从众行为的投资策略。从众行为的投资策略虽然是在群体压力下产生的非理性行为，但它是纳入多数人的投资组合的，从这个意义上讲，它是符合最大效用原则的。

（2）关注小盘股的投资策略，又称小公司效应。一般来说，小盘股的收益比大盘股的收益高。

（3）反向投资策略。就是买进过去表现差的股票，而卖出过去表现好的股票。如选择低市盈率的股票、选择股票市值与账面价值比值低的股票、选择历史收益率低的股票等。反向投资策略是对股市过度反应的一种纠正。

（4）成本平均策略。这是指在股市价格下跌时，分批买进股票以摊低成本的策略。这一策略不是追求效用最大化，而是降低投资的遗憾度。

（5）动量交易投资策略。核心内容是寻求在一定期间股价变动的连续性。如股价变动连续趋涨，则采取连续卖出的策略；如股价变动连续趋低，则采取连续买入的策略。

本章小结

个人交易行为的心理学理论基础是“刺激—反应”行为模型，利用该模型可以了解交易行为由交易者自身特征和后续决策过程决定。交易者特征除了自身的心理因素、个人因素等外，还受身处的文化群体、家庭等外部环境影响。在实施交易决策的过程中，大体经历了“认识问题（需求确认)→信息寻找→判断选择→交易决策→交易后行为”的过程，每个环节都有非常复杂细微的心理活动特征以及影响因素，都可以影响最后决策的方向。行为金融学的研究主要针对股票市场的投资交易行为，认为非理性行为有其心理学依据，更符合现实情况。以其为基础研究的投资策略有一定的合理性。

重要术语和概念

主流文化　亚文化　主要群体　参照群体　虚拟群体　动机　知觉　经验　学习　看法和态度　个性　产品属性　过度交易　过度自信　自我归因偏差　趋利避害　从众心理　后悔与推卸责任

复习思考题

1. 什么是“刺激—反应”行为模型？“黑匣子”的含义是什么？
2. 影响客户交易行为的因素主要有哪些？请分类列举并举例。
3. 用一个金融交易行为的例子，说明个人特征的影响。
4. 用马斯洛人类需要理论解释金融需求。
5. 用知觉过程解释为什么人们对同样的市场信息会作出不同的反馈。

6. 叙述交易决策的步骤及其含义。
7. 简述你对行为金融描述的投资心态和情绪的理解。
8. 完成附案例分析题。

拓展阅读

[1] 迈克尔·R. 所罗门，卢泰宏，杨晓燕. 消费者行为学（第8版·中国版）. 北京：中国人民大学出版社，2009

[2] 露西·阿科特，理查德·迪弗斯. 行为金融学——心理、决策与市场. 北京：清华大学出版社，2010

[3] 陆剑清，陈明珠. 投资心理学. 北京：清华大学出版社，2016

[4] 曾康霖. 解读行为金融学. 财经科学，2003 (2)

[5] 迟骏. 投资者情绪、投资者交易行为对ETF定价影响研究. 广州：华南理工大学，2020

第四章实训项目

附案例

客户选择银行汇款业务的决策过程

一、背景与资料

小刘是来自农村的大学生。大学毕业后在北京工作已经5年多了。孝顺的他每月都给家里汇款，少时500元，多时万元。刚毕业时，为了解决户口，他先到一家公司打工。因为不知道还可以通过银行汇款，他一直选择邮局汇款。邮局汇款低于100元时，收取手续费2元，超过100元时按汇款金额的1%收费。所以，他每月付手续费少则5元，多时要几十元甚至上百元。

2008年底，小刘拿到了北京户口，开始自己创业，办了一个小礼品店。他除了从北京的批发市场进货外，还经常从网上搜集各地礼品厂的信息，通过电子邮件确定订单，然后通过银行汇款给厂家。根据厂家的建议，小刘一直选用免手续费的中国农业银行进行汇款，这相比邮局或其他银行汇款能节省不少开支。然而，2014年2月，中国农业银行也开始收取异地汇款手续费了。起初小刘并没有在意这十几元的费用，但时间一长，他发现这个数字并不小。

小刘现在的收入已经比5年前提高了很多，大多数情况下，他每月会给家里寄1 000～3 000元，年底时因为生意忙无暇回家，他会汇款更多。目前每月仅进货汇款就需要七八次，每月进货总额平均是1万元，也就是说，每月的汇款手续费要几百元。一年下来，这绝对不是个小数目。特别是，最近小刘的妹妹出国留学，为了确保妹妹在国外的生活和学习，小刘还要经常往国外汇款，所以手续费的多少对他来说更加不是小事情了。

于是，小刘开始有意识地选择不同的银行，并对各银行不同的汇款方式进行比较。为此他还很细心地制作了一个比较记录（见表 4-6）。

了解清楚各家银行手续费的特点后，小刘对不同的汇款采用了不同的方式。

小刘办理了牡丹卡，他用妹妹的名字在老家为妹妹也办理了牡丹卡。这样每次给家里汇款时，就不用再支付任何手续费。首先，小刘家附近就有一家中国光大银行，所以只要厂家可以提供中国光大银行卡账号，他一定首先使用中国光大银行汇款。其次，进货资金不超过 6 000 元时，通常选择中国农业银行汇款；超过 6 000 元时，就尽量选用中国建设银行网上汇款，最高 30 元限额，通常每次可以帮他省下 5～20 元的手续费。

小刘算了一笔账，如果每月平均汇款 6 次，每次金额平均为 2 000 元，则选择中国工商银行汇款的话，每次手续费为 20 元。中国农业银行存款式汇款手续费为 10 元，可以节省 50%。对于 6 000 元以上的汇款，大多数银行的手续费最高为 50 元，使用中国建设银行网上银行最多只要 30 元，可以节省 40%。

二、分析并回答

1. 说明小刘采用的评价决策方法。

2. 小刘在选择汇款产品时，哪些汇款属性在选择评价时起作用？按它们的重要程度列示，并说明理由。

表 4-6　小刘整理的银行汇款业务情况记录表

<table>
<tr><th></th><th>备选银行</th><th>汇款品种</th><th>汇款限额</th><th>收费</th><th>到账时间</th><th>网点</th><th>缺点</th></tr>
<tr><td rowspan="3">1</td><td rowspan="3">中国农业银行</td><td>柜台存款汇款</td><td rowspan="3">无</td><td>最低 1 元，超过 1 000 元按汇款金额的 0.5%</td><td rowspan="3">实时到账</td><td>多</td><td></td></tr>
<tr><td>柜台电子汇款</td><td rowspan="2">最低 1 元，超过 100 元按汇款金额的 1%</td><td>多</td><td></td></tr>
<tr><td>网上银行</td><td>多</td><td>可能汇入他人账户，耽误时间</td></tr>
<tr><td rowspan="3">2</td><td rowspan="3">中国工商银行</td><td>灵通卡汇款</td><td rowspan="3">100 万元</td><td>汇款金额的 1%，最低 1 元，最高 50 元</td><td>实时到账</td><td>多</td><td rowspan="2">人较多、排队时间长</td></tr>
<tr><td>牡丹卡汇款</td><td>无</td><td rowspan="2">3～5 个工作日内到账</td><td>多</td></tr>
<tr><td>网上银行</td><td>最低 5 元，最高 50 元</td><td>多</td><td>周末、节假日不办理业务</td></tr>
<tr><td rowspan="3">3</td><td rowspan="3">中国建设银行</td><td>银行卡</td><td rowspan="3">无</td><td>汇款金额的 1%，最低 1 元，最高 50 元</td><td rowspan="3">联网城市可 2 小时内到账；其他 3～5 个工作日到账</td><td>多</td><td>没卡，先花 10 元办龙卡</td></tr>
<tr><td>网上银行</td><td>汇款金额的 1%，最低 1 元，最高 30 元</td><td>多</td><td></td></tr>
<tr><td>电话银行</td><td>汇款金额的 1%，最低 1 元，最高 40 元</td><td>多</td><td></td></tr>
</table>

续表

	备选银行	汇款品种	汇款限额	收费	到账时间	网点	缺点
4	招商银行	快速汇款	无	最低 5 元，超过 1 000 元按汇款金额的 0.5%	实时到账		网点少
		电子汇款	无	汇款金额的 1%，最低 10 元，最高 50 元	2～3 个工作日到账		网点少
5	中国银行	国内汇款	10 万元	汇款金额的 0.10%，最低 5 元，最高 500 元	第二天到账	多	周末和节假日大多数网点休息
6	交通银行	国内汇款	最低 1 000 元，最高无	1 000 元以内 1%，以上 10 元；自动扣除；收付双方承担	实时到账		网点少
7	中国光大银行	国内汇款	无	汇款金额的 0.5%；最低 2 元，最高 20 元	实时到账		网点很少

第五章　机构金融行为分析

学习目标

1. 认识工商市场客户相对个人市场客户的不同特点。
2. 掌握影响工商客户的决策过程和行为的主要因素。
3. 掌握工商客户交易决策分析过程。
4. 了解政府等非营利组织选择金融机构与产品的特点。

机构是营利机构与非营利机构的总称。营利机构主要是工商企业，非营利机构是以政府为主体、包括各类社团的组织机构。我国金融机构将面对机构市场的业务统称为对公业务。这是一个巨大的市场，在金融机构的产品和服务中占比很大，我国银行传统信贷产品几乎主要是面对工商企业的（个人零售金融市场只是改革开放以后，随着居民财富增长而发展起来的）。政府金融服务具有一定的中国特色，我国经济发展模式是政府主导型，政府政策、政府采购和公共项目都离不开金融支持。随着公民意识不断提高，各类社团越来越活跃，如公益慈善社团、权益维护社团、环保社团等，给金融行业带来了新的市场和商机。

工商市场是银行机构市场的主体，有时机构市场就等于工商市场，机构客户就等于工商企业。该市场的金融行为与大众化的个人市场行为有许多不同之处。最大差异是企业从事金融活动的目的是为生产提供服务。虽然企业金融行为没有个人行为复杂，但由于单笔交易金额大、总量占比大、对业务的构成和经营业绩影响大，金融机构十分重视机构市场的研究与开发。金融机构内部通常分别由两个部门管理个人业务和对公业务，即个人业务部和公司业务部，分别设立个人客户经理和公司客户经理岗位。

针对企业金融需求的特点，金融机构提供了相应的产品与服务。商业银行的对公业务包括企业电子银行、单位存款业务、信贷业务、国际业务、委托性住房金融、资金清算、中间业务、资产推介、信托业务、租赁业务等。证券公司的对公业务有投行业务、代客理财、财务咨询、并购顾问等。保险公司的对公业务有企业员工保险计划、企业财产保险、经营风险保险、企业年金受托管理等。

金融机构的工商市场除了工商企业，还有金融同业市场。该市场的参与者包括符合条件的金融机构，即银行以及证券、基金、保险、信用卡、汇兑、租赁、财务公司等。它与全球金融市场关系密切，产品复杂繁多，巨额资金 24 小时不停地飞速流动，是一个高度专业化的市场和交易对手。为此，许多金融机构内部设立了金融同业部。

第一节　工商市场的特征

在分析商业金融交易行为之前，首先需要认识工商市场的特征。

一、特征

尽管工商市场和个人市场都是金融产品的购买方，但还是有许多方面的不同，主要表现在市场结构和需求、交易单位的性质、决策行为及决策类型等方面。

（一）市场结构和需求

工商市场上的客户通常比个人市场上的客户数量少、规模大。例如，汽车个人消费贷款可能面对成千上万的汽车用户，而对一个汽车制造商或若干汽车经销商的贷款额，可能超过全部汽车个人消费贷款总额。工商市场需求是派生需求，汽车生产贷款或经销商贷款需求增加，源自个人购买汽车的市场需求增加。银行刺激个人消费贷款的行为，往往能提高汽车经销商客户贷款的偿还能力。

工商市场具有行业和地理集中性。例如，大型轿车制造集中在上海、长春、广州等东南沿海城市。一些金融机构实施区域化营销就是对客户地理集中性的营销对策。根据区域经济的特点及客户结构、信用环境、政策环境的不同，可以将我国区域经济大致分为五种模式：港口经济、总部经济、集中经济、块状经济和国家区域战略区块。

（1）港口经济模式。经济发达的城市多数地处沿海港口，这些城市的金融企业可以港口为出发点，循着物资流动的方向，理清当地重点产业的供销脉络，通过经销商环节切入供应链，逐步实现对客户产、供、销网络的全面覆盖。

（2）总部经济模式。针对具有总部经济特点的大都市如北京、上海等地，可由当地分支机构先期开发进入，抓住总部企业，批发性地开发其上游供应企业和下游销售企业；逐步将重要的、具有系统性影响的客户由分行维护与管理上升为总、分行共同维护与管理，调动全行资源提供优质服务。

（3）集中经济模式。这是一种身处内陆的区域中心城市的经济结构。其特征为：重型工业企业是当地经济的骨干支撑，国有经济占主导地位；中小企业、民营经济成熟程度不一；虽为物资集散中心，但物流经济不发达。金融企业以发展骨干企业的融资业务为主，建立市场优势，审慎开展中小企业业务。

（4）块状经济模式。这是指广东珠江三角洲、浙江以及苏南地区中小制造业企业众多，且同类别产品生产商集聚发展的经济现象。这些跨越行政界线的区域经济发达，市场化程度高，民营经济占主导地位，以轻工业、加工业为主，信用环境良好。但由于骨干大企业缺乏以及产业链条短散，金融企业应加强对客户群的细分研究，开发特色金融产品或产品组合。比如广东茂名以大型石化工业为龙头，带旺了当地的石化销售行业，大批中小民营经销商、批发商聚集在其周围，为银行票据业务打下了深厚的市场基础，金融服务对象主要为石化产业链上的中小厂商。

(5) 国家区域战略区块模式。2018 年，在全国人大会议上的中央政府工作报告中，明确了我国"三横"的区域发展新格局，在京津冀协同区域、长江经济带区域的基础上，新增粤港澳大湾区。

2017 年 4 月 1 日，国家决定在河北设立国家级的雄安新区，疏解非首都功能。

金融企业在这些国家发展战略布局的区域里不仅肩负金融服务的重任，还有较大的政治担当。

工商市场需求受社会和经济环境的影响较大，当消费需求发生变化时，工商市场往往反应迅速，且变化的幅度数倍于消费市场。因此，金融机构往往需要强有力的市场研究机构，以预见市场趋势，控制融资规模和速度，或为客户提供准确反映市场变化的财务咨询，帮助其规避风险。

例如，2012 年 7 月 6 日，中国人民银行上调利率，增加了企业经营的财务成本，同时也增加了利用消费贷款买房、买车客户的月供还款的负担，降低了人们买房、买车的消费需求，由此影响到房地产商和汽车制造商客户的市场销售量。制造商产量减少又导致其原材料供应商的产能过剩或产品价格疲软。中央银行利率调整的目标是要降温宏观环境局部过热的行业——钢材、水泥、电解铝等原材料型企业，其高耗能、高污染特点，正是我国经济转型升级要逐步减少或淘汰的。通过对产业链末端消费的抑制，达到调控经济的目的。

社会和经济环境还会影响市场资金的流向和金融产品需求的波动。由于货币资金的特性，其波动变化的幅度往往比商品市场大。

（二）交易单位的性质

与个人市场相比，企业的一笔交易会牵扯更多的购买者及更专业化的购买活动。在企业金融交易活动中，通常安排训练有素的人员参与，如级别较高的客户经理。他们的任务是不断学习如何更好地发现潜在客户、提供客户满意的专业服务和信息、维持客户关系。在一些复杂的大型交易中，例如股票发行、企业并购、银团贷款等，金融机构需要选派专家参与企业的决策过程，以帮助企业取得成功。因此，从事公司业务的客户经理要经过比较严格的专门训练，既要了解金融产品和市场，也要熟悉企业财务管理，成为客户财务管理的专家。例如，一个符合贷款条件的汽车经销商需要一笔短期融资，有多种方案选择——抵押（或固定资产或动产）或第三方担保或信用贷款、票据融资、上游关联企业赊销等，有经验的客户经理能够从中选择一种担保合适、成本较低的融资方案推荐给企业。

另一个性质不同的市场是金融同业市场。参与者都是金融机构，交易对手之间（见图 5－1）彼此以信任为基础，依据权威机构评定的信用等级及长期建立的往来关系和记录，在限定的标的额内进行交易，过程非常简单和迅速。同业之间的关系营销在交易场所之外进行。

在同业市场上，大多数情况下表现为金融机构之间的协商与合作，或共同完成某一大型项目，或取长补短、相互接济、谋求“共赢”，而不是彼此竞争。这在我国金融分业的市场格局下尤其突出，如银团贷款、债券基金的分销与托管、银保联合贸易融资等。

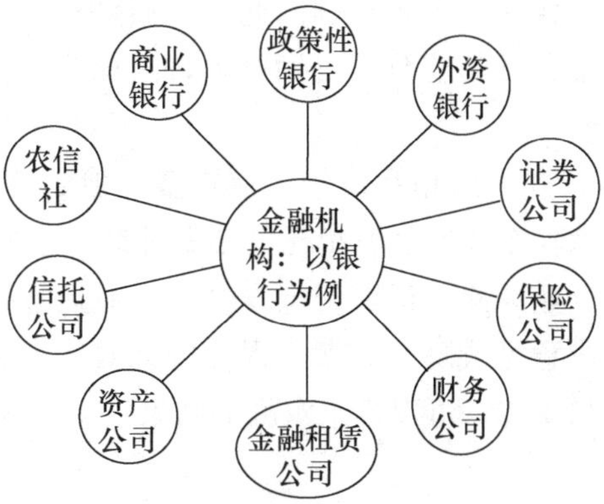

图 5-1 金融同业市场交易对手

中国出口信用保险公司的“出口信用保险”产品，就是同业合作的范例。银行保险双方利用自身在客户规模、产品渠道、信息等诸多方面的优势，相互取长补短、共同发展，为出口企业提供综合金融服务。随着我国外向型经济的不断发展，许多企业走出国门开拓海外市场，但是进口商的付款信用始终是困扰出口商的难题。出口信用保险的参与使这个难题得以解决。出口商投保后，如果发生国外买家破产、拒收货物或拖欠货款等商业风险，或买家所在国发生政治风险，导致出口商的应收账款不能正常收回，出口信用保险机构将按照保险合同的约定赔偿出口商的经济损失。中国出口信用保险公司与20多家内资和外资银行建立了合作关系，共同解决企业贸易融资难题，使融资风险得以合理分散。出口商、银行和保险公司各司其职、各得其所。出口商主要负责按合同规定保证货物质量，按时按量及时出口；银行重点审核贷款人（出口商）的资信状况；中国出口信用保险公司承担国外买家的风险。专业化分工使收汇风险和贷款损失大大降低，使企业较容易获得银行的信贷资金支持，实现了出口商、银行、保险的“三赢”。

（三）决策行为及决策类型

工商客户常常会面临很复杂的购买决策，涉及资金额巨大，技术因素和经济因素复杂，购买单位内部众多人员相互影响，因此，客户会花更多的时间来制定金融交易决策。一个城市垃圾发电项目的固定资产长期贷款，可能需要数个银行组成银团贷款，各个银行之间的关系与协调、项目考察评估、设备采购、施工建设、经营管理、财务和经济评价、还款能力与期限、风险预测和措施等方方面面，涉及巨大的资金投入与运作以及成千上万个技术、经营、管理的细节，参与的人员众多，从而构成错综复杂的财务、技术、社会等关系。

以针对固定资产的投资性贷款评估为例，银行进行评估的内容包括：企业概况、项目概况、市场预测、技术与设计分析、投资计划、财务预算与效益分析和不确定性分析等。有时甚至要运用系统工程的理论与方法，通过大量定量数据分析，推导出定性的结论，作出公正的评价，为投资项目的取舍提供可靠的根据。

工商企业交易的过程比个人交易过程更正式化。融出资金方为了保证资金安全和收益，需要了解对方的诚信度、还款能力或投资回报率；融入资金方需要了解和比较哪家机构提供的产品和服务性价比对自己最优。因此，大额融资活动往往需要双方都按照预定程序，相互提供详细介绍自己的规范的书面材料，经核实论证，进而讨论合同条款和支付方式等等。

在工商市场上，买卖双方更加相互依赖。在资金让渡、使用、回收的循环过程中，金融机构始终要密切关注借款企业的财务状况，必要时参与管理，及时提供个性化服务，培养客户忠诚，同时防范企业风险、保障资金安全。企业通过保持与金融机构的联系与沟通，获得资金运作的专业意见或理财方案，提高资金效率，获得金融机构的信赖和长期支持。双方的密切合作和支持，可以带来双赢的结果。

二、工商企业金融行为的影响因素

企业客户在制定金融决策时会受到许多因素影响。虽然经济因素的作用较大，但也会掺入一些个人因素。工商企业客户一面是冷酷、精于计算、毫无人情的，另一面是具有人性和社会性，既有理性的，也有感性的。

对企业客户决策有影响的主要因素分为个人的、人际的、组织的、环境的几类。

1. 个人因素

包括年龄、教育、职位、个性、风险态度等。在企业作出购买决策的过程中，每个参与者都会把自己个人的动机、理解和偏好，甚至感情带进来，每个因素的影响及相互作用程度都取决于其年龄、收入、教育、职业、个性以及对风险的态度。许多营销人员善于利用个人因素，通过长期交往建立友情，达到交易目的。有时候，枯燥的数据和深奥的技术难以吸引和打动客户，而发现并与之发展共同的观念、爱好、情趣、好感，或施展独到的人性关怀，可以迅速拉近彼此的距离。这是许多银行、券商、保险公司的客户经理常常成为客户机构内重要人物的朋友的主要原因。

此外还有客户的风格。技术型的客户往往要把各方面情况了解分析透彻以后再作决定；而直觉型的客户总是从对手的谈判交往中争取优惠交易合同。

2. 人际关系

包括交易对手及其影响人群的权威、地位、同感、说服力等。购买过程有许多参与者，他们之间的相互作用会影响商业购买行为。仔细观察、辨认参与者的角色及重要程度和他们彼此影响的程度，是商业营销人员的重要技能。有时候，重要角色是不露声色的、幕后的，观察和识别起重要作用的关键人物是营销人员的重点。金融产品营销的主要对象通常是财务部门负责人和分管财务业务的公司领导。例如，发行新一期长期国债，向一家集团公司总部推销，涉及的人员是财务科投资账户管理人员、财务科长、处长、公司分管领导和总裁。最高领导有一票否决权。还要注意这些人背后的影响人物。人与人之间的关系微妙复杂，难以言喻，尤其在东方文化背景下，需要用心经营。

3. 办事规程

包括企业目标、政策、组织过程、办事系统等。从事购买的机构都有自己的目标、政策、程序、结构以及系统（包括授权和流程）。营销人员一定要了解这些因素，要努力掌握的信息包括：哪些是购买决策人，评价标准是什么，以什么政策购买本公司的产品。

仍然接续上述国债发行的例子。这家集团公司总部的资金配置目标是：以资产多元化的低风险获取最大利润。国债推销信息进入公司之时就是投资项目内部程序开始之时：账户管理员对国债发生兴趣，准确传递信息；科长与他一样，希望在保持资金流动性的同时增加收益；处长对全公司的资金总量通盘考虑，决定是否上报公司领导，并参与公司决策会议；公司领导开会讨论并评价投资利弊（公司投资评价的标准主要是投资回报、风险程度、服务与信息），财务处长的意见举足轻重；最后决策权在总裁或董事长手中。他们因在公司的实际地位不同而对决策所起的作用不同，最初的接触者往往对决策的影响程度有限。营销人员不能仅限于了解这些情况，还要善于利用这些信息，为客户提供帮助。例如，在推销国债的同时，为客户设计配套的集团账户集中管理模式，以加快企业资金周转和使用效率。销售者的成功应该建立在让购买者成功的努力上。

4. 环境情况

包括需求水平、经济形势、资金成本、技术进步的速度、政治及法规发展、竞争情况等。组织交易者总是处于某种经济大环境的影响下，例如，消费需求兴旺或低迷、经济周期上升或停滞、利率水平高或低、资金充沛或紧缺、政府财政金融政策宽松或收紧等等。例如，在经济繁荣、资金宽裕、利率较低的时期，企业更多选择借贷融资方式。

目前日益突出的是材料和能源紧缺与环境保护问题，各国节能环保意识增强，这对购买行为的影响越来越多地体现为：希望囤积稀缺原材料，尽量节约能源、推广使用对环境和身体健康有益的绿色材料。

此外，技术普及程度、竞争对手的动态、文化差异的影响也十分重要。

资料 5-1

各国文化差异在商业礼节上的表现

● 法国：穿着保守，只有在南部穿着随便些。不要直呼对方的名字。

● 德国：非常准时。如果德国商人受邀去别人家里，应为女主人送鲜花，最好未经包装。在做介绍时，要先与女性打招呼，并等她们先伸手之后你才伸手。

● 印度尼西亚：至少学会唱一首歌。在正式聚会结束时，人们会单独轮流唱歌。

● 意大利：不论你穿着保守，还是相反地入乡随俗穿一身名牌服装，一定要记住，意大利商人对时装很敏感。约会应提前预订。对意大利的官僚作风要有所准备并耐心些。

● 日本：不要模仿日本商人的鞠躬礼节，除非你对此有完全的了解——谁向谁鞠躬，多少次，在什么时候。这是个很复杂的礼节。敬献名片是另一个礼节。多带些名片。用双手送名片，以使别人能看清名片，并按职位的高低依次分发。日本商业经理们会在作出承诺之前，花些时间来制定决策并研究所有细节。

● 沙特阿拉伯：尽管男人们在打招呼时会亲吻对方，但他们不会亲吻女性。女性应在伸手前等候男人先伸手。如果一个沙特阿拉伯人提供食品或饮料，接受它们——拒绝对他们来说是一种侮辱。

● 英国：正式宴会时要有祝酒词。如果主人向你致祝酒词，你要准备回敬他。商业招待在午餐时进行，而不是晚餐时。

第二节 工商客户金融决策过程

工商企业对于一项新的金融交易决策，过程比较复杂，周期较长，而重复交易的决策过程则相对简化。无论哪种形式的交易，都要通过制定有关规章制度才可以确保实现购买目标。机构复杂的采购过程可以归纳为七个主要步骤，即问题确认、需求和条件说明、寻找融资机构、要求报价、选定融资机构、制定交易契约及细则、表现回顾。为了便于理解，这里特别选择一个决策程序复杂、耗时很长的股票发行例子，对企业融资决策程序逐步进行分析。

一、问题确认

购买金融产品往往起因于某企业高层意识到，可以通过获得某种特定的金融产品和服务来满足公司某方面的需求，或解决某个问题。这种意识的产生可能来自内部或外部等各个渠道传来的信息刺激，例如，企业资金经常捉襟见肘，失去一些商机，或股票市场一些企业家快速致富的“故事”，或银行、券商、私募基金等营销者提供的融资服务信息，提醒他注意潜在问题，并展示它们的产品如何能解决问题。

例如，一家企业从比较分析中发现，实力相当的竞争对手的资金利润率比自己高出几个百分点，原因是其财务成本较低。受这个信息刺激，该企业可能萌生发行股票进行直接融资的动机。因为财务杠杆数据表明，股本融资可以减少借贷资金，降低利息支出。由此产生了在股票市场发行股票的需求。

二、需求和条件说明

需求确认后，公司要说明自己的需求，列出所需的产品特征、数量、规格、服务要求等。还要按照股票融资的专业术语描述自己需求的具体特征与数据，例如，“扩大企业资本金20%，通过向公众募集的方式，发行普通股100万份，每份面额1元；预计半年后上市流通。”符合专业的表述有利于提高在业内与专业人员沟通和交流的效率。

三、寻找融资机构

股票发行与上市按规定必须由证券公司担任主承销商。许多具有主承销商资格的证券公司都设立了投资银行部，为需要发行股票上市融资的公司提供专业服务。需要融资的公司在众多的投资银行中努力寻找服务最好的。一些企业对于证券业务和股票市场比较陌生，而产品即服务复杂且昂贵，寻找需要花较长的时间。公司获得投资银行信息的渠道可以来自人们的口碑、机构相互推荐、宣传册、券商上门推销等。在我国，很多时候是证券公司投资银行业务人员选择合适的潜在公司上门向客户推销。公司对数家有意向的投资银行进行比较选择。比较可以从资产规模、发行上市业绩、业界口碑、人员素质、服务承诺等方面进行，确定了两三家证券公司备选后，就准备进入下一阶段。

四、要求报价

这是一个重要阶段。公司请“入围”承销的券商提出服务报价，要求提供详细的书面报告或正式的口头陈述。证券公司在提出报价之前进行充分研究，还要讲究书写与提交报告的技巧。报价报告不仅仅是技术文件，同时也是营销文件，要通过书面或口头表达，使自己脱颖而出，比如，提出有吸引力的项目预期承诺、较高的定价、包销、降低承销佣金或提供搭桥贷款等。为了争取这家企业的业务，证券公司还要利用种种方法充分展现自己作为财务顾问的专业素质、与众不同的人才优势和历史业绩；为企业设计合理的财务结构、融资方案，提供项目管理、理财、服务承诺等，不仅支持当期的经营管理，还要维护企业长期的可持续发展，力图使客户对金融服务从满意变为忠诚，对金融服务的付费感到“物有所值”。

五、选定融资机构

公司选择金融机构时，常常采用基本要素列表法来显示它们的相对重要性。调查显示，选择金融机构最重要的影响因素是：优质产品和服务、方便快捷、有道德水准、诚实的沟通和有竞争力的价格。其他关注的因素还包括售后服务、技术帮助和支持、地理位置、过去的业绩及声誉。拟融资公司收集整理若干证券公司的报价资料，逐一列出各家证券公司的各项素质指标，通过比较排序，显示当地一家颇有名气的证券公司列于第一。谨慎的公司可能在作出最终决定之前，还会找排序第二三名的券商谈判，以争取更有利的价格和条件，直至最后确信仍然是排序第一的券商为最佳供应商。接下来进入合同条款谈判阶段。

六、制定交易契约及细则

详细的产品与服务项目清单对于交易双方都是必要的。尽量争取签订长期合作的一揽子服务计划，可以节约金融机构重复交易的谈判费。银行的客户授信往往以一年为限，如果其间发生还旧借新，只要在授信额度内，就不必再谈判签约，信用额度可以循环使用。股票融资合同重要的内容应该包括股票发行数量、筹资金额、发行和上市的时间与地点、投资银行服务内容、收费金额和方式等。在谈判期间要就其中的细节和规定进行细致而有效的推敲，通过讨价还价过程达成双方认为合理的交易约定。

七、表现回顾

在交易完成一段时间后，客户将会回顾金融机构的表现，评价产品和服务是否与承诺相符，是否应该继续维持与这个机构的关系。金融机构应该收集这些评价意见，及时沟通，消除某些误会，改善产品或服务，必要时调整原定合同条款，提高客户的满意度。

第三节　政府社团交易决策过程

上述工商机构金融交易过程同样适用于政府机构和事业单位，不同的是后者关注的问题和角度不同，其特点是：公共性、规范性、政策性、委托代理性。

政府项目往往是公共项目，用纳税人的钱为公民提供基本的社会服务，办事秉持公平、公正、公开“三公”原则，效率原则，节俭原则。大型项目要求通过招标方式，以最低的价格和最优惠的条件购买产品和服务。待交易完成、项目进入实施过程，还要接受严格的监督管理。在金融市场上，金融机构的竞争表现在向政府提供优质服务上，争取成为其资金收付代理人，如住房公积金账户管理、代发养老和医疗的社会福利费用、代理公共事业项目收费、代理发行国债或地方政府债券等。通过提供优质的代理业务，成为政府的好“管家”，同时扩大自身的中介业务规模，获取稳定的低风险业务收益。

例如国家助学贷款，2004 年由国家指定商业银行办理改为通过招投标方式确定。参与竞标的银行是银保监会（2018 年 4 月以前为银监会）批准、有条件经办国家助学贷款业务的银行。经办银行一经确定，国家助学贷款管理中心就与银行签订具有法律效力的贷款合作协议。中标银行按照协议约定提供贷款服务，并及时足额地发放国家助学贷款。同时，还要求承办银行简化贷款程序，制定统一的贷款合同文本，规范办理贷款的周期；及时向普通高校提供学生还款情况。国家助学贷款管理中心将按协议约定及时足额支付贴息和风险补偿资金，配合银行做好催收还款工作，努力降低贷款风险。

作为补充养老保险的企业年金，2009 年不过 500 亿元，2017 年底达到了 1.3 万亿元，企业年金进入爆发式增长阶段。政府要提高企业年金资产的收益性和安全性，就必须实现企业年金运营的市场化。作为企业年金市场中的不同运营主体，信托投资公司、基金公司、证券公司、保险公司、商业银行等金融机构在企业年金的运营过程中拥有各自的优势，可以承担不同的职能。为了从金融机构中找一个企业年金的好“管家”，劳动和社会保障部（2008 年 3 月改组为人力和社会保障部）自 2004 年以来，出台了《企业年金基金管理机构资格认定暂行办法》等一系列配套文件，并展开了各类运营主体机构的资格认定工作。评审工作是在完全封闭的情况下进行的，程序非常严格和规范。获得了资格就等于获得了参与企业年金市场的入场券。对于金融机构而言，由于企业年金的运营和管理有一套复杂的规定，涉及的当事人有委托人、受托人、账户管理人、托管人、投资管理人、受益人等，其中受托人、账户管理人、托管人、投资管理人是各司其职的“管家”，受托人是“总管家”。为了协调运作，入选企业年金的各路金融“管家”需要以各自的优势组合成互补型的管理团队，以实现委托人要求的任务和目标。

资料5-2

银行对公业务营销成功案例两则

案例一：关心客户全面工作，与客户共成长

对于企业财务部门来说，其工作不仅仅是结算、存款、贷款，还有很多资金管理等理财事务。企业结算中心要想取得领导班子的良好评价，必须财务工作出业绩、综合管理上档次、工作水平上层次。这是商业银行在营销企业财务部门时要把握的核心需求。

在与S结算中心逐步深入的合作中，A银行尽其所能，为结算中心能够在S公司取得良好的业绩与评价不遗余力地提供帮助。具体而言，就是争取与S公司高层领导接触，进行对应层次的经营理念的沟通与交流，了解企业的发展动态、大的项目及其运作的详细情况，了解企业在做什么；在操作环节进行合作与协助，帮助客户解决如何做的问题；积极参与公司大的资金运作，如S集团对六家下属公司增资19.5亿元的项目的操作、平安保险股权运作、国信定向信托理财、海外子公司汇率风险一揽子规避等项目，帮助其解决了金融监管方面遇到的问题，扩大了与公司所在的工业区合作的范围，增强了彼此的信任，提升了对双方合作能力的认可度。

在具体的操作环节，A银行帮助S结算中心做了许多工作，如开发内部管理和财务运作的小应用软件、设计先进的电子化银企结算系统等，在提高结算中心在工业区结算中心工作效率的同时，也在一定程度上使A银行的服务具备了一定的不可替代性，提高了竞争能力。

在关心和参与客户财务工作的同时，A银行尽可能地争取机会，参与表面上似乎与银行毫无关联的工作。例如结算中心要提高管理水平，A银行从总行推行美国银行六西格玛管理的经验出发，积极向结算中心推介六西格玛管理体系，并多次安排了有关六西格玛的工作座谈，搜集了大量有关六西格玛理念、管理体系和推进经验的书籍、材料，无偿提供给结算中心使用，帮助结算中心提高管理水平。在年底评比中，结算中心因在改善内部管理上卓有成效被评为先进，A银行与S结算中心的合作也进入了一个新境界。

案例二：优化流程，方案营销

方案营销，对外是“大规模定制化”（mass customization），即具体细致地了解客户的需求、偏好、风险承受倾向和为之付费的意愿，据此设计产品、定价、服务交付方式、品质和风险控制的个性化整体解决方案；对内实际上是一个业务流程和工作流程的优化与再造。

A银行贴现业务的主要客户H公司每次申请贴现的票据都达到数百张。按照A银行一贯的操作方式，每办理一次贴现，凭证和回单数量都非常庞大，客户和A银行相关的工作量很大，加上单据在传递过程中容易出现遗失，可能给客户的账务工作带来极大的不便。为此，A银行S分行简化了一次性大批量贴现业务的流程，并向总行申请在新的信贷系统中增加借据列表Excel表格输出功能。由于业务流程的优化，客户工作量大大降低，促使H公司几乎将所有的贴现业务都放在A银行办理。

同样是H公司，由于其近年来经营情况良好，资金状况不断改善，对银行的融资需求持续降低。A银行苦苦思索如何维持和深化与H公司的资产业务。一次，A银行了解到该公司产品销售回收的银行承兑汇票数量不断增加，存量水平相当可观。A银行立刻意识到这是一个“富矿”，蕴藏着巨大的机会。但由于公司现金充足，没有贴现动力。A银行主动与该公司财务沟通，指出大量票据会降低企业的资金收益，应该想办法盘活。公司财务逐渐接受了银行的观点。根据公司的特点，A银行提供了一份资金增值建议书。公司经过论证，认为方案可行，在A银行办理了贴现业务，由此扩大了双方的合作范围。

又如位于S市的A银行想营销位于D市的D纸业公司，D纸业公司主营生产销售牛卡纸、白卡纸，年销售额超过25亿元人民币，利润近4亿元。同时公司国际结算量巨大，月均进口付汇超过1 500万美元，是难得的资产和国际结算的优质客户。公司管理规范，长期同境外银行合作，对银行服务水平、费率要求较高；而且公司办理异地外汇业务与同城相比确有许多不便之处。因此，A银行提出的业务方案必须能解决客户的实际困难和具有成本优势。另外，如果在服务衔接等方面考虑不周，也很难让公司舍近求远。公司国际结算业务的最重要部分是原材料废纸的进口。公司原来的运作方式是：公司股东香港B公司利用其在香港中银的开证额度向美国废纸出口商（系公司关联公司）开出90～120天远期信用证，美国公司则以承兑后的信用证在当地银行以低利率融资用于收购废纸。公司通过香港股东开证的原因除额度因素外，还有通过第三者转移价差实现合理避税（利用香港的低税率将废纸利润体现在香港而不是美国）的目的。因此，吸引公司到A银行叙做开证业务的方案必须满足两个条件：差价转移的实现和优惠利率的融资。

A银行S分行领导会同有关业务人员仔细研究了A银行的外汇业务并咨询了总分行有关部门，在调整内部流程的基础上迅速设计出相关业务方案提交D纸业公司，双方经多次协商会谈，公司接受了这一方案，在A银行已经尝试开立了USD信用证。

资料来源：http://www.chinavalue.net/chenxianzhong.

本章小结

机构金融行为分为两大类型研究：工商金融行为和政府等非营利组织金融行为。与个人金融行为的差异主要体现在目的、购买流程、交易批次、数量与方式等方面。

工商企业金融行为的特征是：以为生产提供服务为目的，购买金融产品与服务的批次少但数量大，涉及业务种类多、专业化程度高。对影响企业金融行为的因素进行分析，要从个人因素、人际关系、办事规程和环境情况等几方面入手。企业交易决策过程一般要经历七个环节：问题确认、需求和条件说明、寻找融资机构、要求报价、选定融资机构、制定交易契约及细则、表现回顾。

以政府为主体的非营利组织对金融产品与服务购买的特点是公共性、规范性、政策性、委托代理性，并秉持“三公”原则、效率原则、节俭原则。交易方式以招标为主，以最低的价格和最优惠的条件购买产品和服务。待交易完成、项目进入实施过程，还要接受严格的监督管理。

重要术语和概念

工商企业 金融同业市场 政府采购 对公业务 金融决策过程 股票发行 采购招标 助学贷款 企业年金

复习思考题

1. 分析机构市场的类型及其金融行为特性。
2. 联系实际举例说明针对我国现阶段的区域经济模块及发展特色，金融机构应如何展开营销。
3. “工商客户市场的波动比个人客户市场大”，这对金融机构的业务发展有什么启示?
4. 为什么同业市场上的金融机构的合作胜过竞争?
5. 简要分析影响企业金融交易决策的主要因素。
6. 工商客户交易决策过程分几个阶段? 简述具体内容。
7. 依据资料5-2，指出银行对公业务的特点。
8. 政府金融项目购买有什么特点和基本原则? 试举例说明。

拓展阅读

[1] 菲利普·科特勒，等. 专业服务营销. 2版. 北京：中信出版社，2003
[2] 迈克·舒尔茨，约翰·E. 杜尔. 专业服务营销. 北京：企业管理出版社，2010
[3] 工商银行，http://www.icbc.com.cn/icbc/公司业务

第六章　目标市场营销

学习目标

1. 理解STP战略的基本内容、步骤和分析框架。
2. 掌握市场细分的基本含义，理解市场细分的原理和主要依据。
3. 掌握评估和选择目标市场的基本方法。
4. 了解市场定位的概念、策略及步骤。

在现代广阔而复杂的市场上，营销者根本不可能获得整个市场，不可能用一种产品及销售模式应对所有的客户，更不可能对所有的客户提供所有需要的产品，因为客户太多、太分散，彼此的需要和购买习惯千差万别。同时，营销者满足不同市场的能力和可用资源也不同。每个营销者都必须找到他最了解、最有能力满足的市场部分，而不是在整个市场内全面竞争，甚至置身于优越的竞争者对面。这就是运用目标市场营销理论的现实基础。

目标市场营销就是营销者在市场调研的基础上，识别不同消费者群体的差别，发现并选择若干最有价值并能为之提供最有效服务的消费群体作为自己的目标市场，满足其需要，建立有自己竞争优势的品牌。目标市场营销包括三大内容：市场细分（segmentation）、目标市场选择（targeting）、市场定位（positioning），简称STP策略。它是企业营销部门进行市场营销的一项具有战略意义的重大决策。

目标市场策略是金融机构最早借鉴和采纳的市场营销理念之一。在此之前，银行和保险公司一直运用单纯的金融业务类型来划分和研究客户，尤其侧重在贷款种类、金额、还款能力、信用、保险等经济财务指标的分析上。这是资金短缺时代的营销理念。它们只能说明问题的一部分，且仅仅是表面部分，没有深入考察这些经济财务指标背后的顾客购买行为特性。当金融产品和服务进入买方市场时代后，以前分析工具的缺陷就凸显出来。它无法描述建立在社会、文化、心理、个性等基础上的需求差异，更像是金融行业的“营销近视症”。

当代成功企业的经验证明，目标市场营销方法是营销管理的重要工具。它的意义在于，能够更好地帮助营销者找到市场机会，通过细分可以发现市场的空白点，并以此作为目标市场。通过开发适销对路的产品，调整产品价格、销售渠道和广告宣传，可以迅速有效地进入市场。营销者可以将注意力集中在有较大购买兴趣的顾客身上，而不至于被一些“无效客户”分散精力。

STP营销活动通常分三步，或者说分三个阶段进行，具体内容见图6－1。本章后述内容也按照这个结构层次展开。

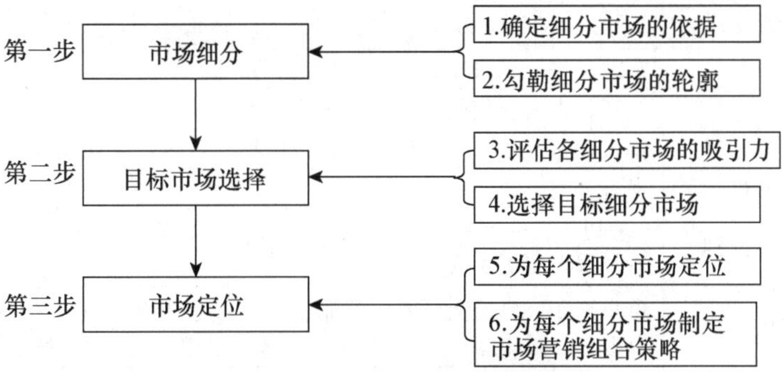

图6－1　目标市场和定位的营销策划构成

第一节　市场细分

一、市场细分的概念

市场细分是指根据消费者对产品的不同欲望与需求、不同的购买行为与购买习惯，把整个市场划分为若干个由需求相似的消费者组成的消费群体，即小市场群。市场细分的理论依据是：

（1）客户需求的差异。无论是个人客户市场还是机构客户市场，客户的需求总是呈现一定的差异，不同的细分市场由表现出不同需求的客户群组成。

（2）客户需求的相似性。通过对客户所处的社会环境、文化背景、年龄、家庭及其消费倾向等因素的比较，又可以归纳出客户对产品和服务的需求的相同或类似的特征。

实际上，市场细分往往与环境研究结合进行。还要注意市场细分不是对产品和服务进行细分，而是对客户进行细分。

小市场的客户群具有某些类似的特征。以这些特征为标准，就可以把整个消费者市场细分成不同的子市场，并从中选定目标市场。对于金融机构而言，客户首先被分为性质差异较大的两大类，即个人客户和公司客户，然后分别按不同的标准进一步细分。尽管目前我国金融业市场细分策略的运用还不如消费品制造商，但金融机构已经认识到存在的问题，正不断努力寻找和尝试建立体现自身特色的最具竞争力的细分市场。

二、个人客户市场的细分标准

影响客户需求差异的因素错综复杂，在不同时期、不同区域、不同社会经济环境下，区分的标准和重点不尽相同。一般而言，个人客户市场的细分标准通常分为四大类，即地理标准、人口标准、心理标准、行为标准，金融行业还要加上第五类标准——利益标准。表 6－1 详细列示了个人客户市场的分类标准与级次结构。

表 6－1　个人客户市场细分标准表

一级标准	二级标准	划分标准
地理标准	地区	东北、华北、华东、华中、华南、西北、西南
	省份	北京、上海、广州、武汉、成都、西安……
	城市规模	特大型（一线）、大型（二线）、中型（三线）、小型城市（四线）、农村
	自然属性	南方、北方
人口标准	年龄、性别	6 岁以下；6～11 岁；12～19 岁；20～34 岁；35～49 岁；50～64 岁；65 岁及以上；男、女
	家庭生命周期	单身青年；已婚无子女；已婚青年、最小子女不到 6 岁/最小子女 6 岁及以上；已婚中年，与子女同住/子女不住在身边；单身中年；其他
	家庭收入	2 501～5 000 元；5 001～8 000 元；8 001～12 000 元；12 001～15 000 元；15 000 元以上
	职业	专业技术人员、管理人员、普通职员、学生
	教育程度	小学及以下、初高中、大中专、大学及以上
	媒体接触	电视、广播、报纸、杂志、互联网终端
心理标准	社会阶层	下、下上、中、中上、上
	生活方式	简朴型、时尚型、小资型、奢华型……
	个性	理性型、保守型、平稳型、冲动型、冒险型
行为标准	寻求利益	便利、服务、安全
	使用者地位	非用户、潜在用户、首次用户、经常用户
	品牌忠诚度	坚定、不坚定、变化、游离
	使用频率	轻度、中度、大量
	销售因素敏感	费用、可靠性、维护、友好程度
	准备程度	未知晓、知晓、有兴趣、准备购买
利益标准	回报预期	高、中、低、保本
	流动性	高流动、短期、中期、长期
	风险承受	高、中、低、无
	投资形式	股票、债券、房地产、实业、珠宝、古董……

（一）地理标准

例如世界地区或国家行政区划、地理位置、气候、城市大小、密度等，都可成为划分依据。

（1）美国纽约的华尔街，英国伦敦的金融城，欧洲的苏黎世、法兰克福，东方的香港，它们既是世界的名城名街，又是闻名于世的国际金融中心。它们既代表着一个国家的著名金融品牌，也代表着某个地区的金融品牌。我国商业银行曾经是蛛网式全国布点，现在开始实施有重点的经济区域市场布局策略。除农业银行外，业务发展的重心转向经济发达地区，逐步撤出了经济不发达的农村乡镇。而农村信用社基于其长期的地缘优势和社会关系积淀，乘机填补了这块金融空间，得到了较大的发展。因此，各家金融机构都有各自侧重的“地盘”。

（2）城市商业银行发行的银行卡，制作精良，图案优美，城市特点鲜明，被媒体誉为精美的“城市名片”。有的直接以城市的简称或别名为卡名，如“京卡”“申卡”“羊城卡”“齐鲁卡”等；有的以城市标志性风景名胜命名，如“西湖卡”，令人产生“听叫卡名，如临其城”的感觉。

(3) 专为水域居民提供服务的水上银行。泰国曼谷河道纵横，其中湄南河曾被誉为“东方威尼斯”。在这条河上，每天早晨9点，一条几十米长的木船准时起航。这就是泰国储蓄银行专门为河上以及沿岸居民提供储蓄服务的水上银行。虽然办公条件不如陆地，但这个特殊的以河道为业务区域的社区银行，总有办法不间断地提供服务，为水上居民提供大量便利。银行工作人员和大多数客户像朋友一样熟悉，互相信任。很多客户都直接把存折存放在银行，存钱的时候只需把现金留在银行船上，工作人员就会为他们办妥一切。这个以普通小船为营业厅的储蓄所，仅有5名职员、几台电脑和存折打印机，却拥有32万份开户档案和整个水域社区绝大部分的储蓄存款。

（二）人口标准

即以年龄、性别、家庭人口、家庭生命周期、家庭收入、教育程度、宗教为标准将市场划分为不同的细分市场。

1. 年龄

根据金融行业的特点，以年龄为标准，可将客户大致分为六个群体。

(1) 18岁以下：完全依赖父母，经济上不能独立。

(2) 18～23岁：继续接受高等教育，或辍学待业，经济上尚未独立；或开始工作，有一定的收入来源。家庭条件好的有购车需求。

(3) 23～28岁：准备结婚，购买耐用品，或已经结婚，准备购买房子或汽车；少数事业初创期的社会精英，有能力准备或已购汽车；对金融产品有一定的需求。

(4) 28～45岁：养育家庭，培养子女，事业有一定发展，对金融产品的需求很大。

(5) 45岁到退休之前：儿女离开家庭，开始考虑退休计划；社交和度假支出的比重不断增大。

(6) 退休后的老人：根据他们的财富和健康状况，对金融产品的需求表现出两个极端，要么很复杂，要么非常简单。

例如，澳大利亚有的银行的储蓄品种就以年龄作为细分标准进行设计，为小朋友设零用钱账户，为青年人设移动电话银行、网上银行账户，为老年人保留最原始的柜台储蓄存折账户。

我国已进入老龄社会，但金融机构针对老年人的特殊服务相对滞后。曾有报道称，一老人被抬着进了银行只为验证身份取款。虽然这是个案，从某种程度上反映出银行服务的“严谨”“苛刻”，但背后却是业务标准化与服务人性化的“博弈”。事实上，“银发族”是最有潜力的细分市场，等待金融机构的开发。

资料 6-1

银行服务怎样实现与老年人无缝对接？

不会使用ATM、不清楚网银是啥、不知道如何理财……对于老年人而言，日新月异的银行服务令其完全不适应。

被现代银行服务边缘化的老年群体

金融电子服务方式快速发展，很多老年人感到无法适应。“队伍排得这么长，中午我还得回去做饭，就取300元，能不能想想办法?”一位老人正在寻求大堂经理的帮助，并最终在其指导下使用ATM顺利取了款。“我们还是习惯排队使用存折到柜台办理存取款”，市民张大妈坦言。请银行工作人员帮忙的老年人真是不少。

老花镜和放大镜的尴尬

在一家银行办理非现金业务柜台，排号最靠前的是一位老人。该窗口“塞车”半个多小时。原来，老人看不清客户合同上的字，要柜台人员逐句为其念出，才安心签字。

许多银行网点的柜台上放置了老花镜、放大镜等便民用品。而银行的开户申请书，其正文部分只相当于5号字体。不少老人即使戴上眼镜，要看清楚上面的每个字也有些困难。

排队等候的无奈

谢奶奶今年70岁，“现在和银行打交道多，除了拿退休工资，水电气费等也多是通过银行缴纳，每次去都要排队，等久了头晕眼花。老年人是有时间，可是身体却经不起。我们老年人真的有意见。”谢奶奶希望银行能考虑老年人的特殊情况，可以优先办理业务。

在许多银行均没有发现“老年人服务窗口”标志。一家银行的客户经理称，现在银行服务的渠道很畅通，年轻人大多通过一些自助设备以及网上交易等方式完成，来营业大厅办理业务的以中老年人居多，因此优先的作用不大。遇到客户多的时候，老年人可以向大堂经理提出要求，银行会视情况优先照顾老人。

有财不会理的窘境

葛玉仙老人和老伴俩人每月的退休金等收入已经过4 000元，每月日常开销不过1 000元，剩下的钱都放在银行。如何让钱“生”钱，老两口却从未想过。老伴每次去网点领取退休金，都被轮番推销理财产品的人员弄得很烦恼。

不少老年人面临有财不会理甚至不敢理的窘境。在海量理财产品中，针对老年人的特色理财产品并不多。不少老年人将手头闲钱交给一些社会上不靠谱的“投资公司”来获取高收益，结果却事与愿违。

事实上，为更好地服务老年客户，许多家银行有过多种尝试。如设立“爱心窗口”，为老弱病残客户提供便捷服务。看到老年客户，员工都会主动询问、提供帮助，如填写单据、介绍业务、优先安排窗口等服务。

也许老年客户在“存款搬家”序列中殿后，但有洞察力的银行已视其为“潜力股”。

资料来源：根据《山西日报》（太原，2014-09-01）编辑。

---

2. 性别

我国银行以性别细分市场，如推出女性卡——华夏丽人卡、阳光伊人卡、广发女性真情卡；建行有女子银行。还有的银行针对母亲们对小孩未来教育的关心和重视，推出教育储蓄存款。一些购物平台洞察到女性同胞的需求，成为消费市场交易的大赢家。金融企业也可以看透“精打细算女人”的天性，为女人提供理财需求，这个细分市场“钱途”不可限量 。

3. **家庭生命周期**

即根据家庭成员的特点划分。

（1）单身年轻人。他们往往不一定总住在家里，喜欢外出旅游和交友，对金融产品的需求主要是现金划转业务，包括支票、其他票据、委托付款、透支信贷、储蓄账户以及旅行服务。

（2）没有子女的年轻夫妇。经常要求金融企业提供多功能的综合账户、信用卡、家庭资金管理、储蓄账户、家庭财产保险、意外事故保险。

（3）有子女的夫妇。对金融产品的需求表现为：购买家庭耐用品的融资、住宅购买或装修贷款、为子女和老人准备的储蓄计划、保险和遗嘱设立、现金财产管理等。

表 6－2 为美亚（AIG）保险公司以生命周期为依据的市场细分及产品组合。

表 6－2　AIG 保险公司以生命周期为依据的市场细分及产品组合

生命阶段	保险组合
单身生活	侧重汽车保险和租房时的财产保险
婚后生活	调整保险范围，侧重在住房保险
家庭生活（有小孩）	强调定额存款；增加儿童保险
退休生活	强调定额存款；增加旅行保险
离异生活	及时调整保险计划和范围

（三）心理标准

人群的心理特征与所属的社会阶层、生活方式、个性有关。

1. **社会阶层**

社会阶层是指人们之间的关系有相对的同质性或持久性，按一定等级序列排列的群体集合，每一个阶层成员具有类似的价值观、兴趣爱好和行为方式。因此，不同社会阶层对金融产品和服务的感受是不一样的。首先，较低阶层群体比较喜欢储蓄，因为储蓄账户带来的是切实、具体感受到的价值；其次，他们不愿意承担风险，倾向于能迅速变现的金融产品。社会阶层越高，以投资方式保存财产的可能性越大。他们愿意承担较高风险和较长期限，以寻求较高回报。

可以从高到低将社会人群分为八个阶层，再按投资心理特征可以进一步归为四类：（1）“老练投资者”类——上高层、上中层；（2）“耗费时间”类——上中层、中层；（3）“谨慎第一”类——下中层、下层；（4）“不时之需”类——下中层、下层。

社会阶层的划分常常用于信用卡的销售和服务。我国银行为了使信用卡适应社会不同阶层，在普通的大众卡以外，还为显示高收入者身份，打造了白金卡、金卡。例如招商银行推出的金葵花贵宾卡，为在该行各项存款余额在 50 万元以上、存款 30 万元以上和贷款 30 万元以上或贷款 70 万元以上的客户提供专门的高水平服务。

2. **生活方式**

客户的生活方式可以表现为追赶时髦，或讲究经济实惠等。为了迎合人们生活方式的差异，中国建设银行推出了量身定做的“精彩人生”系列产品：青少年是“花样年华”品种，公司业务经理是“白领一族”品种，公务人员是“行政精英”品种，海外回国人员是“海外归鸿”品种，老年人是“悠闲晚年”品种。广东发展银行为频繁搭乘飞机往返的商务、公务人员提供“南航明珠信用卡”，为喜欢到香港旅游购物者提供“香港旅游购物卡”。

西方有些保险公司根据生活方式和行为来细分市场，如针对已婚妇女比男人开车小心谨慎，索赔的概率相对较低的特点，降低保费标准；同样对于不吸烟者、已婚司机和不动产所有人，由于他们重视自己的生命存在而行为谨慎，也收取较低的保费。

3. 个性

个性是指一个人特有的心理特征，它使一个人对其所处环境作出相对一致和连续不断的反应，常常用自信、支配、被动、顺从、保守、爱冒风险和适应等来描绘。保守型个性的客户在购买金融产品时总是选择相对安全、可靠、风险小的金融企业及其产品，他们关心的是自身投资的安全，收益则放在第二位。而爱冒险的客户刚好相反，他们更注重投资收益或财产的增值，愿意冒一些风险来换取可观的回报。我国基金市场上有许多不同风格的基金产品，其意在对不同投资者偏好进行细分和选取。

（四）行为标准

行为标准包括产品购买时机、寻求利益、品牌忠诚度、使用频率、使用者地位等内容。

1. 产品购买时机

根据客户对金融产品购买和使用的时机来区分不同的客户群。例如，为满足人们对世博会到来的期盼，交通银行推出“世博信用卡”，持卡人可以享受：足不出户购买世博会门票，并直接配送上门；世博特许礼品和门票兑换。至 2010 年 7 月，世博会开幕两个月时，发卡量突破了 200 万张。广东发展银行 2000 年趁世纪之交和奥运会之际，推出了“千禧奥运信用卡”和“金牌广发理财通卡”。为了迎合老百姓欢度喜庆节日，中国建设银行、中国银行等各大银行借春节之际，纷纷推出了以当年生肖为主题的生肖储蓄卡，其活泼可爱的图案深受小朋友和收藏爱好者的喜爱。利用“假日经济”——五一、国庆黄金周消费，银行与旅游公司联名推出旅游消费信用卡，等等。

“双十一”是电商巨头阿里巴巴时机营销的经典，经过多年经营已经成为消费狂欢的代名词，是阿里巴巴的著名品牌之一。它的初衷是利用 11 月 11 日象征光棍的四个 1，为光棍们营销一个细分的消费市场，由于站在了互联网消费的潮头，加上强势营销措施，其影响力大大超出了光棍全体，发展到有购物癖的女性群体，现在已扩展到被冠以“剁手党”的庞大市场群体。

总之，企业要发现并抓住有利的消费时机，扩大自己的知名度，提高市场份额。

2. 寻求利益

按客户对金融产品追求的不同利益，将其划入不同的市场群体。例如，对客户使用信用卡的行为进行分析，可以揭示四个利益不同的利益细分市场：方便高效利益、显示身份利益、借贷利益和管理资金利益。这些追求不同利益的群体都有其特定的人口、行为和心理方面的特点。方便高效利益是使人们日常经济往来、交易结算支付方便简洁，免去了人们携带大额现钞可能遇到的风险和困难。信用卡在我国出现的初期，为数不多的持有者代表着时尚和新潮，白金卡、钻石卡还显示着身份和经济地位。借贷利益来自信用卡的基本功能，在免息期内，客户可以得到一笔融资解决资金不足的窘迫，还可以免交利息。管理资金利益指信用卡消费流水记录了客户每次消费的金额、品种和地点，成为客户的“账房先生”，可以方便地查询和分析，管理好自己的资金。信用卡产品营销可以通过强化某一利益特征，使相关利益群体的需求得到更大程度的满足，从而形成有独特优势的一个细分市场。

3. 品牌忠诚度

根据客户对不同金融机构、不同金融产品的忠诚度细分市场，可以将其分为四组：

（1）坚定的忠实者，指始终不渝地购买特定金融机构产品的客户群。主要行为特征是：始终不渝地购买本机构的产品与服务；与本机构关系融洽，持完全合作态度；除了购买本机构的产品与服务之外，不购买或很少购买其他机构的产品与服务。或者在其他机构购买产品前，先征询本机构的意向；在经营方针与政策上已经确定在本机构开立主要金融业务账户。

（2）变化的忠实者，是从偏爱一个金融机构转到偏爱另一个金融机构的客户群。主要行为特征是：与坚定的忠实者的不同在于可能比较容易“移情别恋”，但不会像不坚定的忠实者那样“脚踏两只船”。

（3）不坚定的忠实者，是同时忠实于两个或若干个金融机构的客户群。主要行为特征是：同时购买两个或两个以上银行的产品和服务；与几家银行都保持较为融洽的合作关系；在购买产品和服务时在几家银行之间搞平衡，有时将本行作为其首选银行，有时将其他银行作为首选银行；经常利用其他银行报价对本行压价，但可以接受本行等于或略低于他行的价格或条件。

（4）非合作客户，是对任何金融机构都不忠实的客户群。主要行为特征是：曾经购买过本行产品和服务，发生欠贷欠息行为；在获得本行融资后，违反约定的承诺，没有将相应的存款、国际结算转移到本行；在他行购买产品和服务，对本行的购买力急剧下降并趋于零；一定要本行价格和条件明显低于他行才肯购买；双方沟通困难，经常有危机出现；将优质资产抵（质）押给其他银行，对本行的条件较为苛刻。

忠诚的客户越多，企业经营的成本越低。问题是由于竞争者的存在，不坚定和游离的顾客总是存在的。要以忠诚客户作为市场的立足点，用最好的资源维护，并通过争取那些变化和不坚定的忠实者，不断扩大忠诚客户的队伍。对于非合作客户应该放弃。

4. 使用频率

也称数量细分，根据客户在一定时期内对金融产品的使用程度，细分为轻度使用、中度使用和大量使用等客户群。大量使用者往往人数较少，但在总消费中占相当的比重（表现为 20/80 规律）。如保险公司承保的乘坐火车、飞机、轮船、汽车等交通工具乘客的短期保险，大多数人一年乘车远出的机会不是很多。但那些工作性质属于经常要外出的人，则是保险公司争取的对象，为这个细分市场提供保险是有利可图的。

5. 使用者地位

根据客户对某金融产品的使用状况可分为从未使用者、曾经使用者、潜在使用者、首次使用者和经常使用者。金融机构要保持经常使用者，使潜在使用者成为现实使用者，变曾经或首次使用者为经常使用者。

表 6－3 为一个根据客户行为特征细分客户群的示例。

表 6－3　根据客户行为特征细分客户群

简单型 ● 较少的产品和金融机构 ● 对理财咨询接受度低 ● 拒绝新渠道，交易频率低 ● 对价格最不敏感 ● 年产少、受教育程度较低且不富裕	现代计划型 ● 更多产品且更高余额 ● 对理财咨询持接受态度 ● 大量交易，欢迎远程渠道 ● 对价格非常敏感 ● 受过良好教育的富裕的专业人员
潜在迁移型 ● 对借钱接受度高 ● 信用卡有大量循环额度 ● 对目前的金融机构最不满意 ● 以女性为主	自律保守型 ● 对借钱是接受的 ● 偏好信息而不是建议 ● 接受互联网银行 ● 更倾向于“货比三家”

（五）利益标准

一个产品或服务能带来多重利益，但不同的消费者看待各个利益的重要程度不同。例如对银行服务的看法，老年蓝领阶层或地位稍低的下层白领将便利放在第一位；而上层白领人士则倾向于寻求高质量的、个性化的服务，服务中所体现的诚实正直和自我完善等因素更为重要。同样，对于金融产品具有的利率、期限、风险等要素，如果按利益重要性排序，不同阶层的表现是不同的。金融机构通过利益标准分析客户群，设计并推出适应不同利益追求者的差异性产品和服务。

（六）多重标准分类方法

现代西方发达国家金融机构的市场细分方法日趋完善。它们通常采用多重标准进行综合分析和划分，即同时以人口、行为、心理、地理等多种标准将客户划归为不同细分市场，以求准确揭示客户需求。表 6－4 就是一个多标准划分市场的样板。

表 6－4　多标准分类表

细分市场	年龄	生活方式	金融产品要求
学生	18 岁以下	主要靠父母资助，经济来源有限	● 简单方便的储蓄账户
年轻人	18～23 岁	离开学校或接受高等教育，或开始工作，收入水平低	● 现金传递业务 ● 投资或信贷 ● 简便的储蓄账户
年轻夫妇	23～28 岁	已经结婚，双方都有工资收入，生活安定，为家庭各项开支制订计划，准备积蓄	● 转账付费多功能账户 ● 储蓄账户 ● 消费贷款 ● 保险、遗嘱 ● 旅行服务

续表

细分市场	年龄	生活方式	金融产品要求
有子女的家庭	28～45 岁	工资收入不断增加，孩子已出生，或长大成人，购买耐用品、住房和高价品	● 转账付费多功能账户 ● 抵押和住房贷款 ● 教育储蓄 ● 保险、遗嘱 ● 消费贷款
老人	45 岁至退休之前	工资收入高，有的继承巨额遗产，个人可支配收入增加	● 储蓄和投资 ● 非经常性贷款 ● 重置抵押 ● 更换/改善住房贷款 ● 财务咨询服务
退休老人	60 岁以上	拥有一笔可观的财产，可能为配偶的去世做准备	● 现金收入管理 ● 信托服务 ● 财务咨询

（七）其他重要的细分市场

1. 旅游者市场

随着人们收入的增加，出门旅游的人越来越多。无论是国内游还是出境游，均呈现逐年上升的井喷态势。对金融企业来说，下列金融产品和服务项目是受旅游者欢迎的：各种形式的旅游保险、旅行支票、信用卡、度假前的储蓄计划、度假贷款、货币兑换等。

2. 出国人员市场

一国公民长期或短期到他国就业或接受教育，也可以形成一个客户群体。金融企业服务于这些特殊的出国人员有三大好处：第一，通过向他们提供财务咨询、投资比较、保险、建立离岸的资金账户等业务，从中获取利润和佣金；第二，人员跨境往来一定伴随着资金往来，增加货币汇兑、结转业务，带来相关收益；第三，他们最终回国时，大部分拥有大量财富，金融企业借助以往建立起来的友好关系，可以在国内仍与其保持合作关系。这是一个富有吸引力的潜在市场。

3. 女性市场

女性几乎占总人口的一半，过去金融机构大多忽视了这个重要的市场。现在女性少有待在家里的，而是有职业和收入的群体。越来越多的女性获得较好的受教育机会并位居管理职位，具备了施加商业影响的能力。具有独立地位的女性，如单身女性、已婚或未婚母亲，她们的生活方式和态度（比如对待生孩子）也在发生改变。这对于金融机构意味着新的细分市场，为金融顾问、贷款服务、投资、抵押等金融服务提供了新的机会。

再以年龄进一步细分出老年女性市场，她们拥有的财富在社会总财富中占相当的比重。参考美国的统计数据：美国老年女性控制 43%的美国家庭财产，美国 5 100 万名股东中，女性占 35%；美国成人女性购买人寿保险的数量占总数的 40%，保费为总数的 30%；等等。由于男女寿命上存在的差异，老年女性一方面控制着自己半生的劳动收入，另一方面又接管丈夫去世留下的财产，成为一个有巨大潜在利润的细分市场。许多年迈的女性往往弄不清各种纳税规定，也没有能力选择最佳的投资机会，这就为金融企业提供了更多的市场机会。

4. **学生市场**

这个细分市场是金融机构未来的市场。金融机构对学生市场的营销，期待的是学生毕业以后继续保持对银行的认同和忠诚。在英国，学生市场是界定清楚、发展迅速的细分市场之一。著名的巴克莱银行最先将其营销活动直接定位于学生，为学生的小额贷款和透支提供各种鼓励性优惠利率。今天的学生可能就是明天商界的成功人士。银行越早得到这些客户，以后留住这些客户的可能性越大。

5. **网络消费者市场**

网络消费者市场是随着基于互联网信息技术的电子商务消费模式发展而出现的新型消费者。近年我国网民规模快速增长，已达 8 亿人。来自网民的网络消费者数量也随之快速增长。对于网络消费者，电商们有天然优势（当然它们之间也存在客户争夺）。没有先发优势的传统金融机构则面临着如何开发网络消费者市场的挑战。

进行网上购物的消费者可以分为六种类型，即简单型、冲浪型、接入型、议价型、定期型和运动型。开展网络客户开发时，应将注意力集中在其中一两种人身上，这样才能做到有的放矢。

简单型顾客需要方便、直接的网上购物。他们每月只花 7 小时上网，但网上交易占了一半。商家应为他们提供真正的便利，尤其是省时间。

冲浪型顾客占常用网民的 8%，但在网上耗时上占了 32%，他们对经常更新、具有创新设计特征的网站很感兴趣。

接入型顾客是刚触网的新手，占比 36%。他们购物不多，喜欢网上聊天和发送免费问候信息。他们更愿意相信熟悉的品牌，值得著名传统品牌商重视。

议价型顾客偏好购买便宜商品，占 eBay 网站顾客的一半以上。他们喜欢讨价还价，有强烈的交易获胜愿望。

定期型、运动型顾客通常都是被网站的内容吸引。定期型顾客常访问新闻和商务网站；运动型顾客喜欢运动和娱乐网站。网商应在吸引更多网民的同时，努力将访问者变为消费者。

三、商业（社团）市场的细分标准

金融机构的公司客户，通常按照机构种类和行业分类标准、企业规模和所有权性质标准、信用等级标准、企业生命周期阶段与风险承受标准、地理位置标准进行细分。

（一）机构种类和行业分类标准

机构种类用来区分工业、商业、社会团体、慈善机构法人和非法人等各类社会机构。金融机构主要面对的是从事制造、贸易、服务等商业活动的法人机构。

还可以从产业分工的角度将产业分为三类，即第一产业——农业；第二产业——制造业；第三产业——服务业。其中，各个产业又可以进一步划分成分工更细、经营更具体的行业。例如，制造业具体可分为钢铁、电力、交通等基础制造业，机械、化工、汽车制造业，电气设备行业等；服务业可细分为贸易、房地产、通信、餐饮、娱乐、航空、物流、教育、金融和法律、财务咨询等行业。许多金融机构在内部针对自己关注的细分市场，设立与之对应的业务部门，并有研究部门给予宏观、中观的分析研究报告，以及业务发展对策的支持。

现在银行争夺激烈的行业细分市场有：高速增长并成为经济支柱的房地产业和汽车业的信贷业务；发展刚刚起步但潜力巨大的针对供应链上下游融资的物流金融；由于我国对外贸易规模巨大，国际贸易融资与结算也是一个诱人的细分市场。表 6-5 列示了商业银行专门对进出口贸易细分市场的客户——进出口商提供的一系列授信服务产品。

表 6-5 进出口商细分市场的授信产品

服务项目	国内业务	海外业务
存款服务	● 各种服务协议和会谈	● 当地货币的活期储蓄账户
贷款服务	● 票据贴现 ● 买卖双方的出口信用证保证 ● 生产贷款 ● 租赁 ● 福费廷 ● 出口贷款	● 现金贷款 ● 票据贴现
外国企业	● 货币兑换 ● 提供旅游支票 ● 托收票据 ● 信用证 ● 出口信贷保证 ● 活期账款汇兑	● 货币兑换 ● 提供旅行支票买卖 ● 进出口票据托收 ● 信用证
转让服务	● 邮寄或电讯转让 ● 外币或本币汇票	● 邮寄或电讯转让 ● 外币汇款
信息及其他	● 建议有关信息 ● 资信调查报告/证明 ● 介绍函 ● 保证、担保和保税单、保付单	● 有关信息 ● 资信调查报告或证明 ● 介绍函 ● 保证、担保和保税单、保付单

（二）企业规模和所有权性质标准

企业规模一般以年销售收入衡量。大公司与小公司的经营理念和策略、市场行为和金融需求往往区别较大。在我国，由于历史的惯性，大企业往往是国有企业，中小企业往往是民营企业。随着市场化进展，这种格局在逐渐变化，许多中小民营企业已经或正在步入大企业行列。顺应企业市场规模及其地位的变化，中国的银行业已在调整经营方略。

例如，中国建设银行推行的大客户市场策略，广州分行在实施中体现为“双 50 工程”，即在全省范围内，各分支行机构要成为当地 50 个大型企业和 50 个大型项目的金融服务提供商。通过整合银行资源，为客户提供差别化、个性化和组合化的服务。目标是留住对公业务中的优质客户、重点客户，以及发现潜在客户。“双 50 工程”的实施内容是：由广州分行和二级支行按照一定标准来筛选、确定优质存贷款客户各约 50 个，为这些客户专门配备能提供所需服务的客户经理，并为其制定个性化的服务方案，体现服务效率、服务价格、服务品种、服务质量的与众不同。

与大企业相对的是大量的中小民营企业，它们是我国市场经济中最活跃的成分，有着巨大的发展潜力。但是中小企业融资难是长期的难题，有碍它们的健康成长。近年来，政府不断促进金融机构对中小企业的支持力度。一些中小股份制商业银行已经将中小民营企业市场作为自己的细分市场，如中国民生银行以为中小企业服务为己任，形成了独具特色的“四个专业化”，即专业化的团队、专业化的产品、专业化的管理和专业化的服务，专门为中小企业打造了金融服务产品“财富罗盘”“易捷贷”“组合贷”“联保贷”“循环贷”等。因其成效显著，被评为“2009年中国中小企业金融服务十佳机构”。更多的例子有：交通银行通过供应链介入方式为中小企业提供融资支持；华夏银行确立了打造一流中小企业金融服务商的战略目标，推出了小企业金融服务品牌“龙舟计划”，中小企业客户已占全行客户的80%以上；广东发展银行侧重民营类中小企业，实施“民营100”营销计划，推出“好融通”融资模式，受到市场和客户的欢迎。

银行按企业规模进行的市场细分如表6-6所示。

表6-6 银行按企业规模进行市场细分

企业客户细分市场	对产品和服务的需求
小型企业：年营业额在5 000万元以下，服务业、零售业、制造业、农业	● 个人金融服务，房产购买计划 ● 开业贷款，担保贷款 ● 租赁 ● 企业财产保险 ● 现金汇兑
中型企业：年营业额在5 000万～3亿元之间，服务业、零售业、制造业、农业	● 结算支付服务 ● 代理业务或贷款保险 ● 员工工资信用卡 ● 租赁信贷 ● 长期贷款
大型企业：年营业额在3亿元以上，服务业、零售业、制造业、农业	● 结算支付服务 ● 股权融资 ● 企业财务咨询服务 ● 信用卡 ● 进出口服务 ● 长期贷款

（三）信用等级标准

信用等级标准是国际通用的传统划分方法。如将企业作为授信对象划分成AAA级、AA级、A级、BBB级、BB级、B级等，银行以此来掌握对不同企业的授信方式和授信额度，提供相应服务，也可以作为营销的细分市场。

（四）企业生命周期阶段与风险承受标准

一个企业一般会经历建立阶段、扩大阶段、增长阶段、停滞阶段、衰退阶段，这为细分公司市场提供了又一个依据。例如，风险资本投入高成长、高风险的新技术企业，一般在其创业阶段进入，追逐高收益。而商业银行借贷资本一般在企业的扩大和增长阶段介入，获取的收益相对较低，但因为风险较低，使得收益有较高的稳定性。

（五）地理位置标准

一般的划分标准与个人客户市场类似。但是在我国，还要特别注意国家的区域经济发展规划，将其作为一个符合国情的重要地理位置标准。区域发展规划是国家战略，在实施过程中，既离不开金融业的支持，也给金融业带来了巨大机会。

2009 年，国务院批复了多个区域经济发展规划。批复的规划数量是过去三四年的总和，出台速度和力度前所未有。已经批复的区域经济发展规划包括：长三角、珠三角、北部湾、环渤海、黄三角、海峡西岸、东北三省、中部和西部。2010 年后，又推出了海南国际旅游岛、皖江城市带、柴达木地区、沈阳经济区、重庆两江新区、新疆区域、西藏区域、成渝经济特区、京津冀都市圈区域、大小兴安岭林区等区域发展规划，我国新的区域经济版图逐渐成形。党的十九大以来，区域经济重大政策是：推出了疏解首都功能的雄安新区、海南实行全岛自由贸易区。资本市场对此反应最敏感和快捷，区域经济板块成为股票市场追逐的热点之一。

四、细分市场的方法与条件

以上介绍了许多市场细分的标准和方法，但并非每一种细分方法都有效。一般来说，一项有效的市场细分必须符合以下几个条件：

1. 多重细分标准的恰当组合

市场细分可以利用单一因素来进行，如按收入水平、年龄等划分。但客户的需求很少只受单一因素影响，往往是多种因素影响的结果。因此，要使市场细分有效和合理，应该用多因素组合来进行市场细分。当考虑因素较多时，也可用分级的方法进一步细化。

以个人投资理财市场细分为例，可以是地区、家庭收入水平、投资喜好的组合，接下来可以按资产规模和交易频率进行次级细分。这样的分法还可以为基层客户经理的客户关系管理提供依据。

2. 有效细分市场的基本原则

（1）可衡量性。是指细分市场的规模、购买力和客户特性资料的可获得程度和可定量测定的程度。例如，邮币卡和字画古董收藏的投资市场，以分散的民间活动方式为主，不容易获得足够、准确的信息，其资料的可获得性较差。

（2）可进入性。是指能有效地进入和满足细分市场。规模不能太小，如票据业务细分市场很难出现在现金交易盛行的地方，而在金融市场发达成熟的地区较为盛行。此外，垄断性行业和政策限入业务会影响市场的可进入性，如证券公司为客户理财，提供的金融产品不能包括储蓄和借贷业务，在储蓄倾向较强的地区，可能会排斥一大批客户，使得市场规模难以扩大。

（3）可盈利性。是指细分市场除了足够大以外，还要有足够的购买力，从而足够有利可图。例如，当我国私人财富处于以“万元户”为骄傲的阶段时，开展私人银行业务是不可能挣钱的。

（4）可操作性。是指能够设计出吸引和满足细分市场的有效方案，并有能力向该市场提供服务。再有吸引力的细分市场，如果无法提供服务，这种划分也就失去了意义。例如，一家银行的社区支行发现了七大有吸引力的细分市场，但是它的雇员太少，难以对每个细分市场单独制定市场营销方案，即使有了方案，也没有能力去实施，只好放弃。

（5）市场反应的敏感性。是指细分市场对金融企业采取的一系列营销举措会作出及时、迅速的反应。一般而言，受教育程度高的客户群体反应比较敏捷，素质高的甚至可以提前作出反应。他们根据各方面的信息，在股市、债市、车市和房地产市场迅速切换，获取超额回报。金融机构从这些客户群的集体反应中得到市场动态信息，并依据其对未来营销活动乃至整个战略管理过程作出相应调整。市场敏感性是刺激营销方案改善的动力源。

第二节　目标市场选择

细分市场向金融机构揭示了市场机会。通过市场细分研究，金融机构有了选择客户和开发金融产品的方向，可以在市场划分的格局中选择适合自己的目标市场，有效动员和分配资源，展开特色经营服务，使目标客户群满意及至忠诚。

如果说细分市场是认识客观世界，那么接下来进行的目标市场选择，就是金融机构认识自身优势，从细分市场中发现与自身结合最优的市场。因此，面对一样的细分市场，目标市场会因为金融机构、外部环境不同而不同。有的银行将中高收入者作为目标市场，有的银行则把老年人作为目标市场，还有的把房地产企业作为目标市场，等等。证券公司以账户交易量和总资产将客户分成若干不同级别的细分市场，然后根据自身资源和能力确定目标客户群体。保险公司有的做寿险，有的做财产险，有的做人身意外险，等等。金融机构能否正确选择适合自己的目标市场，对经营活动的影响将是根本性的。

为了正确地选择和进入一个或若干个目标市场，首先要以市场细分为基础，对各类细分市场进行评估，然后确定哪些可以成为目标市场。

一、细分市场的评估要点

（一）细分市场的规模和增长潜力

收集和分析各类细分市场的潜在客户数量和购买力、已发生的市场交易量、增长率和预期利润水平是否保持稳定。金融机构适合选择规模和增长适度的市场，不一定是销售最大、增长最快的市场。

（二）整体的一致性

金融机构在适应目标市场需求变化时，要尽可能与自身产品开发和创新的方向一致。在满足核心客户的同时，不要忽视其他相关细分市场的客户群，维护自身一贯和统一的品牌形象。

（三）细分市场结构的吸引力

细分市场可能具备理想的规模和增长速度，但能否获得预期利润还可能存在问题，需要分析市场结构——市场的利益关联者的情况。主要的利益关联者是竞争者、存款和贷款客户、同业合作者，它们之间的关系可用迈克尔·波特的竞争力量模型来表示，见图 6－2。

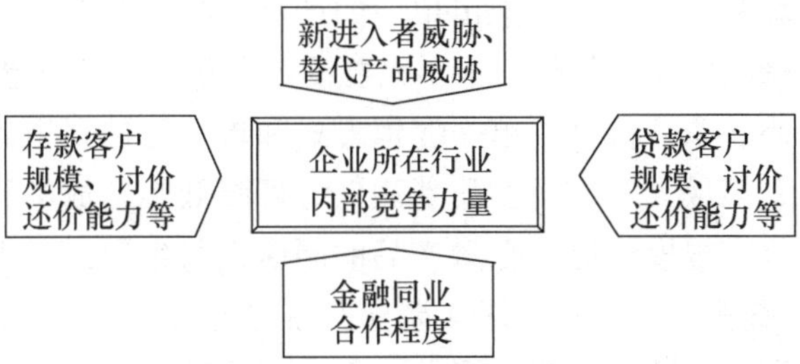

图 6－2　市场结构示意图

使利润减少的因素是：竞争者很强，客户金融交易不活跃或讨价还价的能力较强，同业合作者的支持程度下降，资金价格、数量、期限提供的能力受限。这些因素也降低了市场的吸引力，反之亦然。

（四）金融机构自身的目标、资源和技能

要有超过竞争者的技能和资源，建立有效获得市场信息的网点，还要在地理区位上合理布置分支机构和网点，或者有强有力的电子化远程支持系统并保持通畅，使产品和服务能够顺利进入市场。

二、目标市场选择

目标市场是指金融机构决定进入的、具有共同需要及购买特征的交易者集合。在划分并评估不同的市场后，金融机构就需要决定选择哪些和选择多少细分市场。通常选择目标市场有三种策略类型，如图 6－3 所示。

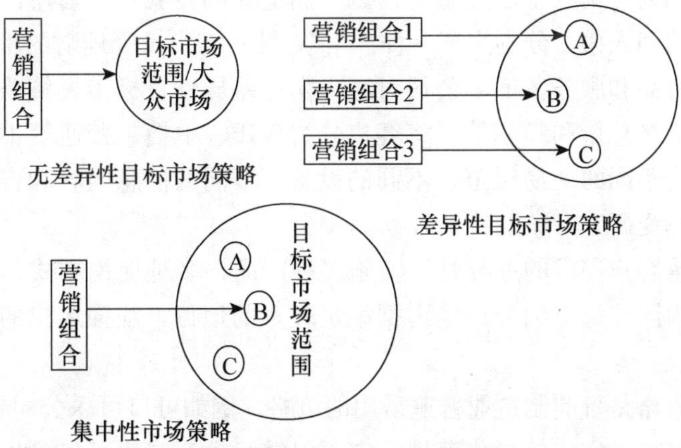

图 6－3　目标市场选择的三种模式

（一）无差异性目标市场策略

该策略是把整个金融市场视作一个大目标市场，推行单一营销组合计划与营销策略。它以整个市场共同的金融需求为目标，在营销活动中强调客户需求的相似性或共同点，而忽视不同客户需求的差异性。就像可口可乐公司的广告词“请喝可乐”一样，中国工商银行的广告词是“您身边的银行”，希望能适合所有人的需要。

采取这种目标市场策略时，只需推出单一的产品和标准化服务，设计一种营销组合策略即可。如银行推销功能单一的借记卡，只要设计密码系统、布置 ATM、发展广泛的特约商户，以单一产品、单一价格、单一促销方式和单一分销渠道就可满足需要。由于这种策略经营品种少、批量大、市场调研费用低，可降低管理成本和营销支出，有利于用低价格争取客户，具有规模优势。金融产品的同质性与生俱来，无差异目标市场属于“被”选择。事实上，很多金融机构从事无差异产品的营销，努力通过大众传媒活动，在客户的心目中树立区别于竞争者的自身形象。而取得成功的条件是，金融机构应有资源优势，具有进行大规模经营与销售的能力。

这种市场策略的缺点是忽略了同一顾客群中不同层次的需求差异，提供的产品与营销手段过于单一，不一定能适应复杂多变的市场需要。由于客观存在的交易群体内部的需求差异，无差异策略只是适合了目标市场上某一最大群体的需要而已。如果同时有数家公司选择同样的策略，就将提高这个市场内的竞争程度。市场上另一些较小的客户群体的需求仍未能得到满足。同时，这种策略缺乏弹性，难以适应市场的频繁变化。

通常，在这种规模较大的细分市场竞争日益激烈的背景下，许多公司转而追求市场中其他较小的细分市场，不再采取无差异性的营销策略。例如银行从借记卡到信用卡、联名卡以及各种各样的个性化的卡，就是一个不断从无差异大众市场逐步细化为小众市场的过程。同样，保险市场也在发生类似的变化。

（二）差异性目标市场策略

差异性目标市场策略又称多重细分策略，是依据客户的不同类型、不同层次的需求特点，实施在两个或两个以上的细分市场内经营，分别为各个不同的细分市场开发不同的产品和设计不同的营销方案。金融业借鉴了制造业的经验，如通用汽车金融公司“为每一个钱包、目的和人格，分别生产一种汽车”，针对客户投资理财的不同需求，设计了名目繁多的金融产品和服务。证券公司对客户实行差异性目标市场策略，按客户收入高低、风险偏好、交易总量和频率等，将客户分为 VIP、中档、普通等不同级别，不同级别的客户分别享受不同的交易渠道、不同的设备、不同的信息内容和咨询建议。少数高级客户甚至可以享受研究专家的特别服务。

这种策略注重客户需求的差异性，实施多种产品、多种促销方式、多种分销渠道的营销组合策略，力图在每个细分市场占据举足轻重的地位，加强客户的认同感，促使客户不断重复购买。

差异性营销策略是目前制造业普遍采用的策略。例如可口可乐公司针对市场的变化，调整了目标市场策略，实施差异化营销。它不仅继续生产销售可口可乐，还针对不喜欢可乐型的消费者推出了芬达、雪碧等不同口味的饮料。产品包装不仅有塑料瓶装，还有玻璃装以及罐装，不仅有小包装，还有大瓶装，甚至还推出水壶式的包装，迎合儿童的需要。这些策略都值得金融行业学习借鉴。

差异性营销具有明显的优点，因为面对多个细分市场，有多样的产品，能较好地满足客户的不同需求，增强金融机构对目标市场的渗透能力，赢得更多的顾客群，从而扩大市场份额。但由于经营品种较多，对客户需求的调研、产品的开发促销等费用大，营销成本会增加，还可能分散经营注意力。因此，实施此策略的银行应加强对收益成本比的分析研究，一旦发现得不偿失，应减少经营品种，集中资源于优势市场。

表 6－7 为 P2P 平台的几个消费金融差异化市场。

表 6－7 证券投资基金若干行业主要细分领域

行业	细分领域
科技	半导体和集成电路
	5G 通信产业链
	软件信息（大数据、云计算）
	人工智能
	高端制造
医药	生物制药
	原料药
	医疗创新
	医疗保健
	高端医疗器械
新能源	储能
	光伏
	风电
	新能源车
	电池
金融	证券
	银行
	保险

（三）集中性市场策略

当金融机构的资源有限，难以同时做好多个市场时，可考虑第三种策略——集中性市场策略，又称单一细分营销。集中性市场策略也称密集型市场策略，既不面向整个市场，也不把力量散布到若干个细分市场，而是集中力量进入一个或很少几个细分市场，提供高度专业化的产品和服务。其核心理论是：不要在若干个较大市场上占有较小的份额，而要在较小的细分市场上占有较大的份额。例如，美国一家专为现役和退役军人及其家庭提供保险的公司——USAA，采取了这样的目标市场策略，成为美国最好的前100家公司之一。

资料6-2

USAA专营细分市场，注重长期关系

USAA总部设于得克萨斯州圣安东尼奥，拥有和管理着超过600亿美元的资产，是一家非常出色的公司。从1922年公司建立开始，它一直致力于为细分目标市场——现役和退役的美国军人与他们的家庭提供保险，并通过良好的客户关系管理使客户保留率接近100%。事实上，客户离开这家公司最可能的原因就是死亡。在客户忠诚度成为普遍的企业概念之前很久，留住客户就已经成为公司的核心价值之一。

公司的目标是“考虑职业人士一生中的所有事件，并设计出方案帮助他们处理这些事件”。公司致力于为现有客户服务并且与他们一起成长。实现这个理想的基础是，进行广泛的客户调查研究和组成与主管定期会面的顾问委员会。客户的问题或要求，力求在第一次通话中就得到解决，而减少其他跟踪服务；客户保留率是经理和主管的个人分红的考核指标。

在海湾战争中，公司预测到那些被派往海湾地区的客户的需求，鼓励他们降低汽车保险的等级以节约金钱。当他们被外派时，车停在车库里，他们就不需要购买意外责任险。当拥有两辆汽车的家庭夫妻中有一方在海外时，USAA就对两辆汽车只按一份的费率收取保费。虽然这些措施明显减少了USAA一时的现金收入，但明确表达了USAA对现有客户的承诺，从长期来看，提高了客户的忠诚度并且保持了企业增长。

奉行这一策略的金融机构要在深入的市场分析和预测的基础上，对那些需求量大、潜力大的细分市场实施专业化经营，集中精力开发一种或几种有特色的服务，提高自己产品的竞争力，扩大产品的市场占有率。例如，美国花旗银行确定的细分市场策略，是成为世界上最大的债券和商业票据交易商，另一些银行把信贷资金集中在使用短期贷款的商贸企业市场，还有些银行专门针对中长期大型基础设施项目的建设项目市场，一些金融租赁公司专门经营专业化程度很高的高、精、尖设备的租赁业务。

集中性市场策略有许多优点，通过对少数几个甚至是一个细分市场进行“精耕细作”，对目标细分市场有较深入的认识，更能建立特殊的声誉，一些金融租赁公司专门经营专业化程度很高的高、精、尖设备的租赁业务。由于设计、销售和推广的专业化，金融机构能享受许多经营上的规模经济性，往往能获得较高的投资回报率。

这种策略特别适用于那些资源有限、实力不强的中小金融机构。这些金融机构将有限的人力、物力和财力资源集中，实行专业化服务经营，以节约成本和支出，在目标市场上占据优势地位。美国通用汽车金融公司专门做以通用车型为主的汽车融资服务，以专业化的汽车金融闻名全球。

一些专业性的金融机构往往倾向于集中性市场的策略，如信用卡公司、汇兑公司、房地产金融公司、社区信用社等。保险机构财险和寿险的分工，也在一定程度上体现了集中性市场经营理念。这些以提供某一专门服务见长的金融机构，往往是其所在细分市

场中的佼佼者。

需要注意的是，集中性营销的风险相对较大。因为选择的产品和市场较为集中，一旦该市场发生不利变化，或者突然进入一家新的竞争者（如果回报很高，可能会吸引其他企业进入该市场），金融机构将会因缺少回旋余地遭受重创而难以复原。因此，这也是一些金融机构宁愿退而求其次，采取差异性营销策略的原因，在几个细分市场中作多样性的投入，以分散风险。

资料 6-3

破局 ETF 同质化 基金争相布局细分领域

MSCI 中国 A50 互联互通 ETF、中证长江保护主题 ETF 等新品种的申报和发行，反映出公募基金的产品布局新方向。为了突破同质化竞争的困局，公募基金争抢细分领域的投资机会。这些公募基金是易方达基金、南方基金、汇添富基金和华夏基金。

MSCI 中国 A50 互联互通指数是 MSCI 中国指数系列的最新产品，主要追踪全球行业分类标准（GICS）所涵盖的 11 个行业中最大的 50 只股票的表现。从行业分布上看，MSCI 中国 A50 互联互通在选股和行业分配权重上均采取了行业均衡的设计，金融行业权重降至 18.2%，工业行业权重升至 17.5%，其分散多元的特征较能反映中国的经济结构。

南方中证长江保护主题 ETF 和易方达中证长江保护主题 ETF 也在发行，主要跟踪中证长江保护主题指数。该指数选取了长江经济带优质绿色的上市公司，凸显了生态保护主题。

此外，基金公司布局 ETF 的热情高涨，尤其是热衷对创新品种的发掘。截至 2021 年 9 月 28 日，ETF 基金及 ETF 联接基金的成立规模达 1 518.77 亿元，一些双创 50ETF、恒生科技 ETF 基金等创新品种方向，获得了资金青睐。其中，易方达基金、华夏基金、南方基金、博时基金、招商基金等多家基金公司发行了双创 50ETF 及双创 50ETF 联接基金。

资料来源：上海证券报，2021-09-29.

三、目标市场选择因素

金融机构作出目标市场决策时，要根据自身资源、产品特点、市场特点、产品在其生命周期所处的阶段、竞争者的市场策略等几方面的因素综合考虑决定。

1. 自身资源

如果金融机构人力、财力、物力资源充足，实力强大，可以采用无差异性营销策略。当资源有限时，最好采用差异性策略或集中性策略。

2. 产品特点

对于需求弹性比较小，或高度同质性的产品和服务，可以采取无差异性策略。信用卡结算业务的差异程度小，干脆就由专业公司——中国银联代理清算业务；同样低差异程度的汇兑业务，通常由总行统一办理或让专门机构代理，如由西联汇兑一类的公司办理；常规储蓄存取统一用 ATM 操作等。上述这些产品都是采取无差异性目标市场策略。而对于产品差异较大的贷款业务、财务咨询等产品，或者需求弹性较大的产品和服务，则采取另两种市场策略为宜。

3. **市场特点**

如果大多数交易者的需求和嗜好比较接近，而且每个时期内购买金融产品的数量或交易额变化不大，对营销的刺激反应不明显，或者相反有比较趋同的反应，则应选择无差异性营销策略。如果市场内顾客群体差异比较大，则应采取差异性或集中性营销策略。

4. **产品在其生命周期所处的阶段**

当推出一项新产品或服务时，由于处于投入期，主要解决客户初次拥有产生的满足，而不是多样化、差异化的需求，推出一种规格、型号、式样就可以了。如果一下子推出多种产品，金融机构的连续开发能力有限，客户也不容易全部接受。但如果产品和服务趋于成熟、定型，客户也熟悉了，需求有了进一步深化发展的必要，同时竞争也空前激烈，则应该采取差异性或集中性营销策略。

5. **竞争者的市场策略**

一般而言，金融机构在市场竞争中可采取的竞争策略大致有两种：针锋相对或避实就虚。如果竞争者采用差异性或集中性营销策略，企业仍然采取无差异性营销策略，则无异于自杀。应该避其锋芒，采取与其类似的策略，寻找适合自己的细分市场，或抢先深度发展。当竞争者采用无差异性营销策略时，金融机构既可以采用无差异性营销策略去抢地盘、争份额，也可以采用差异性或集中性营销策略，向市场深度发展，在更高层次上满足客户需求。

第三节　市场定位

一、概念及意义

金融机构决定进入哪个细分市场后，还必须决定在这个市场中想取得什么地位。产品定位是指客户对产品的重要特征进行定义的方法，即与竞争产品相比，本产品在客户心目当中所处的地位。或者换句话说，定位是企业致力于在消费者心目中占据一个独特而有价值的位置，是消费者心目中某品类或特性产品的代表品牌，可以迅速影响其购买选择，当消费者产生相关需求时，就会想到并选购本品牌。

要让顾客购买你的产品，首先得让客户能听你说话。在现代信息传播过度的社会里，顾客面对着过多的产品及服务信息，大脑是阻隔泛滥过度信息的屏障，它把其中的大部分内容拒于脑外。通常来说，大脑只接受与先有知识或经验相关的东西。用定位理论先驱艾·里斯（Ai Ries）和杰克·特劳特（Jack Trout）的话说：“普通人的大脑已经是一块满得滴水的海绵，只有挤掉已有的内容，才能吸收新的信息。然而，我们却还在往那块过分饱和的海绵里灌输更多的信息，并且为无法使人们接受我们的信息而失望。”与此同时，媒体的传播能力仍在高速扩张，新产品还在层出不穷地推出。所以，每当人们作出一项购买决定时，根本无法以市场现有信息为基础，作出充分合理的产品评价。

事实上，20 世纪 50—60 年代，西方发达国家品牌形象营销策略风行，久而久之是不可避免的形象近似和互相干扰，使消费者难以区分。同时，由于社会的发展，产品、媒介与信息暴增，使得消费者疲于应付，通过广告去建立独特清晰的品牌形象，显得日益困难。美国在 20 世纪 70 年代以后，品牌形象营销策略效果越来越不好。

针对这一营销难题，学者们提出了定位理论。定位理论指出，消费者对过多的信息、品牌倾向于排斥，为了简化购买过程，在购买某类别或特性商品时，更多地优先选择该类别或特性商品的代表品牌，如购买可乐时，选择可口可乐；购买创可贴时，选择邦迪；购买安全的汽车时，选择沃尔沃。消费者这种在脑海中对产品进行分门别类和排序的状态，就是产品的定位，藏匿于其主观印象中。

因此，企业营销策略要由市场转向消费者心智。企业要全力以赴让品牌在消费者的心智中占据某个类别或特性的定位，即成为该品类或特性的代表品牌，让消费者在产生相关需求时，自己的产品成为其首选。

二、市场定位策略

企业要对产品定位产生影响力，就要根据客户的需要和客户对金融产品某种属性的重视程度，设计出区别于竞争对手的具有鲜明个性的产品，让产品在客户心目中找到一个“恰当”的位置。恰当的定位不仅使金融机构或金融产品为更多的客户所接受和认同，而且能使金融机构充分利用本身的优势和资源，凸显竞争对手的弱点和缺陷，在市场中保持持久的竞争优势。

金融业常用的定位策略可以是：

（1）强调产品实用性。例如，VISA 将自己定位于更有效的信用卡，口号是“不带 VISA 卡，就得待在家”，显示 VISA 卡“无论你想去哪里，我们无所不在”。

（2）强调心理满足。对于金融产品，可以定位于客户的满足心理，如气派、经济实惠、时尚前卫、显示身份等。

（3）强调价格水平。有的金融产品可以定位于表现不同的价格水平，如高价、低价等。

（4）强调服务态度。如“真情服务”“贴身服务”“身边的银行”等，表达人性化的服务态度。

一些行业的企业在定位策略方面在引领潮流，为金融企业提供了很好的借鉴。例如，企业营销顺应民众生活水平提升，由衣食温饱的生理需求提升到更高层次的心理需求，逐渐由产品本身的功能营销升级为心理层面，更着重情境与故事的营销策略。因此，卖茶具的不再诉求茶具本身，转而强调茶文化，甚至茶道；销售床垫的卖的不只是床垫，而是睡眠质量，甚至是睡眠的艺术与健康；而传统的餐饮业也开始推广饮食文化，甚至用餐桌上的文化创意产业来定位自己，希望走出不一样的蓝海市场。

三、策略选择与实施

实施市场定位策略通常有三个方面的工作：识别可能的竞争优势、选择合适的竞争优势、传播和送达选定的市场定位。

1. 识别可能的竞争优势

客户一般都选择那些给他们带来最大价值的产品和服务。因此，赢得和保持顾客的关键是比竞争者更好地理解顾客的需要和购买过程，向他们提供更多的价值。

金融机构可以用什么样的方法来使自己的产品区别于其他竞争者呢？金融机构可以从以下四个方面，即产品、服务、人员和形象来建立区别于对手的优势。

（1）产品差异。金融机构可以使自己的产品区别于其他产品。比如美国运通卡不把自己作为一个信用卡品牌，而是作为一个娱乐品牌，让客户把品牌看成是一个有经验、灵活变通的，同时带给客户启发性咨询的“人”。而万事达卡要与它区分开来，就定位于实用——在全球购买任何东西都可以使用万事达卡。

（2）服务差异。除了产品区别外，金融机构还可以显示与产品有关的服务不同于其他金融机构。一些金融机构靠速度、便利或细心的服务来取得竞争优势。例如，在超市开设服务周全的现金服务柜台，并且在星期六、星期日和每天晚上为当地顾客提供便利的服务。中国工商银行在行内树立了六个各具特色的服务品牌样板所（柜），有“稳中求快、快中求好、好中求全”的储蓄所，突出服务的“礼、美、帮、准、快、让”的分理处，“品种齐全、设施先进、服务周到、百问不倒”的储蓄柜台，等等。

（3）人员差异。金融机构可通过招聘和训练比竞争者好的员工取得很强的人力资源竞争优势。尤其是服务程度很高的业务，员工是资产，而不是成本。高素质的员工可以为金融机构赢得很高的声誉。香港汇丰银行对招聘的员工素质制定了重要性顺序，即待人接物的技巧、沟通技巧和学历，领袖技巧是额外的优势，可以后续培养。美国联邦快递在招聘员工时就为其定下“让他成功”的目标。新加坡航空公司靠本公司飞行机组团队的出色表现，赢得了很高的国际美誉度；麦当劳的职员谦虚礼貌；IBM 的职工专业化水平高，知识性强；迪士尼员工友好、乐观；沃尔玛连锁超市雇用了一批“接待人员”，专门负责欢迎顾客来购物，指导顾客到哪儿去找商品，给退换的商品做记号，向孩子们分发小礼物，等等。

（4）形象差异。许多客户往往是在企业形象的引导下去识别企业、购买具有名优形象企业的产品的。当今世界上所有著名的大公司和品牌产品都在企业形象策略的运用上取得了卓越成就。形象设计无疑也是金融机构越来越重要的竞争手段。金融机构形象是一个整体概念，由理念形象、行为形象、视觉形象三部分组成，理念是核心，行为是主体，视觉是外在形式。形象设计要从视觉入手，重点放在理念与行为形象设计上，并使三者构成一个有机的整体。往往最简单的形象即一个符号或者颜色，都有很强的视觉冲击力。比如看到红红的小伞就会想到花旗银行。中国工商银行以红色行徽、黑色行名为标志，寓意工行热忱服务、奋发向上的经营理念，诚信可靠的特色。招商银行金葵花

“因你而变”的广告语，把招行比喻成葵花，把客户比喻成太阳，没有太阳的照耀就没有葵花的灿烂。嘉实基金公司为“看得更远、走得更稳”的品牌定位制作了“远见者稳进”的广告片。

金融机构还可通过主办活动来塑造或强化在客户大脑中的形象。例如，举办或参与一些文化活动，如交响乐演出和艺术展览，捐款参与灾害拯救、扶贫助学等慈善活动。

2. 选择合适的竞争优势

假定金融机构已很幸运地发现了若干个潜在的竞争优势。现在，金融机构必须选择其中几个竞争优势，据以制定市场定位策略。金融机构必须决定促销多少种以及哪几种优势。

要避免三种常见的市场定位错误。第一种错误是过低定位，顾客不知道金融机构的产品有什么过人的高招。第二种错误是过高定位，如“财富俱乐部”的定位，可能使一些小客户认为它只接纳有钱人，但实际上它也接纳大众客户。第三种错误是混乱定位，如一个令购买者感到混乱的金融机构形象。接二连三出台一些互不相干甚至冲突的定位口号，会令顾客们大惑不解，无法建立鲜明的机构形象。

与竞争者的差异是否值得向顾客展现出来，应看它能否满足以下几条：

（1）重要性：该差异能给目标购买者带来高价值的利益。

（2）专有性：竞争者无法提供这一差异，或者不能以更加独特的方法来提供该差异。

（3）优越性：该差异优越于其他可使顾客获得同样利益的产品。

（4）感知性：该差异实实在在，可为购买者感知。

（5）领先性：竞争者不能够轻易地复制出此差异。

（6）可支付性：顾客有能力支付这一差异。

（7）可盈利性：金融机构能从此差异中获利。

3. 传播和送达选定的市场定位

一旦选择好市场定位，金融机构就必须采取切实步骤把理想的市场定位传达给目标顾客。要有具体的行动而不是空谈。如果金融机构决定的市场定位是更高的质量和服务，那么必须围绕它设计市场营销要素组合，制造高质量的产品，定较高的价格，训练高素质的服务人员或服务中间商，通过高效便利的网络渠道销售产品，在高质量的媒体上做广告，直至将定位送达目标顾客。由此可见，一个好策略的实施比制定要困难得多。

资料 6-4

寿险“保险+服务”精耕细分市场

随着市场竞争日趋激烈，保险公司纷纷发力“保险+服务”，即在保险产品之外，附加更多价值。这其中“服务”二字涵盖的范围很广，例如“科技服务”“医疗服务”“养老服务”等，在保障属性、金融属性之外，挖掘服务属性。如财产险公司常常是附加汽车养护服务，而人身险公司更常见的是嫁接医疗、养老、科技服务，与自身业务密切相关。

各大保险公司通过“保险＋服务”模式创新产品，开拓细分市场。

“保险＋科技服务”最成功的当属“双十二”电商节，太平人寿推出的一款名为“爱飞翔”的意外险计划。从保障责任来看，这只是一款简单的航空意外险。按照规则，客户花7.7元购买这份计划后，可获得100万元基本保额的航空意外保障，而后只需转发到朋友圈或直接转发给微信朋友，通过朋友助力“盖楼”，即可提升保额，最高可达1 000万元。活动伊始就迅速成为市场热点，三天累计浏览人次超1 000万元，有40多万人参与了活动。这样的设计旨在利用搭建精密的社交互动场景，让客户意识到自己的潜在需求，并通过趣味互动的方式有效提升客户的参与感。如此产品销售的场景化、互动化、趣味化，增强了消费者教育以及互联网获客。

“保险＋医疗服务”，即充分依托保险公司的资源优势，通过资本运作介入或跨业合作连接各类医疗资源，为用户创造更好的医疗服务体验。

仍以太平人寿为例，2019年已先后推出多款创新型健康险产品，例如主打特药服务的“特药险”，彻底打通了院外靶向药购买服务流程；推出可同时提供中国及日本质子重离子治疗服务的“质安心医疗”；采用经济补偿与海外就医服务结合模式的“寰亚海外医疗”；响应国家粤港澳大湾区规划政策，满足民众跨境保险服务需求的国内首款粤港澳大湾区保险“大湾区医疗”；为整合优质资源，提高使用效率，携手圆和医疗专属为儿童打造的高品质门诊医疗“圆和儿科医疗”等。其中，既有针对不同客户群的医疗险产品，又有针对不同场景、不同地域的医疗险产品，更有附加不同服务的高度细分健康险产品，代表了当下行业健康险产品和服务创新的几个主要方向。

“保险＋养老服务”也日趋活跃。国内已经有多家保险公司开始以轻、重资产等多种模式布局养老产业，打造活力养老生态圈。一方面，建设运营养老社区，吸引老年客户入住，获取运营收益；另一方面，以“养老保险支付＋实体养老服务”的概念主攻高净值客户群，销售对接养老社区的大额寿险保单，极大地拉动了寿险保费的增长。其中，以泰康、国寿、太平、太保、新华等表现突出。

“保险＋服务”模式之下，保险不再仅仅是保险，其内涵空前丰富起来，不但有保障属性，还有金融属性，乃至服务属性。表面看是保险公司为自身经营发展而创造的一种模式，但实质是为了满足客户的需求。

过去客户买保险，关心的是在什么情况下可以理赔，能够赔多少，但现在还会看保险公司在提供保险产品之外，还能够给客户提供哪些附加服务，解决哪些实际问题，因为钱——保费高低虽然很重要，但有很多问题不是依靠钱就能够解决的，需要更多资源的协调支持。

对于保险公司来说，其出发点始终是“以客户需求为核心”，但随着时代发展，客户需求的广度、深度、宽度和过去不一样了。保险公司应通过市场细分开发更有针对性的好产品，满足客户日益增长的多元化需求，促进保险公司成为可以提供综合服务的金融公司，包括医疗、健康、养老、护理、教育等方面。

资料来源：慧保天下，2019-12.

资料 6-5

美国小银行的定位
——做居民喜欢的社区银行

美国现在有3 000多家小银行，在具有全球影响力的花旗银行、美国银行等跨国银行巨人的眼皮底下，它们是如何生存下来的呢？如果是初到美国，许多人会想当然地将手中的余钱存入美国银行。但你很快就会发现，附近的几家小银行利息很高，其中定期存款利率高出一个多百分点。把钱存入小银行保险吗？答案是肯定的。根据美国有关银行的法律，所有银行均由联邦存款保险公司承保，如果银行破产，每个储户最多可从该公司得到25万美元的本金。因为个人储蓄存款超过25万美元的并不多，这样一来，储户最多只会损失利息。

那么小银行靠什么赢得顾客呢？一位中国人到美国后第一次走进马里兰州联合银行时，它的服务给这位中国人留下了深刻印象。银行工作人员杰克（后来成为这位中国人的朋友）正在与一位老太太交谈。杰克说："你这一个月就没出来散散心？"老太太说："没有，我怎么也忘不了他。32年啦，朝夕相处，眼前总是他的影子。"原来，老太太的丈夫刚刚去世。"那当然。不过，也许他在天堂比在人间更幸福。你应该为他感到高兴才是。"老太太脸上露出了笑容。老太太走后，中国人问杰克："你和客户都这么熟吗?"他说："那倒不一定，但绝大多数到这里存贷款的人我都能叫出名字。"的确，这位中国人去过两次后，两位接待过他的职员都知道他的姓了，其中一位甚至记住了他的零存整取账号。

小银行主要为社区服务，前来存贷款的都是附近的常客，相互之间熟悉了，自然就建立起了感情和信用。无论是存钱，还是分期付款买房、买车、买家具，银行与顾客之间都很信任。小银行存款利息高，周围人自然愿意把钱放在这里；贷款利息虽然比大银行高，但购买家用物品或急用，额度小，大银行不一定看得上，手续也更复杂，所以居民还是愿意就近就便。小银行的服务也有特色。存贷款利率种类特别多。比如，定期存款有1个月、2个月、3个月的，也有半年、1年、2年、3年、4年、5年的；既有整存整取，也有零存整取，还有存款利息随行就市、跟涨不跟落的。最低存款额也比大银行低。

小银行可以应顾客的要求上门服务，不另收费。小银行还讲人情，办事通融。李非是另一位中国人。他在一家小银行开立了活期账户，申请了支票，办理了自动取款卡。根据规定，李非在活期账户上的存款余额应在500美元以上，否则就将被罚款20美元。但开户后半年，李非因购物，在活期账户上的余额一度只剩450美元。银行第二个月账单里扣去了20美元。李非抱着试试看的心理来到办理开户的那个营业部，向一位女职员作了解释。李非说："我开户时间不长，把超支这项规定忘了，希望银行通融。"那位女士回头与当天的值班经理交流了几句，便告诉李非可以，扣款下月退还。而李非的一位同事，在一家大银行因为同样的原因被罚20美元却再也没有被退还。小银行的环境相当好，给顾客以亲切、热情之感。绝大多数小银行营业厅里都有煮咖啡的器具，咖啡、糖和牛奶也放在一旁。在等候或办完存贷手续后，顾客可自泡一杯咖啡。在座椅旁还有小糖果，顾客可随手拿一颗。

本章小结

实施目标市场营销策略要分三个步骤完成：市场细分、目标市场选择、市场定位。市场细分要依据一定的细分变量展开。金融市场主要的细分变量有：地理变量、人口变量、心理变量、行为变量和利益变量等。对个人市场和对企业市场的细分标准有所不同，要分别运用。细分市场是否有效的衡量标准是：可衡量性、可进入性、可盈利性、可操作性和市场反应的敏感性。细分市场选择要以市场细分为基础，通过对各类市场进行评估来确定目标市场。有三种目标市场策略可选择，即无差异性目标市场策略、差异性目标市场策略、集中性市场策略。要结合各方面因素综合考虑采取何种目标市场策略。市场定位包括产品特色定位、顾客利益定位、使用者定位等策略。

重要术语和概念

市场细分　细分标准　目标市场　无差异性目标市场策略　差异性目标市场策略　集中性市场策略　市场结构　市场定位

复习思考题

1. 简述目标市场和定位策略的内容与步骤。
2. 简述市场细分的理论依据。
3. 举例说明常用的市场细分分类标准，画出分类标准结构图。
4. 简述市场细分的基本原则、主要方法及运用条件。
5. 如何评估和比较细分市场的情况?
6. 简述三种目标市场策略。
7. 选择目标市场应该考虑什么因素？为什么?
8. 简述定位的概念和意义。
9. 金融机构有哪些常用的定位策略?
10. 选择和实施市场定位策略需要做些什么工作?

拓展阅读

[1] 菲利普·科特勒，加里·阿姆斯特朗．科特勒市场营销教程．6版．北京：华夏出版社，2004

[2] 杰克·特劳特，史蒂夫·里夫金．新定位：定位战略的新进展．北京：中国人民大学出版社，2014

[3] 刘明，刘涛，张同建．基于STP战略视角的全量个人客户市场竞争力研究．现代金融导刊，2021 (9)

[4] 罗健．基于STP理论的中国工商银行信用卡营销策略分析．市场周刊，2021 (1)

[5] 王磊．个人理财市场区分及差异化服务研究．时代金融，2018 (9)

第七章　金融产品策略

学习目标

1. 掌握产品的整体概念及结构，理解金融产品的特点。
2. 理解产品组合的主要策略以及在金融行业的运用。
3. 了解金融产品的品牌策略、开发与创新策略、生命周期策略。

产品或服务是企业满足市场需求的载体，在所有营销要素中占首要地位。金融企业在确定目标市场后，要根据目标市场的需要，开发和生产满足市场需求的产品和服务。金融产品是基于货币保值增值活动的专业服务，相比通常的工业产品，无论从概念还是从形态上看都有很大不同，需要特别注意。

产品策略直接影响其他营销要素的组合，并决定营销的成败。制定产品策略时，首先要正确理解产品的本质，才可能诞生神形俱佳的好产品。此外，还要制定相应的品牌、包装策略，通过合理的产品要素组合，根据产品在市场上的寿命状况，加上其他营销要素的综合策划，使产品和服务受到市场欢迎。

第一节　产品概念及金融产品特点

一、一般产品的概念

营销学的产品概念：所谓产品，是指能提供给市场，用于满足人们某种欲望和需要的任何事物，包括实物、服务、场所、组织、思想、主义等。注意这个概念的外延极其广泛，不仅仅包括人们看得见、摸得着的工业产品（具有实体性），还包括看不见、摸不着但可以体验到的服务产品（具有虚拟性），包括对人们身体的服务、心智的服务和物品财产的服务。

为了深入了解产品的本质，营销学将产品分解成若干层次进行分析，如图 7－1 所示，并认为产品是由这些层次及其层次中多种因素有机结合的整体。在对产品分层解析的基础上，强调产品的整体性。

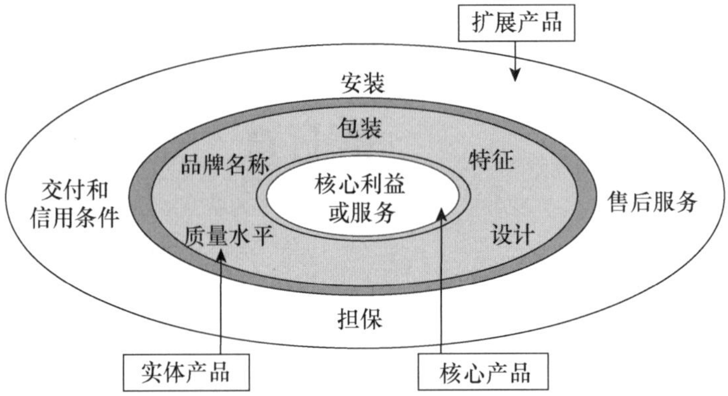

图 7－1　产品的整体概念与分层

人们谓之产品的东西，无论其功能形态如何，本质上都是一样的。首先，它一定能给人们带来某种效用或利益，这是产品的核心部分，又叫核心产品。其次，核心产品必须借助一定形式的载体来实现，是产品可以识别的外在形象，又叫实体产品或形式产品。最后，它是产品除了基本功能和基本属性以外的全部附加服务和利益，如售后服务、安装、信用购买条件等，又叫附加产品或扩展产品。这一层的名字已经表明，即使没有它，顾客也可以获得核心产品带来的利益与功效。但是有了它，顾客可以更好地享用核心利益。例如汽车，其核心利益是快速并安全的代步出行工具。实体产品由车厢及内部设施、几大运行系统设备等硬件构成；而附加产品是使消费者购买和使用汽车更方便的各种售前售后服务，有时外形还可以彰显乘用人的身份和地位。在市场竞争越来越激烈的形势下，产品的竞争优势越来越多地由附加利益来凸显。

理解和建立产品层次概念的重要性，可从以下三个方面来看：

（1）产品层次概念是现代市场营销理论的核心概念之一。它指明产品的本质是顾客所需的核心利益，体现了以顾客需求为导向的营销理念。在产品发展变化过程中，其各层次的变化程度不一样。核心产品比较稳定，而形式产品会随着社会文明和技术进步发生很多变化。随着服务经济的发展，附加产品的地位和作用越来越不“附加”，有些产品甚至“反仆为主”。例如传统的储蓄产品，其核心利益是货币资产的保值增值，但是在金融工具极其丰富的现代，储蓄理财产品在保值增值以外已经有了许多其他的附加服务，如排队便利、转账优惠、基金理财增值、保险附加值等。

（2）产品层次概念是有效了解顾客对产品感受的方法。当顾客对产品产生满意或不满意的感受时，可以按产品层次进一步分析顾客朦胧笼统的感受，进而比较精准地评估产品的问题出现在哪个层次的哪个部分，为进一步完善产品提供依据。

（3）便于全面把握产品的所有特征，有利于产品创新。金融创新是金融企业提升竞争力的永恒动力。产品创新不一定是从无到有的“新”，改变产品层次中的任何部分，都会在顾客心目中形成“新”产品的印象。这种对产品的局部改造也属产品创新。

二、金融产品的概念

（一）金融产品的定义

金融产品是金融企业向市场提供的满足人们对货币财产的保管、支付、流通和增值等需要和欲望的金融工具及其附加服务。①

注意，金融学对金融产品的定义不同：金融产品是由金融企业创造、可供资金需求者与供给者在金融市场上进行交易的各种金融工具，其形式是反映资金双方债权债务关系的所有权关系的合约及其文件。与前述营销学的产品定义比较，显然，金融学对金融产品的定义范围较窄，没有涵盖金融产品的附加服务部分。金融学中的金融产品与金融工具基本同义。所谓“工具”，就是具有物理性，其特征是严谨和精确，用数理方法分析研究之，衍生了现代金融工程等高端金融业务。换句话说，金融学从功能的角度研究金融产品，金融营销学从市场客户的角度研究金融产品，两者既有交集，也各有差异。

（二）金融产品的层次解析与属性

尽管现代金融学对金融产品的研究和运用越来越数量化、“工具化”，但从市场的角度看，金融产品天生属于服务产品，为人们的货币财富提供服务，服务对象包括企业、个人，其广泛性渗透到社会每一个角落。借用营销学产品分层方法解析金融产品，通过分析核心产品、形式产品与扩展产品的内容，可以从市场的角度加深对金融产品的认识和理解。

核心产品是客户从产品中可得到的基本利益或效用。客户之所以购买金融产品，是为了满足某种特定需求，这是金融交易的实质。金融核心产品的核心利益主要包括：财富和财产的保管安全以及使用方便，以应对可能发生的风险和事故；以借贷、投资等运作方式增加财富价值；寻找、匹配各种财富需求，实现财富形式转换，更加具有流动性。例如，存款产品具有简便保管的利益，贷款产品带来财富、增加利益。简单地说，金融产品的核心利益就是追求货币财富的安全、增值和流动。

形式产品是金融产品的具体形态，是展现和承载核心产品的外在形式。不同的形式产品可以满足不同顾客的需求。现代信息技术使得金融活动和交易越来越虚拟化，金融产品无形化程度很高，无法像有一定物理形态的有形产品一样，用外形、颜色、包装来展示形式产品。金融产品的一般形式是权益凭证或交易契约，如存款单、票据、贷款合同、债券、股权证、保单等。这些凭证或契约内详细记载了交易产品的标的、价格、担保，交易双方的权利、义务和责任追究等，是保障资金给付方自身利益的法律依据，具有高度信息化的特征。金融形式产品的传统记载介质是纸张，有时口头约定也成立。在信息化时代，许多契约载体变成了电子形式，典型的如上市公司股权证托管体系，二级市场投资者无须手持股权证来回换手交换，当拥有或放弃股东身份时，通过电子登记系

① 杨米沙. 透析金融产品的实体性与服务性. 金融理论与实践，2006（6）.

统可以瞬间完成权益所有者转移。电子记录的信息就是具有法律效力的契约。还有人们常见的银行卡，包括储蓄卡、信用卡，都是电子契约形式。契约是核心产品的载体或表达，与核心产品天然一体。至于记载契约条款的介质是什么形式，人们已经不太在意了。由于契约重在内容而非形式，故其法律意义大于营销意义。因此，产品层次的第二层“有形产品”，在金融虚拟性越来越强化的时代，变得可有可无、无关紧要。这是金融产品与实体有形产品一个重要的区别。

第三层次是给金融产品带来附加价值的金融服务，即在满足客户的核心需求之外，金融企业还可以为客户提供额外的服务，使其得到更多的利益。金融产品仅就第一、二层次看，不同金融企业之间的同质化程度很高。为了使自己的产品有别于竞争者的同类产品，吸引更多的客户，就只有在附加产品上多花功夫，围绕核心产品增加一些特色服务。具体表现为：获得产品的便利、快速、安全；或提供具有专业水平的信息、咨询意见；客户被尊重或愉悦的感受；前台工作人员的素质、营业环境的舒适或品位；等等。

（三）金融产品的“双要素”结构

因为金融产品的虚拟性带来了形式产品的无形性，用营销学的产品层次解析方法来描述金融产品结构，不完全适用，需要构建一个兼顾两个学科的更合理的金融产品层次结构。营销学的核心产品和形式产品两个层次，与金融学中金融产品的功效含义相通，故可将这两个层次合并，统称金融产品的效用要素，或合并称为效用产品。它的效用对于客户来说就是核心利益，对于金融企业来说是资金融通交易的“工具”。营销学产品第三层次的附加产品部分，没有包含在金融学的金融产品概念之内，但对于金融企业做市场营销而言是不可或缺的。通过如此改造整合金融学和营销学的产品概念后，构建起金融产品结构的“双要素”模型，如图 7－2 所示。

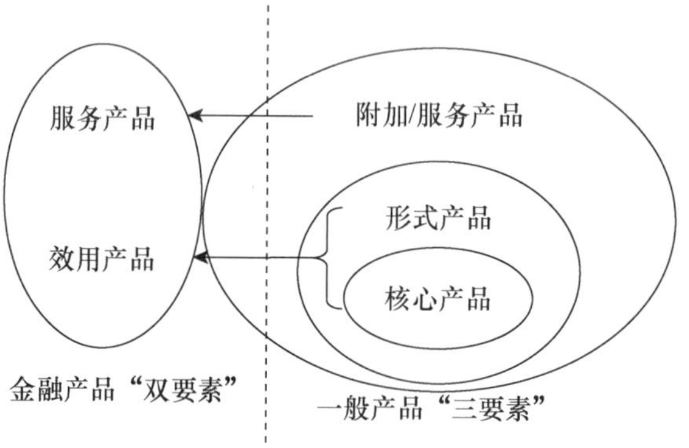

图 7－2　一般产品概念“三要素”与金融产品概念“双要素”关系图

这个产品结构模型为金融产品创新、营销和品牌价值提升提供了一个简单实用的分析框架，有以下四个方面的意义：

1. 指导金融企业营销人员正确运用营销策略

效用产品与服务产品的属性不同，营销策略也不同。前者与实体产品有一定的相似性，实体产品营销策略讲究“4P”，即产品、价格、渠道、促销及其组合。但是，服务产品还需要增加“3P”策略，即人员、过程、有形展示。金融产品多数是核心产品与服务产品的混合结构，因此需要考虑“4P”＋“3P”共7个营销策略因素。不过，由于产品中的效用要素与服务要素的占比或产品所处生命周期阶段不同，营销要素的选取或运用重点有所不同。

一般来讲，从事效用产品开发设计的人员偏向技术型，喜欢追求产品本身的完美，容易患营销“近视症”。而在一线通过服务推销产品的人员偏向人文型，追求短期业绩提升。国内一些金融企业习惯将效用产品与服务产品相互隔离，前者由总部组织设计开发与管理，后者则交给营业部门等分支机构。这种产品整体设计与营销分离的做法，加重了上述人员的不当偏好，压制了产品整体价值的提升。例如，一家银行开展信用卡促销活动，产品部门设计了具有竞争力的交易奖励与购物优惠，然后由下属各个市场推销团队布展促销。结果产生了一系列问题：一些销售人员对本次促销的卖点不熟悉，推荐理由一般化，没有针对客户“已经有卡了，为什么还要买你的?”进行特别宣传；展点选择仓促，没有选准潜在客户集中的地方；广告招贴画不统一，难以形成客户对银行形象的定位；等等。如果事先打破人员分工定式，将效用产品和服务产品有机结合，统一设计、统一组织、统一实施，上述问题出现的可能性将大大下降。

2. 为金融产品创新选择突破口

金融产品创新可以产生于产品的任何一个层次或某一特定属性。效用产品创新多借助于金融工程方法，而服务产品创新主要靠前台业务和销售人员的专业素养与沟通技能。

说到产品创新，人们习惯于指向金融工具及其衍生产品——票据、债券、股票、信托、期货、期权等。金融企业设立创新团队，往往选择数理统计逻辑强和风险管理技术涵养深的金融学高端专业人员，并投入大量资金和精力。事实证明，大多数金融企业在效用产品上追求创新，不但原创难度很大，还要持续不断地推陈出新，保持领先地位，更是不容易。实力不强的金融企业，可能新产品还在研发路上就已经被市场抛弃了。实际上，我国金融企业多数明智地奉行成本较低的产品跟随策略，密切关注国内外金融工具创新潮流，有合适的就“拿来”“引进”。例如，当外资银行推出结构性存款时，国内银行先是在外币储蓄业务上模仿，不久便扩大到人民币储蓄业务。然而，货币产品通常具有同质性，当各家银行都模仿时，产品的创新优势就会消失殆尽。

在服务产品要素上下功夫，是一个适合我国现状的金融产品创新方向。金融服务创新具有广泛的人际来源。首先是依赖员工——包括一线员工与内部员工，而不仅仅是少数精英。其次是依赖服务过程中客户的参与和互动，甚至客户抱怨也蕴藏着创新机会。金融服务创新还具有广泛的业务来源，从交易手段、交易渠道到交易过程，甚至产品中体现的人文关怀与环境保护精神，都是产品创新的沃土。围绕产品的附加服务，扩大了金融产品的创新空间。综观我国现行金融产品创新，大部分都没有超出服务范围。

3. 提升金融品牌价值

像可口可乐一样拥有市场不败的品牌，是现代企业经营追求的最高境界。然而，品牌的成败不取决于企业而取决于客户。品牌的市场价值在于在众多的同类产品中一眼就能被识别出来，并拥有一批坚定不移的忠诚客户。

金融企业都希望自己在客户心中的定位与竞争者有明显不同，自己的产品与竞争者产品的替代程度最小。金融产品品牌或金融企业品牌必须由服务产品及其营销策略来完成。因为服务营销提倡客户价值第一，利润是价值创造的结果。服务要求全员营销，一线员工为客户服务，后台人员为一线人员服务，管理人员为生产人员服务。服务的形式灵活多样，有现场与非现场的，有规模“批处理”，也有一对一个性服务。服务产品的不可触摸性问题可用有形展示的方法解决。由此可见，进行产品营销时更多地运用服务的理念和策略手段，可以为效用产品添加许多个性化的元素。金融企业通过全面的产品设计与营销，持续不断地开发并维护客户关系，实施有效的客户管理策略，使客户源源不断地从相识到满意，再从满意变为忠诚，品牌的建立就是水到渠成的事了。

4. 提高服务的地位将促使金融企业变革

服务产品是无形的，无形产品的品质要以客户满意为衡量尺度，其中包含客户的身体感觉、情感与思想等人文因素，需要服务人员具备较强的人文关怀。只有通过一线员工与客户的沟通、协商和长期关系维护，才能形成忠诚客户群体。企业最宝贵的资产不是财务报表上左边的一溜数字，而是那些实现柜台交易的忠诚的客户，他们给企业带来了长期稳定的回报。企业创造价值的实质是创造客户价值。从创造客户价值出发，银行内部要形成一条价值利润链。[①] 而价值链的形成非改造组织结构、业务流程和管理系统不可。由此可见，提高服务产品要素在金融产品中的地位，可以带来金融机构内部革命性的变革。

（四）金融产品的主要类型

分类的目的是为了便于认识、分析和管理。纷繁复杂的金融产品有许多分类方法，可从客户角度依据风险规避、投资方式进行分类，或以金融机构经营中使用最频繁的财务报表的资产负债分类，或按服务对象、服务方式、产品组合进行分类。表 7－1 是一些常见的金融产品分类方式。

表 7－1 常见的金融产品分类方式

分类方式	金融产品类型			
按风险规避分类	保管箱业务	存款业务	衍生工具	保单业务
按投资方式分类	存款业务	债券业务	投资业务	信托业务
按财务报表分类	存款业务	贷款业务	中间业务	表外业务
按服务对象分类	个人业务	小企业业务	公司业务	离岸业务
按服务方式分类	大众服务	专业服务	柜台服务	远程服务
按产品组合分类	单一产品	多品种搭配	多业务交叉	综合融资方案

一般而言，按财务报表分类多用在内部业务管理上；按服务对象和服务方式分类多用在营销管理、市场开拓上；按产品组合分类是产品经理最常用的。下面以产品组合分类为例，深入了解金融产品的种类情况。

（1）单一产品。这类产品数量非常多，一般是针对个人的零售业务产品。例如不同存款期限的储蓄存款产品（如图 7－3 所示）。

① 详见第十一章第二节“金融机构的内部营销”部分。

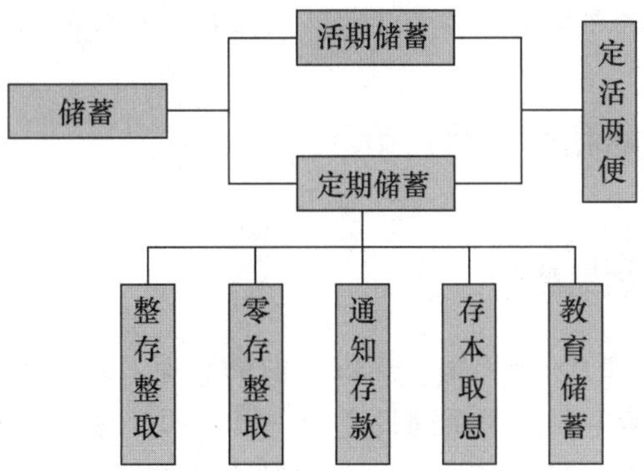

图 7-3　储蓄存款的分类

(2) 多品种搭配。多品种是指同类产品之间的搭配组合产品，如结构性储蓄存款，用几个具有不同单一功能的储蓄存款产品来分配客户资金，在满足一定流动性的前提下，使存款利息收入最大。

(3) 多业务交叉。多业务是指不同类业务之间的搭配产品，如个人理财规划中，用不同金融产品，如结构性储蓄与保险交叉、贷款与债券投资交叉，设计出适用于个人情况的搭配结构，达到财富收益和安全的较佳均衡。

资料 7-1

个人理财规划：不同金融产品搭配

一位年轻的单身白领男士拥有 11 万元银行存款、2 万元股票，月收入 9 000 元，现在每个月开支在 5 000 元左右。从个性分析他属于保守型投资者，理财目标期限都比较短，期望的年均收益率在 6%左右。

他的理财目标有：1 年后参加在职硕士课程，预算为 2 万元；2 年后买一部价值 10 万元的车；3 年后买一套价值 35 万元的住房，到时采用七成 30 年按揭供房方式；每年给父母赡养费 5 000 元；每年自助旅游一次，费用为 5 000 元。

建议对已有资产进行如下安排：1 万元活期存款，作为应急资金；2 万元做 1 年期定期存款，满足 1 年后的在职教育深造需要；余下的 10 万元作为车基金和房基金的初始储备，对该笔基金投资的分配安排为存款 55%、债券 10%、基金 25%、股票 10%。

再对他每年 10.8 万元的收入进行如下安排：4.2 万元用于追加车基金和房基金，投资分配同上，即储蓄 2.31 万元、债券 4 200 元、基金 1.05 万元、股票 4 200 元；5 000 元用于孝敬父母；5 000 元用于旅游支出；5 000 元用于购买保险。经过上述安排，他每年的收入还剩下 51 000 元。可以再拿出 10 000 元用于财富积累，投资于风险较高的投资品种，如股票或基金。

(4) 综合融资方案。综合融资方案产品专指为大型项目（甚至有多家金融企业团队参与）设计复杂的融资方案，或从专业技术角度提出咨询意见。例如银团贷款、股份制改造和股票发行上市、BOT（Build，Operate，Transfer）计划、财务管理或税务筹划方案等。这些专业技术程度很高的服务导向型产品，类似律师、会计师提供的服务，属于专业金融服务领域，除了产品和服务的共性外，还有一些其他的特点。

三、产品系列拓展策略和产品组合策略

（一）产品系列拓展策略

产品系列是密切相关的一组产品，提供类似的利益，通过同一类型的渠道销售给同类客户群。产品系列决策主要是对系列长度的决策，即产品系列中产品项目总和的增减。产品系列长度受金融企业经营目标的影响，如果追求市场全覆盖或者追求高份额和高增长率，通常要有较长的产品系列，如果追求高额短期利润，则应经过精心挑选形成较短的产品系列。实施产品系列拓展策略，可以利用过剩的生产能力完善产品系列，以满足目标顾客；但是，当产品项目增加导致费用大幅增加时，需要平衡收益和成本，拓展要谨慎。

一般有两种方法可用于拓展产品系列：产品系列延伸和产品线填补。

当增加的产品项目超过现有产品范围时，属于产品系列延伸，可从上、从下或从上下两个方向进行延伸。以银行信用卡为例，我国银行前几年发行的基本是普通的低端产品。随着对市场认识的加深，以及市场细分的需要，逐渐将产品向上端延伸，发行面对高收入阶层的高端产品，如钻石卡、白金卡、金卡等，向上加长了产品系列。

产品线填补是在现有产品系列范围内增加新的产品项目。其动力来自：取得超额利润、尽力满足经销商、利用过剩生产力、成为全线领导企业、堵塞市场漏洞以排挤竞争者等等。但是，如果产品线填补导致企业产品优势相互抵消和致使顾客感到迷惑，就有些过头了。金融企业应该确保新产品与原有产品明显不同。

（二）产品组合策略

拥有几个产品系列自然就形成了一种产品组合。产品组合有优劣之分，所以需要进行分析和选择。首先，需要了解营销学中涉及产品组合的几个概念。

（1）产品组合。产品组合是企业生产经营的各种不同产品之间的组合或搭配，形成企业的经营范围及产品架构。又指提供给市场的全部产品，如 3M 公司有 6 万多种产品。产品经理如何管理这么多产品？必须按一定规则进行排序组合，分类开发、分类管理。

（2）产品线。产品线指互相关联或相似的一组产品或产品线，我国通常谓之“产品大类”。产品线的划分依据有：产品功能相似性、消费连带性、顾客同类性、分销渠道同一性、价格同档性等。

（3）产品项目。产品项目是产品线的具体组成部分，通常是产品目录上列出的每一个产品，同一产品线的产品项目的区别在于规格、型号不同。

（4）产品组合四大要素，即产品组合的宽度、长度、深度和关联性。

为了理解上述概念，可以仔细观察表 7-2 的商业银行产品系列表，表内含有常规产品的组合宽度和组合长度等内容。

表7-2　商业银行常规产品组合宽度和产品组合长度

存款服务		融资服务			中介服务		综合理财服务
个人服务	公司服务	一般融资	票据融资	特色融资	结算服务	其他中间服务	
活期储蓄	基本存款	流动资金贷款	银行承兑汇票	流动资金整贷零偿	支票	保管箱	资金快速收付方案
支票储蓄	一般存款	存单质押贷款	商业承兑汇票	仓单质押授信	银行本票	银行保函	现金理财方案
整存零取	临时存款	国债质押贷款	买方付息票据贴现	收费权担保贷款	银行汇票	外汇担保	e路通行方案
零存整取	专用存款	外汇担保贷款	商业汇票贴现	出口信用保险押汇	商业汇票	外汇买卖	代理服务方案
存本取息	定期存款	固定资产贷款	商业汇票转贴现	中小民营企业授信	集团资金划汇	存款证明	资信服务方案
定活两便	通知存款	银团贷款	商业汇票买入	法人按揭贷款	票据清算	信贷证明	财务顾问方案
通知存款	协定存款	出口买方信贷	商业汇票买入（回购）	保本基金质押贷款	电话银行	资信证明	受托理财方案
定期存款		房地产开发贷款		股份/股票质押贷款	网上银行	资信评价	投资理财方案
外币存款		住房抵押贷款		厂商银储授信	公司卡	代理政策银行委托	集团公司理财方案
教育存款		汽车贷款		项目（BOT）融资	汇兑	代理财政委托	外汇理财方案
借记卡		消费贷款		循环担保融资	委托收款	基金托管	家庭理财方案
		信用卡透支			托收承付	代销基金	
					国内信用证	代销保险	

商业银行常规产品的组合宽度是银行产品系列的数目。从表7-2中可以看到，产品组合宽度由八条产品线组成，故等于8（事实上不止，还有信用卡、债券等产品系列未列入）。商业银行产品组合的长度是所拥有的产品项目总数。表7-2中，产品项目总数是85个，总长度与产品线数目之比是产品系列的平均长度，约为11个，即产品线平均长度等于11。

产品组合深度是产品系列中每个产品项目的不同规格产品的数目。例如，在融资服务大类中的一般融资产品系列中，流动资金贷款产品，有期限、计息方式和担保方式的不同，有3个月、6个月、1年三个不同期限；有固定利率、浮动利率两种计息方式；有信用保证、第三方担保、抵押担保、质押担保四种担保方式，它们之间相互交叉或搭配，形成流动资金贷款产品的深度，其度量是$3\times2\times4=24$。与平均长度的计算类似，也可以算出一般融资这个产品系列的平均深度。

产品组合的相关性是指各个生产系列在最终用途或利益、生产过程、销售渠道或其他方面相互联系的紧密程度。金融产品系列只要是通过同一销售渠道的，就有相关性。但是如果产品系列对不同的购买者起不同的作用，就缺乏相关性。

产品组合要素对营销决策有重要意义：

（1）拓展产品组合宽度，将扩大经营范围，充分发挥企业各项资源的潜力，提高效益。

（2）增加产品组合的深度，可适应不同顾客的需要，吸引更多的买主。

（3）产品组合相关性的高低，可决定企业在领域内的竞争地位和声誉。

企业在进行产品组合时，涉及三个层次的问题需要作出抉择，即：

（1）是否增加、修改或剔除产品项目；

（2）是否扩展、填充和删除产品线；

（3）哪些产品线需要增设、加强、简化或淘汰，以此来确定最佳的产品组合。

三个层次的抉择应遵循既有利于促进销售又有利于增加总利润这个基本原则。

产品组合策略的主要形式：

（1）全线全面型。金融机构尽量向自己业务范围内的所有顾客提供所需的产品，例如电商出身的蚂蚁金服的产品组合（见表7-3）。采取该种策略必须有能力满足整个市场的需求。例如近年来，国外一些商业银行不断扩大产品组合的宽度和深度，向客户提供全方位贷款服务，几乎所需的金融服务都能够提供。

表7-3　蚂蚁金服产品组合

余额宝		芝麻信用	蚂蚁财富	网商银行
企业	个人			
电脑网站支付	余额宝	芝麻认证	余额宝	网商贷
手机网站支付	招财宝	芝麻分	定期	旺农贷
App支付	存金宝	行业关注名单	基金	信任贷
当面付	淘理财	企业涉诉记录	存金宝	余利金
收钱码	蚂蚁达客	个人涉诉记录	股票	

（2）市场专业型。金融机构着眼于向某专业市场提供其所需要的各种产品。这种策略强调的是产品组合的广度和关联性，产品组合的深度一般较小。

（3）产品线专业型。金融机构根据自己的专长，专注某几类产品或服务的提供，并推销给各类客户。这种策略强调产品组合的深度和关联性，产品组合的宽度一般较小。

（4）特殊产品专业型。金融机构根据自身的特殊资源条件和特殊技术专长，专门提供或经营某些具有优越销路的产品或服务项目。其特点是：产品组合宽度极小，深度不大，但关联性极强。由于产品或服务的特殊性，能开拓的市场很有限，但竞争威胁也小。

第二节　金融产品的品牌创建

一、品牌的概念

品牌是一个名称、术语、标记、图案，或者是这些因素的组合，用来识别制造商和销售商。“它是卖方就其提供的一系列产品特点、利益和服务，对买方的不间断承诺。”①

① 菲利普·科特勒，加里·阿姆斯特朗．科特勒市场营销教程．6版．北京：华夏出版社，2004．

品牌是产品的一个重要组成部分，能够增加产品的价值。品牌为客户带来的好处是：有助于识别产品，提供产品质量信息。因为同一种品牌的产品质量相同，所以节省了消费者选择商品时在时间和费用上的成本。

根据品牌的概念，组成商品品牌的因素有四个：

1. 品牌名称

品牌名称，即商品或服务可以用语言说出的部分，如中国银行、花旗银行、万事达卡等品牌。一个好名称能极大地促进一个产品的成功。不过，取个好名称是不容易的。

2. 品牌标记

品牌标记是商品或服务中可以辨认但不能用语言说出的部分，通常是一些符号、图案、颜色、字体等。中国银行的标志是非常经典的品牌标记：铜钱状外圆内方的“中”字红色徽标以及“中国银行”的颜色与字体，不但国内无人不识，在国外的认知度也相当高。

3. 商标

商标是一个专门的法律术语，商品的品牌或品牌的一部分在政府有关部门依法注册商标并取得专用权后，称为商标。商标受到法律的保护，是企业一项重要的知识产权。其他人不能随便使用，否则就构成侵权。商标依其知名度的高低和声誉的好坏，具有不同的价值，是企业的无形资产之一，其产权或使用权可买卖。

品牌和商标都是商品的标记。品牌是一个商业名词，商标是一个法律名词，商标能保护生产者和消费者的切身利益。品牌只有根据商标法登记后才能受到法律的保护，才能成为商标，因此，所有的商标都是品牌，但品牌不一定是商标。

4. 厂牌

厂牌即生产品牌的企业名称。品牌名称常常与厂牌名称不一致。例如，招商银行的“金葵花”产品、中国工商银行的“稳得利”产品、新华保险的“吉星高照”产品等。用机构名称还是用其他品牌，取决于金融企业的品牌策略考虑。

二、品牌的作用

下面从金融企业、顾客和代理机构三个角度来看品牌的作用。

（一）金融企业的角度

1. 品牌可以形成产品和服务的差异化

现代科技的进步和信息流动的便利，使原本支撑产品和服务区别的差距在缩小。金融产品同质化往往使客户无所适从，科技含量的提高又使客户对其质量和特性更加难以识别。但品牌不仅可代表产品的质量、特性、功能、服务和技术等硬指标，还蕴涵着特定的文化和情感因素。它既为消费者提供了相关产品的综合信息，又传递着鲜明的个性特点并指向明确的目标客户，使他们很容易从众多产品中识别出来并对它形成评价，而不同的评价又影响客户的选择。

2. 品牌可以占领目标市场和扩大市场份额

品牌形成的产品和服务的差异化，一方面能够吸引新的顾客购买，另一方面能够使原有的顾客更多、更频繁地购买品牌产品，并引导他们形成品牌偏好。一旦顾客形成了对某种品牌的偏好，不仅意味着会吸引更多的顾客，也意味着该产品具有了一定的市场垄断，从而会进一步扩大市场份额。

3. 品牌可以提高产品的利润水平

品牌是在管理、产品设计、营销、服务和文化等一系列活动中形成的，品牌本身并不需要过多的额外投入。品牌溢价不仅可带来更高的产品价格，还可带来更高的市场占有率、更低的营销费用和更强的抗风险能力。

（二）顾客的角度

建立品牌同时给顾客带来了许多好处。品牌名称帮助他们找到有利于他们的产品。有了品牌名称才使媒体宣传成为可能。品牌为潜在交易顾客提供产品质量信息。经常购买同一种品牌产品的顾客知道，他们每次都会买到相同质量的产品，由此节约了信息搜寻成本。

（三）代理机构的角度

金融品牌的代理机构借助品牌强大的市场力量，可以节省市场营销前期工作的大量费用，针对目标客户直接推介产品。在与客户沟通的环节，借助品牌可以很快建立信任关系，提高交易达成效率。此外，依托品牌企业先进的信息技术和管理系统，可以使业务处理效率提高。只要是同一品牌，无论在哪一地域代理，其产品质量与服务标准都是一样的。

三、品牌价值

有魅力的品牌能引起强烈的消费者偏好。世界各地的企业为了使它们的品牌获得全国乃至全球的承认和青睐，不惜投入重金。一个有影响力的品牌往往有很高的品牌价值。品牌价值的高低取决于顾客对品牌的忠诚度、品牌知名度、品牌代表的质量、品牌辐射力强弱和其他资产，如专利、商标和商业渠道等等。

价值很高的品牌是一项极为可观的资产，属于企业最重要的无形资产。由于计算品牌的确切价值是很困难的，所以企业通常不在资产负债表中列出品牌价值。但其价值并不因此而不存在。据美国《商业周刊》2002 年估计，花旗银行的品牌价值为 180 亿美元。但经历了 2008 年美国金融危机以后，欧美许多金融企业包括花旗银行的品牌价值均大幅缩水。这说明金融品牌价值最重要的基石是信心。

一个优秀的高价值的品牌会在市场中享有很高的知名度和忠诚度，能为企业带来许多竞争优势，是金融企业长久可持续发展的重要资产，胜过那些价格不菲的机器设备等有形资产。具体可以从以下三个方面了解品牌价值。

1. 具备较高的客户认知度和较强的情感渗透力

金融品牌所代表、传递的核心价值十分明确，能够在很大程度上主导客户的选择，从而影响客户的价值观念和需求欲望，使客户与金融品牌形成长久、稳固的关系，提高他们的品牌忠诚度。

2. 具备显著的品牌一致性和较强的市场适应性

金融品牌在产品、服务、标识、理念和管理等方面均在客户、员工、股东的心目中形成了令人印象深刻的企业形象，在听觉、视觉和语言表述等方面具备高度的一致性。基于“70/30 原则”，即品牌的 70％严格保持一致，其余 30％根据不同市场客户的喜好及品位、需求特征和文化差异，对品牌的建设和管理策略进行及时调整，在保持品牌稳定性的同时兼顾灵活性。

3. 具备长远发展、兼顾社会进步的价值观念

金融品牌普遍推崇人的价值高于物的价值、共同价值高于个人价值、社会价值高于利润价值、客户价值高于生产价值等价值观。这些价值观随着金融企业的发展变迁和经营活动，沉淀为企业文化，最终通过产品和服务在市场上形成自己独特的品牌形象。

四、品牌名称设计

一个产品或服务的好名称或标识能极大地推动一个产品的成功，但要找到一个好的名称或标识却十分不容易。首先，要以目标市场和产品利益作为品牌名称设计的基础。其次，还要遵循一定的设计原则，如：

（1）容易识别，便于记忆。品牌设计既要简单明了、通俗易懂，又要新颖别致，能传递给客户明确的信息。如“同花顺”“大智慧”等好听又好记的实时行情软件，很快被股民接受，得到广泛应用；许多其他行业的著名品牌也非常简洁又不失生动形象，如微软、奔腾、耐克、三菱、大众等，值得金融业效仿。

（2）表达产品特色与效益。能使人联想到产品的质量和利益，例如飘柔洗发液、大力神起重机、联想电脑、奔驰汽车、平安保险、福寿养老保险、旭日东升少儿险等。

（3）激发顾客的购买欲望。一个构思独特、造型新颖的品牌能启发顾客的联想，引起兴趣，从而激发购买欲望。2010 年招商银行推出“伙伴工程”，专门为中小企业提供金融服务，其徽标设计构思独特，产生了视觉冲击力，如图 7－4 所示。图形构造选用了小伙伴许诺时常用的“拉钩盖章”方式，用来表达两层含义：一方面，招商银行小企业信贷中心与广大企业是从小开始、两“小”无猜、忠诚可靠的伙伴关系；另一方面，银企间通过紧密合作、相互推动，实现向更高的目标和谐共进。

图 7－4　招商银行“伙伴工程”徽标

类似地，阿里巴巴旗下的蚂蚁金服的取名以及徽标设计也很独到，市场认可度较高。之所以选择“蚂蚁”，“是因为我们是从小微做起，我们只对小微的世界感兴趣，我们身上承载了太多小微的梦想，我们喜欢与更多小伙伴们同行。就像蚂蚁一样，虽然渺小，但它们齐心协力，焕发出惊人的力量，在去往目的地的道路上永不放弃。”而“金服”二字也表达了蚂蚁金服重在服务的理念。蚂蚁金服既服务广大“草根”消费者和小微企业，也会以开放的心态服务于金融机构，共同为未来社会的金融提供支撑。相应的徽标的形象也是这一理念的体现：“为消费者和小微企业提供安全、便捷的普惠金融服务”（见图 7-5）。

图 7-5　蚂蚁金服徽标

如果大众化的产品名字起得太专业，例如开放式基金叫“量化阿尔法”“量化核心”等名称，就会让非专业的客户倍感困惑。

（4）适应当地文化习俗。数字、颜色、图案、图形在不同地区、不同文化、不同宗教背景下的含义不同。例如，中国工商银行、中国银行与中国农业银行的徽标含义，相同点是取形于中国古钱币秦半两钱的基本造型，取意寓“天圆地方”。古人认为天是球形，大地是方形，天空包裹着大地，象征无所不包、无所不在。天圆地方是一种朴素的古典哲学观。古代钱币取外圆内方既是对这种哲学观的传承，也是为了钱币携带的方便，可以用绳子把钱币串起来。徽标的不同之处在于：中国工商银行把里面改成了“工”字，中国银行是一个“中”字，而中国农业银行就是一个麦穗的样子，体现出自己的个性。

要特别注意禁忌，避免引起不悦。例如，在中国多用 8 而不用 4；在日本，忌用荷花作为商标的图案；在法国，忌用菊花。

（5）应有资格注册并取得法律保护。一个品牌如果侵犯了已有品牌的名称，就不能够注册。一旦选择好品牌，就必须对品牌进行保护。过于大众化的品牌易于被假冒、模仿。

五、品牌策略

品牌策略主要有四种，即产品系列扩展策略、品牌扩展策略、多个品牌策略和新品牌策略，它们的特点以及彼此之间的关系如图 7-6 所示。

品牌名称 \ 产品种类	已有的	新的
已有的	1.产品系列扩展	2.品牌扩展
新的	3.多个品牌	4.新品牌

图 7-6　品牌策略的四种类型

（一）产品系列扩展策略

产品系列扩展策略或者叫产品线延长策略，是将已有品牌名称扩展到已有产品线上开发的新形式、新规格和新风格的产品中。这是一种低成本、低风险的方法，用来推销新产品，以满足顾客各种品位的要求，以及用来利用过剩的生产能力。以我国证券投资基金公司为例，其产品基本是单一产品系列——证券投资基金。基金公司基金都采用这一策略，将本公司的名字作为产品品牌名之首，如南方基金公司，其产品系列有许多类型，如股票型、混合型、债券型、保本型、指数型等多种风格类型，无论推出什么类型或风格的新产品，"南方"二字一定放在系列产品名称的首位（详见图 7－7），目前产品线上产品总数已超过 40。因为人们已十分熟悉南方基金的产品，形成了"南方系"的品牌概念。新的产品系列都采用南方品牌，可以立即取得顾客对这些新产品质量的认同，还节约了为使客户熟悉一种新品牌所需的高额广告费用。但要注意的是，一个过分扩展的品牌名称有可能会失去其特有的含义，这是产品系列扩展包含的风险。

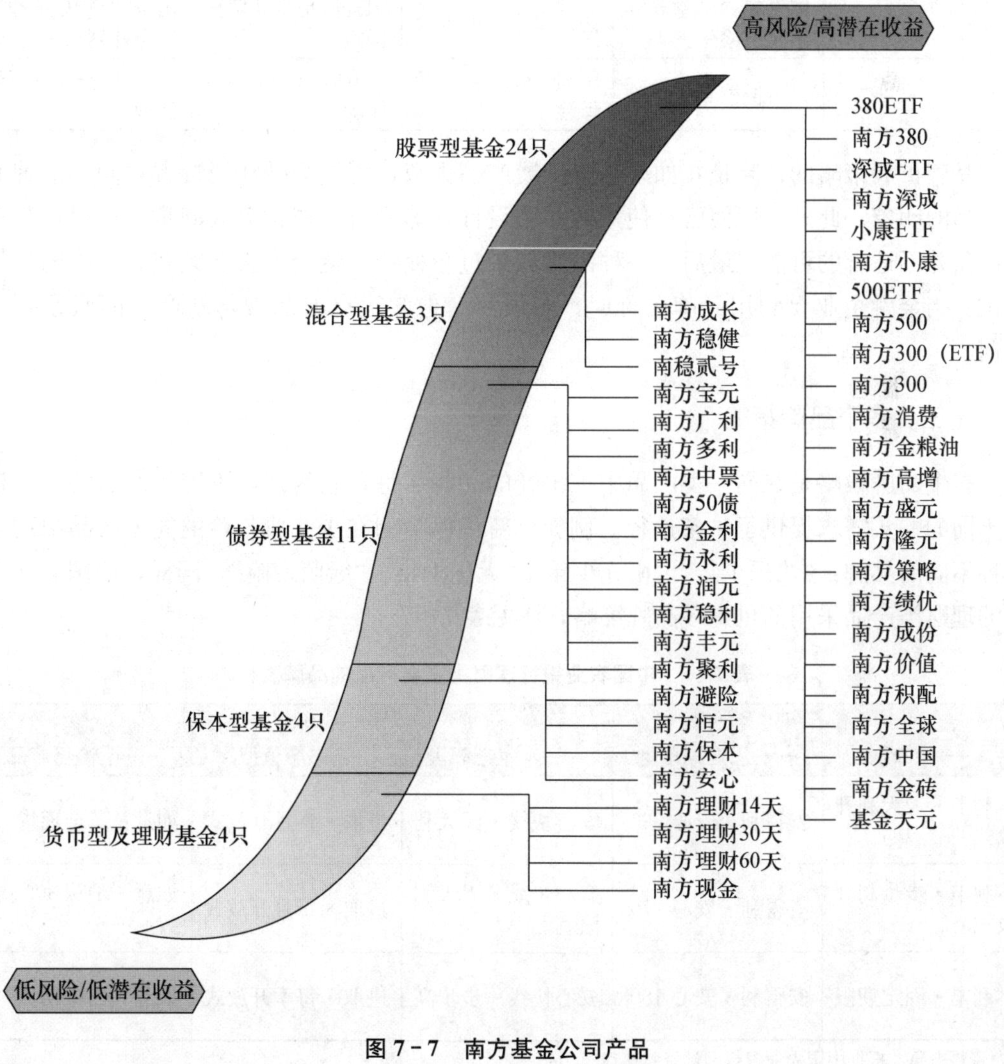

图 7－7　南方基金公司产品

（二）品牌扩展策略

品牌扩展策略是将已有品牌扩展到新的产品种类或产品线中。扩展品牌有许多优点。一个有口皆碑的品牌往往能帮助金融企业更加顺利地涉足新的产品种类，并能引起顾客对新产品的立即确认和更快接受。例如中国人寿保险公司，其产品组合较宽，每条产品线的产品都冠以“国寿”二字，表7-4是其产品组合宽度上的部分产品线（登录该公司网站查阅，可将此表扩展得更宽）及其产品名称，开发的新产品线均遵守这一品牌策略。

表7-4　中国人寿产品种类（产品线）品牌表

寿险	养老保险	健康保险	少儿保险	保险理财
国寿祥泰终身寿险	国寿松鹤颐年年金保险	国寿“幸福双康”保险	国寿绿荫呵护保障计划	国寿“放鑫保”组合计划
国寿祥泰定期寿险	国寿鑫裕保险组合计划	国寿康宁终身重大疾病保险	国寿福禄宝宝两全保险	国寿“鑫康保”组合计划
	国寿福禄满堂养老年金保险	国寿康宁定期保险	国寿鸿星少儿两全保险	国寿“喜庆祥和”组合计划
	国寿鸿禧年金保险	国寿鸿康至尊版保险	国寿智力人生两全保险	国寿鑫易宝保障计划

品牌扩展策略的风险是，如果品牌扩展产品失败，可能会破坏消费者对同一品牌其他产品的印象。此外，即使已经使用的品牌设计得非常好、非常令人满意，也存在某种新产品并不适合的可能。最后，一种品牌如果过分使用，便会失去在顾客心目中的具体定位。当金融企业要利用品牌名称时，必须清楚地知道已有品牌与新产品的联系程度如何。

（三）多个品牌策略

多个品牌策略是在同一类产品中推出新的品牌名称，它为建立不同的产品特色和迎合不同的购买需求提供了一条途径。例如，新华保险的在少儿成长险的同类产品中用了四种不同的品牌：“快乐少年”“阳光少年”“无忧少年”“绿荫寿险”。同样，中国农业银行的理财类产品采用的也是多品牌策略，详见表7-5。

表7-5　中国农业银行理财类主要产品的品牌表

本利丰 ——保本型	安得利 ——固定期限型	安心快线 ——半定期限型	进取 ——净值型	如意 ——结构化产品
本利丰·天天利开放式	安得利·安心360	安心快线·天天利	进取·半月开放式	如意·黄金现货
本利丰·步步高开放式	安得利·安心270	安心快线·天天利滚利	进取·每月开放式	如意·沪深300指数
本利丰·固定期限	安得利·安心180	安心快线·步步高	进取·每季开放式	如意·白糖期货

资料来源：根据中国农业银行网站资料整理。

建立多个品牌能以建立侧翼品牌的方式来保护主打品牌。有时，金融企业在收购某一竞争企业的过程中继承了不同的品牌名称，并且每一个品牌都有一些忠实的拥护者，要维持既有市场就需要多个品牌策略。多个品牌策略的一大缺点是：每个品牌可能只获得一小块市场份额，而且每一个市场的利润都不高。

（四）新品牌策略

新品牌策略是在新产品种类中建立新品牌名称。当金融企业现有品牌没有一个合适的时候，则可建立一个新的品牌名称。或者认为既有品牌的影响力正在逐渐丧失，需要一个新的品牌来替代。最后，金融企业通过收购也会为新产品获取新品牌。正如建立多个品牌一样，太多的新品牌也会导致企业资源过度分散。

第三节　新产品开发过程及策略

所谓新产品，是指新发明的产品、产品性能的改进、产品形态的调整，以及新品牌，这些都需要通过金融企业自己的研究与开发努力才能取得。尽管新产品有时也来自并购和专利购买活动，但主要是金融企业自主的创新活动。

通常新产品开发有七大步骤，如图 7－8 所示。本节将对各个步骤逐项进行详细说明。

图 7－8　新产品开发步骤

一、主意产生

金融新产品开发程序的第一步是产生新产品的主意或构思。这些主意或构思有许多来源，包括：客户调查、客户埋怨、客户或员工建议、竞争、新技术等。

作为金融机构研究调查的一部分，客户调查可以直接揭示客户的欲望和需要，或者客户自己的发明创造，为新产品开发提供主意。例如，将大额资金分成几个部分，根据个人或家庭的消费支出计划，设计不同期限、利率搭配的结构存款方案。早在银行将其作为理财方案推出之前，就有精明的客户发明并运用了。

客户抱怨信件也可以提供新产品主意。对这些信件应该经常分门别类，交给一个专门机构，如稽核部一类的内部审查部门，从中发现市场潜在需要。另外，许多金融机构都设有客户和员工建议箱，对这些建议也需要及时整理并交由内部审查部门审视。对客户和员工建议的有效利用同样可以产生新主意。

另一个产生新主意的极好来源是经常跟踪监视市场上刚导入的竞争性新产品。由于金融产品易于模仿，为了减少创新产品的投入，大部分金融机构倾向于采取产品跟随策略，将精力集中在产品模仿而非产品创新上。这对小型金融企业来说，尤其不失为一种较好的低成本方法。

二、主意筛选

主意产生的过程创造性地产生了大量新产品构思，接下来的工作是通过筛选减少构思或主意的数量。筛选的目的是尽可能快地找到好构思。因为一旦决定开发某种金融产品，将要投入大量资金。新产品主意选择得好坏直接影响开发成本的大小。能否找到较快收回成本、获得盈利的产品，这一阶段的工作占有举足轻重的地位。

三、概念形成和测试

一个有吸引力的构思需要进一步发展，形成一个产品概念。产品构思、产品概念和产品形象之间的区别是什么呢？产品构思是指企业考虑向市场提供一种可能产品的主意；产品概念是站在客户角度对构思进行详尽描述；产品形象是指客户观察实际产品的方式。

在进入新产品或服务的实质性开发之前，通常要选择某一顾客群体进行新产品概念测试。在这一过程中，产品经理们首先要把这种产品的主意变成可供客户选择的产品概念，向这些顾客详细描述新产品的各种特征：它是如何工作的、其成本为多少和会给顾客带来哪些益处。从客户反馈意见中找到每种概念对客户的吸引程度，然后由这些小组人员对产品概念进行评价，并选出最佳的一个。这些评价和反馈信息将用来分析新产品在未来市场上的潜力。除此之外，产品管理人员也根据这些评价来修改新产品或服务，使之更符合顾客需要。表 7－6 是一组经常用来测试新产品概念的问题。

表 7－6　对客户小组进行概念测试时所提的问题

- 您对该产品或服务的总体反应如何？
- 您是否需要该类型的产品或服务？如不需要，您认为谁会需要这类产品或服务？
- 您对该产品或服务的价格有何看法？
- 对该产品或服务，您是肯定购买呢？还是可能购买，抑或可能不购买，或肯定不购买？请说明理由。
- 您认为该如何改进该产品或服务？对改进后的产品或服务，您愿意付多少钱？

四、商业分析

商业分析包括三部分内容：制定基本的市场战略、销售预测以及成本和损益预测。

（一）制定基本的市场战略

产品经理应在概念测试的基础上调整甚至重新设计新产品或服务，确定市场战略的基本要素。表 7－7 列举了国外某银行推出“老年市民存款计划”产品的基本市场战略，详细地说明了市场情况、银行的目标以及客户的要求和特征。

表 7-7 “老年市民存款计划”产品的基本市场战略

产品或服务名称：	老年市民存款计划
目标市场：	65岁以上的市民
存款目的：	活期以及其他形式储蓄产品
潜在的市场总值：	50亿元
预期市场增长率：	每年10%
营销成本：	每年50 000元
调研成本：	每年30 000元
人员费用：	每年50 000元
本产品或服务的特征：	要求存款余额维持在5 000元； 可以无偿使用支票； 定期寄发业务通讯； 每半年召开一次研讨会； 提供免费公证服务； 帮助制订旅游计划。
客户的要求：	资金的安全性； 财务信息充分； 投资的保守性； 彼此紧密合作。
客户的关注点：	便利性； 资金回报率； 保密程度； 财务安全性。
客户的生活方式/习惯：	退休； 有较大的资本积累； 移动性小，居住稳定； 与多家金融企业有关系； 对选中的金融机构忠诚； 不愿意付小费。

（二）销售预测

销售预测应考虑诸多因素，包括市场潜在总量、企业目前或预期的市场份额、类似产品或服务销售量、对新客户的吸引力及对老客户交叉销售能力的市场调查等。新产品销售量的预测公式如下：

新产品的预测销售量＝潜在销售总量×行业销售比例×预期市场份额

其中：

潜在销售总量＝目标市场人数×预期购买者比例×平均购买量×平均价格

（三）成本和损益预测

(1) 成本预测。为了得出预期利润，除了估计销售额，还需要预测成本。成本包括：

开发费用、营销费用、人员工资、研究费用、利息、脱媒介效应（人们为谋取高利，从本银行其他储蓄产品账户提取资金，转而购进新的产品，使原产品存款余额减少）的损失以及其他因新产品或服务商品化而产生的费用。产品经理应该利用从经营、营销和人事部所得到的资料数据来估计这些成本，算出成本的净现值或终值。

（2）损益预测。表 7－8 是金融产品推出头四年的损益计算表。计算的几个关键点是：首先，要确定各项计算参数，它直接影响计算结果。而计算参数的选取应该以大量的企业内部和外部的调查研究、历史比较、同业比较等资料为基础。其次，既要进行常规财务分析，也要采用项目投资的评价方法进行分析，如考虑资金时间价值的折现计算法、内部收益率法、针对市场可变因素的敏感性分析等，这对于大额的或期限较长的产品开发项目尤其重要。

表 7－8　新产品损益计算表

年份	一	二	三	四	注
账户数目（个）	1 363	1 499	1 649	1 814	10%的增长率
平均数额（万元）	5 500	6 325	7 274	8 365	15%的增长率
平均投资额（万元）	4 400	5 060	5 819	6 692	储备需要
账户年均经营成本（万元）	36	36	36	36	
平均资产收益率	12.85%	12.85%	12.85%	12.85%	
减去负债收益率	7.80%	7.80%	7.80%	7.80%	
净利息毛收益率	5.05%	5.05%	5.05%	5.05%	
基金的平均值（万元）	222	256	294	338	平均投资额×净利息毛收益率
总收益（万元）	222	256	294	338	
减去平均经营成本（万元）	36	36	36	36	
减去脱媒介损失（万元）	98	98	98	98	
平均净利润/损失（万元）	88	122	160	204	
净利润总值（万元）	119 944	182 878	263 840	370 056	账户数目×平均净利润
市场营销成本（万元）	50 000	50 000	50 000	50 000	
调查研究成本（万元）	30 000	26 400	23 232	20 444	12%的递减率
人员成本（万元）	50 000	53 000	56 180	59 550	6%的增长率
贡献（万元）	－10 056	53 478	134 428	240 062	净利润总值减去成本
折现贡献（万元）	－8 749	40 429	88 454	137 315	15%的折现率
累计折现现金流（万元）	－8 749	31 680	120 134	257 449	

五、产品开发

新产品开发阶段的主要工作是使产品与现有经营部门一体化和协调化，借助蓝图方法进行流程设计和有形展示设计。在实际操作中，产品经理们必须开始收集足够的与新产品或服务有关的法律、促销和培训材料，充分利用现有的操作系统和设备进行产品开发。然后，适当地添置所需的新设施，培训员工。这样可以大大减少开发的成本。

六、测试

一项新产品或服务的测试分为客户调研测试和市场测试两种。客户调研测试包括调查、个别面谈或电话访问，据以调整营销组合。金融机构通常集中人员建立测试小组，对产品进行测试，做好产品商品化前的最后调整。

客户调研由企业内部调研部门或外部专门机构进行。不论谁做，产品经理们都应该获得有关新产品或服务试用率和购买意向方面的详尽信息。有了试用率和购买意向的资料，才能检查在商业分析中得到的预测销售量合理与否。若预测太高或太低，则应根据新的调查数据重新编制新的利润表。

市场测试是将新产品或新服务投放到市场上让顾客尝试的活动，由客户评判其优缺点。由于许多金融机构所涉及的地理区域较广，测试可采用调查问卷方式收集客户反应。产品经理们可以选择一个单独的地理区域，投放新产品或新服务。为了顺利进行市场测试，有必要将该产品或服务在一定程度上纳入正常营业系统中，形成一套较完整的操作方法和程序，训练分支机构人员如何围绕产品提供营销推介。在测试市场对产品或服务、促销、定价、传递和环境的反应时，以跟踪调查方式为优。测试区域的销售数据是核对预测销量的依据。同时，对被测试客户购买行为及其反应的分析有利于进一步改善新产品或服务。

七、商品化

当市场测试结果表明该产品具备良好的发展潜力时，接着便是形成产品的商品化计划。下面以一个例子说明商品化计划的基本内容。

目的：

对产品或服务的特征、效益和传递方式等营销因素组合方案，以及对市场潜力和利润的评价和估计。

产品：

名字和产品的一般描述。

背景：

××分支机构决定需要扩张其具有市场吸引力的产品。提供该产品具有的特殊利益____________，对该产品感兴趣是因为____________。

管理目标：

(1) 确定新产品在一个大范围市场或区域市场上所提供的潜在利润。

(2) 确定细分市场的最大潜力。

(3) 建立新产品在某一领域或市场范围内的导入原则。

程序：

(1) 明确新产品管理职责。

（2）确认新产品或新服务是否符合法律和金融法规。

（3）明确目标市场，获取与该产品相关的参数，如地理位置、收入、阶层、年龄、教育程度、顾客与非顾客数，等等。

（4）在明确目标市场的基础上估计市场大小和潜在交易量。

（5）进行初步利润分析。

（6）提供导入新产品所需操作系统的分析：

①现有导入能力；

②产品传递能力；

③导入成本。

（7）提供销售能力分析：

①销售和管理能力；

②资金来源。

（8）上述步骤总结：

①是否继续该新产品的开发；

②若继续开发，该如何进行；

③什么时候继续较合适。

（9）形成导入新产品的市场营销计划：

①项目名称；

②目标顾客；

③产品的最后定义；

④目标；

⑤战略；

⑥战术；

⑦预算；

⑧行动计划（基本格式详见表 7－9）。

表 7－9　行动计划

项目：新产品开发			
行动项目	到期日	责任	地位
指定产品经理			
审查产品形象			
产品合法性审查			
明确目标市场			
市场大小、潜力估计			
初步利润分析			
递交主管决定是否继续			
提出操作系统建议或成本			
提出管理或销售建议			
给主管提供参考建议并获得必要批准			
提出包括培训在内的营销活动计划			

第四节　产品生命周期策略

在推出一个新产品之后，管理部门总想使它有一个较长的愉快的生命。尽管金融机构并不能期望一个产品能够永远地销售，但却想赚到足够的利润以补偿在推出该产品时付出的努力和经受的风险。事实上，每种产品的生命周期都有不确定的长度及其特性。

图 7－9 是一个理想的产品生命周期形态，显示了产品销售量与利润额在整个产品生命期间的变化过程。大体上，产品生命周期可以分为四个不同的阶段：

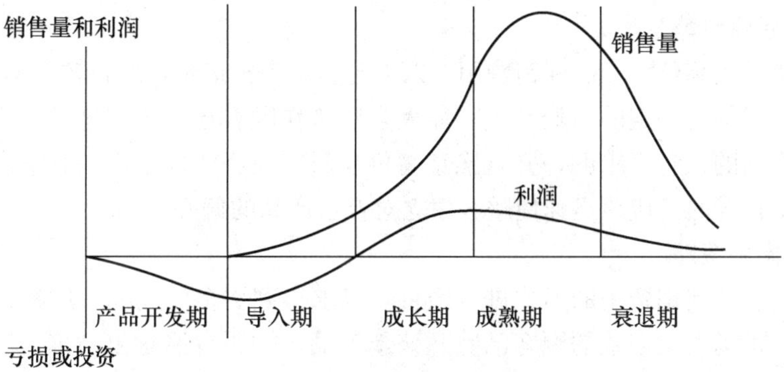

图 7－9　产品的生命周期

（1）导入期。指产品进入市场，销售量缓慢增长时期。由于产品导入市场费用很高，所以这个时期还没有利润。

（2）成长期。指市场快速接受和利润快速增长时期。

（3）成熟期。在这一时期产品已被绝大多数潜在购买者接受，市场逐渐饱和，销售量增长速度减慢。为了在竞争中保护产品，市场营销支出增加，利润因此持平或下降。

（4）衰退期。销售急剧下降，利润跌落。

并非所有产品的生命周期都是这种典型的 S 形。有一些产品一进入市场便很快消失；另一些产品则有相对较长的成熟期；还有一些产品在进入衰退期后，通过大量促销或重新定位后又返回成长期。这里仍以典型的生命周期形态为基础，分析其各个阶段的特征，为产品营销策略提供依据。

一、导入期策略

产品在这个阶段的特点是销售缓慢增长，市场在逐渐了解产品，大部分顾客还不愿意放弃或改变自己以往的投资理财偏好。因为销量不大，单位产品成本较高。对产品定价没有把握：太高会限制购买，太低则收不回成本。利润曲线呈现亏损，原因是大量的经费用于新产品投放市场。除研发经费之外，还需要大量的广告宣传费用，以建立销售网络、让顾客了解新产品。

现代银行业，产品的信息化程度很高，用于开发计算机和通信系统的成本高昂。此外，不像诸如电器类消费品试用不行可以退货、包换等，金融产品不可能试用或退货，一旦产品推出遭遇失败，先期开发投入的巨额费用将损失殆尽。

这一阶段市场营销可选择的策略主要包括如图 7－10 所示的四种。

价格水平＼促销水平	高	低
高	快速撇脂策略	缓慢撇脂策略
低	快速渗透策略	缓慢渗透策略

图 7－10　导入期可选择的市场策略

1. 快速撇脂策略

这种策略采用高价格、高促销费用，以求迅速扩大销售量，取得较高的市场占有率。采取这种策略必须有一定的市场环境，如大多数潜在顾客还不了解这种新产品；或已经了解这种新产品的人急于求购，并且愿意高价购买；或企业面临潜在竞争者的威胁。当面临这样一种情况时，应该迅速使顾客建立对自己产品的偏好。

2. 缓慢撇脂策略

以高价格、低促销费用的形式进行经营，以求得到更多的利润。这种策略可以在市场面比较小，市场上大多数的顾客已熟悉该新产品，购买者愿意出高价，潜在竞争威胁不大的市场环境下使用。

3. 快速渗透策略

这种策略采用低价格、高促销费用，可迅速打入市场，取得尽可能高的市场占有率。在市场容量很大，顾客对这种产品不熟悉但对价格非常敏感，潜在竞争激烈，销售规模的扩大可以降低单位生产成本的情况下，适合采用这种策略。

4. 缓慢渗透策略

以低价格、低促销费用来推出新产品。这种策略适用于市场容量很大，顾客熟悉这种产品但对价格反应敏感，并且存在潜在竞争者的市场环境。

导入期的长短取决于客户对产品的接受程度。在美国，自从 20 世纪 80 年代以来，通过个人电脑开展家庭银行业务就一直处于导入期。由于涉及改变客户使用银行和票据支付的行为习惯，接受该项服务的客户数量开始时增长缓慢，现在客户数量仍在增长，因为越来越多的客户愿意与技术打交道并尽量想办法节约时间。广告策略是持续告诉公众该项服务能给人们带来益处。

以美国银行推出大众金融产品——借记卡为例，该产品多年来一直处于导入期（见图 7－11）。该产品面临的营销挑战不仅仅是克服客户对透支损失所产生的抵触，还要劝说商家安装必要的设备并同意接受和促销借记卡。客户使用信用卡时一直占用银行资金，直到每月账单支付之时。而借记卡则可以立即从客户结算账户上取走资金。这对银行的好处是显而易见的。如果每年借记卡业务量以较快的速度增长，更多的银行就会愿意提供借记卡产品，可以预见银行卡快速成长期将会到来。近年的数据表明，借记卡已度过导入期，业务量猛增，大有赶超信用卡之势。

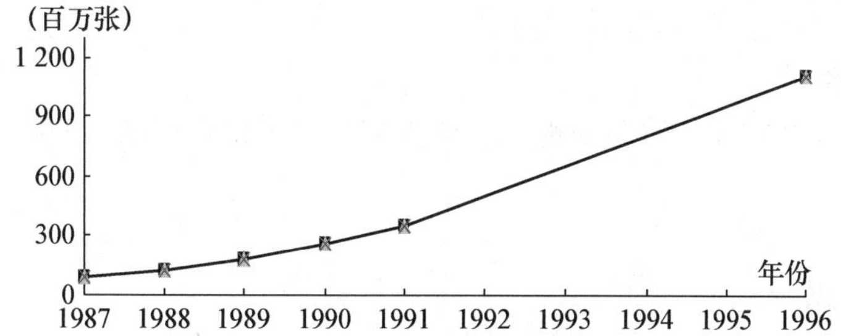

图 7－11　美国借记卡的生命周期

二、成长期策略

成长期的主要特征是：产品基本定型且大批量生产，成本大幅度下降；顾客对产品已相当熟悉，销售量急剧上升，利润也随之增长较快；大批竞争者纷纷介入，竞争显得激烈。但在竞争者进入市场时，最早投放产品的公司在这一逐渐增大的市场上已具有竞争优势。有限的竞争和快速增长的销售量使产品很快盈利。

以金融危机以前的美国住房限额信贷为例。美国住房限额信贷产品长期处于成长期。在 20 世纪 80 年代早期，一些银行就推出了这种产品。当时取消了分期贷款的利息税，又逢房产抵押贷款的利息不断下降，住房限额信贷的吸引力越来越大。1986 年的信贷余额是上年的 3 倍，1987 年也保持着较高的增长速度。尽管自 1998 年以来增长率有所降低，但信贷余额仍保持继续增长的势头，如图 7－12 所示。

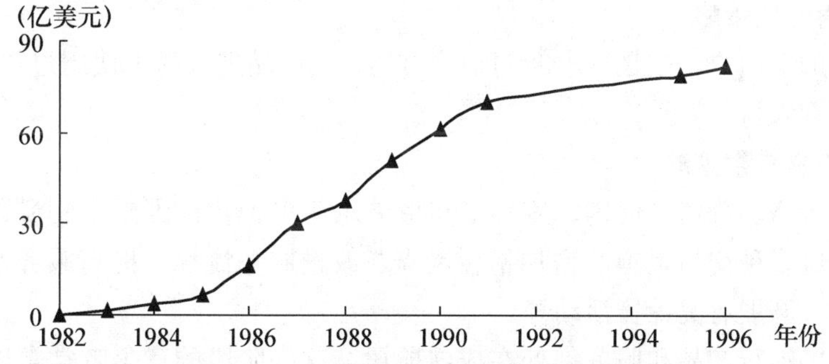

图 7－12　美国住房限额信贷的生命周期

这一阶段通常实施的营销策略是：

1. 改善产品品质

例如，增加新的功能，改变产品款式等。改进产品，可以提高产品的竞争力，满足顾客更广泛的需求，吸引更多的顾客。

2. 寻找新的子市场

通过市场细分，找到新的尚未满足的子市场，根据其需要组织生产，迅速占领这一新市场。

3. 改变广告宣传的重心

把广告宣传的重心从介绍产品转到建立产品形象上来，树立产品品牌，维系老顾客，吸引新顾客，使产品形象深入顾客心中。

4. **适时降价**

在适当的时机可以采取降价策略，以激发那些对价格比较敏感的顾客产生购买动机和采取购买行动。

三、成熟期策略

成熟期到来的主要特征是：大多数人已经购买了该产品，销售量虽有增长，但已接近或达到饱和状态，增长率呈下降趋势；利润越过最高点，并开始下降；许多同类产品和替代品进入市场，竞争十分激烈；等等。另一特点是广泛进行广告宣传以促进需求，广告宣传费用增加，利润相应减少。

对成熟期的产品采用哪种策略，应从金融企业和产品的现实状况出发。如果实力不太雄厚或产品优势不大，则可采用防守型策略，即通过提供优惠价格、优质服务等，尽可能较长时间地保持现有市场。对于无力竞争的产品，也可采用撤退型策略，即提前淘汰这种产品，集中力量开发新产品，以求东山再起。如果企业实力雄厚，产品仍有相当的竞争力，则应积极采取进取性策略，使成熟期延长，或使产品生命周期出现再循环。为此，可以采取以下三种进取性策略：

1. **产品改革策略**

通过对产品的性能、品质、风格等方面的明显改良，以保持老用户、吸引新顾客，从而延长成熟期，甚至打破销售的停滞局面，使销售曲线又重新扬起。

2. **市场再开发策略**

寻求产品的新用户，或是寻求新的细分市场，使产品进入尚未使用过本产品的市场，如从城市扩展到农村。

3. **营销因素重组策略**

综合运用价格、分销、促销、流程或有形展示等多种营销因素来刺激顾客购买。如降低价格、开辟多种交易渠道、增加柜台网点、改进服务流程、提高服务水平、采用新广告宣传方式、开展有奖销售活动等。

很多传统的银行产品和服务都处在成熟阶段。这一阶段的竞争者常常以杀价来增加销售。以美国支票账户为例。20 世纪 70 年代中期，有些银行实行免费支票业务以扩大产品的市场份额（此前，免费支票业务极为罕见）。当多家银行争相效仿时，对每家银行而言涉及该业务的营业额就相应减少，银行的利润也大大降低，该策略最终产生了事与愿违的结果。然而，1996 年和 1997 年免费支票业务又重新盛行，因为银行竞相吸引、寻找新客户，使市场份额增加。在我国，信用卡也在经历类似的过程，各家发卡行争取客户的主要手段之一就是降低年费，以刷卡超过若干次则免收年费的办法，加速扩大市场规模。

因为营销的多数金融产品属于成熟产品，营销者必须富于创造性，通过改进和完善产品延长产品生命。这些策略旨在鼓励现有客户多使用产品或用新的方式来使用产品，或吸引新的顾客来体验产品。

四、衰退期策略

衰退期的主要特征是：替代品大量进入市场，顾客对老产品的忠实度下降；产品销售量大幅度下降，价格下滑，利润剧减；竞争者纷纷退出市场；可能还有一个或几个公司的产品继续盈利，但整个行业利润明显下降。对此，采取的策略有：

1. 收缩策略

缩短战线，把企业的资源集中使用在最有利的细分市场、最有效的销售渠道和最易销售的品种及款式上，以求从最有利的因素中获取尽可能多的利润。

2. 维持策略

由于许多竞争者相继退出市场，而市场对此产品还有一定的需求，因此生产成本较低的企业可继续保持原有的细分市场，沿用过去的营销组合策略，将销售量维持在一定水平上，待到时机合适，再退出市场。

3. 撤退策略

当产品已无利可图时，应当果断及早地停止生产，致力于新产品的开发。否则，不仅会影响利润收入，占用有限的资源，更重要的是影响金融机构的声誉，在顾客心中留下不良的形象，不利于今后其他产品进入市场。

4. 重新定位策略

通过对产品的重新定位，为产品寻找新的目标市场和新的用途，使产品再次焕发青春，从而延长生命周期或者成为另一个市场的新产品。

在美国，银行业的定期存款账户就处于其生命周期的衰退阶段。各种原因都可能导致销售额下降，包括新产品替代老产品，如各种各样的理财产品、债券型基金、信托产品等进入市场，导致定期存款的吸引力下降。相比而言，我国的情况还不太一样。

五、其他相关策略

1. 产品接受者分类

客户接受和采用新产品的模式与产品生命周期密切相关。客户对新产品的反应因人而异。很少有人在新产品上市后立即使用，多数人在购买新产品之前要等一段时间，还有些人从来也不使用新产品。

有学者将人们按其接受新产品的快慢分为五类：创新者、早期接受者、早期多数、晚期多数以及落伍者（见图 7－13）。客户的类属结构一般与地理、社会阶层以及信息来源有关。创新者是一些喜欢冒险的人，早期接受者往往是一些受过良好教育又有较高收入的年轻人。此外，他们获得的信息也是从多种媒体、多渠道汇集而成的。与此相反，晚期多数和落伍者的信息来源非常有限，常常依赖于参考群体形成自己的意见。进行这样的分类分析对于营销管理者是富有启发性的。

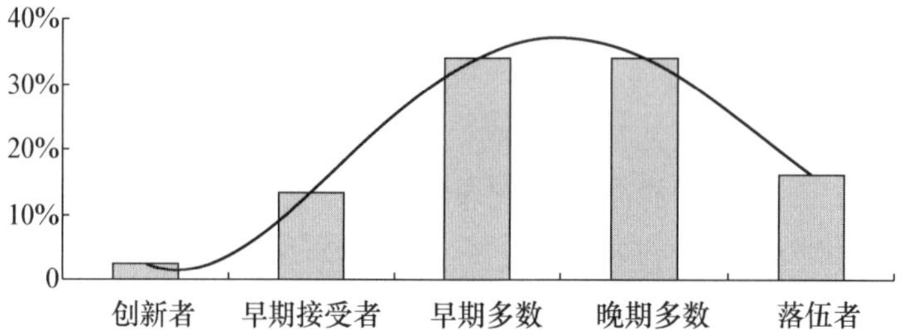

图 7-13 新产品的市场扩散过程

创新者与早期多数和晚期多数接受一种产品的时间间隔取决于一系列因素。一方面，对产品创新的感受越深，时间间隔就越短；另一方面，产品创新越复杂，时间间隔则越长。人们接受电话转账服务、网络银行等新型服务，在一些市场要历经数年时间，客户接受这种产品非常缓慢。只有那些创新者和早期接受者才积极使用这种服务产品，原因可能是产品的复杂程度以及客户无法看到样本或试用这种服务，不喜欢人机对话的程式化和冷漠，对资金是否安全、效率是否更高存有疑虑。

2. **交叉销售**

交叉销售即借助客户关系管理，发现顾客有多种需求，并通过满足其需求而销售多种相关服务或产品的一种营销方式。简单说来，就是向拥有本公司 A 产品的客户推销本公司的 B 产品。

行业统计数字显示，购买过企业两种产品的客户，其流失率为 55%；而购买过四种以上产品的客户，其流失率几乎为 0。正是基于这样一个规律，近年来大型银行与保险集团在创新销售方式上大力发展交叉销售。以中国平安为代表的产品多元化的保险集团已经收获了交叉销售带来的硕果（见表 7-10）。不过，产品较为单一的小型保险公司还难以享受这种模式带来的利好。

表 7-10 中国平安交叉销售业务金额 单位：百万元

金融产品	2008 年	2009 年	2010 年	2011 年
基金				3 798
养老金			1 923	2 231
零售业务存款				1 377
信用卡（万张）	69	124	124	114
产险	3 867	5 635	8 582	11 940
信托	1 728	5 650	13 812	22 546
公司业务存款	475	2 509	5 200	2 433

资料来源：证券日报，2013-04-08.

另一个典型是被誉为“交叉销售之王”的美国富国银行。交叉销售作为其商业模式的基石，是其收入和利润不断增长的基础。因此，它通过尽量多地向客户推销金融产品来满足客户多元化的财务需求，实现自身收入的增长。公司不仅在内部大力倡导交叉销售的文化，提升员工的认同，同时设计了一整套激励考核机制，保障交叉销售的策略得以执行。

交叉销售模式用很低的成本增加了客户黏性，提高了单户贡献度，使营业收入增长高于行业平均 45%～80%。富国银行交叉销售的特点表现在两个方面：

(1) 提供的产品丰富多样。在普通零售领域，富国银行的客户通常会享受储蓄、信用卡、住房抵押贷款、汽车贷款、投资和保险等五种以上的金融服务；在批发银行领域，客户通常能够享受到投资银行、证券投资、商业地产、财富管理、财务融资等五种以上的金融服务。富国银行零售客户和批发银行客户能享受到的金融产品数量均高于行业平均水平。

(2) 交叉销售率持续提升。在 1998 年时公司零售条线对每位客户销售金融产品数仅为 3.2 个，至 2011 年末，公司零售条线对每位客户销售金融产品数达到 6.295 个，目前公司绝大部分收入来源于交叉销售。目前公司设定的单位客户销售金融产品的目标是 8 个，而根据富国银行的估计，美国对每位客户消费金融产品的数目最多可达到 16 个。

本章小结

金融产品是一个需要认真加以定义的复杂概念。通过金融学与营销学对于金融产品的定义的解析与整合，金融产品的“效用+服务”的“双要素”模型较好地反映了其不同于一般商品的特征，提供了一个较好的产品营销分析研究框架，为后续各个营销要素组合设计打下了基础。

任何金融机构都不会只生产一种产品，都拥有数量庞大的各种各样的产品。首先，要仔细区分复杂的金融产品类型。其次，必须采取产品系列拓展策略、产品组合策略对众多的产品进行有效的管理，可用的指标是产品的广度、长度、深度和关联性。金融产品的设计从一开始就要有意识地运用品牌策略。

金融企业必须开发新产品。现有产品会过时，要有新产品替代。为了减少新产品可能的失败，需要缜密的计划以及系统化的开发流程。新产品开发通常要经过七大步骤：主意产生、主意筛选、概念形成和测试、商业分析、产品开发、测试、商品化。

每种产品都有生命周期，典型的周期曲线分为四个阶段：导入期、成长期、成熟期、衰退期。产品在生命周期的不同阶段有不同的特点，需要分别制定不同的营销策略。

重要术语和概念

金融产品的定义　金融产品的“双要素”结构　品牌　品牌价值　产品系列　产品组合　新产品开发　产品概念　产品生命周期　导入期　成长期　成熟期　衰退期

复习思考题

1. 与一般企业产品相比，金融产品具有哪些特征？
2. 简述金融产品的定义与层次。
3. 金融产品的品牌策略有哪些？试举例说明。
4. 试论金融产品的品牌价值。

5. 金融产品生命周期分为哪几个阶段？在不同阶段金融企业的营销策略有何不同？

6. 如何进行金融新产品的开发与创新？

7. 浏览银行、保险、证券等金融机构或电商的金融服务网站，搜集其产品并列示品牌系列，说出你最喜欢的品牌或品牌策略，理由是什么？

拓展阅读

[1] 黄达，张杰．金融学．5 版．北京：中国人民大学出版社，2020

[2] 菲利普·科特勒，加里·阿姆斯特朗．科特勒市场营销教程．6 版．北京：华夏出版社，2004

[3] 秦仲篪，袁超，李萍．品牌营销．北京：清华大学出版社，2016

[4] 姚舜．GL 证券公司金融产品精准营销策略研究．长春：吉林大学，2020

[5] 邓晋澍．聚合、认同与互动：金融品牌的社群营销策略．金融博览，2021（7）

第七章实训项目

第八章　金融产品定价策略

学习目标

1. 了解影响金融产品/服务定价的主要因素。
2. 了解金融产品/服务定价的一般方法。
3. 掌握定价模式和常用的营销策略。

价格是对产品或服务所收取的金钱。更广义地说，价格是指消费者用来交换拥有或使用产品和服务利益的全部价值量。价格在营销组合要素中有着特别的地位。其他要素如产品、促销、渠道等要素，以及人员、过程、有形展示等服务要素，虽然都创造价值，但在实现交易之前都是企业的成本，只有通过合理定价促成交易才可以实现成本补偿及盈利。所以，价格要素是唯一创造收益的营销要素。例如，银行提供贷款产品而获得利息收入，保险公司提供保险产品而获得保费，证券公司为企业上市融资提供服务而获得佣金。产品价格会影响销售量，价格与销售量共同构成销售收入。

价格是买卖双方达成交易的重要因素，是影响客户选择产品的主要因素。此外，随着社会经济繁荣和人们收入提高，非价格因素的作用越来越大，如服务、品牌、信任等。对于金融产品，这一趋势尤其明显。

与一般商品的价格不同，金融产品的价格变动与一国金融管制的程度密切相关。我国处于社会转型过程中，金融管制程度较高，尤其是利率、佣金、保费的定价机制，要完全市场化定价，需要经过一个比较长的时间。金融机构对其产品的定价，首先是遵循国家的有关规定，然后才是营销定价策略的运用。在金融市场这种非完全竞争的环境中，营销学中的定价策略只能是有限制地选择使用。不过，随着我国金融市场化改革与开放的逐步推进，由市场决定金融产品价格的时代渐行渐近，市场化的定价策略将得到越来越广泛的运用。事实上，近几年在金融企业营销活动中，自主定价的产品越来越多就是证明。因此，掌握营销学定价策略知识是非常必要的。

第一节　影响定价的主要因素

市场营销学针对完全竞争的市场，认为产品定价的影响因素首先是企业目标，其他因素按重要程度依次是：生产成本、顾客需求、同业竞争等。我国金融市场是一个政府主导并严格监管的有限竞争市场，信贷产品等金融工具是政府调控经济的重要手段，金融企业对产品定价的自由度还受到一定程度的限制。因此，影响定价策略的首要因素是政府政策法规，要在明确营销定价策略的政策约束的基础上，再考虑营销学所列因素及其影响方式和程度等。图 8－1 是影响金融产品定价决策的主要因素，本节将逐项进行分析说明。

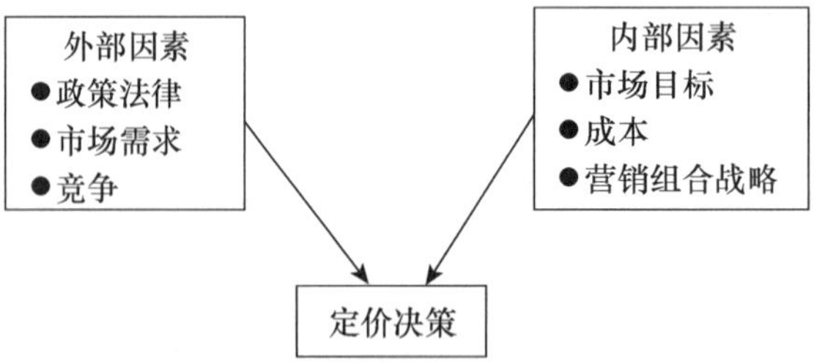

图 8－1　影响定价决策的因素

一、外部因素

（一）金融产品定价的政策约束

政府对产品价格的监督、保护、限制的政策，是金融营销价格决策不可逾越的硬性约束。我国目前正经历由严格的金融管制向逐步放松过渡的时期。虽然 2008 年美国爆发的金融危机减慢了放松金融管制的步伐，但现在的步伐在加快。

金融产品的价格主要包括利率、汇率、佣金率、保险费率、服务费等内容，其中最重要的是利率和汇率。

1. 利率政策

利率是资金的价格，也是商业银行信贷产品的定价基础。作为我国利率体系主要运作体的银行存贷款利率一直受到严格的管制。从 1996 年开始，我国步入渐进式利率市场化的改革过程，实施"先外币、后本币，先贷款、后存款，先批发、后零售"的战略步骤。从表 8－1 可以清晰地看到这个战略的实施推进过程。

表 8－1　我国利率市场化取得的阶段性成果

时间	利率市场化举措
1996 年 6 月	放开银行间同业拆借市场利率
1997 年 6 月	银行间债券市场正式启动，同时放开了债券市场债券回购和现券交易利率
1998 年	将金融机构对小企业的贷款利率浮动幅度由 10％扩大到 20％，将农村信用社的贷款利率最高上浮幅度由 40％扩大到 50％
1998 年	改革再贴现利率及贴现利率的生成机制，放开了贴现和转贴现利率
1999 年 10 月	对保险公司大额定期存款实行协议利率，对保险公司 3 000 万元以上、5 年以上的大额定期存款实行保险公司与商业银行双方协商利率的办法

续表

时间	利率市场化举措
1999 年	允许县级以下金融机构贷款利率最高上浮 30%，将对小企业贷款利率的最高可上浮 30%的规定扩大到所有中型企业
2000 年 9 月	实行外汇利率管理体制改革，放开了外币贷款利率；300 万美元以上的大额外币存款利率由金融机构与客户协商确定
2002 年	扩大农村信用社利率改革试点范围，进一步扩大农村信用社利率浮动幅度；统一中外资金融机构外币利率管理政策
2002 年 3 月	将境内外资金融机构对中国居民的小额外币存款纳入中国人民银行现行小额外币存款利率管理范围，实现了中外资金融机构在外币利率政策上的公平待遇
2003 年 7 月	放开英镑、瑞士法郎和加拿大元的外币小额存款利率管理，由商业银行自主决定
2003 年 11 月	对美元、日元、港币和欧元的小额存款利率实行上限管理
2004 年 1 月	将商业银行、城市信用社贷款利率浮动区间上限扩大到贷款基准利率的 1.7 倍，将农村信用社贷款利率浮动区间上限扩大到贷款基准利率的 2 倍，将金融机构贷款利率浮动区间下限保持为贷款基准利率的 0.9 倍不变
2004 年 10 月	不再设定金融机构（不含城乡信用社）人民币贷款利率的上限
2005 年 9 月	允许商业银行拥有除定期和活期存款外的 6 种存款的定价权
2006 年 8 月	将商业性个人住房贷款利率浮动扩大至基准利率的 0.85 倍
2008 年 10 月	将商业性个人住房贷款利率下限扩大至基准利率的 0.7 倍
2012 年 6 月	将存款利率浮动区间的上限调整为基准利率的 1.1 倍；将贷款利率浮动区间的下限调整为基准利率的 0.8 倍
2012 年 7 月	将金融机构贷款利率浮动区间的下限调整为基准利率的 0.7 倍
2013 年 7 月	取消金融机构贷款利率 0.7 倍的下限，由金融机构根据商业原则自主确定贷款利率水平。个人住房贷款利率浮动区间不作调整
2014 年 6 月	在全上海市范围放开小额外币存款（<300 万美元）利率上限，即银行可考量自身流动性状况，参考存款期限、规模，与小额外币存款客户自由议价
2014 年 6 月	央行周小川行长在一次记者会上表示，人民币“存款利率很可能在最近一两年内就实现放开”
2015 年 5 月	将金融机构存款利率浮动区间的上限由存款基准利率的 1.3 倍调整为 1.5 倍
2015 年 8 月	放开一年期以上（不含一年期）定期存款的利率浮动上限
2015 年 10 月	对商业银行和农村合作金融机构等不再设置存款利率浮动上限

自此，存贷款利率的市场化已基本实现，利率市场化进程进入了一个新的阶段。利率市场化使得银行对于存贷款利率拥有越来越大的决定权，但不意味着所有金融贷款利率都会升高，中小商业银行等金融机构的经营压力可能会有所增加。利率对经济环境变化的敏感性增加，无论是国际金融市场利率上升或下降，各种市场经济变化，甚或是银行客户变更还贷或取款时间等，都可能会对利率产生一定程度的影响。对于长期习惯被行政力量左右的银行，还要花相当一段时间来接受由市场来决定产品价格的经营模式。

目前商业银行应对贷款利率放开的主要措施是：

（1）优化业务结构，拓展以中间业务为主的多元化收入渠道。当前，国内商业银行营业收入绝大部分仍来源于利息收入，贷款利率放开后，存贷利差收入受到挑战，而发达国家商业银行利息收入的占比一般仅为 50%左右。因此，逐渐将获得收入的主渠道由利差收入占绝对优势转到利差收入与中间业务收入并重的方向上来，减少对传统业务的依赖。

（2）调整信贷结构，将信贷资源向不具信用优势的小微企业倾斜。贷款利率放开后，银行同业间对优质客户的竞争日趋激烈，优质客户的议价能力逐步提升。因此，用增加小微企业的贷款占比获取更高收益，弥补部分贷款收益水平下降的影响。

（3）在加强流动性管理的基础上，适度拉长贷款久期。一般来说，贷款期限越长，执行利率越高，因此，在信贷规模给定的情况下，中长期贷款占比越高，贷款的整体收益水平也越高。贷款利率放开后，随着时间的推移，贷款收益水平下降的趋势将日趋明显，商业银行应适度拉长贷款久期，扩大资产负债期限错配程度，以维持一定的收益水平。

（4）进一步完善定价管理机制。一是要构建并完善科学合理的定价模型，健全内部资金转移定价管理体系；二是要进一步改革内部成本管理体制，使运营成本尽量低于同业平均水平，为市场竞争赢得先决条件；三是在未来基准利率取消后，加强对定价基准的确定、预测和研究；四是在定价机制上进一步完善风险评价体系，加强行业研究和对于非系统性风险的识别能力。在综合考虑各种影响因素的基础上，制定出更具有竞争优势的价格，吸引和保留优质客户。

利率市场化虽然强调政府放松管制，但并不意味着对利率放任不管。即使在利率市场化程度很高的美国，政府的影响力在某些领域依然存在，在市场显失公平或垄断出现的时候进行干预。20 世纪 90 年代初期，美国利率连续走低，骤然下降到几十年来的最低点。很多银行没有随之改变信用卡利率，对信用卡债务收取近 20%的费用，而当时的优惠贷款利率还不到 10%。消费者监督组织对此发出了反对的声音，进而美国国会开始调查此事。银行闻风而动，迅速对信用卡调整定价，以阻止即将变更的法规所带来的不利影响。结果银行的定价更趋合理。很多银行为每月全额支付余额（这样它们就很少或从不支付利息）的客户制定了不同的定价级别，还为那些持有少量、中等和大量余额的客户制定了不同的定价级别。其他的银行也为不同细分市场的客户提供不同的信用卡。由此可见，法规的影响是刺激银行业调整价格的重要因素。

2. 汇率政策

汇率是一国货币兑换另一国货币的比率，是以一种货币表示的另一种货币的价格。汇率是国际贸易中重要的调节杠杆。一个国家或地区生产或出售的商品都是按本国或本地货币来计算成本的，汇率的高低直接影响该商品在国际市场上的成本和价格，直接影响商品在国际市场上的竞争力。因此，汇率是政府制定货币政策的重要参数。

每个国家都有自己的汇率制度，是对于确定、维持、调整与管理汇率的原则、方法、方式和机构等所作出的系统规定。改革开放以来，我国人民币汇率制度在不断改革和完善：1979—1984 年，人民币经历了从单一汇率到双重汇率再到单一汇率的变迁；1985—1993 年，人民币对外币官方牌价与外汇调剂价格并存，向双汇率回归；自 2005 年 7 月 21 日起，我国开始实行以市场供求为基础的、单一的、有管理的浮动汇率制度，实行银行结售汇制，取消外汇留成和上缴，建立银行之间的外汇交易市场，改进汇率形成机制。

1994 年以前，人民币汇率由国家外汇管理局制定并公布。1994 年 1 月 1 日人民币汇率并轨以后，中国人民银行根据前一日银行间外汇市场形成的价格，公布人民币对美元等主要货币的汇率，各银行以此为依据，在中国人民银行规定的浮动幅度内自行挂牌，通过买卖双方叫价成交而形成“市场”汇率。

逐步扩大汇率浮动区间是汇率改革的方向。2007 年浮动幅度的规定是：在银行间外汇市场，以外汇交易中心公布的当日人民币对美元或非美元货币中间价为基准，人民币对美元的交易价浮动幅度在±0.5%内；欧元、日元、港币、英镑等非美元货币对人民币的交易价浮动幅度在±5%内。银行对美元对人民币挂牌汇价实行最大买卖价差幅度管理，当日美元现汇（钞）最高卖出价与现汇（钞）最低买入价区间应包含当日中间价，并且现汇最高卖出价与现汇最低买入价的价差不得超过当日中间价的 1%，现钞最高卖出价与现钞最低买入价的价差不得超过当日中间价的 4%，在上述规定的价差幅度范围内，银行可自行调整现汇和现钞的买卖价格。银行的非美元对人民币挂牌汇价没有浮动区间限制。自 2012 年 4 月 16 日起，人民币对美元日交易区间将从目前在当日中间价上下 0.5%范围内浮动扩大至上下 1.0%的范围。2014 年 3 月 17 日起，银行间即期外汇市场人民币对美元交易价浮动幅度由 1%扩大至 2%。外汇指定银行为客户提供当日美元最高现汇卖出价与最低现汇买入价之差不得超过当日汇率中间价的幅度由 2%扩大至 3%。当浮动区间达到一定程度时，就自然失去了约束作用。

3. 债券发行及转让收费政策

企业委托证券公司在证券市场发行股票（即 IPO），证券公司收取保荐承销费用。主要是承销费，其次是保荐费。承销费最早的规定是按筹集资金总额的 1.5%～3%收取，后来逐步取消了 3%的上限。现在已经市场化，一般由股票发行规模决定。大型项目承销费率 2%～3%、中小型项目 4%～5%的计提标准与国外投行的标准基本接轨。实施上市保荐制度以后就有了保荐费。2012 年深圳证券交易所发布《保荐工作指引》和《保荐工作评价办法》，引导保荐机构合理确定承销及保荐费用，鼓励保荐机构按照保荐工作进度分期收取保荐费用。目前根据统计数据，保荐承销费合计约占发行总费用的 70%。

股民在二级市场转让股票，证券公司为股票转让交易提供服务，可以获取佣金收入。《中华人民共和国证券法》第四十三条规定：“证券交易的收费必须合理，并公开收费项目、收费标准和管理办法。”证券交易的收费项目、收费标准和管理办法由国务院有关管理部门统一规定。目前，我国证券二级市场交易收费项目有：开户费、交易佣金、席位费、经手费、查询费等，证券公司从二级市场交易中获得的收益主要是佣金收入。依据 2002 年发布的《关于调整证券交易佣金收取标准的通知》，A 股、B 股、证券投资基金的交易佣金实行最高上限向下浮动制度，而非完全的佣金自由化。证券公司向客户收取的佣金（包括代收的证券交易监管费和证券交易所手续费等）不得高于证券交易金额的 3‰，也不得低于代收的证券交易监管费和证券交易所手续费等。A 股、证券投资基金每笔交易佣金不足 5 元的，按 5 元收取；B 股每笔交易佣金不足 1 美元或 5 港元的，按 1 美元或 5 港元收取。

国债现券、企业债（含可转债）、国债回购，以及今后出现的新的交易品种，其交易佣金标准由证券交易所制定并报证监会备案。

证券投资基金的收费包括：管理年费、保管年费、业绩报酬、首次认购费、赎回费与投资财务费。具体规定可以查阅证监会公告〔2013〕26 号《关于修改〈开放式证券投资基金销售费用管理规定〉的决定》。

4. **保险费率政策**

保险费率是应缴纳保险费与保险金额的比率，是保险机构按单位保险金额向投保人收取保险费的标准，保险金额乘以保险费率就是保险费。《中华人民共和国保险法》第一百三十六条规定：“关系社会公众利益的保险险种、依法实行强制保险的险种和新开发的人寿保险险种等的保险条款和保险费率，应当报国务院保险监督管理机构批准。……其他保险险种的保险条款和保险费率，应当报保险监督管理机构备案。”经批准后的保险条款和保险费率，保险公司不得擅自更改、制定保险条款和保险费率。

（二）市场类型与市场需求

市场营销学认为，在完全竞争市场，产品或服务的价格上限由需求决定。而需求对价格的影响，还与市场类型有关。

1. **市场类型**

我国金融市场实行较严格的许可制，机构准入、产品上市等均要报监管部门审批，金融机构的数量以及产品数量均有限，少数国字号金融机构占据了最大的市场份额。因此，我国金融市场目前接近于寡头垄断的市场类型。寡头垄断需求曲线如图 8－2 所示。

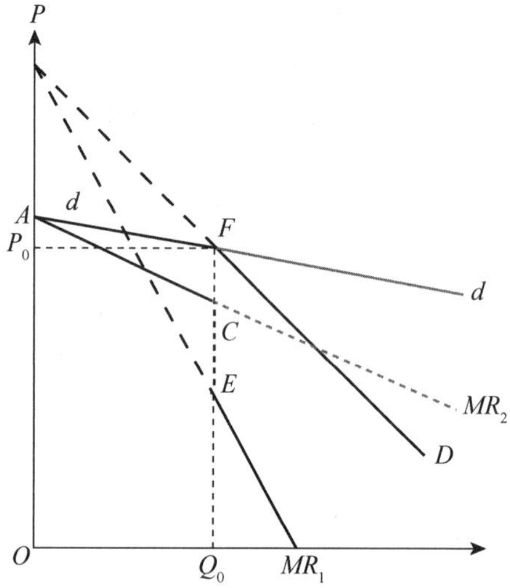

图 8－2 寡头垄断需求曲线

说明：*D* 为比例需求曲线；*MR* 为边际收益曲线。

寡头垄断市场[①]的特点是：①企业极少；②相互依存；③产品同质或异质；④进出不易。

定价特点：

（1）价格领先制：价格决策往往由大金融机构作出。决定价格的大机构通常被称为价格领导者，或支配型机构；而小机构则如同完全竞争一样，是价格接受者。价格领导

① 有关寡头垄断及其市场特征等更多内容，请参考微观经济学的有关内容。

者包括：支配型价格领袖（本行业规模最大的企业）、效率型价格领袖（本行业成本最低、效率最高的企业）、“晴雨表”型价格领袖（能优先掌握市场变化的企业）。

（2）成本加成：按一定的百分比在平均成本上加上利润。例如，某产品的平均成本为 100 元，利润率为 10%，则价格定为 110 元。

（3）寡头联盟：彼此之间协商达成价格。

2. 市场需求

潜在交易者通常会在产品或服务的价格与利益即通常所说的“性价比”间进行权衡比较。因此，在设定价格之前，金融机构必须理解价格与需求之间的关系。尤其是一些中小金融机构在经营特定目标市场有一定定价空间时，常常要考虑需求的价格弹性（见图 8-3）。

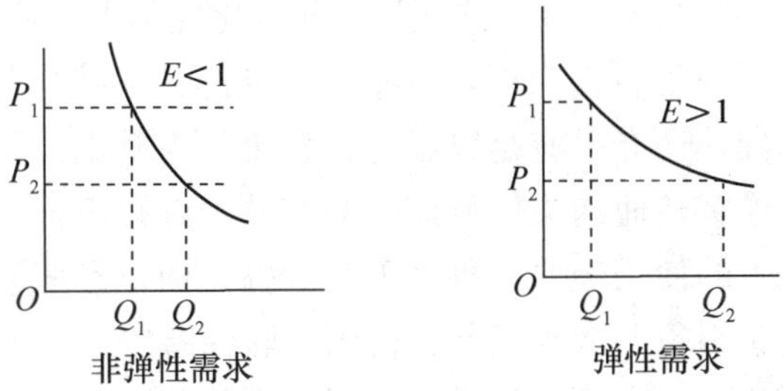

图 8-3　需求的价格弹性

需求的价格弹性是需求量对价格变动的敏感程度。不同产品的需求随价格的变动幅度不同，因此，价格弹性有大小之分。表达式是 $E=\Delta Q/\Delta P$，需求和价格一般是负相关关系：价格上涨，需求下降；价格降低，需求增加。

价格变动的目的是增加销售收入，销售收入是销售价格与销售量的乘积。但价格变动不见得一定会导致影响销量的预期变动，销售收入也不一定增加。要达到价格变动的目的，就要把握产品的需求价格弹性。一般来说，弹性差时提价、弹性好时降价，都可以达到增加销售收入的目的。

当 $E<1$ 时，需求对价格缺乏弹性，提价就可以增加盈利，但可能会有政府监管。在我国目前的金融环境下，居民储蓄存款的利率弹性较低。即使利率不断走低，储蓄存款余额也年年增加。即使负利率，人们也不愿意把现金放在家里。此外，资源稀缺性的投资产品的需求价格弹性呈现刚性，例如这几年古董、珠宝、钱币的价格不断创出令人咋舌的新高。

当 $E>1$ 时，价格的微小变化将引起需求的较大变化，提价宜谨慎，而降价可以收到薄利多销的效果。例如，股票交易费用的变化对交易量的影响非常敏感，富有弹性。许多券商为了扩大市场、增加交易量，实施佣金折扣策略，在政策规定最高 3‰以下的范围内，根据客户交易量大小给予不同的等级折扣，以稳定老客户，吸引新客户。还有诸如住房贷款、汽车贷款等，都属于利率敏感型的金融产品。

当 $E=1$ 时，为标准弹性；价格与销售收入成同比例反向变化。可选择预期收益率定价。

总之，对需求弹性差的产品实施提价策略的正面效果比较明显，而需求弹性好的产品则适宜采用降价策略以扩大销售，虽然单位产品收入减少，但总收入仍可能增加。只要扩大生产增加的生产和销售成本不超过增加的收益就是可行的。

产品的需求弹性在一定程度上是可以改变的。金融机构可以通过努力将需求弹性向有利的方向改变，因此有必要了解影响产品弹性的有关因素。主要有以下五个方面的因素：

（1）替代品效应。一个品牌的价格与同类产品的平均价格相差越大，其需求弹性越小。说明在可以相互替代的产品之间，高价或低价产品对价格的反应不如居中价格产品那样敏感。顾客通常对质量相同而价格便宜的同类产品反应快速。所以，金融机构需要对产品重新定位，将自己与竞争对手区别开来，避免被视为同类产品。

（2）对比困难因素。当很难比较替代品的优劣时，顾客对已知的或声誉较好的金融产品的价格敏感性较低。因为不同品牌之间的价格可比性不大，从而降低了价格敏感性。以证券经纪人提供综合服务价目表为例，有些交易定价的基础是股票交易数量，另一些是以股票交易价值为基础，还有一些是以综合交易价值为基础，要直接比较这些价格的高低比较困难。因此，顾客转而购买值得信任的产品。对有声誉品牌的信任可以来源于自身的或身边值得信任者的使用经验。很多著名金融机构正是依靠顾客对其声名的信任赚取了巨额利润，像花旗银行、瑞士银行、德国安联保险等。它们提供的产品不一定是质量最好的，但是始终如一地向顾客提供其希望得到的物有所值的产品和服务。瑞士银行由于严格的银行保密制度而被认为是全球最令人信赖的银行。它抓住了人们“财不露白”，愿为财富私密性付出代价的心理而赚钱。世界上约有 1/4 的个人财富存放在这里，各国政要、商界巨子和演艺明星对于将存款存在瑞士银行而感到放心，至于银行服务收费的高低则无关紧要。这造就了瑞士闻名于世的金融业，其存款约占全球储蓄总额的 1/3。

（3）转换成本效应。更换金融产品的金融企业所需投入越大，顾客挑选产品或变更服务商时的价格敏感性就越低。因为许多产品需要顾客进行一系列的配套投入，以达到预期的交易效果。例如，拟上市公司与证券承销券商，从接触、沟通、谈判到定价签合同，经历很长时间，投入了不少资金、人员、时间等资源。一旦实行了这样的“投资”，就不愿意仅仅因其他券商提供服务的价格较低而更换，再来重复前一次的相互磨合过程。因此，提高转换成本是留住客户的办法之一。而竞争对手则要想方设法减低转换成本，以吸引客户。

（4）成本分担效应。产品用途越多（更多的附加利益），弹性就越大。如果某种物品有好几种用途，较低的价格可以鼓励更多的人利用产品的第二种用途。例如，银行与航空公司发行的联名信用卡，除了信用卡的一般功能外，还附有刷卡交易折算公里数的优惠，抵消部分单纯刷卡消费的费用，鼓励商务旅行者愿意携带与航空公司联名的信用卡乘飞机出行。

（5）独特价值效应。当高价在某种程度上代表高质量时，顾客的价格敏感性会较低。人们的生活越富裕，就越重视自己的体面和名誉。有声誉的金融产品可以满足人们的这种追求，顾客认为它不仅能带来直接利益，还具有个性表现力，因而愿意接受高价格。例如，商业银行发行的钻石级信用卡的年费比其他等级信用卡要贵 50%～200%。顾客将这种信用卡看成是一种信誉的标志，能从中获得自我满足，因此他们的价格敏感性降低了。类似地，还有其他一些非价格利益可以产生独特价值，包括金融机构地理位置好、产品使用方便、信誉和服务质量高等。这些独特性所体现的附加利益虽然难以量化衡量，但其价值能够被顾客体验，是银行提升顾客忠诚度的有效方法。

综上所述，影响产品价格敏感性的因素很多、很复杂，几乎很难找到预测价格弹性的通用方法，必须具体分析研究。金融机构应该通过长期的大量观察和积累，针对目标市场总结各种产品的价格和销售量的变化规律。

（三）竞争因素

在一个有效率的市场，产品定价不会出现在最高价或最低价，而是处于这个区间的某个位置。市场竞争状况最终会确定一个买卖双方都接受的价格。因为产品价格过高或过低都会引起竞争者的反应。高价格、高利润可能引来新的竞争者；而低价格、低利润可以阻止竞争者进入或者把它们赶出市场。实力强大的金融机构定价选择的空间较大，弱势金融机构则往往采取跟随定价策略。因此，管理者要想充分地权衡价格竞争的直接收益和长期后果，就必须建立正确的竞争观念、制订有效的定价计划、合理分配竞争资源。

理性竞争者并不简单地追求价格战的胜利，更多的时候是考虑如何避免冲突，以较小的代价实现经营目标。实施差异化战略就可以降低竞争程度。经营高端市场的花旗银行服务收费较高，美元提现收取 0.25%的手续费；每月日均存款不足 10 万美元收取 100 元账户管理费；低于 5 000 美元收取 50 元或 6 美元。而把目光投向大众市场的东亚银行，声明无论存款多少都不收手续费。尽管价格相差甚远，但属于不同层次的市场，并无冲突发生。

如果要主动发起价格战，应该具备一定的优越条件，如：

（1）如果已有或可通过低价策略创造绝对成本优势，竞争者就没有能力抗衡减价。

（2）如果产品仅在相对较小的细分市场有吸引力，可以推断竞争者无法对自己的威胁作出反应。

（3）如果对价格战的承受能力比竞争者更强——一旦争取到一个顾客，可以通过销售相关产品获得较大利益，则可以主动地以亏损价格销售某一产品，再从销售的其他相关产品上获得补偿。

二、内部因素

（一）定价目标

金融改革的深化使金融产品价格的监管呈现有步骤地放松、向市场化发展的趋势。一些产品给出的自主定价区间越来越大，一些产品定价则已经完全市场化。金融机构需要越来越多地运用营销知识和方法，考虑更多的定价影响因素，选择具有竞争力的产品价格。

定价首先要考虑的影响因素就是明确目标。以既定的目标市场和定位为基础，定价目标通常分为利润最大化、市场份额、产品质量、生存等类型。如花旗银行追求利润最大化，针对高端市场收费很高；东亚银行以扩大市场份额为目标，用低收费吸引更多客户。

1. 利润最大化目标

利润最大化不等于价格最高，理论上是边际收益与边际成本相等时的产品价格。利润最大化又有当期和长期之分。公司内部经理人往往注重财务成果（与个人绩效挂钩），偏向当期利润最大化，通常根据不同的需求和成本，然后选择能够产生最大当期利润、现金流量和投资回报的价格。而公司股东则注重中长期业绩，希望是长期可持续发展的利润最大化。

2. 提高市场占有率目标

拥有尽可能大的市场份额，可以享有最低的成本和最高的长期利润。为了占有最大的市场份额，企业倾向于尽可能压低价格。

3. 产品质量领导者目标

追求产品的高质量、高性能，或成为质量领导者。需要用高定价策略，以补偿产品较高的性能质量以及市场调研和开发的成本。在高端客户市场一般采取此策略。

4. 竞争性目标

根据周围竞争者的情况和自身实力定价。市场上举足轻重的大公司，往往以维持市场价格稳定为目标，或领导价格变动以应付变化。如果想要击败对手或阻止新竞争者进入，则采取低价倾销策略，待独占市场后，再制定垄断价格获取高额利润。实力一般的公司，最好采取跟随定价策略，避免与大公司正面冲突。

5. 预测投资收益目标

以预期收益为定价原则，在总成本之上加一定比例的预期盈利率，如8%、10%等，如果是银行，预期收益至少要在同期存款利率之上。

6. 生存定价目标

在市场竞争很激烈，顾客需求不断变化，面临较多困难时，为了力保企业能运转，或不被淘汰出局，对产品采取低定价策略——保本或亏本价，以增加销售量。

生存只能作为一个短期目标，长期而言，企业必须学会怎样增加价值或者怎样面对倒闭。一旦有了转机，则应改变原定价目标。例如，人民币汇率长期来看在上升趋势中，银行的出口贸易客户可能陷入困境，这为从事国际贸易信贷业务的客户经理带来了新的客户管理内容，例如建议顾客利用生存定价策略，争取尽可能长的生存时间，同时积极寻求其他出路，实现经营转型。

（二）成本因素

成本是定价策略中的重要因素，是金融机构为产品和服务设定的价格底限，以补偿经营管理和提供服务的过程中耗费的物资与劳务。

成本有两种形式：固定成本和可变成本（见图8-4）。固定成本是不随产品种类和数量而变化的成本。例如，金融机构必须支付的每月的租金（或提取的固定资产折旧）、运行系统维护费、水电费、管理人员的薪金等。可变成本是随产品种类和数量而变化的成本。下面具体来看贷款产品的成本构成：固定成本主要是办公设施、信息系统硬件和软件、经营管理人员薪金等费用；可变成本主要是存款利息、销售人员工资费用等，与产品销售数量成一定比例变化。总成本是固定成本与可变成本之和。金融机构制定的价格应该至少能够补偿维持现有经营水平的总成本，即在盈亏平衡价格 P'点之上。用盈亏平衡点（BEP）的计算公式画出销售量与价格之间的等利润曲线，可以很方便地确定某一利润水平下的销售量与价格的关系。BEP 的计算公式为：

$$\text{BEP}=\frac{\text{固定成本}}{\text{价格}-\text{可变成本}}$$

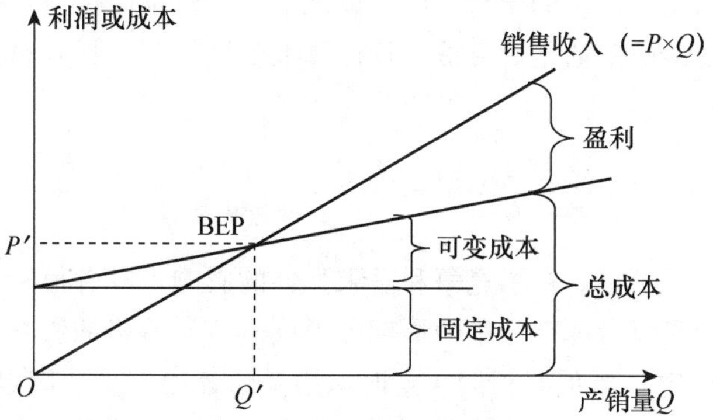

图 8-4　盈亏平衡分析

金融机构在设施设备和管理系统允许的范围内，应尽可能通过增加销售量来降低单位生产成本。例如，降低资金来源的成本，提升管理信息化、员工专业化程度，提高经营效率，为竞争性定价争取更大空间。

（三）营销组合战略

价格只是金融机构用来实现营销目标的要素之一。金融产品价格的确定还要和产品设计、销售和促销决策等其他营销要素相配合，才能形成一个整体协调联动的营销方案。其他营销要素的不同组合方案会影响定价选择。例如，通知客户新产品上市的方式有电话、短信、邮件、网络等，每种方式的成本不同，从而影响价格水平。

价格还是一个相当重要的产品定位因素。从这个角度看，最好先考虑定价策略，然后据以考虑其他营销组合要素。针对特定细分市场，弄清楚“我们能卖多少钱”的问题，然后设计一种新产品，让所有的成本支出都在价格允许的范围内。否则要重新考虑产品方案。

第二节　定价的一般方法

对产品的定价应该适中。价格太低，无法实现利润；价格太高，会压抑需求。生产成本是价格下限，客户对产品价值的认知是价格上限。金融机构要在价格上下限之间，考虑竞争者价格以及其他的外部和内部因素，确定一个最合适的价格。确定产品基本价格的方法通常有三类：成本导向定价法、需求导向定价法、竞争导向定价法。

一、成本导向定价法

具体又分三种方法：成本加利润定价法、盈亏平衡定价法、目标贡献定价法。

（一）成本加利润定价法

指在单位产品完全成本上加预期利润和应纳税金而制定的交易价格，价格与成本之间的差额即利润。这是最传统的定价方法，体现了产品价格以价值为基础的原理，是基本的、普遍的，也是最简单的定价方法，且计算准确性较高，买方和卖方都易于理解和操作。计算公式是：

$$\text{商品价格}=\frac{\text{总成本}+\text{预期利润}}{\text{商品数量}}=\frac{\text{总成本}\times(1+\text{成本利润率})}{\text{商品数量}}$$

这种方法的缺点主要是忽视了竞争和需求弹性的影响，没有很好地考虑市场供求变化对价格的影响，也没有考虑产品生命周期的不同阶段对价格的影响。金融产品的销售数量常常很难事先确定，当预期利润一定时，销量估计得越大，固定成本分摊额越低，价格估计越低，就可能丧失一部分应得利润；反之，销量估计得越小，固定成本分摊额越高，价格估计越高，将加剧交易的困难。因此，这种定价方法灵活性较差。

（二）盈亏平衡定价法

运用盈亏平衡的原理确定价格，即假定企业生产的产品全部可销的条件下，保证企业既不亏损也不盈利的产品最低价格水平。计算公式如下：

$$\text{单位产品保本价格}=\frac{\text{企业固定成本}}{\text{盈亏平衡点产量}}+\text{单位产品可变成本} \tag{1}$$

$$\text{盈亏平衡点产量}=\frac{\text{企业固定成本}(FC)}{\text{单位产品保本价格}\ P-\text{单位产品可变成本}(VC)} \tag{2}$$

盈亏平衡定价法的主要优点是金融机构可以在较大范围内灵活掌握价格水平，且运用较简便。

（三）目标贡献定价法

又称可变成本定价法，即以单位可变成本作为定价的基本依据，加入单位产品贡献，形成产品售价，计算公式为：

$$\text{单位产品价格}=\frac{\text{总可变成本}+\text{预期边际贡献}}{\text{预期产品产量}}$$

公式中的预期边际贡献就是销售收入减去可变成本后的收益，也就是固定成本费用补偿和企业的盈利。当预期边际贡献大于、等于或小于可变成本时，则会出现盈利、保本或亏损三种情况。当市场竞争激烈，或产品生命周期较长，已进入成熟期，固定成本的补偿期很长，或产品线较多，固定成本已在其他产品中得到补偿时，在这样的情况下，为了提高产品的竞争力，应以可变成本为依据制定价格，产品的售价只要能赚回可变成本，或稍高于可变成本，即预期边际贡献大于零就是可行的。

二、需求导向定价法

需求导向定价法是在定价时，不仅要考虑成本，还要注意顾客需求及价格承受心理，根据顾客对产品价值的理解，或者说顾客的价值观念来决定产品价格。因此，需求导向定价法又称为理解价值定价法。对于无形程度很高的金融服务产品，这是一种重要的定价方法。

需求导向定价法以顾客导向的营销哲学为基础。在需求日益更新和产品丰富繁多的时代，定价是否合理，判断权最终并不取决于产品的提供者，而是客户。当市场需求较强时，可适当提高价格；而在需求较弱时，则应适当降低价格。这种定价原则，除了要综合考虑成本、产品生命周期、市场购买力、销售地区等一般定价因素外，还应特别重视客户交易心理与产品认知等主观因素。如何理解客户需求定价，考察一下奢侈品的价格可以略知一二。

需求导向定价法具体有下述几种形式。

（一）理解价值定价法

理解价值就是客户对产品的“认知价值”或“感受价值”。这是以客户为导向的定价理念，“不是卖方的成本或实际价值，而是买方对价值的理解”。因此，卖方应该运用各种营销策略和手段，影响买方对产品的认知，使之形成对卖方产品有利的价值观念，然后根据产品在买方心目中的价值来定价。

例如，中国人认为黄金有价玉无价。作为资源稀缺品，玉的价格涨幅远远高于黄金。同样，中国古代字画在拍卖市场屡屡创出历史天价，令人瞠目结舌。这些东西到底价值多少，只有买家自己知道。看看中央 2 台的大众艺术品投资节目《一槌定音》，同一件宝物，不同的买宝人出价往往相去甚远，他们亮出的价格就是物品在自己心目中的价值。

运用理解价值定价法的关键是：要把自己的产品同竞争者的产品相比较，找到比较准确的理解价值。因此，在定价前必须进行市场调研，明确产品的市场定位，加深目标顾客对产品价值的理解程度，提高其愿意支付的价格限度，从而确定符合客户满意程度的价格。

最重要的一点是，对顾客的购买价值意愿要估测得准确。估测过高，会造成定价过高不适销；估测过低，则会减少销售收益甚至可能亏本。

（二）差别定价法

即对同一产品采用两种以上的不同价格。这种价格上的差异与成本不成比例，而是以购买对象、产品式样、地点和时间等条件变化所产生的需求差异为定价依据，在基础价格上决定加价还是减价。具体又分如下几种：

（1）不同的产品功能采用不同的定价。

（2）不同的顾客采用不同的定价。

（3）不同的时间采用不同的定价。

（4）不同的服务方式/场所采用不同的定价。

实行差别定价法的前提是：市场必须是可以细分的，且各个细分市场的需求强度不同；产品或服务不可能从低价市场流向高价市场；高价市场上不可能有竞争者削价竞销；不会引起顾客不满。

表 8－2 是服务产品细分定价的一个典型实例，是美国证券经纪商——美林证券的客户理财产品收费表，清楚表现了金融服务企业是如何运用差别定价策略的。它以不同服务形式和特征为基础，制定了不同的收费金额和收费方式。

表 8－2　美林证券“综合性选择”服务产品的特征及收费方式

服务产品		特征	收费方式
客户自己管理	完全自己管理	新产品。不需要金融顾问意见和指导的客户可直接投资一系列收益证券和通过美林网上 IPO 中心参与首次发行配售。	每次交易佣金为 29.95 美元
	自己管理＋电话服务	客户可全天候通过免费电话向美林的客户代表获取信息、咨询和口头下单。客户代表经过严格的训练并满足一定的资格要求。他们领工资，不靠佣金提成，很多拥有更多资产的客户喜欢这种服务方式。	此类客户可选择按资产的百分比来付费或按传统的每笔交易付费
通过金融顾问管理	延伸传统经纪服务	500 万私人客户大部分拥有此类账户，有一系列可供选择的服务，可自己交易，也可咨询金融顾问，延伸了传统经纪业务的内涵。	交易佣金＋咨询收费（不咨询不收费）
	无限优势服务	此类客户享有金融顾问个性化服务、交易（电话委托、网上交易）次数不限及其他金融服务福利和产品，也可以自己独立交易。	以客户资产的百分比收取年费
	全权管理服务	客户全权委托美林的资金管理经理来管理其资产投资，美林约有 10 万个此类客户。	根据客户情况按资产的百分比收费

三、竞争导向定价法

事实上，顾客常常在与某一金融机构达成交易的过程中，参照其竞争者同类产品的价格，作为判断将要交易产品价格的依据。竞争导向定价法就是金融机构依据竞争者的价格，结合自己产品的特点，选择有利于竞争胜出的定价方法。其特点是：只要竞争者的价格不变，即使自己的生产成本与市场需求发生变化，产品价格也保持不变；反之，即使成本与需求没有变化，由于竞争者价格发生变化，也跟随调整价格，以免被对手击败。主要有如下几种：

（一）竞争参照定价法

制定价格时，参照竞争对手的价格并以其为基础来考虑自身产品的定价方法。一般采取三种定价形式：一是与竞争对手的价格相同。这样的跟随策略可以避免价格战。二是低于竞争对手的价格。旨在维持或提高产品的市场占有率，迅速扩大产品的销售量。运用条件是：竞争对手不会实施价格报复或有能力抵御竞争对手可能实施的价格报复。三是高于竞争对手的价格。在竞争对手价格的基础上，提高本企业产品的价格水平，以高价格谋取高利润。前提条件是：产品相对于竞争对手有较为显著的优势，买方愿意付出高于竞争对手的价格来购买该产品。不论采用哪一种定价方式，都必须认真地进行市场调查研究，全面地分析竞争对手、竞争环境和自身条件等各方面情况，谋定而动，不能盲目或随意。

资料 8-1

12 家股份行网络金融“抱团”抵御第三方支付冲击

继国有五大行联合宣布跨行和转账业务免费之后，股份行也在这块业务领域上开始“抱团”了。2016 年 7 月 28 日，中信银行、招商银行、浦发银行、光大银行、华夏银行、民生银行、广发银行、兴业银行、平安银行、恒丰银行、浙商银行和渤海银行宣布成立“商业银行网络金融联盟”，打破银行账户间壁垒，通过联盟行间的系统互联、账户互认、资金互通，给客户带来更安全的账户保障和创新金融服务，用最低的银行间通道定价，让利客户。同时宣布，联盟间手机银行、个人网银等电子渠道跨行转账免收客户手续费。通过这种方式降低第三方支付机构带来的一定威胁。

（二）随行就市定价法

即自己产品的价格与行业平均价格水平一致。这是竞争导向定价法中最简单的一种定价方法，因而被广泛运用。好处是：（1）容易与同行业机构和平相处，保持友好的关系，避免激烈的竞争，防止有害的价格战；（2）可以避开为了另行定价需要准确估计和判断顾客与竞争者作出何种反应的困难，容易被顾客接受，便于促销，稳定获利；（3）当需求弹性很难衡量时，现行价格体现的是本行业的集体智慧，较准确地反映了产品和服务的价值与供求状况，可以保证获得合理的收益。对于特色不太突出的产品，用这一方法进行定价比较合适。

这的确是众多小企业“跟随领先者”的定价策略。可变产品的价格与其根据自己的需要变化或成本变化，不如依据市场领先者的价格变动。此外，在完全竞争或垄断的市场上，销售与竞争者类似的产品时，定价选择余地不大，一般也采用这种尾随定价方式。

随行就市定价法，并不是说在任何情况下，产品价格都和竞争者一致。有的产品可以把价格定得高于竞争者，但要使顾客相信这种产品虽然价格高，但产品质量好、服务好，“物有所值”，使顾客满意、愿意购买。有的产品也可以将价格定得低于竞争对手，薄利多销。对于实力相对较弱的中小金融机构，可用此办法在大机构的竞争夹缝中求得生存和发展。

有些产品在市场上销售时间较长，在顾客心目中形成了一种难以变动的惰性价格，这时一般不要轻易改变价格。有些产品的成本难以测算，可以比照目前市场上流行的价格水平，若需求增大，价格可略高于流行价格水平；若需求降低，价格则可略低于流行价格水平。

（三）密封投标定价法

密封投标定价法主要用于投标交易场合，常用于大型项目如国债发行、大宗采购等。一般流程是：卖方公开招标，买方竞争投标、密封递价，卖方择优选取买方，到期公布中标者名单，中标的企业与卖方签约成交。投标者递价主要以压倒竞争者可能的递价为原则，但不可低于边际成本，否则不能保证适当收益。

一般来说，递价高，利润大，但中标机会小，如果因价高而失败，则利润为零；反之，递价低，中标机会大，但利润低，其机会成本可能大于其他投资回报，不合算。因此，在报价时，既要考虑自己的目标利润，也要考虑获得合同的机会。符合逻辑的出价是确定能获得最大期望利润的递价。

国际通行的招标方式有两种：荷兰式招标和美国式招标。荷兰式招标，又称单一价格招标，是指按照投标人所报买价自高向低（或者利率、利差由低而高）的顺序中标，直至满足预定发行额为止，所有投标者的最低中标价格作为最终中标价格，全体中标者的中标价格就是这一个。以我国国债发行招标为例，投标的承销机构以相同的价格（所有中标价格中的最低价格）来认购国债数额。举例来说，当面值为 100 元、总额为 200 亿元的贴现国债招标发行时，若有 A、B、C 三个投标人，它们的出价和申报额如表 8－3 所示，那么 A、B、C 分别出价 85 元、80 元、75 元，中标额分别为 90 亿元、60 亿元和 50 亿元，但最后的中标价都为 75 元。

同例，如果是美国式招标，即多种价格招标，其与荷兰式招标的区别是：投标的承销机构在中标后，分别以其各自出价来认购国债。A、B、C 三者的中标价分别是自己的投标价，即分别为 85 元、80 元和 75 元。

表 8－3　荷兰式招标和美国式招标对比

	投标人 A	投标人 B	投标人 C
投标价（元）	85	80	75
投标额（亿元）	90	60	100
中标额（亿元）	90	60	50
荷兰式中标价（元）	75	75	75
美国式中标价（元）	85	80	75
荷兰式中标收益率（%）	10	10	10
美国式中标收益率（%）	8	9	10

注意表 8－3 所列两种投标方式的收益率有明显差异。在一定条件下，这种差异可能导致市场非理性行为。

本来美国式招标与荷兰式招标都是十分成熟的招标方式。在市场信息足够充分、投标人行为足够理性的情况下，两种招标方式的结果应该是基本一致的。但是考察近几年我国国债的发行情况，发债人对于荷兰式招标十分偏好。这是因为，荷兰式招标按照满足招标量的最低价格（或最高利率）作为发行价格（利率），在投标人的相互博弈中，投标人倾向于以偏高的价格（或偏低的利率）投标，从而使得整体的投标结果偏离理性的价格（利率），进而扰乱债券市场投资者的心理状态。而在美国式招标中，投标人的中标价格（利率）即投标价格（利率），这必然要求投标人以极其理性、负责的态度制定投标策略，投标的结果能更精确地反映市场利率水平。

曾经有一段时间，我国短期贴现国债主要运用荷兰式价格招标方式发行。当国债市场供不应求时，不理性行为出现。一些拥有雄厚资金实力的机构为争取中标额度而肆意压低竞标利率，以此扩大中标份额，助长了竞标时的投机气氛。2003 年财政部对国债发行招标规则作出重大调整，在原先单一中标价格的荷兰式招标基础上增添多种中标价格的美国式招标方式，使国债市场化发行的发展更健康。

第三节　各类金融产品的定价模式

对金融企业来说，不同的产品有不同的利润要求，其价格与成本的联系不如制造业那么紧密。金融产品有些是微利的，有些甚至是免费的，而有些产品如贷款则是高利的。许多产品价格构成中更多的是与产品相关的服务增加值。此外，风险程度是考虑金融产品定价的一个重要因素。若产品风险大，即使成本低，定价也较高，要以高利润来弥补风险损失。

金融产品定价的标准是多方面的，除了风险程度，至少还要考虑下列因素：

（1）产品或服务对顾客的价值，以及顾客对该产品的认知价值。

（2）对目标市场或细分市场而言，产品或服务的市场容量。

（3）开发该新产品或服务所耗费的成本。

（4）产品或服务供应量增加或减少对成本的影响程度。

（5）为实施产品或服务是否需要有专门设备和专用基金。

（6）市场竞争者相似产品或服务的定价。

众所周知，金融企业有三大类：银行业、证券业和保险业。金融产品与服务的特性在不同行业的重要程度和表现方式不同。因此，对具体的金融产品定价模式，要以行业分类为基础，逐个分析了解。

一、存款定价

目前我国的存款利率已经放开，商业银行的存款定价决策能力成为一个现实的竞争因素。为了避免过度竞争，往往由银行业协会给出一个参考定价。所以，我国银行营业厅的存款利率报价牌显示的利率差别都不大。

观察许多国家的存款利率，通常有两种存款定价方式：单一利率和分级利率。

单一利率是指利率不依据存款账户金额大小而变化。分级利率则随存款金额大小而变动。例如，规定个人存款账户在 1 000～4 999 元之间者利率为 0.5%，在 5 000～9 999 元之间为 0.8%。同样的方法也可用于服务收费。例如，花旗银行收取存款服务费，每月日均存款不足 10 万美元收取 100 元或 12 美元的月服务费；低于 5 000 美元收 50 元或 6

美元的月服务费；美元现金提现时收取0.25%的手续费。

表8－4是中国工商银行存款类理财产品的价格表，从中可见当前银行对于利率的管理呈现分类分级管理的状况。

表8－4　中国工商银行理财产品利率表（%）

期限＼起点	5万元	10万元	20万元	100万元	300万元	600万元
2～3个月	4.65～4.77	4.66～4.75	4.7	—	4.8	4.9
4～9个月	3.5～3.7	4.7～5.5	—	4.76～4.86	—	5.05
1年以上	3.8～5.0	4.95	—	5.05	5.1	—

资料来源：根据中国工商银行网站资料整理。

二、贷款定价

贷款定价的目的是保证银行可以取得预期收益。贷款定价过程包括制定放款的各项条件。贷款主管人员必须考虑所发放贷款的预期收入、资金成本、管理费用、借款期限、借款人的风险等级。贷款收益来自利息和手续费。贷款成本包括存款成本以及信用调查、评估等各项费用。具体定价方法主要有三种。

1. 差额定价法

差额定价法以借入资金的成本加成来决定贷款利率，不考虑其他有关费用，因此比较简单易行，即

目标收益＝贷款利息收入－借入资金的边际成本

或

贷款的目标利润加成或盈利率＝贷款利率－借入资金的边际成本率

2. 优惠加数与优惠乘数

在基准利率比较完善的国家，这是商业银行较普遍的定价法，即在优惠利率的基础上，为不同风险等级的顾客制定不同的贷款利率。根据这一做法，贷款利率定价是以优惠利率乘以或加上风险系数。尽管两种方法在概念上近似，但一般计算所得的利率标价是不同的，只有优惠利率为10%时才相同。从表8－5中可以看出优惠加数与优惠乘数的贷款利率的计算及其差别。

表8－5　优惠加数和优惠乘数法的比较
（对借款人的利率标价）

优惠利率水平	优惠加数		优惠乘数	
	风险等级A＋1%	风险等级B＋2%	风险等级A1.1	风险等级B1.2
6%	7%	8%	6.6%	7.2%
8%	9%	10%	8.8%	9.6%
10%	11%	12%	11.0%	12.0%
12%	13%	14%	13.2%	14.4%

3. **交易利率定价法**

对申请贷款超过某一最低限额的借款者，可有几种交易利率供其选择，进而决定该笔贷款的利率或展期期限。最通行的交易利率是国债利率、定期大额存单利率或同业拆借利率。这种方法也常常用于机构之间大宗高额资金交易定价的情况。

上述方法常见于利率自由化程度较高的国家，其基准利率或重要的参考利率通过市场机制确定，因而是真实的、有效率的。

三、债券定价

从发行人来看，债券有政府债券（国债）、金融债券、企业债券以及特种债券之分。我国债券市场的主要产品为国债，金融债券和企业债券的占比很小。债券的价格分为发行价和转让价。

1. **债券发行的交易价格**

对于筹资者，国债的发行人——财政部的定价方式通常是通过市场招标竞价机制形成价格。其他债券发行价格的定价模式通常以目标收益率为计算依据，即

$$发行价格=\frac{面额\times票面利率+(面额-发行价)/偿还价}{目标收益率}$$

对于发行市场的投资者，在参与国债投标竞价时，可以借助博弈理论，在游戏规则和自身能力允许范围内，研究制定压倒竞争者的价格。如果投资其他筹资者发行的债券，应该与同期银行存款利率或其他风险相当的投资项目收益率比较，选择收益较高的投资产品。

2. **债券的转让价格**

债券的转让价格是未到期债券在转让交易时的市场价格。转让债券的市场价格所隐含的收益率不能低于债券的到期利率，即将债券保留到偿还时的年收益率，否则人们就会选择其他投资方式而不愿意购买债券。由此计算转让价格的公式为：

$$转让价格=\frac{面额\times票面利率+(面额-购买价)/剩余期限}{市场利率}$$

此外，在出售债券时，实际支付的费用应低于债券的转让价格，因为证券公司、交易所等中间机构要收取手续费，而投资者购买债券时要在转让价格上增加一些费用。

3. **债券定价的影响因素**

以上所述是债券定价的理论，事实上，发现并确定市场的真实利率，还要考虑很多因素，如中央银行的货币政策、发行人的资信、债券种类、税收、通货膨胀、投资者心理等。

四、股票发行价格

股票发行价格包括首发价格、配股价格、增发价格和转换价格等。为简单起见，这

里仅说明首次发行股票，即新股如何定价。

1. **股票价格理论公式**

股票之所以具有价格、能转让买卖，是因为它每年能够给持有者带来股息收入。计算股票价格的方法是将股票的未来货币收入按一定的市场利率折成现值。一般股票按年支付股息，如果购买了一股股票，计算第 t 年的股息收入公式为：

$$第\ t\ 年的股息收入=\frac{D_t}{(1+i)^t}$$

式中，D_t 为第 t 年的预期收益额；i 为市场利率。该股票的现值为：

$$P=\sum_{t=1}^{N}\frac{D_t}{(1+i)^t}(N\rightarrow\infty)$$

为了便于预测和计算，假定未来预期的各年股票收益额为一固定值 D，且持有期无限大，则上述公式变为：

$$P=\frac{D}{i}$$

即：

$$股票价格=\frac{预期股票收益}{市场利率}$$

2. **成熟市场股票定价方法**

在现实经济中，股票价格并不能完全由上述理论公式确定，往往还要考虑许多实际情况。影响股票价格的因素一般分为基本因素和技术因素两大类。基本因素是指证券市场以外的政治、经济、企业自身等因素，包括经济景气、政策法规、税制、货币供应及利率、公司资产和盈利状况等。技术因素是指证券市场内部的因素，主要与投机活动有关，包括股票供求、资金流向、投机与操纵、市场流动性与大众心理等。因此，要在分析这些影响因素之后，借助一定的方法来确定合理的股票价格。

在成熟的国际资本市场上，股票发行定价制度分为两种：一种是固定价格公开发行制度。通常做法是由发行人与保荐人商定一个固定的 IPO 价格后，直接向公众募股。另一种是累计投标询价法。通常做法是由保荐人和发行人商定一个股票发行的市盈率区间后，通过路演询价，由机构投资者投标申购股票数额，再由保荐人或主承销商配售股票的发行定价方式。前者一般适用于一只股票的发行规模，只需散户投资者来认购就可以完成发售。而累计投标询价法通常在发售融资规模较大的上市项目时，更具有明显优势。

3. **我国现阶段股票发行定价方式**

我国的证券市场是一个成长中的年轻市场，IPO 定价的基本规则经历了多次改革，力图真实反映企业价值，抑制过度投机，保护投资者利益。目前股票发行的价格主要通过市场机制形成，接近国际上通行的做法。

市场竞争条件下的股票发行定价具有极大的挑战性。股价过低将使高价值企业遭受损失，并助长上市后价格操纵的投机活动，但股价过高将使承销商承担可能出售困难的损失。这实质上是对证券公司研发能力的考验。新的股票定价机制是由主承销商对发行人所处的行业、竞争实力、发展前景等进行充分分析，择取企业的若干指标，通过模型运算得出企业的价值，以此为基础，再结合二级市场状况与企业协商确定发行价格。

证券公司经纪业务佣金分类折扣定价模型

五、保险费和保险费率的计算

保险公司收取保险费的多少，是依据预先制定的保险费率来计算的。保险费率类似一般商品的价格，都是以价值为基础的，但有些方面又有别于一般商品的价格。

保险费率是计算保险费的百分率。它由两部分构成，一个是净费率，另一个是附加费率。净费率是用来支付赔款部分的费率，附加费率是用来支付业务费用部分的费率。从这个结构可以看出，制定保险费率的根据是保险对象存在危险的大小、损失率的高低和经营费用的多少。危险大的、损失率高的、经营费用多的，保险费率就高，收取的保险费就多，反之则少。

保险费率是以过去的损失资料为基础，依据大数法则的原理，同时考虑到特大危险发生的可能性，另加一定的稳定系数计算出来的，所以一般具有公平合理、保障充分、相对稳定等优越性。

以我国汽车保险市场为例，面对激烈竞争的压力、国内汽车制造水平和驾驶员的现状，中国人民保险集团股份有限公司对保险费率进行了重大调整，增加了更多的细分因素并制定了相应的收费标准。具体表现在五大方面：

（1）制定差别基准费率，使之与不同客户群的真实风险状况匹配。

（2）细化区域费率，按照 36 个省级分公司实行地区之间基准费率的针对性和差异化。由原来的 A、B、C、D 四套费率过渡到一整套以省为单位的车损险区域费率表，体现了基于各地风险水平的费率差异化。

（3）引入车型风险浮动系数，加入车损险和盗抢险费率，以体现不同风险车型之间的价格差异。

（4）车辆违章记录与费率水平挂钩，细化交通违章风险浮动系数。对于某些违章记录车辆的保费将根据违章情况的不同程度上调。无违章记录的车辆将得到保费的优惠。

（5）调整续保保费方式，根据客户上一保险年度是否发生赔款和赔款次数确定保费浮动水平，最大优惠幅度可达应交保费的 50%，最大加费幅度可达应交保费的 200%，既体现了基于风险差异的费率差异化，同时也给低风险客户预留出了更大的优惠空间。

下面以某汽车保险费率优惠表（见表 8-6）为例说明保险定价的特点。

表 8-6　家用汽车保险费率优惠表　　单位：元

项目	A	B	C
投保人性质	自然人		
投保人车辆	客车		

续表

项目	A	B	C
投保方式	兼业代理	直接业务	直接业务
基本险条款类别选择	家庭自用汽车损失保险条款		
保险期限	1年		
核定座位数	5个		
实际使用年限	1年以下	3～4年	3～4年
玻璃类别	国产玻璃		
保险车辆新车购置价	15万元		
车辆安全设置	—	—	防盗装备系统（含GPRS）、ABS、安全气囊
约定驾驶员	—	—	主驾驶员
调整比例（针对续保）	—	10%	10%
车辆损失险保费	1 664	1 679.00	1 377.82
第三者责任险保费	971	904	741.84
盗抢险保费	1 050.50	804.81	646.84
车上人员责任保险费	—	—	41.95
不计免赔险特约条款保费	527	516.60	437.04
总标准保费	4 212.50	3 904.41	3 245.49
总折扣金额	0	0	349.44
总应交保费	4 212.50	3 904.41	2 896.05
总续优金额	0	390.44	360.61
总优惠金额	0	390.44	710.05
总实交保费	4 212.50	3 513.97	2 535.44

类型A是在代理商处购买车险，且是新车，车辆也无防盗等安全设置，所以没有享受任何优惠费率。根据中国人民保险公司的规定，直接到人保业务网点或者网上投保的客户，可以享受6%的优惠。如A是直接业务，即网点投保，那么其保费将是4 212.50元×(1－6%)＝3 959.75元，比在代理商处购买优惠了252.75元。

类型B属于第一年在人保投保后，第二年选择续保。根据规定，续保的客户可享受10%的浮动费率调整比例。原总保费为3 904.41元，扣除10%的优惠后，保费减少了390.44元。

类型C的车辆安全设置齐全，约定了驾驶员，而且是第二年续保。各保险公司通常会制定车辆风险修正系数表作为保费核算的依据，以增强市场竞争力。例如某保险公司规定，在营业网点投保或者直接上门投保，整个保费优惠6%；在车损险方面，指定一名驾驶员，享受主险保费优惠，即车损险和第三者责任险优惠约为2.82%；而有安全气囊或者ABS的车辆，车上人员责任险也可以优惠2.82%左右。假如有固定车位/车库，或者安装汽车防盗系统（含GPRS），则盗抢险保费可以优惠4.7%，总的优惠比例约为15%，优惠金额为710.05元。

第四节　常用的价格营销策略

常用的价格营销策略可以归纳为五种：产品生命周期定价策略、折扣定价策略、心理定价策略、服务定价策略和价格调整策略。

一、产品生命周期定价策略

这一定价策略主要是根据金融产品/服务所处市场生命周期的不同阶段，分析成本、供求关系、竞争情况等变化特点，以及市场接受程度等，采取不同的定价策略，以增强产品的竞争力，扩大市场占有率，为企业争取尽可能大的利润。

1. 新产品定价策略

这时产品的生命周期处于导入期。新产品刚刚投入市场，顾客对其尚不熟悉，销量低，没有竞争者或竞争者很少。为了打开新产品的销路，定价时可根据不同情况，在撇脂（高价）定价、渗透（低价）定价或适中定价之间作出选择。

（1）撇脂定价。即高价策略，将新产品以尽可能高的价格投放市场，赚取高额利润，在短时间内收回投资。因其类似于从沸腾过的牛奶表面撇取最富营养的油脂而得名。

高价定价策略的基本依据是：客户中有部分收入较高者，对新产品有特别偏好，即"先睹为快"心理，愿意出高价购买。此策略一般用于全新产品，或有专利权的新产品。在具体实施过程中，有快脱脂和慢脱脂两种方法。

快脱脂即配以大规模广告或其他促销活动，强力推动新产品出售，以图更快收回投资。对市场生命周期短、需求弹性小、应一时之需的产品，这一方法能引起顾客的"求新心理"，使得需求强度大增，实现高价出售。慢脱脂，是在高定价的同时控制市场扩张速度，实行限量销售，经过一段时期逐步将销售量扩大。例如，20 世纪 70 年代，美国的富国银行采用这种策略推出"金账户"，尽管当时有些人认为该产品不值一个月 3 美元的收费，但银行通过客户体验式的口碑传播，逐步吸引了不少重要的客户。

撇脂定价策略有利于金融企业获取丰厚利润，掌握市场竞争及新产品开发的主动权，同时可以提高产品的身价，树立自身良好形象。缺点是：不利于市场的拓展，容易使竞争加剧。因此，它适合新产品在最初投入市场时采用，不适合长期采用。

（2）渗透定价。即低价策略，在新产品投放市场时，价格定得较低，让价格敏感型顾客容易接受，使产品在市场上广为扩散渗透，进而提高市场占有率，实现市场份额提高后再调整价格，降低成本，实现盈利目标。

美国 20 世纪 80 年代初在推广 NOW 账户的活动中运用了这一策略。80 年代美国政府确认其合法地位以后，全国普遍开设此种账户。以前不能提供支票账户的储蓄银行与储蓄贷款协会等为了挤进市场，针对原有办理支票账户业务的银行，采取了渗透定价策略，以很低的价格或者不规定最低余额的方法吸引客户、扩大销售量。又如，货币市场存款账户产品投放市场时，也大规模地采用了渗透定价。由于所有银行同时投放这一新产品，争夺客户的竞争非常激烈。有些银行采取高于市场的利率来吸引客户，扩大市场份额，等到利率回归稳定，再采取非价格竞争策略，留住被高额利率吸引来的客户。我国近年来，非金融机构的电商们推出的“宝宝”军团理财产品，以阿里巴巴“余额宝”为代表，用远高于银行理财产品的利率吸引了大量的以小额、分散为特征的个人资金，给银行储蓄业务带来了极大威胁。这一渗透策略取得了极大成功。

渗透定价适用于需求弹性大的产品或服务。优点是薄利多销，以量取胜，不易诱发竞争，便于长期占领市场。缺点是本利回收期较长，价格变化的余地小，难以应付骤然出现的竞争和需求的较大变化。

（3）适中定价。介于撇脂与渗透策略之间，以价格稳定和预期销售额的稳定增长为目标，力求将价格稳定在一个适中的水平上，所以也称稳定价格策略。一般是处于优势地位的金融机构为了树立良好的市场形象，主动放弃一部分利润，既保证自己获得一定的初期利润，又能为顾客所接受。主要适用于产量大、销量大、市场较稳定的产品。

2. 成长期定价策略

这一时期的主要特征是：产品大批量生产，成本大幅度下降，销售量急剧上升，利润增长较快，竞争开始激烈。因此，成长期产品的定价策略，一般是选择适合竞争条件，能保证企业实现目标利润或目标报酬率的目标定价策略。采用的营销策略，可以考虑选择适当时机降低价格，既可吸引更多消费者，又可打击竞争者。

3. 成熟期定价策略

产品进入成熟期后，市场需求呈饱和状态，销量已达顶点，并开始呈下降趋势，市场竞争日趋尖锐激烈，仿制品和替代品日益增多，利润达到顶点。

在这个阶段常用的手段是将产品价格定得低于同类产品，以排斥竞争者，维持销售额的稳定或进一步增大。此时，正确掌握降价的依据和降价幅度是非常重要的，一般应视具体情况而定。如果可以成功地使产品具有明显特色从而拥有忠诚的顾客，则仍可维持原价；如果产品无特色，则可采用降价方法进行竞争，但要小心，以免引起价格战或导致企业亏损。

4. 衰退期定价策略

这个时期常采用的定价策略有维持定价策略和驱逐定价策略。

（1）维持定价策略。是指维持产品在成熟期的价格水平或将之稍作降低的策略。目的是：希望产品在顾客心目中继续留有好的印象；其次希望继续获得一定的利润。对于需求弹性较小的商品，多采用这种定价策略。能否成功，取决于新替代品的供给状况。如果新替代品满足不了需求，那么仍可以维持一定的市场；反之，顾客会转向替代品，加快老产品退市。

（2）驱逐定价策略。适用于需求弹性大的产品，通过有意将价格降低到无利可图的水平，将竞争者逐出市场。目的是尽量扩大市场占有率，保证销量，收回投资。价格一般定在成本水平之上，必要时，可降到等于产品可变成本与税费之和的水平。

二、折扣定价策略

在基本价格的基础上，灵活运用折扣定价技巧，是金融机构审时度势争取顾客、扩大销售的重要方法。折扣定价策略一般有以下几种。

1. 现金折扣

指对按约定日期付款或提前付款的顾客给予一定的现金折扣。

几乎各家财产保险公司都有保费打折策略，依据是上年的事故率或赔付款额的大小，达到规定标准的给予保费折扣，可以留住保费支出小的客户。

有些证券公司年底根据客户的交易贡献度，给予一定的现金返还奖励。

一些证券经纪公司代理客户进行国债回购交易，根据委托代理的资金数额，确定佣金标准。如表 8－7 所示，随着委托资金的增加，手续费折扣增大，超过 1 亿元后佣金为零，只收取应上缴交易所的经手费。

表 8－7　国债回购交易非累进数量折扣

资金额度	手续费折扣标准
10 万～100 万元	对应回购品种标准佣金不打折：1.0
100 万～1 000 万元	对应回购品种标准佣金的五折：0.5
1 000 万～1 亿元	对应回购品种标准佣金的二点五折：0.25
1 亿元以上	仅收交易经手费：对应回购品种标准佣金的 0.05

2. 数量折扣

数量折扣指卖方因买方交易数量大而给予的一种折扣。其数额一般不应该超过批量销售所节省的费用额。数量折扣有非累进折扣和累进折扣之分。非累进数量折扣，是规定顾客一次性购买一定数量或购买多种产品达到一定的数量所给予的价格折扣。累进折扣是规定在一定时间内，购买总数超过一定数额时，按总量给予一定的折扣。例如信用卡的折扣优惠计划，累计刷卡金额达到一定数量，可以兑换一定的礼品等。

数量折扣有利于顾客维持向特定金融机构购买产品，而不是转向多家金融机构购买。

3. 交易折扣

又叫功能折扣，是产品提供者根据代理商、中介在市场营销中担负的不同职能，给予不同的价格折扣，目的是用价格折扣刺激它们充分发挥其组织市场营销活动的功能。证券和保险经纪人作为金融产品交易的中间商，商业银行作为证券投资基金和保险产品的代销机构，常常以提成的方式获得交易折扣，折扣的差额就是代理机构获得的收益。折扣或提成数额一般根据交易金额和一定比例计算。

三、心理定价策略

主要有以下三种：

1. 尾数定价

尾数定价是指利用顾客数字认知的某种心理，尽可能在价格数值上不进位，保留零头。例如，信用卡挂失手续费是 2.98 元而不是 3 元，使顾客感觉价格低廉、卖家是经过认真核算才定价的，由此产生信任感。主要用于弹性较大的大众金融产品的销售，高档产品不一定适用。

2. **整数定价**

对于档次较高的产品和服务，如服务于高端客户的私人理财产品，可在基础价格上凑成整数，使顾客形成高价高质的印象，吸引社会上高收入阶层。整数定价会增强顾客的购买欲望。因为高收入者重视质量、品牌，不太计较价格，如果以尾数定价，给人以低价低质的感觉，反而让高收入阶层觉得不合身份而光顾乏人。

3. **声望定价**

市场上不少产品在顾客中有较高的声誉，人们对它们的品牌有了信任感，购买时，不在乎钱的多少，而在乎能否显示其身份和地位。这是一种“价高质必优”的消费心理，即使该类产品成本下降，价格一般也不会下降，否则有损于这类商品的形象。招商银行的金葵花贵宾卡，事实上是给高收入人群提供的一个综合理财账户。拥有这个账户的条件是各项存款或理财资产合计 3 个月日均存款余额在 50 万元以上，或个人贷款在 70 万元以上，或储蓄在 30 万元以上同时各类贷款（无不良记录）在 30 万元以上。持有这样一个账户卡无疑是尊贵身份的体现，迎合了一些人希望获得身份认同、获得尊重的心理。现在，各家金融企业都有类似“金葵花”这样能给客户带来身份象征的产品，如金卡、VIP 客户等。

四、服务定价策略

服务是无形的，不能试用和退货，存在较大的购买风险。顾客往往从其他一些交易线索了解产品的价值，而价格则是金融企业给客户的一个重要的价值提示。金融营销人员在制定服务价格策略时，要通过定价，明确无误、令人信服地揭示并传达服务价值。

服务定价有三种方法：满意度定价法、关系定价法和效益定价法。它们各不相同，但密切相关，都揭示并传达了服务的价值。

1. **满意度定价法**

顾客在购买金融服务产品前都可能存有某种疑虑，例如理财产品的预期回报率，常常让客户不放心。满意度定价法旨在降低顾客的疑虑。可采用多种方式来减少顾客的担心，如提供必要的信息，包括提供以往业绩证明、中间过程阶段性状况报告等，甚至提出给予补偿的保证——降价或退款，以显示金融企业对自己产品的自信，给顾客以强力定心丸。

服务保证是一项冒进性的承诺，采用这种策略应该特别慎重，实施前必须彻底分析实施的必要理由及相应的风险。同时要考虑客户的反应，如果对客户说，提高价格是“为了帮助我们更好地为您服务”，他们往往不悦。

美国第一银行是个成功的例子。1989 年，它收购了得克萨斯州一家破产银行后，创建了信托部，该部经理们的信念是：只有定位在卓越服务上才能使自己初试啼声的业务具有竞争力。由于创业之初没有声誉，无法吸引潜在客户，它们实行了服务保证策略，承诺顾客只要对服务不满，分文不收。结果，1989—1995 年间，4 500 名顾客中只有 7 位对服务不满并获得全额退款。如今，美国第一银行得州信托行是全美发展最快的信托银行之一。显然，该行的服务保证策略减轻了顾客对其服务的疑虑，同时为员工平添了一股强劲动力，努力满足顾客期望。

这个例子说明，金融企业拥有高质量的产品信誉和高水平的专业服务，有利于提升在目标市场的整体形象，并收取比竞争对手稍高的手续费（或支付较低的利息）。客户感到金融企业员工了解他们，服务态度亲切而又懂行，总是乐于助人，天长日久就成了忠诚客户。忠诚客户不大可能为了节约支票账户的几美元，或为了稍高的存单利率而转去其他银行。

2. **关系定价法**

根据客户与盈利的“二八”规律，发展持续交易的长期客户是金融机构重要的客户策略。争取与客户签署长期合同是加强与现有顾客的关系或发展新顾客的有效方法，它能彻底改变业务的交易方式，把一次次相对独立的、不连贯的交易活动，变成一系列持续的互动行为。同时，这种长期稳定的收入使金融企业能够集中更多资源在自己的优势和特长上，与竞争对手拉开距离。

关系定价有时又称为组合定价，即将两种或两种以上的服务“捆”在一起销售。这种价格激励方式给顾客带来了一起购买比分别购买更便宜的好处，对于金融企业则能降低销售成本，因为多提供一个附加产品或服务，通常比分别单独提供一种服务成本低，还能加强与顾客的联系。与顾客之间的联系越多，就能越多地掌握顾客信息，发掘顾客需求。

商业银行通过关系定价，鼓励客户在银行有多个账户，使用多种服务。鼓励形式可以是：较低的手续费、较高的存款利率，或用多种账户提供较低的贷款利率。

3. **效益定价法**

效益定价法以精确的成本计算为基础，通过明晰成本、管理成本和降低成本，将节省的成本部分或全部以低价格形式转给顾客。好处是：一方面，有效的、更精练的成本结构使得竞争对手在短期内难以模仿；另一方面，成本优势结合产品特性，能让顾客感受到成品独特的价值所在。

效益定价者往往是行业中某方面业务的领跑者或标新立异者。它们努力摒弃行业里传统的操作方式，寻求持续的成本优势。美国嘉信理财（Charles Schwab）是一家折扣证券交易行，它是采用这种定价方式的典型例子。该公司以前通过销售代理商发布投资咨询信息，后来开发了一种高度自动化的低成本信息系统，将原来通过代理商联系投资者的间接关系改变为直接关系，可以同一时间内以一对一的方式，直接有效地处理数以百万计的顾客交易请求，减少的代理成本一部分以折扣方式惠及顾客。

五、价格调整策略

价格调整是金融企业对上述基础价格的调整。由于市场情况千变万化，有时价格需要根据经济环境的变化、产品生命周期、竞争对手新策略、顾客消费心理变化等因素相机而动，以实现预期的营销目标。

例如银行调整价格时，需要考虑何时宣布、何时生效，是一种产品还是整个产品线（譬如是否针对所有的银行卡），或是在更广泛的产品范围内（譬如针对客户存款账户所有其他项目的收费）实行价格调整；一个产品的调价对其他产品影响如何。几年前，一家银行推出了储蓄替代产品——信托基金，其利率高于同期存款利率并免税，很多客户其他账户的存款纷纷转换到这个账户。虽然该产品下的存款量有所增加，但低利率的活期存款量下降，整体上提高了银行资金的平均成本，对贷款利率及其收益产生了不利影响。因此，金融企业各种产品和服务的价格必须相互照应协调。价格调整应基于必要和可行原则，以下是价格可能要调整的一些原因：

（1）账户数量或市场份额有所下降。

（2）与竞争者的价格相比，或与其产品的益处相比价格太高。

（3）由于成本增加或需求量太大，价格相对过低。

（4）因未能提供满足低收入客户的定价而受到批评。

（5）产品线中每个产品项目的价格差异不合适或令人费解。

（6）向客户提供太多的价格选择，使客户感到无所适从。

（7）价格对于客户来说似乎高于其真正所值。

（8）定价行为使客户对价格过分敏感，并不赏识其质量上的差异。

（9）提高产品质量增加了经营成本或增加了对客户的价值。

本章小结

研究金融产品定价策略首先要考虑定价影响因素，分为外部因素和内部因素两大类。外部因素首先主要是政府对金融行业的控制与监管政策，在我国尤其重要；其次是市场因素，要考察金融市场类型与市场需求；最后是行业间的竞争状态。内部因素要考虑金融机构自身的定价目标、成本和营销组合战略等因素。

给金融产品或服务定价的一般方法主要有三类，即以成本为导向的定价方法、以需求为导向的定价方法和以竞争为导向的定价方法。

由于金融产品的特殊性，不同类型的金融产品有不同的定价模式。本章主要给出了几种常见的大众化金融产品，如存款、贷款、债券、股票、保险的定价模式。

常用的金融产品定价策略有：产品生命周期定价策略、折扣定价策略、心理定价策略、服务定价策略和价格调整策略。

重要术语和概念

利率政策　汇率政策　保险费率　市场类型　价格弹性　定价目标　盈亏平衡　成本导向定价法　需求导向定价法　竞争导向定价法　撇脂定价　渗透定价　折扣定价　心理定价　服务定价

复习思考题

1. 影响金融产品和服务定价策略的因素有哪些？

2. 简述我国政府对金融行业监管的主要内容及其对定价的影响。

3. 简述我国金融市场的类型与需求特点。

4. 什么是产品的定价目标？金融产品的定价目标有哪些？

5. 金融产品定价的成本因素有哪些？

6. 有哪些基本的定价方法？简述它们在制定营销策略中的作用。

7. 竞争导向定价是如何在金融产品上体现出来的？举出实例。

8. 不同金融产品的定价模式有什么不同？

9. 金融新产品定价策略有哪些？

10. 就近几年销售火爆的信托产品而言，什么是“刚性兑付”？从定价角度谈谈你的看法。

拓展阅读

[1] 黄达，张杰. 金融学. 5版. 北京：中国人民大学出版社，2020

[2] 王婧瑜. LPR背景下中小商业银行定价问题. 中小企业管理与科技，2021 (31)

[3] 迟骏. 投资者情绪、投资者交易行为对ETF定价影响研究. 广州：华南理工大学，2020

第九章　金融营销渠道策略

学习目标

1. 了解金融渠道的特点、功能与类型。
2. 了解金融机构选点模型及其原理、主要的布点策略。
3. 掌握金融渠道拓展与选择的策略。

前几章学习的营销组合要素涉及以正确的价格向正确的市场提供正确的产品。接着要做的是将产品和服务在适当的时候、适当的地点送达客户，使产品和服务具备的利益、功能等有效地传输给目标受众，这是本章学习的渠道策略的内容。

营销渠道不仅具有产品推销、业务推广、服务支撑的重要功能，同时也是企业感知市场环境的末梢神经，更是企业决策效果传递并作用于市场的关键执行环节。

市场营销活动效益的高低不仅取决于银行产品的开发与提供，还取决于其分销渠道。前者是形成产品使用价值的过程，即降低金融产品的成本、提高产品质量、增加产品的式样与功能、制定合理的价格以提高市场竞争力；后者是产品使用价值和价值的实现过程，即将已经开发出来的产品及时、方便、迅速地提供给客户，以满足不同客户的需要。从一定程度上讲，建立良好的分销渠道要比组织产品开发更为重要。

然而，与生产销售有形的物理产品的实体企业有着很大区别的金融企业，由于其产品的服务性和高度虚拟性的特点，在大多数情况下，在金融企业与客户之间，无须通过由中间商构成的“货物”送达渠道，而是采用直接销售和人员接触的送达方式。即使在需要渠道的场合，中间环节也很短。因此，金融产品与服务向顾客的输送，更多表现为服务营销的“服务传递”形式。换句话说，金融企业分销渠道的主要内容是服务传递的方式及其通道。

金融渠道在金融营销组合要素中的重要性还表现为：风头盖过传统金融的互联网金融，其核心竞争力在于渠道和平台。网上银行、手机银行这些新业态，其实就是金融渠道的创新，互联网金融凭借其后来居上的商业模式和信息优势，从这些新渠道争夺金融客户，从而对金融信息分享、金融交易方式产生颠覆性影响。

基于以上认识的金融营销渠道策略的定义为：金融机构把金融产品和服务向客户输送或传递的手段和途径。

本章首先介绍营销学关于渠道策略的基本内容，然后重点阐述金融机构营业网点的渠道策略，即网点布局与选择、提供产品与服务的技术和方式。

第一节　金融渠道的特点、功能与类型

一、金融渠道的特点与功能

（一）金融渠道的特点

市场营销学的渠道策略主要针对生产有形产品的工业企业，如何有效解决生产的集中、批量与消费的分散、小额的矛盾。金融企业是特殊的企业，其经营对象是一般等价物——货币，既不生产货币也不消费货币，而是为货币的需求者和供应者提供中介服务。因此其渠道有着非常特别之处。

金融服务产品与一般的有形商品的最大不同是其无形性和高风险性等特点，使得销售渠道的特点、功能与类型也有很大区别。因此，仅仅掌握一般的市场营销渠道理论还不够，还需要进一步了解和掌握金融营销渠道的特点，这对从事金融服务产品营销是十分必要的。

从与有形产品渠道对比的角度看金融服务产品渠道的特点，主要有以下几个方面。

1. 金融服务产品的无形性与销售渠道的直、短为主的特点

金融企业的产品，如存贷款、汇款、信用卡、基金、保险、信托等，对于顾客而言并不是通过触觉、味觉、视觉、嗅觉和听觉等感官感觉到，而是通过一些有形设备与线索如网点柜台、自动提款机、存折明细、保管箱等有形设施，加上人员的解说等才感觉到产品的存在。能够证明一项金融产品交易的是一纸契约。

由此带来的问题是：金融服务产品不是总能被清晰透彻地说明、证明或展示提供，客户不容易理解并作出正确的购买决策。金融机构要告诉顾客服务内容、权益以及风险，以得到顾客的理解和支持。这样，金融机构与顾客之间一般不宜有中间人，直接营销就成为主要的销售方式。

金融的直销方式，主要有物理和虚拟两大类型。前者即广设分支网点，培训高素质的客户经理队伍，开展面对面柜台的产品销售和服务活动。后者是利用网络通信信息技术和设备，进行远离经营现场的远程传送产品和服务。

2. 金融产品的高度信息化与销售的直复式为主的特点

描述一个金融产品除了数字还是数字，这一数据化特征决定了其服务传递的高度信息化、虚拟化特征，也决定了其最适宜采用直复式渠道。

所谓直复式渠道，主要基于互动媒介，或者互动媒介与传统渠道的结合，获取潜在客户，或者销售产品。这些互动媒介有电话、直邮、网站、电子邮件、短信等。直复式渠道强调在任何时间、任何地点都可以实现企业与顾客的“信息双向交流”，顾客可以根据自己的时间安排随时上网获取或反馈信息。由此产生了大量客户数据，成为数据库营销的基础。美国直复营销协会认为：直复营销是一种为了在任何地点产生可以度量的反应，或达成交易而使用一种或几种广告媒体的互相作用的市场营销体系。直复营销既是一种营销传播的方式，也是产品销售的渠道，后者的作用对于没有中间渠道商的金融企业尤其明显。

直复营销使用了信息营销的因素，是现代营销基于发达的信息通信技术的一种高级的营销形态。它强调个性化，是传播个性化产品和服务的最佳渠道，能更有效地接触到目标受众。

3. 金融服务的中介性与资金来源、运用产品混合销售的特点

一般而言，渠道是企业生产线产出的产品输送到消费者手中的通道，不包括给生产线输入原料的供应商。但金融企业不同，作为资金融通的中间人，一手牵资金盈余者、一手牵资金短缺者（看上去就像原材料“供应商”和产品“消费者”），但不可以“厚此薄彼”，两者都是需要营销的客户群体。因此，有为资金盈余或短缺客户提供产品的专门渠道，如银行的柜台以储蓄业务为主，而贷款则需要通过另外的通道。但在理财需求日益旺盛的当代，更多的是两类产品交叉的混合销售渠道，例如购买基金产品，在销售了存款产品（资金来源）的同时也完成了向基金公司出售产品（资金运用）。

4. 金融服务的信托性与渠道运行风险的特点

金融机构是从事资金转移、融通的中介机构，从本质上讲，提供的是信托服务。客户作为委托人，可以选择信任的金融企业。金融企业受客户之托，管理其资金或提供财务咨询，为保护其利益尽义务。金融企业和客户之间长期稳定的关系需要彼此的信用和信心维系。

金融渠道运行与维护的风险主要关注以下几方面：

高度依赖人与人面对面的直销，可能存在较大的人员道德风险或操作风险。如果设立了跨地区网络机构，管理部门应以风险控制为核心对各机构以及人员授权，制定严格的规章制度和绩效考核机制。

直复式渠道对技术与设备高度依赖，一旦关键技术和设备出现问题就是系统性的，影响面大、修复时间长，严重的可能给客户造成损失，给金融企业带来声誉上和经济上的损失。

在我国目前金融分业经营格局下，不同业态的渠道互相借用，是未来业务交叉混合的前奏，甚至有打擦边球的现象，风险和机会共存，应该高度关注，趋利避害。

（二）金融渠道的功能

金融渠道主要承担以下功能：

1. 销售功能

通过金融营销渠道向顾客销售金融服务产品，提供融资理财服务。

2. 服务功能

通过金融营销渠道向顾客提供系列服务产品，为顾客的货币或财富增值。提高顾客的满意度，培养顾客对本企业的忠诚度。

3. **便利功能**

金融营销渠道为顾客提供了时间的便利性和空间距离的便利性，不仅是买得到，还提供购买的方便，减少了寻求产品和服务的成本，提升了顾客的满意度。

4. **信息功能**

收集、分析与顾客打交道所必需的信息。随着现代信息技术，尤其是互联网技术、通信技术的发展，通过终端渠道可以更广泛地收集和分析最新的金融咨询信息，并以最快捷、便利的方式传递给银行顾客。

5. **宣传功能**

作为制订金融产品营销活动计划的一部分，可以设计更为有效的广告和安排促销活动，实施人员推广、公共关系等销售促进策略。

二、金融渠道的类型及适用性

传统的金融服务产品传送的渠道主要是分支机构及其营业门店。理论上，网点配置的经济性与效用需要运用运筹学最优化理论。现实中，广设网点和人海战术曾经是我国金融机构争夺市场的传统模式，其典型代表就是银行。银行有遍及各地的分支机构和营业网点；证券公司的营业部密集分布在经济发达地区；基金公司除了有限的几个自有物理网点，主要借用证券公司的物理渠道；保险业则主要采取上门或中间人推销制度，或借用银行柜台渠道推销。

随着金融市场内外部环境变化、竞争加剧以及信息技术进步，金融产品和服务的渠道形式日趋复杂化和多样化。金融行业在扩大规模和设备更新的进步过程中，人员和资本也不断增长。由于人员成本的高企与刚性，智能技术将越来越多地取代人工服务，金融产品和服务的传送渠道形式的变化是必然的。

金融渠道的种类可以有不同的划分方式。如按产品线划分、按营业场所性质划分、按网点控制程度划分、按营业时间划分等等。具体采取哪种划分方式，要根据金融企业营销的需要决定。表 9－1 给出了不同划分方式下的金融渠道主要类型。

表 9－1 金融渠道的主要类型

按产品线	按营业场所性质	按网点控制程度	按营业时间
● 超级金融百货公司 ● 提供全面银行服务的物理网点 ● 提供部分银行服务的银行网点 ● 客户经理 ● 只能提供非现金产品的电子渠道	● 营业柜台网点 ● 电话银行 ● ATM ● POS 机 ● 网上银行 ● 手机移动设备 ● 客户经理上门服务 ● 邮寄销售	● 自有渠道 ● 合作或联盟渠道 ● 第三方渠道 ● 代理渠道	● 24 小时服务，包括 ATM、电话银行、网上银行 ● 正常营业时间 ● 其他营业时间

（一）按产品线分类的渠道形式

按产品线对金融渠道分类大致有五类，即超级金融百货公司、提供全面银行服务的物理网点、提供部分银行服务的银行网点、客户经理（证券和保险通常称为经纪人）、只能提供非现金产品的电子渠道（如银行 ATM、网上银行、电话和网络证券买卖等）。按产品线所提供的服务和产品的范围与种类的差别很大，比如，超级金融百货公司提供的产品十分广泛，具有全面性、综合性，而自动柜员机主要是为客户提供自动存取款的服务。这种渠道分类方式比较多地运用在金融机构按业务设置机构的管理模式中，其原因主要有三点。

1. **适应政府管制**

不同国家对于金融监管的程度差别较大，金融行业市场化程度有深有浅，金融机构从事业务的限制有紧有松，这种类型的渠道可以适应政策限制的情况。例如，欧美发达国家大多实行金融混业经营，流行银行、保险和证券产品齐全的超级金融百货公司。

我国现阶段受金融分业经营的限制，不可能出现超级金融百货公司，银行、证券、保险分别设立自己的分支机构网点，分别提供与自己业务领域有关的产品和服务，未经批准不允许跨行业经营。通常金融机构的总部提供较多的产品品种和服务，如商业银行总部或大区域分行，除了提供常规金融产品外，还提供基金托管、信托基金、货币市场投资与管理、代售保险产品和基金产品、跨地域超大型企业客户综合服务等分支机构难以胜任的复杂业务，而一般分支机构则从事常规的大众化的业务并营销当地市场。证券公司的总部往往从事投资银行、资产托管和理财的产品经营和服务活动，分支机构——证券营业部则分布在各地，从事二级市场交易的个人或机构客户开发维护活动，为他们提供投资交易和相关信息咨询服务，这里活跃着大量证券中间商——经纪人，是分支机构开展经纪活动的平台。

2. **市场特征**

由于客户对金融服务的需求差异很大，金融机构通常将客户分为公司和个人两大类，即“批发市场”——公司业务、“零售市场”——个人业务，并设立了专门的公司业务部和个人业务部及其产品销售渠道。另外，金融机构还有一些直接控制的专业附属机构，如信用卡公司、财务公司、信托公司、投资公司、票据公司、按揭公司等，通过这些销售特定产品的专门渠道，向客户提供专业化的产品和服务。

3. **技术发展**

随着互联网信息通信技术的进步，许多标准化的传统产品，或者便于信息数据处理的个性化产品，如储蓄存款、转账、信用卡支付、保费支付、股票买卖、理财咨询等，采用虚拟化远程化方式处理，提高了业务处理的效率、精度，达到了节省人力成本的目的。这种非人工的电子交易渠道除了不能完全处理现金的交易外，几乎可以替代传统柜台大部分非现金业务。

（二）按营业场所性质分类的渠道形式

按营业场所性质划分金融渠道，主要形式有营业柜台网点、电话银行、ATM、POS 机、网上银行、手机移动设备、客户经理上门服务、邮寄销售，其中无柜台式的远程网点方式即直复式渠道，将随着信息技术的发达与进步逐渐占据主要地位。

金融产品和服务的销售或交易场所多样化是一个新趋势。传统的金融渠道简单而直接，例如银行存款、取款、贷款和支票账户等需顾客前往银行分支机构完成。证券公司的服务场所与业务性质有关，从事 IPO 的投资银行部主要是上门直销，从事股票买卖服务的经纪业务部是设立地域分布广泛的营业部，方便社区的企业或股民就近从事交易活动。保险公司的服务发生具有随机性和机动性，因此少有固定的营业网点，主要是派营销人员或客户经理到业务现场解决问题。随着信息技术发展和金融产品与服务创新，新的、高效率的交易途径不断出现，例如，银行存取款服务有了 ATM，鼓励通过购物刷卡、网上银行、手机银行进行交易；股票委托交易可以通过电话、手机、网络实现。

图 9－1 以银行个人金融服务渠道为例，展示了金融渠道的多样性，它体现了传统与现代信息技术的组合，使顾客对获得金融产品与服务的方式有了更多的选择。

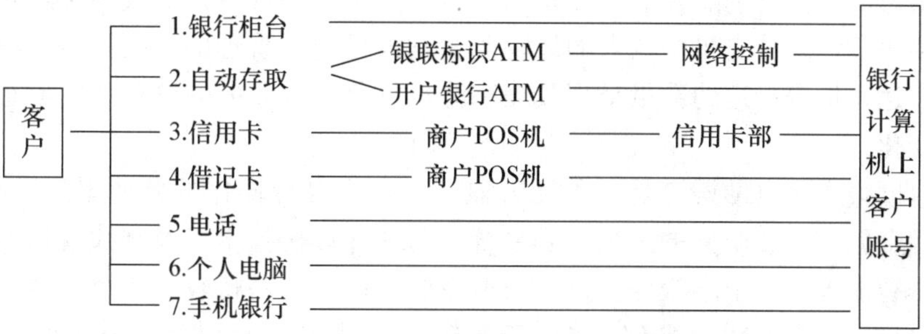

图 9－1　银行个人金融产品及交易的渠道形式

有些金融企业甚至将渠道的触角伸向了商业企业的柜台，通过与商业企业合作的方式，在销售的商品中渗透自己的产品或服务，并借助其销售网点群体扩张自己的市场，典型的例子是银行的联名信用卡，如广东发展银行的南航明珠信用卡，就利用了合作机构南方航空公司的客户网络扩大了发卡量。还有住房、汽车等大额消费品信贷，银行常常借助汽车厂商的渠道、房屋中介等促销，并使其成为自己销售渠道的一部分。例如，中国建设银行的“善融商务”，主要由三部分组成：“房 e 通”、个人商城和企业商城。“房 e 通”上有大量包括一手房和二手房的房源介绍，还可以同时申请房贷业务和住房公积金业务，实现了选房和房贷的有效结合，将贷款及相关金融服务较好地嵌入了房地产开发商、房地产中介等买卖房屋交易双方的商务平台中。

（三）按网点控制程度分类的渠道形式

随着金融业态越来越丰富、信息技术手段日新月异，金融渠道的类型也趋于多样化和复杂化。尤其是网络金融的发展，使得信用金融与商业金融企业的原有疆域开始被打破。归纳基本的金融渠道类型，从金融企业是否完全可控制进行分类，有：自有渠道、合作或联盟渠道、第三方渠道、代理渠道。

1. 自有渠道

自有渠道包含最传统的渠道形式，也是随着信息技术进步变化最大、形式较多的一类。它包括：物理渠道、自助渠道、电子银行渠道、客户经理渠道。在这类渠道中运作的设备、人员隶属于金融企业内部管理。其特点是管理决策程度、风险控制程度都很高，同时成本也高。

（1）物理渠道。物理渠道作为金融企业传统的零售渠道，是一种实体形态，它在传统金融企业尤其是银行业的营销渠道中有着举足轻重的地位，更是与客户间沟通、交流的重要桥梁。物理渠道有狭义和广义的两种。就狭义而言，物理渠道即是营业大堂及柜台。以前，金融企业主要通过物理渠道为客户提供产品、服务。随着时代的发展、科技的进步、各种新兴渠道的出现，物理渠道的地位和交易功能都减弱了不少，但其对提升客户体验的重要性仍然是其他渠道不可替代的。而广义的物理渠道包括银行各分支行、私人银行、个人借贷中心、理财中心、信用卡中心等各种银行经营机构。在信息技术日益流行的今天，物理渠道正逐步转型为多渠道展示中心、引导中心和产品营销中心，成为多渠道服务的综合性门户，推动客户向新渠道迁移。由于金融业务的高风险性，金融企业对远离总部的分支网点控制程度很高。广设分支机构曾经是在我国金融企业非价格竞争的主要手段，对分支机构网点的风险监管是银行内部管理的重要内容。随着金融科技的日益发达，柜台渠道的数量呈现收缩态势，主营柜台业务的营业部的形态及功能将发生较大变化。

（2）自助渠道。自助渠道是一种无人监管、客户自行操作的营业渠道，是自动化、电子化处理金融交易或服务的一项重要系统。通过计算机技术以及现代通信的应用，实现全天候、智能高效的金融服务。这一渠道在商业银行运用得较为广泛，客户通过自助银行可以自行完成存取款、查询、转账等除了销户、挂失、理财外的柜台业务。一开始，自助渠道是为了缓解柜台的业务压力而开设的一项帮助客户自助完成简单的标准化业务的快捷服务，但时至今日，自助渠道的发展已经愈加完善，服务功能也更多样、更高效了。大多数自助渠道的管理都归属于金融企业的某个分支机构，相当于大堂柜台的外延，实行严格的内部管控。银行的 ATM 既可以自己管理，也可以委托管理。在国外，有的银行将 ATM 设在商店或车站，请经营者代为管理，并向其支付网络管理费。

（3）电子银行渠道。电子银行渠道是商业银行为客户提供服务及产品的新型渠道，主要依靠信息技术及现代互联网来实现电子化服务平台的搭建，具有在线、实时等优点。互联网、手机、电话等是电子渠道的主要客户端设备，其中，发展最迅速的是以互联网为依托的网上渠道。而手机渠道则兼顾了移动通信和货币电子化的功能，使得金融产品与服务内涵可以做到更加多元化，不管是在何时何地，客户都能十分便利地获得产品和服务。近年来手机银行发展非常迅速。电话渠道可以实现呼叫双向服务，客户能够呼入，金融企业也能呼出。电子渠道的运行效率和安全性，不仅仅取决于金融企业本身，还需要接入相应网络的运营商的合作与配合。

（4）客户经理渠道。客户经理主要服务高端客户，为其定制个性化的服务，并以面对面的形式交流，更好地倾听、了解客户需求。就服务对象的角度来说，客户经理需要维护与高端客户的良好关系，发掘客户的潜在需求，进而能为其提供相应的金融产品、服务。就一般情况而言，物理渠道与客户经理渠道是互相依赖的。时代在发展，现在“找客上门”已经取代了“等客上门”，客户经理渠道也愈发独立。在金融企业众多的营销渠道中，客户经理渠道应对金融市场变化的能力最强，对市场营销观念的革新的适应能力最好，对金融企业进行产品创新、降低风险、实现更高的价值创造有着重要意义。

2. 合作或联盟渠道

典型的例子是信用卡与特约商户的合作渠道。信用卡发卡机构（我国是银行，而发达国家一些商业企业也可以发卡）要大规模普及信用卡，不仅要发展大量的持卡人，还要开发愿意接受刷卡购物的特约商户，建立用卡商户渠道。发卡机构与商户不是控制与被控制的关系，而是合作和互惠关系，否则可能因为利益冲突使合作中断。在深圳，曾经因为信用卡交易对商户收费过高，引起商户联合抵制信用卡消费行动，迫使银行就降低收费与商家谈判。

“银信合作”的渠道近年得到大力发展。所谓“合作”，就是银行通过信托公司的渠道销售理财产品。由于我国目前的分业经营体制，商业银行尚不能从事投资业务，更严格限制进入证券市场。在证券市场繁荣的背景下，银行理财产品必须找到一种渠道可以投资于证券市场，从而分享证券市场带来的高收益。信托公司天然具备的制度优势是可以同时投资资本市场、货币市场和实业。这种制度决定了商业银行与信托公司合作的前提。

银信合作是银行通过信托理财产品的方式绕过政策限制为企业提供贷款，具体而言，某企业如果需要贷款，可以将贷款项目由信托公司“打包”处理成理财产品，然后出售给投资者——银行理财客户。银信合作能够快速发展的原因是：分业经营和鼓励创新的金融政策、银信双方各有自身业务经营的比较优势、提升竞争能力并为混业经营做必要准备。在这种合作模式中，银行和信托公司互为渠道、形成“双赢”格局：银行通过信托渠道维护高端存款理财客户、发放贷款，信托公司通过渠道接触和搜集高端客户信息、扩大信托资产规模。

银行通过“银信合作”渠道销售的理财产品主要分为“打新股”和“融资”两大类。打新股是指银行发行理财产品募集资金后，购买信托公司发行的新股申购信托计划。融资类信托产品主要是指银行以单一委托人的身份与信托公司签订信托协议，信托公司利用理财产品所募集的资金为特定客户融资。融资类信托产品主要有“转让贷款”“信托贷款”“购买票据”三类。转让贷款是商业银行将原有信贷资产通过协议转让给信托公司，但仍负责对该信贷资产的贷后管理以及收回。根据协议，商业银行或政策性银行会对该信贷资产提供担保，或以授信、后续贷款支持的方式确保信贷客户到期还贷。信贷资产的收益由理财投资客户、理财产品发行方、信贷资产担保方、信托公司等分享。信托贷款是银行将募集资金通过信托公司贷给指定客户。购买票据类信托计划则是银行将募集资金购买信托计划，信托计划再购买商业银行持有的票据资产，这种理财模式改善了商业银行的资产负债结构，提高了流动性。

3. 第三方渠道

第三方渠道是以与金融交易双方无直接利益关系的商家作为第三方，金融机构（卖方）将产品嵌入第三方的业务或产品中销售给客户（买方），实现产品销售。目前金融机构利用的第三方渠道主要是电商平台。

保险企业很早就关注并不断开发第三方渠道平台销售保险产品，成效显著。中国保险行业协会最新数据显示，第三方渠道平台销售的保险产品远超自身官网销售，第三方渠道占网销保费的比例高达95.1%，联姻第三方销售平台的险企收获颇丰。

保险企业与第三方平台合作持续不断地推出创新险种，如阿里巴巴与华泰保险推出的淘宝天猫退货运费险，用于网购退货产生的运费赔付；大麦网与中银保险推出的“安心订票”保险，保障消费者因意外情况而无法观看演出时，按相关约定可获得票款额

90%的票款损失赔偿（见表 9-2）。

表 9-2　保险企业借助第三方渠道推出的创新产品

公司	合作对象	险种	保障内容
华泰	阿里巴巴	退货运费险	网购退货产生的运费赔付
华泰	携程网	酒店预订取消险	赔付客户无法入住的房费损失
泰康人寿	阿里巴巴	“乐业保”健康险	电商卖家提供意外医疗养老保障
中银	大麦网	“安心订票”保险	因无法观看演出比赛补票款损失
人保	腾讯	微信支付金保险	微信支付账户资金安全保证
众安	阿里巴巴	众乐宝—保证金计划	淘宝天猫卖家补偿买家保证金解冻
平安	腾讯	腾讯游戏装备保险	保障用户游戏装备虚拟资产资金安全

4. 代理渠道

通过代理人或代理机构销售产品，也是许多轻资产金融公司常用的渠道方式。如基金公司，只有总部或少数几个大区业务部，不设分支机构。其基金产品主要借助商业银行、证券公司的分支机构渠道代售。近年来基金公司借助财经网站和电商虚拟平台，通过财经网站理财业务或电商金融业务渠道进行基金产品销售的势头猛烈。

基金公司大力开发电商型第三方渠道，是因为原先以银行为主的渠道存在几个问题：一是银行胃口大，对管理费的分成越来越大，基金公司发新基金不赚钱；二是渠道拥挤，60 多家基金争夺几大银行，排队等待导致发行档期不理想；三是银行担心存款“搬家”，对基金产品销售一般不会太热情。总体上，面对强势银行，基金公司日子难过。这种情况随着 2013 年对基金销售政策松绑而改变。

目前，代理销售基金产品的前三甲当属东方财富网站的天天基金、蚂蚁聚金和陆金所，跟随其后的是同花顺、众禄、诺亚正行、和讯等财经网站和电商渠道。天天基金网以 4 149 只基金的代销数量位列所有代销机构之首。

人寿保险公司除了通过设立保险经纪人网点来销售保险单外，也借道银行网点代销。

我国金融机构在分业经营的约束下，为了拓展市场，一些产品和服务呈现跨行业渗透和交叉的趋势，跨行业的渠道经营和管理也由此变得比较复杂。而在混业经营情况下，许多跨行业的“外部业务和渠道”内部化，对代理网点渠道的管理控制就转为机构内部问题了。

（四）按营业时间分类的渠道形式

服务是不可储存的、易逝的。许多金融服务在一定程度上有较强的实时性。但传统的金融服务在时间上都有很大的局限，例如银行一周工作五天，一天工作八小时，中午还要休息。为避免由此给客户带来的不便，金融企业总是力图打破营业时间上的局限。信息技术进步为此提供了可能和条件，因而产生了另一类基于信息技术的渠道形式，即电子网络渠道，如银行的 ATM、电话银行、网上银行，券商和保险公司也推出了类似的渠道形式，它突破了传统上下班、节假日带来的时间限制、柜台资源限制以及相对烦琐的手续，实现了“3A”式服务，即客户可以在任何时间（anytime）、任何地点（anywhere）、以任何方式（anyway）获得服务。

第二节　金融机构物理渠道布点策略

金融服务或服务产品是通过零售服务网点来提供给客户的，尽管随着信息技术的发展，新型营销渠道不断出现并得到消费者的认可与接受，金融分支机构的职能有所改变，但客户仍将能否提供近身、便利的服务作为选择金融机构的重要因素，因此物理网点仍然具有独到的优势，尤其是作为产品与人员服务“线下”体验的重要场所。

下面以传统金融的代表银行为例来了解金融企业物理渠道策略。银行的营业网点作为传统的核心渠道，是银行人员面对客户销售产品的主要场所，也是银行形象的载体，而科学的网点选址是银行网点经营成功的先决条件。在西方发达国家，面对大众的门店选址早已成为一门独立的科学，较为经典的理论有引力模型、商圈饱和理论，以及中心地理论。银行网点选址在其基础上也形成了完整的理论和方法，例如，美国的银行在网点布局中普遍关注市场规模，模拟同业竞争者的布局行为，并综合分析候选网点所在商圈。德国某银行在进行网点网络布局规划时，采用总量管理方法调整网点数量在全国不同地区间的分配比例。加拿大某银行在网点布局规划中关注城市功能调整，以及经济和人口重心转移。网点的选取首先需要根据科学的公式计算得出结论，并使每个网点运营向最经济靠拢。确定网点规划后，围绕“以客户为中心”，从客户在网点的服务体验角度进行功能分区的分析和设计。然后，根据网点的分类，搜集现有客户结构、交易量、交易种类、客户等候时间、满意度、放弃率等基本信息，分析未来的业务发展和客户结构情况。最后，以各渠道间的有效分流为前提，综合考虑整体业务量及客户使用习惯，准确地划分功能分区，满足特定区域客户的特定需求。

一、地点选择

（一）渠道选址考虑因素

进行渠道选址时，要综合考虑许多因素，主要有地理位置、设备数量和优化标准等三大类因素，见图 9-2。

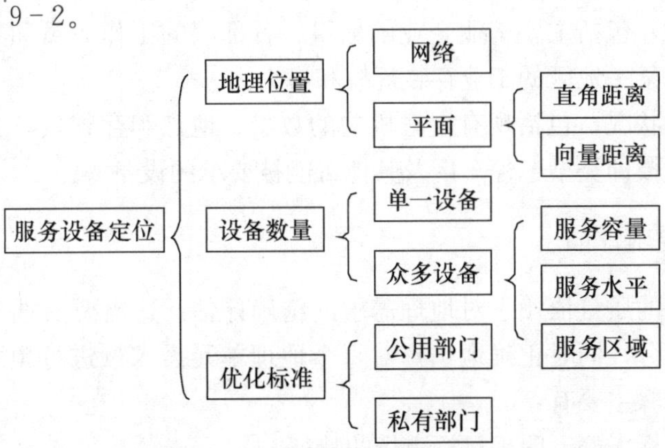

图 9-2　服务设备选址情况分类

实际位置的选择不仅要考虑一定范围内最多人群到达距离的最小化，而且在最终位置选择上，资产投资将是一个主要的限制。最终决策将要考虑的诸多因素见表9-3。

表9-3 影响分支机构位置选择的因素

影响因素	具体内容
进出	到高速公路出口和道路进口的方便性
停车	充足的路边停车位
交通	有无潜在的购买能力的交通流量；有无妨碍交通的障碍物
可视性	有无街道的阻碍影响标牌置放
扩展性	便于扩展的房屋
环境	能说明完成服务工作的周围条件
竞争性	竞争对手的选址
政府	区域限制、税收

1. 通畅性

地理位置的通畅性是影响金融服务分销的一个很重要的因素，它决定进入或离开金融机构的便利程度，如交通状况对客户的影响、足够的停车区域等等。

2. 可视性

在选择分支机构的位置时，要考虑使办公室和金融机构的标志能够容易被过往行人看见。

3. 竞争对手的位置

确定最近竞争对手的位置也是一个很重要的因素。

4. 靠近公共交通

公共汽车站附近地点的人流量一般都较高。

5. 经济因素

在对地理位置进行研究时，要了解该地理区域的一些经济因素，如人口统计特征、商业结构、工业结构和金融企业状况等，具体内容如下：

（1）人口统计特征，如现有的居民数量、家庭收入、职业、区域职业分类和居民住房情况，这些信息有助于银行对某一特定地区的存款或业务量进行预测。

（2）商业结构，具体包括现有的全部商业机构和主要商业区，这些信息有助于银行预测某一地区的商业存款规模和潜力。

（3）工业结构，包括主要工业企业的数量、各部门的工作人员和工作时间，这些信息有助于银行预测某一地区的工业存款规模和潜力。

（4）金融企业状况，包括现有金融机构的数量、地点和存款量，金融机构的营业时间、办公场所的规模即类型、停车区及其他可能被要求的设备等。

（二）地理需求评估

渠道选址分析的质量依赖于对地理需求的精确评估。这需要对选定的服务区域进行正确的地理单元划分，同时正确地选择对每个地理单元需求量进行预测的方法。对地理需求进行预测的步骤主要有：

第一，定义目标人群，明确目标市场的特征。

第二，选择地区。为了确保精确，地理单元应尽可能小，但受两个因素限制：这个地理单元必须足够大到包括可以充分评估需求的样本容量；单元数量绝对不能超过计算机和设施选址技术的计算容量。通常选择人口普查采用的地域作为单元。

第三，评估地理需求，对于街区群居的人口统计数据，利用数学方法进行统计分析。

第四，绘制地理需求图，每个街区群中的需求均可以集中于一个三维图中，以便提供一个可视的需求地理分布图。

（三）网点确定原则

（1）整体布局原则。营业网点规划选址应建立在对规划单位整体分析的基础上，由规划单位分行（支行）统筹开展，同时紧跟城乡发展规划步伐，兼具前瞻性。

（2）业务导向原则。网点的规划选址应坚持以客户为中心、以市场为导向，渠道建设服务于业务发展，网点类型由未来目标客户群的服务需求和业务特点决定。

（3）市场需求原则。网点规划选址重点关注金融资源和金融服务需求集中地区，同时要求竞争适度，对于网点布局过密的地区，重点调整现有网点布局结构，提高网点综合效益。

（4）定量与定性相结合原则。网点规划选址时，既要依据规划来为宏观信息定性判断候选位置价值，又要运用投资度模型定量评估候选位置的经济金融资源丰富程度，确定最适合的目标位置。

案例1

选址策略：与竞争对手比较的因素

先选出有业务潜力的地点，然后用主要街道将这些点连接起来，把竞争对手的分支机构也归属于点，计算并记录下相邻点之间的往来时间，利用计算机程序找出所有消费者点和所有银行点之间的最少往来时间。在选址的同时要考虑以下几个因素：（1）服务的快捷，（2）存款利息的高低，（3）职员态度的好坏等。

下面将影响因素简化为如图9－3所示的模式：

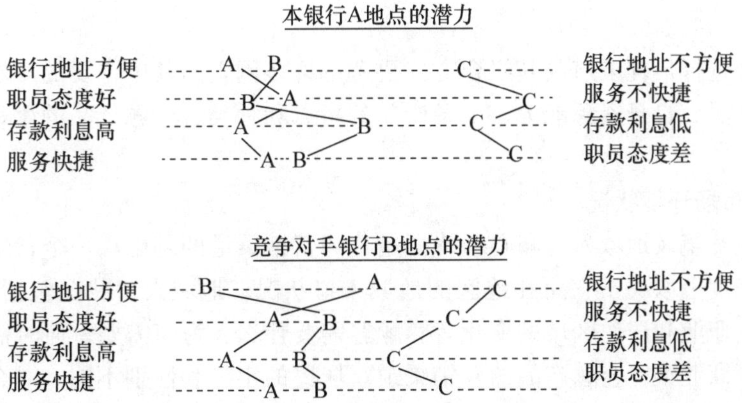

图9－3　竞争比较法的银行选址策略

注：A——银行A；B——银行B；C——银行C。

二、传统网点的智能化转型

在互联网金融快速发展时代，金融行业的竞争除了同行之间，还来自非金融机构，尤其是互联网头部企业，如阿里巴巴、腾讯等。传统网点的业务模式无法适应网络信息化快速发展，客户及其资金面临大幅流失，尤其是银行境况堪忧。因此，金融机构奋起直追，积极拥抱互联网金融。最显而易见的变化发生在银行网点：第一，收缩，关闭业绩差的网点，减少网点数量；第二，转型，对保留的网点加大智能型投入。近年来，商业银行纷纷对原有网点进行升级改造，加速向智能型网点转型，如表 9－4 所示。

表 9－4　商业银行智能网点开设情况

银行名称	省份	网点的特征与属性
中国建设银行	北上广	大额存款机、半自助柜台、微信打印
中国工商银行	南京、北京	外币兑换机、产品领取机、硬币兑换机
中国农业银行	北京	智能填单、在线预约排队、多媒体互动体验机
中国银行	北京	互动体感屏、自助发卡机、自助填单台
平安银行	深圳	生命周期墙、综合柜员机、智慧理财规划桌

智能设施的投入在一定程度上缓解了柜台压力，为客户提供更安全、有效的优质服务体验感，提升了客户的满意度。

第三节　金融渠道拓展与选择策略

一、影响金融渠道拓展的因素

金融企业选择最佳渠道及其组合方式要考虑许多因素，其中主要的影响因素是：目标市场环境状况、自身资源能力、金融产品的特点和种类、金融产品的生命周期、竞争对手情况。

1. 目标市场环境状况

目标市场环境及地域人口和心理特征是选择营销渠道的基础，一个营销渠道成功与否，在很大程度上取决于它所在地区的地域人口状况。地域人口状况包括居民的性别、年龄的差异；职业和居住区域的变化等。顾客需要什么、为何需要、何时需要以及如何购买就决定了商业银行金融产品的营销渠道。居民的年龄和性别不同，对金融产品和渠道有其不同的需求。一方面，随着放开生育政策和年轻夫妇组建新的家庭，商业银行在选择营销渠道时，要充分考虑多子家庭以及年轻人的需求。另一方面，面对我国已进入中度老龄社会的现实，渠道还需要进行适老化改造。此外，随着城市化进程，人口往大城市迁移，而大城市因为土地紧张，外来人口主要集中于新的开发区或城市边缘，在这些较佳的居住环境中，选择适当的营销渠道就可以扩大金融产品的销售覆盖面。

2. 自身资源能力

商业银行的资源能力决定了其所选择渠道的类型和渠道成员的关系。大型银行的资源及其组合能力很强，但中小银行则相对能力不足（包括人力、物力和财力），无力占领整个市场或若干较大市场。在选择营销渠道时，应该采用密集性市场策略，即把自己的力量集中在一个或少量的细分市场上，实行专业化生产和销售。

3. 金融产品的特点和种类

金融产品的特点在金融机构选择营销渠道时起着重要作用。如果是差异性较小的同质性产品，主要的竞争项目是价格，金融机构在选择营销渠道时，可采用无差异性市场策略，即把整个市场看作一个大目标市场，所有的顾客对某种金融产品有着共同的需求，忽视他们之间实际存在的差异，如国库券交易；对于价格差异性较大的产品，金融企业在选择营销渠道时，就要采用差异性市场策略，即把整个市场分成若干个细分市场，再根据自身条件和环境状况，同时在两个或更多的细分市场上从事营销活动，如贷款市场。随着我国利率市场化的改革，细分市场可再扩大到存款市场和储蓄市场。

金融产品的种类也是金融企业在选择营销渠道时应考虑的一个重要因素。如果金融企业提供单一的、批量大的金融产品，在选择营销渠道时，则应采取无差异性策略；若提供小批量、多品种的金融产品，开展多种金融服务，应采取差异性策略来选择营销渠道。当金融企业开发出新的金融产品时，一般采用密集性市场策略，使用强有力的推销手段，组成营销队伍直接向消费者推销，也可委托代理商协助销售。

4. 金融产品的生命周期

当金融产品处于引入期和上升期时，可采用无差异性市场策略选择营销渠道来扩大市场占有率；而在产品进入成熟期后，则应调整采用差异性市场策略选择营销渠道，以便开拓新市场。也可采用密集性市场策略来选择营销渠道，以保持原有的市场。

5. 竞争对手情况

金融企业的营销渠道也受竞争对手渠道的限制。有些金融企业采用和竞争者相同的渠道，而有些金融企业则避开竞争者所使用的渠道，寻找自己的蓝海。当然，如果竞争对手较弱，也可不列入考虑因素。

二、金融渠道拓展的主要方式

在激烈竞争的金融市场中，渠道通畅和覆盖面，可以决定金融企业的竞争力和市场份额。根据金融市场发展的差异，金融机构的渠道扩展可以采取不同的策略，主要有：增加自设渠道、扩大代理渠道、兼并收购快速扩张、金融机构渠道联盟策略、金融跨界企业联盟渠道等方式。

（一）增加自设渠道

此类渠道属于内部机构，易于管理，风险易控。包括建立分支机构网点、远程服务网络、电子金融网络，扩大直销范围和增加人员推销。自设渠道的策略适用于市场空间大、资金实力强的金融企业。这曾经是商业银行的主要渠道方式，不过增设物理网点受其资本约束。根据巴塞尔协议，商业银行的资本充足率要求达到或接近8%。银行申请新设营业网点时，资本充足率是获准的条件之一。即使在业务不断由网下向网上迁移的当下，营业部的许多业务功能弱化，但物理网点是不可能完全被替代的，仍然是许多老年人获得金融服务的必要场所。因此，物理网点应进行适老化更新改造，服务品质只能强化而不能削弱。2021年3月中国银保监会发布《关于银行保险机构切实解决老年人运用智能技术困难的通知》，推动金融机构在“老年金融”示范服务基础上，逐步推广普及针对老年人特定的服务（见资料9-1）。

证券公司开展经纪业务，曾经也自建了许多营业部，形成了产品和服务的销售网络，但随着交易通道业务的高度电子化，物理网点逐步萎缩。客户主要通过网络通信方式获得服务，网点的客户经理的主要职能是客户维护以及理财咨询。

资料9-1

北京银保监局发文：银行保险机构切实提升老年人金融服务质效

重点内容：一、推进改造营业网点。畅通“无健康码”登记服务绿色通道。配备老年人智能服务设备及操作引导人员。做好无障碍设施改造提升工作。二、提升柜面服务水平。开通“绿色通道”、开设“爱心窗口”，保留现金、纸质存折和存单等传统服务方式，不对老年人使用柜面人工服务设置分流率等考核指标。三、打造适老手机银行。便于老年人使用账户查询、转账汇款及缴费充值等常用功能。四、落实便捷延伸服务。推出老年人预约上门服务、开通老年人专属业务咨询热线。五、推动“适老”金融知识普及。六、增加老年人专属理财产品。严禁向老年人推荐购买与其风险承受能力不符的金融产品。七、提升多层次养老保险服务。八、积极打造养老金融生态圈。搭建一站式养老金融服务平台、培育养老金融服务品牌。

资料9-2

国外银行网点与国内银行网点比较

国外银行网点与国内银行网点有很大的不同，主要体现在以下几个方面：

- 国外银行很多是单纯地定位于高端客户，而国内银行高、中、低端客户都要兼顾。
- 国外银行网点为客户提供服务的能力比国内银行要强，经验更丰富。
- 国外银行主要提供的是一站式综合性服务。有时候受条件限制提供不了这种服务，但能够通过综合理财组合和行业合作等手段来解决。
- 外资银行具有全球化的营业网点服务网络和经验。

总的来说，关于国外银行网点发展的特点，业界比较认同的意见包括：

- 扁平化管理能力比较强。
- 多功能类型的网点优势，包括自助服务、专业化服务等多种服务。
- 电子手段综合运用，包括电话银行、网上银行、即时接通理财专家的视频技术应用等。
- 网点的客户定位清晰，主要定位于客户关系的维护、产品交叉行销等。

相对而言，国内网点转型，在形式上表现出以下几个发展趋势：

- “矮”，原来网点中封闭式的高柜趋向为矮柜。
- “近”，银行与客户交谈的距离拉近。
- “亲”，就是亲和力，银行与客户贴得更近。
- “别”，就是“差别”，对不同的客户群体实行差别化服务。
- “快”，就是快捷，即通过自助银行的发展和其他渠道来分流客户，达到服务快速、高效。

资料来源：中国零售银行网，www. crbanking. com.

（二）扩大代理渠道

许多金融企业发展代理渠道，推销便于考核的规格化产品。如保险公司招募大量的经纪人销售保单，同时与银行营业部合作代销保单。信用卡公司拓展更多的特约商户，扩大刷卡消费覆盖面，委托一些发卡公司、追债公司代理信用卡发卡业务，这些代理商按发卡数量提成佣金。证券经纪营业部与拥有客户资源的理财专业人士提供佣金返还，促使代理人增加客源和股票交易量。近来，在市场竞争日益激烈的压力之下，有些银行也尝试比照券商经纪人代理的做法，将信贷员制变为客户经理制，由固定工资的内部关系变为提取佣金的代理关系。基金公司则基本没有“腿”，需要借助其他金融机构代销其产品，这种方式是以支付代理费的代价节省了大量的开店所需的投资于运行管理的费用，但是有时候会受代理渠道的反制。

（三）兼并收购快速扩张

并购是现代金融企业快速扩张的常用做法，尤其是跨地区和跨国进入一个新市场的时候。并购按目标和行业可以分为以下三种类型的策略：

1. 并购代理机构的扩张策略

金融企业通过并购使代理机构与其建立紧密性代理关系，只能经营自己的产品和服务，达到稳定代理机构，使之成为忠实的渠道的目的。例如信用卡公司并购代理发卡公司、信用评估公司或追债公司，保险公司并购保险代销机构，住宅银行并购地产代理公司，等等。

2003 年 7 月美国信用卡发生“惊天大重组”：花旗集团以 30 亿美元收购美国的零售连锁店西尔斯的信用卡部门。西尔斯的信用卡业务大约折合为 300 亿美元，是美国第八大信用卡机构，其产品包括 3 200 万张专有标签卡和 2 700 万个万事达的普适联名卡账户。收购对象包括西尔斯信用卡金融产品业务，以及与信用卡有关的设备和 8 300 名雇员。

花旗集团自身杰出的分析和管理风险的能力、低成本开发产品的专长，使得花旗集团在信用卡业界长期保持领导地位。它通过收购，不仅巩固了自身在银行卡业的领导地位，同时也创造了使其成为专营信用卡领域领导的机会。西尔斯曾经是零售连锁店巨头，它的商场临近 97%的美国家庭，60%的美国家庭是它的客户，其中包括相当数量的西班牙客户群（约占总客户的18%）。而开发西班牙客户群正是花旗当时的目标，符合客户市场战略。收购完成以后，花旗集团利用西尔斯遍布全美的批发零售商店与网络，更加广泛地开发低消费、高数量的客户群的促销渠道。此外，花旗集团在推销信用卡产品的同时，通过交叉营销可以推销其他金融产品给持卡人，诸如房屋贷款或个人消费贷款等等。最终使“将银行办到零售商店里”的概念变为现实。

2. 金融同业并购的扩张策略

这种并购方式已经成为金融企业扩大零售网络的主要手段，有助于增强企业实力，获得成本节约效益。例如2001年，我国一些实力较强的证券公司，利用连续几年牛市带来的机遇，采用并购重组方式，收购了一些弱小的经纪型证券公司营业部，以快速扩张分支机构和经纪业务规模，增强竞争能力，提高市场占有率。此外，还收购有证券业务的信托公司，或者寻求与外商合资等各种各样的扩张经纪业务渠道的方式，但前提条件之一是资本金达到监管要求，否则就要先增资扩股后实施并购。

（1）信托公司与证券公司的渠道扩张。随着我国信托与证券分业经营政策的贯彻实施，信托公司的证券业务机构从母公司分离出去，产生了三种不同的信证合并模式，这也是对信托与券商渠道的重组。

一是证券公司托管或收购信托投资公司的证券经营机构，如广发证券托管收购广东国际信托投资公司的证券营业部。

二是信托投资公司单独或联合组建证券公司，将原属于信托公司的证券业务剥离至新组建的证券公司，如航空证券是由航空信托投资公司以证券类资产组建的，民族证券是由中国民族国际信托投资公司为主筹建的，万联证券是由广州市四家信托投资公司共同组建的，类似的还有国元证券、华龙证券、国都证券、爱建证券、武汉证券、齐鲁证券等等。

三是地方证券公司与当地信托投资公司合并，组建更大的证券公司。如渤海证券由天津证券与天津四家信托公司组建，华盈证券由内蒙古证券与内蒙古信托共同组建，类似的还有上海证券、天同证券等等。

（2）外资金融企业与国内金融企业合作的渠道扩张。随着金融业逐渐全面开放，外资银行开始了在中国抢滩设点的争夺。由于外资进入门槛的政策限制，目前还不具备全面并购的条件，主要形式是参股国内现有银行机构。例如，2006年底，花旗银行出重金成功竞购广发银行，直接参股比例达到允许的上限25%。广发银行拥有全国经营牌照，几百家分支机构遍布全国，规模适中。花旗银行拿下广发银行，也就意味着一举完成了在全国的网点布局。

对于外资金融机构来说，参股中国金融企业，可以借助原有的市场品牌优势、网络优势以及客户关系，迅速扩大业务和产品范围，并尽快实现本土化。特别是在中国尚未完全放开资本项目管制的情况下，通过参股迂回切入中国市场，无疑是成本低、见效快的较佳策略。

证券保险也经历着同样的过程。由于我国对外资金融企业有禁止独立经营一些特定业务的政策限制，国外金融企业采取了与国内证券公司、基金公司、保险公司合资或合作的方式进入并扩张销售渠道。这些外资金融机构来自美、英、法、德、瑞士、荷兰、加拿大等国。目前合资或合作的领域主要集中在资产管理领域（见表 9－5）。

表 9－5　中外合资证券公司（截至 2020 年）

名称	成立时间	合资双方	外资持股
中国国际金融有限公司	1995.5	中国建银投资有限责任公司、摩根士丹利国际公司等	43.58%
中银国际证券	2002.3	中银国际控股有限公司、中国石油天然气集团公司、国家开发投资公司等	37.14%
财富里昂证券	2003.4	里昂证券、财富证券	33%
海际大和证券	2004.11	上海证券、日本大和证券	33%
高盛高华	2004.12	高华证券、高盛集团	33%
瑞银证券	2006.13	北京国翔资产管理有限公司、瑞士银行、中国建银投资有限责任公司等	51%
瑞信方正证券	2008.6	方正证券、瑞士信贷	51%
中德证券	2009.12	德意志银行、山西证券	33.3%
摩根士丹利华鑫证券有限责任公司	2011.1	摩根士丹利（亚洲）有限公司	51%
申港证券股份有限公司	2016.3	茂宸集团控股有限公司、民众证券有限公司、嘉泰新兴资本管理有限公司	34.85%
华菁证券有限公司	2016.4	华兴金融服务（香港）有限公司	48.83%
汇丰前海证券有限责任公司	2017.6	香港上海汇丰银行有限公司	51%
东亚前海证券有限责任公司	2017.6	东亚银行有限公司	49%
野村东方国际证券有限公司	2019.3	野村控股株式会社	51%
摩根大通证券（中国）有限公司	2019.3	J. P. Morgan International Finance Limited	51%
金圆统一证券有限公司	2020.2	统一综合证券股份有限公司	49%

资料来源：中国证监会网站。

3. 金融企业跨业并购的扩张策略

所谓“跨业”是基于我国金融分业经营的现状，银行、保险、证券等从事不同金融业务的机构，相互并购实现在大金融行业内部的跨业扩展。这类并购是为了利用对方的网点或网络扩大市场，同时也为了拥有对方的产品以互补，或提升某方面的技能以弥补不足。

银行入股保险，一方面可以补充保险公司的资本金，利用银行的客户资源、网络优势促进险企的发展；另一方面，银行进入新的经营领域，扩展了交叉营销的产品范围和渠道，提升了对客户的全方位服务能力，增加了客户黏性，扩大了盈利来源。

表 9－6 为我国目前银行入股保险公司情况。

表 9-6　银行入股保险公司情况

银行名称	参股保险机构	参股比例
交通银行	中保康联人寿	50%
中国银行	恒安标准	近 50%
中国建设银行	太平洋安泰人寿	50%
中国农业银行	长生人寿	50%
	嘉禾人寿	51%
中国工商银行	工银安盛人寿	60%
北京银行	中荷人寿	50%

保险公司入股银行，可以借助银行分布广泛的网点接近客户、推销产品。表 9-7 为我国保险公司入股银行的典型个案。

表 9-7　保险公司入股银行的典型个案

保险公司	参股银行	参股比例	备注
中国人寿	广东发展银行	20%	还投资了建行、工行、兴业、民生、深发展等
中国平安	深圳商业银行	89.2%	成立了平安银行，此后还投资了浦发银行、深发展等

（四）金融机构渠道联盟策略

联盟策略就是金融企业各自根据自身的优势，相互提供服务，以增强自己的业务拓展能力，是一种不涉及产权和资本转移的合作关系。它的优越性体现在：

（1）不必投入大量人力物力，通过租、借、用方式拓展渠道；

（2）灵活性和选择余地大，避免并购不当产生的风险；

（3）有时可以用来突破政策限制，开展跨地区和跨国业务。

这种策略已日益成为金融企业开展跨国经营的重要进入或拓展方式。

以传统的金融业务——汇兑为例。随着我国对外开放的发展，越来越多的物资、人员跨境交流，带旺了汇兑市场。国外汇兑机构面对我国跨境汇兑这块“大蛋糕”，其进入和扩展渠道的策略是联盟。目前进入我国的专业外资汇兑公司有三家国际知名企业：美国西联金融服务公司、英国速汇金有限公司、英国通济隆速汇公司。它们联盟不同的国内机构扩展网点的情况如表 9-8 所示。

表 9-8　外资汇兑机构通过渠道拓展联盟布局国内网点

汇兑公司	进入时间	联盟渠道	网点数目
西联	1995 年	中国邮政、中国农业银行	12 500 个
速汇金	1996 年	中信银行、工商银行、交通银行	2 000 个
通济隆	2004 年	中国银联	30 多万台 POS 机和 ATM

表 9-8 是国外汇兑公司借助国内相关企业渠道开展业务的情况。它说明国外汇兑公司为了尽快占领我国市场、树立品牌，利用邮政网络或银行网络实现了低成本渠道拓展的目的。从全球范围看，汇兑公司的合作盟友更加广泛。速汇金在全球 160 多个国家拥有 68 000 个代理商，合作伙伴中，银行占 60%，邮局占 20%，超市和药店占 12%，外

汇找换店占5%，旅行社占2%，书店占1%。中国人熟悉的沃尔玛超市，有3 062个是速汇金的合作伙伴。由此形成了规模庞大的服务渠道网络。

在国外，许多金融企业同样也频频使用这种渠道联盟扩张策略。例如，加拿大国民银行和12家意大利银行订立合作协议，使该行能通过这12家意大利银行的1 100家分支机构在意大利为其客户提供全面的银行服务，而这12家意大利银行也能通过加拿大国民银行拓展北美洲的银行服务。又如，英国劳合银行、法国农业信贷银行、荷兰拉宝银行、意大利阿姆布朗银行、德国巴伐利亚银行这五家银行达成了一项合作协议，相互向合作伙伴的客户提供利率和货币风险及信用风险的咨询以及汇款等服务，这项合作协议构建了进入欧洲大市场的渠道，使这五国的客户在获得银行服务和咨询方面获利。英国西敏寺银行、法国兴业银行及德国商业银行达成了一项跨地区合作协议，内容包括：三家银行可以互相提供银行服务给其客户，三家银行合作开发一个新的提款交易系统，用于三地之间的小额支付，构建了一个全面性的、跨地区的欧洲银行服务传递网络。

在我国，国债、证券投资基金、保单、信托等金融产品，其发行机构是政府、基金管理公司或保险公司和信托公司，它们通常不设分支机构等物理网点，而是利用银行或证券公司网点渠道进行销售。图9-4列示的信托公司理财产品的渠道就是例证。

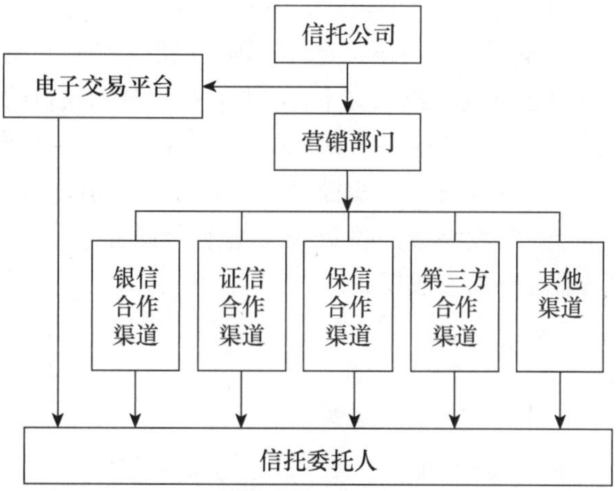

图9-4　信托理财产品营销渠道网络

（五）金融跨界企业联盟渠道

跨界，即将渠道由金融内延伸至非金融行业。关联企业联盟是指虽然不在同一行业但业务彼此有关系的几家公司为了共同的利益，共享各自拥有但彼此可能相互分割的关键资源而进行的一种合作安排。在某些情况下，客户在购买某种产品的过程中，会涉及不同行业的多个相互关联的商业组织。如果这些商业组织能够建立业务合作，进行彼此的业务流程再造，共同为客户提供“接力式”服务，不仅可以给客户带来完美的连续性体验，还可达到“多赢”的目标。

联盟的各方一定享有某一共同的目标群体，一定享有已经形成的不同渠道。对某一个联盟方，通过联盟，其营销渠道的选择视野得到大幅度的拓展，通过渠道共享，促进销售。例如，银行与房地产企业通过打造银企战略合作平台，可为客户提供专业化、一站式的房地产金融服务以及多种增值服务，全面提升银行个人金融业务的核心竞争力。银行与电信运营商结盟共同开拓手机金融市场，不仅可以开展账户查询、定活转账、外币兑换等银行基础业务，还可以联合商场、机场、铁路等多领域的企业，为用户提供航空机票、水电煤气缴费等服务，这些新的服务形式充分发挥了手机作为电子渠道带给客户的便捷性，同时让银行和企业找到了新的增值业务利润增长点。

在金融科技力量的推动下，跨界渠道将金融服务的触角延伸至更深更远的生活场景。例如专门从事支付业务的中国银联，近年来其云闪付产品，通过跨界合作将支付便民工程落实到全国各个角落。经过与各银行多年的合作，其便民服务网络从 100 个示范城市向全国辐射，渗透到交通、餐饮、零售、文旅、教育、医疗、公共缴费等民众日常生产生活场景中。目前，包含云闪付 App、银联手机闪付、银联二维码在内的移动支付方式，已在 1 800 余个商圈受理使用，涵盖机场、高铁、高速公路服务区、地铁站、购物中心等五大类生活场景。在交通领域，银联移动支付覆盖了超过 1 750 个地市及县区公交和 39 个城市地铁。在零售、餐饮、文旅、数字政务等场景中，银联产品累计覆盖了全国超过 30 万家商店、10 万家餐饮门店、约 1 700 个景区、150 个酒店品牌的 2.5 万家门店。

商业银行的支付业务已不是独家生意，而是与用户、银联、移动运营商、移动终端商户等产业链伙伴合作发展、优势互补的联盟模式。因此，早在 2017 年，五大国有商业银行就与五大互联网巨头分别签订了战略合作协议：建行＋阿里巴巴，中行＋腾讯，工行＋京东，农行＋百度，交行＋苏宁。通过与这些第三方平台合作，抓住移动支付的重要机遇，有效应对支付环境的变革，将渠道延伸到更多生活消费的服务场景中，扩大业务范围，创新支付产品。

在发展第三方平台合作的同时，也积极完善终端商户渠道，与各行业商户建立合作联盟，将互联网渠道向行业深度渗透。图 9－5 以银行与同程艺龙旅游公司的营销联盟为例，展示了银行渠道联盟策略的一般模式。

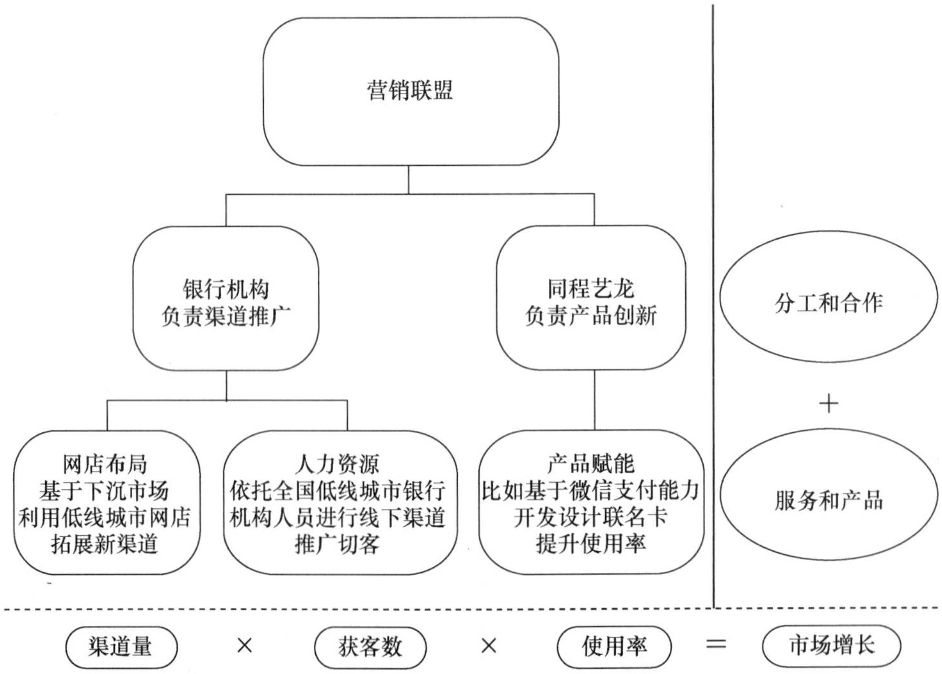

图 9－5 银行和同程艺龙营销联盟模式

此外，商业银行信贷产品的跨界渠道创新非供应链金融莫属。供应链金融是银行从供应链产业链整体出发，运用金融科技手段，整合物流、资金流、信息流等信息，基于真实交易，快速响应产业链上企业的结算、融资、财务管理等综合需求，提升产业链各方价值。具体而言，银行用“1+N”（即1个核心企业及其围绕的上下游N个中小企业）的方式构建信贷产品渠道。银行与信用程度高的“1”家核心企业签署合作协议，从原材料采购，到制成中间及最终产品，最后由销售网络把产品送到消费者手中这一供应链链条，将供应商、制造商、分销商、零售商直到最终用户连成一个整体，全方位地为链条上的“N”个关联企业提供融资服务。核心企业在整个运作中一方面起着反担保作用，另一方面起着为众多中小企业提供信贷产品的渠道作用。

保险业以跨界合作方式拓展销售渠道。例如，平安产险与搜房网属下游天下短租网联合，推出业内首款“短租房保险”。分别向房主和租客推出“房东财产保障计划”和“租客意外险”产品，主要针对在房屋出租期间由于承租人的过失行为造成出租屋内房东财产实际损失和维修费用提供补偿。众安保险联合小米公司推出手机意外险产品，将产品绑定在小米手机的延保服务中。众多保险公司跨界养老地产、旅游、交通票务等行业，不断开辟新渠道网络，提高产品推送和服务抵达效率。

资料 9-3

银行网点出圈　代投包裹获客

山西省临汾市某邮政银行网点附近有5个小区、近5 000户居民。随着网上银行、电子代办等方式日趋普遍化，来网点现场办理业务的客户日益减少。2021年3月开始试点邮政银行网点叠加代投包裹业务。

试点伊始，银行网点重新布局，在醒目位置设立包裹架，对大堂经理等厅堂人员开展业务培训，增加代收代投邮件业务。据统计，每日代投包裹三四十件，就会带来三四十次客流。

经过3个多月运行，到6月底，银行新增客户400余人，新增余额1 260万元，办理理财350万元，开通手机银行210户。同期寄递业务也实现突破，累计揽收散件7.97万件，环比增长122.23%，实现收入107.5万元。此举不仅为银行网点引入了更多的客流，还极大地方便了周边客户收取快件，进一步增加了客户与银行的黏性。银行网点人气提升，实现了获客吸金、提质增效的目的。

资料来源：中国邮政报，2021-07-30.

三、新型电子渠道

网络及信息技术的发展给社会带来了从管理模式到经营理念的巨大变革，这种变革不可避免地推动着金融企业从组织机构、内部管理、业务开发到创新体制、产品营销等各个方面的创新。金融企业产品与业务高度信息化的虚拟属性，成为电子技术运用的前沿，新兴电子交流媒体在金融产品创新和服务传递渠道中得到了广泛的应用。如雨后春笋般出现的网上银行、电话银行、手机银行等是最活跃、发展最快的“新经济”渠道模式。

电子渠道作为一种新型的顾客服务方式，为金融企业带来了理念和服务模式的革命性变化，即物理网点已经不是交易和服务的唯一手段。金融企业利用信息技术改变传统运作方式，可以提供全天候服务，突破了以往时间和区域的概念，实现了企业与顾客间低成本、便利受益的“双赢”。因此，开发、完善电子渠道系统，用电子渠道稳住原有顾客、发展新顾客、拓展市场份额，成为金融企业渠道营销的新战略。

我国银行、证券、保险、基金、信托等金融企业正处于大力发展电子渠道的过程中，在这场赛跑中，以银行最具代表性，一方面，它在金融行业中的分量最重；另一方面，它的发展速度很快，处于领跑地位。下面通过银行电子渠道拓展的情况来了解金融企业电子渠道的发展及其趋势。

（一）网上银行渠道

1. 网上银行概念与分类

网上银行，又称互联网银行，是银行为其客户提供服务的新手段，它以现有的银行业务为基础，利用互联网技术为客户提供综合、统一、安全、实时的金融服务。

拥有互联网网址和网页只是网上银行的必要条件，而非充分条件。如果银行的网站只是提供银行的历史资料、业务情况等信息，而没有提供网上银行产品和服务，则不能称之为真正的网上银行。全美国最大的 100 家银行均拥有自己的网址和网页，其中只有 24 家被《在线银行报告》列为“真正的网上银行”(2001 年)，因为它们的网站有查询账户余额、划拨款项和支付账单等功能，更多的银行则做不到这些。

美国最著名的网上银行评价网站 Gomez Advisors，认为在线银行至少应提供以下五种业务中的一种才可以称为网上银行：网上支票账户、网上支票异地结算、网上货币数据传输、网上互动服务和网上个人信贷。我国许多商业银行现在都有网上银行渠道，但是符不符合上述条件，读者可以直接登录有关银行网页进行考察，再得出自己的结论。

网上银行可以分为狭义的网上银行和广义的网上银行。狭义的网上银行，又可称为纯网上银行，是指没有分支银行或 ATM，提供网上支票账户、网上支票异地结算、网上货币数据传输、网上互动服务和网上个人信贷五种服务中的至少一种，仅利用网络提供金融服务的金融机构。广义的网上银行则包括纯网上银行、电子分行和远程银行。电子分行是与相对“实体”分支机构并行，但仅从事网上银行业务的分支机构。远程银行是指同时拥有 ATM、电话、专有的家用计算机软件和纯网上银行的金融机构。

目前网上银行发展有两种模式：一种是直接银行，机构少，人员精，采用电话、互联网等高科技服务手段与客户建立密切的联系，提供全方位的金融服务，即完全依赖于互联网发展起来的全新电子银行，或纯网上银行。另一种是在现有的传统银行基础上，利用互联网增加新的服务，即在提供传统银行服务的同时推出网上银行系统，形成营业网点、ATM、POS 机、电话银行、网上银行的综合服务体系。在美国，1995 年诞生了第一家没有分支机构的纯网上银行——美国证券第一网络银行。

我国目前还没有专门的网上银行，各银行开办网上银行业务正处于起步阶段，但发展很快。1996 年 6 月，中国银行在国内率先设立网站，向社会提供网上银行服务。1997 年 4 月，招商银行开办网上银行业务。1999 年，中国建设银行、中国工商银行开始向客户提供网上银行服务。部分在华外资银行如渣打银行、汇丰银行和花旗银行也开办了网上银行业务。我国传统商业银行在近年已投入较多资源进行渠道变革，普遍建设了线上技术型新渠道如电子银行、手机银行、直销银行（主要偏向于网上理财业务）等，已初步建立了以零售业务为重点的多渠道组合。

表 9－9 为我国部分商业银行的特色网上业务。

表 9－9 部分商业银行的特色网上业务

中国工商银行	①电子商务平台“融 e 购”，②直销银行“融 e 行”（业务范围包括电子账户开立、存款、投资、交易、跨行资金划转等），③即时通讯平台“融 e 联”（功能类似“微信”）
中国建设银行	①电子商务平台“善融商务”，②建行直销银行（业务范围包括微金融、悦生活平台、信用卡）
中国农业银行	网上金融专营店（包括几大平台：①生活 e 站电子商务平台，②理财 e 站理财平台，③互动 e 站用户体验平台，④申请 e 站业务办理平台）
中国银行	①“中银易商”门户网站与享购网合作的网上商城，②“中银易商”门户网站（由支付、理财、融资及综合服务组成的平台和金融服务生态圈，拥有独立的门户网站和移动客户端）
交通银行	①电子商务平台“交博汇”，②移动金融产品“e 动交行”，③网上理财中介平台（代表性产品为“快溢通”产品），④网上小微企业和个人信贷中介平台（代表性产品为“e 贷通 2.0”）
招商银行	①招商信用卡网上商城，②空中银行（业务范围：各类银行交易、顾问式投资理财、产品销售和增值服务），③“企业 e 家”投融资平台，④商旅服务平台“招行出行易”，⑤理财平台“i 理财”，⑥智慧供应链金融平台（提供电商平台和物流行业在线供应链金融解决方案，实现商流、物流、资金流及信息流的智能归集）
中信银行	①中信银行信用卡网上商城，②金融商城（销售基金、理财产品、信用卡、小企业和个人贷款），③“异度支付”（通过近距离无线通信技术支付、二维码支付、全网跨行收单等来实现无卡支付）

资料来源：根据谢治春《互联网金融与我国商业银行零售金融业务营销渠道的变革》（2015）整理。

2. 网上银行的功能

网上银行具有四大功能：

（1）访问功能。网上银行的特点是：客户只要拥有账号和密码便能在世界各地接入互联网，进入网上银行处理个人业务。除了能办理储蓄、转账、信用卡、证券交易、保险、付款申请等业务以外，还可以查询各种银行信息及根据实时数据进行现金分析和财务状况分析，而且在不受干扰的情况下，24 小时随时随地尽情浏览。

（2）展示功能。网上银行以互联网为基础，以逼真的虚拟银行大楼、服务大厅、业务房间和走廊等三维立体空间概念设计而成，使客户具有亲临现场的感觉。

（3）综合功能。网上银行的最终目标在于推出全方位的金融服务，存取款、贷款以及汇兑、代收等服务都在互联网上实现。客户可以不受银行营业地点的限制，形成个人账户与银行服务相结合的全开放银行体系，促进社会向“无现金、无支票”方向发展。

（4）突破地域限制功能。网上银行突破地域和时间的限制，向客户提供个性化的金融产品和服务，甚至能在低成本下实现一对一服务，形成差异性服务。工商银行向个人顾客推出“金融@家”服务，是集储蓄、投资、理财于一体的新一代个人网上银行。它拥有 12 项大功能、58 项子功能，能够满足不同层次客户的各种金融需求，为顾客提供高度安全、高度个性化的服务。

3. 网上银行的特征

网上银行的特征主要有：

（1）无分支机构：网上银行依托无边界的互联网，可以不用设任何分支机构，就可将触角伸向世界的每一个角落。

（2）低廉的成本、高额的回报：网上银行可以降低银行的经营和服务成本，从而降低客户的交易成本。据统计，柜面单笔业务的平均成本约为 3.06 元，而网上银行的单笔业务成本仅为 0.49 元，网上银行的成本远低于传统柜面业务，为商业银行节省了大量成本。

（3）便利的 3A 服务：anytime——每年 365 天、每天 24 小时任何时间不间断；anywhere——在家里、办公室、旅途中等任何地点；anyway——以任何方式。网上银行突破了时空局限，改变了银行与客户的联系方式，从而削弱了传统银行分支机构网点的重要性。网络的广泛开放性使得网上银行可跨国境经营，客户可在全球范围内自由选择银行进行金融交易，无须理会时间及地域限制，随时随地处理个人财务事务。

4. 网上银行的产品与服务

网上银行是一种虚拟银行，它所提供的金融服务主要包括两方面，即基础网上服务和增值网上服务，见表 9-10。

表 9-10 网上银行提供的金融服务一览表

<table>
<tr><td rowspan="4">基础网上服务</td><td rowspan="3">银行电子化提供的金融服务</td><td>银行零售业务电子化</td></tr>
<tr><td>银行批发业务电子化</td></tr>
<tr><td>银行同业清算转账电子化</td></tr>
<tr><td colspan="2">网上支付系统</td></tr>
<tr><td rowspan="4">增值网上服务</td><td rowspan="3">在线多元化</td><td>各类信息</td></tr>
<tr><td>在线交易</td></tr>
<tr><td>新型服务</td></tr>
<tr><td colspan="2">品牌价值</td></tr>
</table>

资料 9-4

美国银行网上服务：种类繁多、方便快捷

美国银行的经营重点主要是不断推出新的服务来吸引顾客，尤其是大力推行电子化业务以方便客户，进而吸引顾客。打开美国银行的网站，键入你的密码，任何时候你都可以看到自己的所有账目往来情况，每一笔消费的金额、日期、地点，支票账户存款余额，包括在商店退货的款项等，一目了然；定期存款开始时间、存期、何时到期、利息收入，清清楚楚。

美国银行投入大量资金建成的网络体系，目的是更好地为顾客服务，除了转账外其他基本都是免费的。它提供的各种网上服务令人眼花缭乱，其中包括可以每月为顾客缴

纳电话费、有线电视费等。顾客还可以在家里通过电脑网络将支票存到账户中，而不用去银行。至于信用卡、支票卡之类，更是名目繁多。

美国银行还与许多航空公司，包括韩国的韩亚航空公司等联合推出航空公司消费卡，持这种卡买机票要比一般人便宜一些，积累了一定里程数还可以得到免费机票。此外，还有礼品银行卡、专门面向十几岁青年学生的消费卡等。总之，美国银行绞尽脑汁为你提供方便，吸引顾客通过金融工具消费。不用说，银行丰厚的利润也就是通过这些更多、更好的服务措施积累起来的。

（二）电话银行渠道

电话银行是指使用计算机电话集成技术，采用电话自动语音和人工坐席服务方式，为顾客提供金融服务的一种业务系统，它集个人理财和企业理财于一身，是现代通信技术与银行金融理财服务的结合。电话银行在国内出现已有20余年时间，最早起源于客服电话，早期由银行提供几个专门的号码供客户咨询银行问题、监督银行服务。经过近些年来的发展，各家商业银行均已设立了具有一定规模的电话银行中心，通过统一服务号码、丰富服务种类，取得了较为快速的发展。按业务种类划分，电话银行业务一般可分为查询类、交易类、理财类和其他类。查询类主要包括账户余额、明细查询，利率、外汇牌价查询等。交易类主要包括代理缴费、挂失、转账等。理财类主要包括外汇买卖，债券、基金等代销。其他类包括通知提醒、投诉处理、客户关怀等。随着商业银行经营理念的转型以及业务模式的创新，通过电话渠道可开展的业务种类也在不断丰富。

电话银行使用便利，内容齐全，操作简单，适合现今的快节奏生活和讲究效率的需求。电话银行作为基于现代信息技术发展而来的一种新型金融营销电子渠道，具备如下几大特点：

（1）超时空的3A服务。不受时间、空间的限制，充分利用发达的现代通信技术，为顾客提供了简单便捷的消费服务方式。

（2）方便快捷的一站式服务。顾客可通过电话银行自助办理个人、公司、证券、资产、国际等业务；也可通过电话银行向银行提出问题、进行投诉、提出建议等，享受银行为顾客提供的一站式服务。如95555是招商银行集自动、人工于一体的全国统一顾客服务号码。顾客可通过拨打95555获得24小时不间断的、全方位的一站式服务。招商银行的电话银行功能见表9-11。

表9-11 招商银行电话银行功能一览表

功能类型	功能名称	功能说明
自动语音服务	账务查询	顾客可自助查询在招商银行开立的存折、一卡通等账户余额及历史交易明细。
	转账服务	可以进行本人名下一卡通、存折、信用卡等账户之间以及一卡通和网上支付卡之间的资金划转。
	自助缴费	可自助查询和缴纳手机费、寻呼费等多种费用。
	银证转账	可以实现银行账户与证券保证金账户之间的资金划转，方便顾客理财。

续表

功能类型	功能名称	功能说明
自动语音服务	银证通	顾客可直接使用银行账户在电话银行中进行股票买卖业务。
	银基通	顾客可通过电话银行自助买卖开放式基金。
	国债买卖	顾客可通过电话银行自助买卖记账式国债。
	外汇买卖	顾客可通过电话银行进行个人自助外汇实盘买卖。
	自助贷款	顾客可以通过电话银行自助完成个人质押贷款。
	传真服务	公司顾客使用传真电话可以得到当天交易、历史交易以及存款利率等传真服务。
人工服务	疑难账务查询	顾客如对自己在招商银行的账户情况有疑问，可以通过人工服务进行查询。
	业务咨询	顾客可通过人工了解招商银行的各项服务与产品信息，可以对产品使用中的问题进行咨询。
	受理顾客投诉	受理顾客对招商银行营业网点的服务质量、业务和产品质量的批评和投诉，并在规定时间内由相关部门给予顾客答复。
	账户挂失	办理存折、一卡通等账户的口头挂失。
	外拨服务	银行主动以电话、传真、电子邮件等方式与顾客联系，向顾客发送有关贷款本息的追索、业务交易情况、理财申请和投诉的回复、各种重要通知、业务宣传资料等信息的一种主动的服务。
	人工交易业务	通过电话进行“快易理财”人工交易，委托业务代表完成各项记账式国债、开放式基金、个人名下的账户互转以及向第三方的转账汇款等交易业务，免除客户烦琐的按键操作。
即将开通的功能	“一网通”在线服务	用户可以通过互联网，采用 E-mail 交流、网络回呼、实时文本交谈等方式获得全方位的、24 小时不间断的服务。

(3) 费用低廉的服务方式。作为顾客只需拨打本地服务热线电话，支付普通市话费用，即可获得银行提供的全方位的金融服务，方便、省事、快捷且成本低廉。

（三）手机银行渠道

手机银行是指银行通过移动电话，利用中国移动通信网络的 WAP 方式为顾客提供账户查询、账户转账等银行业务的简称。它为注册顾客提供了一种全新的 WAP 接入方式，通过利用支持 GPRS、WAP 接入方式的手机，使顾客可在手机信号覆盖的任何地点、任何时间，通过浏览器进行个人账户交易或查询相关金融信息。

从主要功能看，手机银行与网络银行差别不大，其差别主要体现在以下方面：

(1) 使用方法不一样：手机银行又叫移动银行，在手机上使用，网上银行一般在电脑上用，又称网络银行、在线银行或电子银行；

(2) 产生的时间不一样：网上银行诞生时间要早于手机银行，手机银行是近年来随着移动互联网的发展而产生的；

(3) 对硬件的要求不一样：手机银行要在手机中安装银行的 App，网上银行只需打开浏览器进入银行官网，输入账号密码就可以使用；

(4) 使用的网络不一样：手机银行用的是手机通信网络，也可以通过连接 wifi 的方式使用宽带连接，网上银行使用的是宽带业务；

（5）便利性不一样：网上银行大部分情况下只能在电脑上使用，手机银行随时随地打开手机就可以使用。

对于客户而言，其中最重要的在于服务体验的差异，即手机银行是在生活、消费等场景中，更便利地获取金融产品和服务的工具。因此，随着智能手机的普及和移动互联网的发展，手机银行得到快速发展。

对于银行而言，手机银行的优势体现在：降低了人力、时间及网络成本；在时效性特别是跨行跨区域结算方面，手机银行做到了让现金实时到账，降低了人工操作时的错误率。伴随着手机银行的使用率超过网上银行，手机银行成为当前银行业与客户接触的重要触点，是营业网点的有效延伸和补充。

随着互联网的快速发展，银行传统网点作为流量入口的年代已然过去，手机银行成为银行实现数字化转型的重要"工具"，银行通过手机银行加快场景金融生态转型，以加快数字化进程。银行布局场景金融，最直接的就是手机银行的建设。因此，手机银行成为银行数字金融生态平台建设的重要内容。

手机 App 是银行获取线上流量的核心入口，银行的手机 App 推广与下载量、活跃客户数量等，成为衡量银行竞争力的新风向。国有大银行利用其优势地位，手机银行运营指标领先，数据如图 9－6、图 9－7 所示。各家银行深入挖掘细分市场流量，如工行手机银行上线英文版以满足外籍客户的需求，农行掌上银行上线乡村版及大字版，助力提升县域客户及老年客户的活跃度。另外，大行手机银行为用户提供数字人民币钱包服务。此外，手机银行逐步强化金融科技应用，风控升级，生物识别、数字证书逐渐普及，挖掘"银发市场"及下沉市场流量。

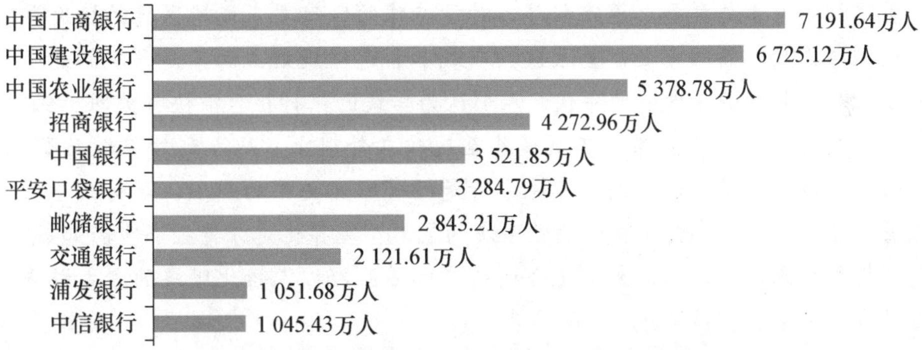

图 9－6　2020 年手机银行 App 月均活跃用户 TOP10

资料来源：零壹智库。

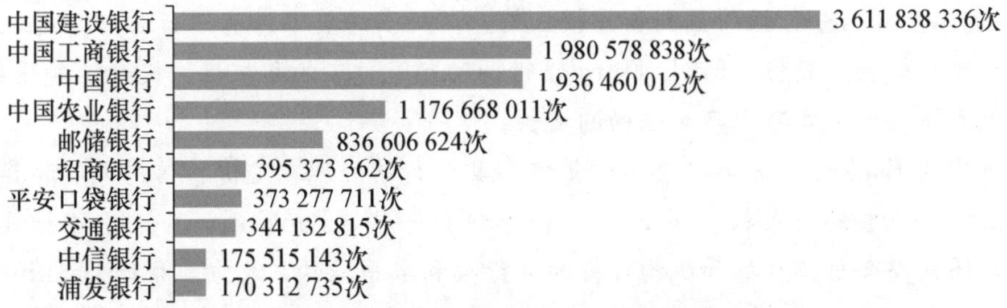

图 9－7　2020 年手机银行 App 下载量 TOP10

资料来源：零壹智库。

手机银行既是升级版金融渠道，又是金融科技的重要载体。银行通过它实现“客户在哪里，场景就在哪里，金融服务就延伸到哪里”，提供无感、零接触、有温度的金融服务，利用5G、人工智能、大数据、云计算、音视频等技术手段，有效改变并升级以银行为代表的金融行业的产品和服务的送达方式，联动多元应用场景，让金融服务“无处不在、无微不至”，达到普惠民生的作用。

区域结算时，手机银行做到了让现金实时到账，降低了人工操作时的错误率。对于银行来说，手机银行的发展有效解决了扩张成本问题，提高了业务服务的精准性。对于个人客户来说，手机银行打破了时间、地域的限制，突破了货币流通桎梏。手机银行正逐步成为生活中不可或缺的“金融工具”。伴随着手机银行的使用率超过网上银行，手机银行成为当前银行业与客户接触的重要触点，是营业网点的有效延伸和补充。

资料 9-5

欧美银行注重发展网点差异化特色服务

想象一位顾客进入银行的一个本地支行办理银行业务。他看见的第一件事情就是在他的前面排有6人的队伍，但却只有一位出纳员在岗位上工作。他等候着，瞄了一下手表，然后发现在柜台后面的办公桌前坐着3个银行员工。其他人正在同朋友电话聊天，另外一人最终站了起来，但却走到咖啡机前。这种冷漠让他感到恼怒，发誓下个星期就换一家银行。

曾经一段时间，大多数银行分行如同一个大型网络的官僚性组成部分一样运作并以行业原则作为基础。它们有着统一的目标，进行着规模经营，但在产品和服务上却十分迟钝。员工训练有素并被要求遵守程序，对于特殊的顾客要求或地区性的情况却不能采取主动或积极态度。简而言之，重点被放在成本和遵守规则上而不是解决问题上。更加不幸的是，在互联网泡沫发酵的年代，人们认为传统的银行柜台很快将被网上银行替代，分行的作用被轻视，发展停滞，其寂寥甚至反映在外观上，从里到外单调而毫无生气。随着网络泡沫破灭，银行认识到：各地分行是经营顾客关系的基石，是新业务推广和高利润销售的主要场所。如何擦拭这块蒙了灰的宝石？差异化是分行经济重新起航的方向。那些能够增加顾客流量，向顾客发送合适的产品并能够以人性化服务的方式补充其他渠道不足的分行网络将获益匪浅。

Fifth Third银行，一家美国零售银行机构就采取了许多措施使员工自我感觉就是主人翁，给予员工决定信用额度、定价、运营费用和营销的权力。银行将高达基本工资125%的员工奖金同分行级的盈利和亏损挂钩。70%多的员工持有银行股份。通过给予员工以较大比例的企业股份，Fifth Third银行调动起了员工的积极性，提升了其服务水平，并表明权力下放的方案可以产生强劲的增长。

西班牙的Bankinter采取了类似的策略，其分行的经理在定价、信用风险和其他决策上有独立的、完整的决策权。同Fifth Third银行一样，Bankinter不仅将奖金同个人表现挂钩，还同整合员工目标和机构目标的分行盈利水平挂钩。此方案帮助Bankinter脱颖而出并实现了迅猛增长。

欧美银行还注重建立回报性更大的顾客体验。大多数顾客对于他们的财务计划和融资没有把握。他们渴望人性化的银行服务，这样银行工作人员能够理解他们的问题，给予清楚的解释，提出解决方法的新思路并进行相对轻松的交易。提供这种服务部分程度上依赖于采取一个更“零售化”的思维。这是银行传统上所追求体现的沉稳保守形象的异化。银行家们很聪明，很快从零售商那里学到经验，特别是服务思想，从而建立起忠实和信赖关系的途径——品牌忠诚和商店氛围。

比如，一家美国零售银行华盛顿信托银行的 Occasio 分行，试图营造一个真正欢迎顾客的环境。一些分行配置美食餐厅一样的迎宾员，大堂装饰充满了动感，如同一个为孩子准备的游乐场。冷冰冰的柜台和出纳隔栏让位于宽敞的大厅和“圆桌型出纳席”。钢质现金抽屉不见了，因为票据通过机器进行分发。任何受过交叉培训的、获得授权的员工都可以履行出纳任务，以及开设账户和批准一定程度的贷款。整个服务体验完全不同于大多数顾客所习惯的体验。

另一家美国商业银行则遵循类似的零售路线建立起自己的分行战略，强调欢快和一以贯之的服务及创造性的促销。一周 7 天营业，并遵守全公司范围内的 10—10 制（提前 10 分钟开门，延迟 10 分钟关门），致力于减少出纳击键的平均数，以此加快服务步骤。在内部则营造明亮和焕然一新的氛围。

当然，挑战并不限于整新分行，如果不留意顾客的体验，即便进行了整新，也只能是增加投资，而很少或根本就没有什么回报。向零售思维的真正转变，必须包括以服务为对象进行招募和培训，改善顾客管理信息系统，引入更贴近顾客的程序和惯例，改善销售规划以及其他以顾客为导向的创意。一些银行正在分行的入门引入“顾客引导台”，旨在帮助解答简单的问题和程序并有效地将他们引导至专门的员工处。

简化产品范围并积极推销：在很多分行网络，包括借记卡和贷记卡、抵押贷款、个人贷款、保险和其他产品在内的产品范围是由一些独立的产品经理设置的。这样最多对产品系列按销售目的进行了很好的定义，但产品之间的协调不够好。随着越来越多的有利可图产品的新产品专家进入市场竞争客户，对于普通捆绑销售带来的附加值提出了挑战。在荷兰，Rabobank 并不仅仅努力去识别其顾客的产品供应间的不匹配，而是精简其整个主要流程，从而保证来自不同源头和渠道的顾客服务信号得到识别并传达至分行。

本章小结

与有形产品渠道比较，金融渠道的特点主要是：渠道长度的直、短性，运作的直复式，资金来源与运用产品的混用性，信托性。其主要功能是销售、服务、便利、信息与广告。金融渠道的类型可以根据不同标准进行划分，例如按产品线划分、按营业场所性质划分、按网点控制程度划分、按营业时间划分等。

传统的物理网点还是具有优势的渠道形式，进行优化布局，首先考虑地理位置、设备数量、优化标准等因素，然后进行地理区域需求评估，使得物理网点的经营效益最大化。网点选择的主要原则是：整体布局原则、业务导向原则、市场需求原则、定量与定性相结合原则。通常采用的选点模型有：空间模型、竞争优势对比模型、多元回归技术模型。

除了传统的物理渠道，还需要拓展渠道，并利用多种可能性进行最佳选择。影响渠道拓展的因素包括：所在地环境状况、自身资源能力、金融产品的特性和种类、金融产品生命周期、竞争对手情况等。根据金融市场发展的差异，金融机构的渠道扩展可以采取不同的策略，如增加自设渠道、扩大代理渠道、兼并收购快速扩张渠道、联盟互惠合作渠道、跨行业关联企业联盟渠道等。

重要术语和概念

营销渠道　金融渠道　网点　布点策略　渠道选址　渠道拓展　兼并收购　网上银行　电话银行　手机银行

复习思考题

1. 描述银行设立新的分支机构时应获取的信息和策略。
2. 简述网上银行的特点。
3. 简述金融机构销售渠道的特点。
4. 为什么金融机构以直接销售渠道为主?
5. 如何拓展我国银行的电子银行渠道?
6. 搜集我国手机银行的资料并分析其现状及未来趋势。

拓展阅读

[1] 中国人民银行人民币银行结算账户管理办法（银发〔2003〕5 号）

[2] 中国人民银行关于加强支付受理终端及相关业务管理的通知（银发〔2021〕259 号）

[3] 刘洋帆，向东明．渠道协同与 5G 智慧银行建设．中国金融，2021（16）

[4] 胡春艳．关于金融科技时代国有股份制银行物理网点转型的思考．经济研究导刊，2020（22）

[5] 杨德林．下沉市场视角下银行机构场景化发展的新机遇．经营与管理，2021（3）

[6] 王惜凡，徐蕊，顾意刚．第三方支付与商业银行的合作共赢研究——以支付宝为例．物流工程与管理，2020（4）

[7] 余斐．中国人寿并购广发银行案例分析．广州：广东财经大学，2017

第九章实训项目

第十章　金融产品促销策略

学习目标

1. 了解促销组合的基本含义与促销实施的步骤。
2. 了解广告推销、公共关系推销的概念与做法。
3. 掌握金融机构营业推广的概念、特点和方法。
4. 掌握人员推销的概念、特点和做法，从而了解金融客户经理制度。

营销学将产品促销策略分为四大类型，即广告、人员推销、公共关系、营业推广，策划并形成一个产品促销策略，其方案不外乎是若干类型的组合。金融产品的促销策略与有形商品的促销策略相比，主要差异在于对不同类型促销策略的侧重点不同，例如人员推销在金融产品促销策略中占有非常重要的地位。从前，金融机构是“不屑”广告与营业推广的。现在，随着金融业竞争日趋激烈，它们已经放下“高贵”的身架，越来越重视产品促销及其信息传播。

由于金融市场发展水平的差异以及各金融机构目标市场的不同，对于各种促销方式的偏好和选择不同，从而形成了不同的促销形式。例如，重点服务于公司客户和重点服务于大众客户的金融企业，就会采取不同的促销策略。因此，只有在掌握促销策略的基础上，才有可能确保选择最合适的产品促销类型，实现促销策略的目标。

第一节　促销组合与促销实施步骤

营销学产品促销的含义是：企业用人员或非人员方式传递信息，引发和刺激顾客的购买欲望和兴趣，使其产生购买行为，或使顾客对卖方的企业形象产生好感的活动。同样，金融机构通过促销活动激发客户的需求欲望，扩大机构自身及其产品的影响，达到销售促进目的。金融产品的促销策略在营销中发挥着告知、劝说和提醒的作用。告知是要让潜在的客户知道金融产品的存在，了解其用途和功效，可以在哪里得到；劝说是向客户说明应该购买和使用某金融产品的理由；提醒是指当金融产品只在特定的地点和特定的时间才销售时，提醒客户不要错失购买时机。

一、金融产品促销类型

金融机构对其产品运用促销策略的四种类型，按重要程度排列是：人员推销、广告、营业推广、公共关系（见表 10－1）。

表 10－1　促销类型的内容组合

人员推销	广告	营业推广	公共关系
上门服务	报刊和电台	有奖储蓄	报纸杂志评论
销售会议	电视台广告	赠品	研讨会
电话推销	邮寄品	免收费	慈善捐赠
咨询活动	宣传册子	各种优惠	公益赞助
	招贴	专有权益	公共宣传
	路牌	关系营销	

1. 人员推销

人员推销是金融机构利用推销人员向客户直接推销产品和提供服务。由于金融服务产品的无形性、异质性、同时性和不可储存性的特点，产品难以展示，金融机构必须在做广告宣传的同时，配备一支推销人员团队，与现有或潜在客户面对面沟通。这种现场直接推销形式传递信息更直接、具体和准确，也令顾客感到亲切。金融产品推销人员可以是固定人员、流动人员、投资顾问或经纪人。推销可以采取坐席、电话、拜访、研讨会、路演、讲座和社区咨询活动等方式。人员推销方式直接灵活，推销与促销兼顾，但是由于其接触面较小且费用高，广泛运用有一定的难度。

2. 广告

广告指由商业组织、非营利组织或个人支付费用的，旨在宣传构想、商品或者服务的任何大众传播行为。金融机构在促销宣传过程中，越来越多地使用广告方式。广告不仅成为推销产品、诱导客户购买的重要工具，也是树立金融机构形象的重要工具。做广告需要付出一定费用，通过特定的媒体向市场传递信息。广告的接触面广，信息艺术化，且可以多次反复使用。但由于其说服力较小，难以促使客户立即购买。金融机构运用广告促销时面临的决策主要有：制定广告战略、确定广告目标、选择广告代理商、广告实施控制与效果评估等。

3. 营业推广

营业推广是一种适宜于短期推销的促销方法，是金融机构为鼓励客户购买金融产品和服务而采取的除广告、公共关系和人员推销之外的所有营销活动的总称。由于销售信息刺激较强，可以起到吸引消费者购买、奖励品牌忠实者、实现营销目标的作用。不足之处是：影响面较小，只能是广告和人员推销的一种辅助促销方式；刺激强烈，但时效较短；过分渲染或长期频繁使用，容易使顾客对产品或价格的真实价值产生怀疑。

4. 公共关系

公共关系是指金融机构在从事营销活动中正确处理与社会公众的关系，协调与股东、内部员工、工商企业、同业机构、社会团体、新闻传播媒介、政府机构及消费者的关系，树立自身良好形象，从而达到扩大销售的目的。公共关系影响面大，使金融产品容易受到客户的欢迎和信任。但是由于公共关系涉及面广、有一定外部性等特点，金融机构难以对其实施有效计划和控制。

二、金融产品促销的主要步骤

1. 确定促销对象

促销对象是接受促销信息的客户。每一种金融产品都有其特定的目标客户，金融机构在促销之前，要分析目标客户对本金融机构及其产品的熟悉程度，因为熟悉程度不同决定了促销宣传内容的不同。然后分析目标客户对金融机构及其产品的偏好程度，偏好原因是什么，进而有针对性地调整促销的内容和形式。

2. 明确促销目的

在不同的市场环境以及经济周期的不同阶段，金融机构要制定合适的促销目标，包括：

（1）告知目的。通过促销宣传使更多的客户了解本机构和产品，提高知名度。

（2）激发目的。激发客户对某一新金融产品的需求，争取客户对某一竞争激烈的金融产品产生选择性需求。

（3）劝说目的。通过促销宣传劝说更多的客户使用本机构的某种金融产品，扩大销售，提高产品的市场占有率。

（4）提示目的。通过促销宣传提醒客户不要忘记本机构的金融产品，并能够反复购买和使用该产品，以巩固市场地位。

（5）偏爱目的。在目标市场中营造本机构的经营与产品具有的独特风格和个性，树立良好的机构形象和产品形象，使客户对该产品产生偏爱。

3. 确定促销预算

促销预算是金融机构打算用于促销活动的费用开支，预算规模直接影响到促销效果的大小和促销目的的实现程度。确定促销预算的方法一般包括：

（1）量力而行法。根据金融机构自身能力所能负担的程度来灵活确定促销费用。这种方法简便易行，但是应用不多，原因是容易低估促销对扩大销售的隐含作用。

（2）销售额比例法。根据以前销售水平和未来预测销售水平的一定比例来确定促销预算。这种方法应用比较广泛，但对竞争对手的预测存在一定困难。

（3）竞争比较法。根据竞争对手的促销费用来确定自己的促销预算。由于促销可以作为一种竞争的工具，因此往往用在竞争比较激烈的金融市场中。不足之处是：它完全依据竞争对手的情况而定，忽视了金融机构自身的实力和促销目标，存在一定的被动性，甚至会引起恶性促销竞争。

（4）目标任务法。根据金融机构的促销目标和任务来确定所需要的费用，进而确定促销预算。这是一种比较科学的促销预算决策方法，它将促销活动目标与促销预算直接联系起来，针对性较强。不过在运用时，促销预算人员必须明确了解市场情况，能够制定正确的促销目标，较准确地估计促销活动的所有费用，可见对工作人员要求比较苛刻。

4. 决定促销组合

促销组合是金融机构根据促销目标将若干促销类型搭配在一起协调运用。金融机构在制定促销策略时，通常结合多种促销类型，而不是一种类型。因为不同的促销类型各有优缺点，组合运用可以扬长避短。有效的促销组合一般应符合以下几个条件：

（1）符合金融机构的促销目标。如果希望让了解产品的潜在客户群达到最大，并且大多具有购买的意愿，则适宜用广告和营业推广相结合的促销组合；如果希望客户直接了解其产品特色，改善金融机构形象，则可以采用人员推销和公共关系相结合的促销组合。

（2）符合金融产品的特点。产品性质不同决定了客户的购买目的不同，因此也要相应采取不同的促销组合。例如大额贷款产品，主要针对工商企业，客户相对集中，专业性较强，因此适宜采用人员推销为主的促销组合。而针对大众的保险类产品、信用卡类产品，由于市场份额较大，客户群体分散，适宜采用广告和营业推广为主的促销方式。金融产品还有市场生命周期的特点。在产品生命周期的不同阶段，促销的目标往往不同，因此需要采用不同的促销组合。例如，在产品的投入期，促销目的是希望最广泛的人群能够了解该产品，适宜采用触及面广、影响面大的广告和公共关系为主的促销方式。在产品的成熟期，可以用广告、营业推广方式来刺激客户购买更多。

（3）符合市场条件。市场条件包括市场规模和市场特性。预计市场规模的大小决定了能够购买该产品的潜在客户群的大小，也就决定了选用何种最有效的促销组合。如果金融产品的市场范围广、客户多，应采用广告为主、营业推广为辅的促销组合；如果市场范围窄、客户少，则宜采用人员推销为主、营业推广和广告为辅的促销组合。市场的特性对促销组合也会产生一定的影响。不同的市场特性决定了客户对不同促销方式的接受程度不同。有的市场不太信任广告，比较信赖直接推销，则人员推销比广告的效果明显。总之，促销组合的选择搭配必须依据市场条件，有针对性地选择与金融产品目标市场相适应的促销组合。

（4）促销预算可行。促销类型组合不同决定了促销预算高低不同，金融机构只能在自身实力允许范围内选择合适的促销组合。促销预算必须是能够负担的、适应竞争需要的，在此基础上考虑销售数额、促销目标、产品特点等影响促销的因素，以避免预算落空。

5. 促销实施、控制与效果反馈

促销策略实施与控制过程就是对促销进行监督、指导的过程，必要时应及时采取调整、改进措施。促销活动开展以后，金融机构还要收集市场反馈信息，调查促销效果，考察是否达到了预期的目标，以此为依据来调整促销组合、提高促销质量、实现促销目标。

第二节　人员推销

人员推销在金融行业至关重要。由于服务的无形性，顾客无法用视觉、听觉、感觉、味觉和触觉去使用并体验产品，加上金融机构之间的金融产品同质性较高，增加了顾客识别金融产品和服务品质的难度。必须通过销售人员清楚地解释产品和服务给顾客带来的益处，才能赢得他们的认同和信任。

人员推销活动大致分为两种：第一，简单推销活动，只要求保持现有顾客关系并接受其交易委托。第二，创造性推销活动，要求寻找潜在的顾客，引导他们成为现实顾客。

一、人员推销的观念变化

不同类型的金融机构对人员推销的态度不尽相同。譬如，我国证券业和保险业行业一开始就有较高的市场化程度，人员推销得到了较广泛的运用。而银行业曾经在比较长的一段时期是等客上门的“坐商”，瞧不起销售和推销人员。在人们的传统印象中，银行职员从来都不是以推销员的形象出现的。但是现在，人员推销越来越成为所有金融机构包括银行的核心竞争要素，客户经理制度得到极大的普及。

人员推销是一种以促成销售为目的的口头交谈，即与一个或几个购买者进行交谈。金融机构推行客户经理的经验证明，是否以客户为中心是人员推销成败的关键。如果销售人员只专注销售“手头上的产品”而不关心客户真正的需求，就可能滑向强卖推销的境地，给客户留下不愉快的印象。客户经理把握销售说服劝导的分寸是一门征服人心的艺术。

以客户为中心的客户经理在与顾客接触时应抱有谦恭态度，从言行举止上的具体表现是：

（1）询问客户，倾听客户心声，了解客户真正的需求。

（2）回答客户的问题，帮助客户了解销售的产品。

（3）使客户方便地购买和使用产品。

（4）向客户提供售后服务，坚定客户的信心。

（5）提出最能满足客户需求的产品建议。

二、人员推销的方式

对公司客户市场的批量销售和对个人客户的小额分散销售，推销方式是完全不同的。人员推销在金融零售市场的意义和作用，也是近年来才被更多地认识并大量运用。与有形产品购买不同，客户对虚拟程度很高的金融产品了解比较有限，缺乏充分信息，难以进行对比，存在较高的产品认知风险。对此，人员推销显示出独特的优点：

（1）面对面的接触，能建立起买卖双方直接的相互关系，可以加深双方的了解和信任。客户可以将无形的金融产品的质量与客户服务人员的可靠性、可信赖程度相联系。

（2）加深顾客关系，使双方的关系超出柜台程式化乏味的交易关系，向客户提供更多的服务，也可能发现更多的顾客需求，获取更多交易机会。

（3）与广告相比会使客户感到难以拒绝购买。客户经理已经相当耐心细致地介绍了产品的好处，客户即使不购买，至少也会注意所介绍的产品。

金融机构要根据产品和服务类型与市场状况的不同，实施不同的人员推销方式。

1. 营业大堂推销

以银行为例，为了节省人力，提高业务效率，银行零售业务普遍使用电子计算机柜台业务自动处理系统，但客户面对 ATM 却感到陌生和冷淡。通过设立专业咨询服务台，由熟悉业务者任大堂经理，向客户介绍产品和服务，可以降低机器工作的负面效果。许多银行在营业大堂设立了大堂经理岗位，弥补与客户个人接触的不足。每一位走进银行的顾客，在有需要的时候，都可以在第一时间得到大堂经理的照应，提高了大堂的人情味和柜台与设备的配置效率。这一做法让许多顾客感到舒服和满意。

2. 贴身服务的客户经理推销

客户经理即与顾客接触的服务人员，集业务员、咨询员和情报员三位于一体，负责向客户推销产品、确定谈判费用、达成交易、提供售后服务、反馈客户交易体验等。客户来柜台不仅仅是办理某项业务，同时希望获得理财方面更多的金融咨询。为了适应客户，尤其是“大户”的各种金融需要，客户经理必须提供以下多方面的服务：对客户的财务状况提供咨询，提供所需的产品或服务，对所需项目作出具体安排，当出现资金问题时帮助解决，与客户保持联系。

在香港，金融客户经理向客户提供的个性化服务分为两种类型：一种称为“方便导向”，另一种称为“投资导向”。香港大通银行的每位客户经理要负责 55～100 个客户，负责向这些客户提供服务和咨询，推销投资理财产品。

3. 潜在市场客户推销

潜在市场是增量市场，人员推销在这一领域发挥作用的潜力很大。金融机构可以向工厂、学校等企事业单位，甚至政府部门派出理财专家或财务顾问，主动上门办理收款、结算、融资、理财等“内部银行”业务。如果集中精力拓展某一个小规模市场，人员推销可以有针对性地为那些对金融服务抱有怀疑和不信任态度的人提供更多的销售努力。金融机构还可以在超级市场内派出自己的推销人员，主动与进入超市的客户直接接触，为他们提供金融咨询服务，一旦发生金融服务要求就及时给予办理。

4. 大宗消费品融资推销

金融机构推销人员进入房地产交易市场、汽车交易市场，为消费者提供消费信贷、住宅按揭计划等融资服务。在消费信贷发达的国家，客户在买房、买车时都有金融机构的配套服务。目前有几家国际知名汽车金融公司进入国内市场，汽车消费融资贷款的竞争将更加激烈。

5. 保险推销模式

在利用人员推销方面，人寿保险业务表现更为成熟。欧美一些国家的保险业主要采取经纪人制度，而日本和我国等则广泛地采取人员推销方法。推销人员的活动在保险业具有特殊的重要性和职能。对生活中的各种经济性危险，人们一般很难分别测出它们在何时发生、会达到何种程度。因此，人们对于人寿保险服务效用的认识和随之而来的需求往往是潜伏的、不明确的，往往被置于满足各种感官需求的商品之后。同时，由于各种保险种类存在差异和优劣，客户也很难识别并作出明智的决策。因此，保险推销人员的主要工作首先是要让潜在客户了解人寿保险的重要性，这是其他促销方式无法替代的。

三、人员推销的管理

金融机构在人员推销的管理过程中应着重四方面的工作，即招聘、培训、激励、考察与评估。

1. **招聘**

招聘好的推销员是成功营销的前提。平庸的推销员和优秀的推销员之间的差别巨大。根据科特勒引述的一项研究材料，在一般情况下，优秀推销员比普通推销员多推销1.5～2倍的商品；在销售队伍中，30%的优秀推销员可以推销60%的产品。此外，人员挑选不当会增加人员调整成本。在美国，一个有经验的推销员辞去工作后，培养一个新的推销员的成本可以达到5万～7万美元，而且新手比例增加将降低营销队伍的销售能力。金融机构的优秀客户经理是具有很高价值的无形资产，成为企业的核心竞争力之一。因此，从招聘开始就要重视选拔素质较高者。在招聘工作展开时，不仅人力资源部门要全力以赴，营销经理和营销主管也应参与决策。

2. **培训**

为了实现人员销售的目的，新聘人员必须经过培训再进入推销岗位。公司内部不仅是人事部门，而是所有管理层都应该认识到培训客户经理的重要性。领导的重视是培训取得成效的关键。不仅要培训销售技巧，还要培训产品和服务知识；不仅新员工需要培训，老员工同样需要；不仅要有短期计划，还要有长期安排；要使人员培训成为金融机构长期战略规划的重要部分。

3. **激励**

为了吸引和留住优秀的客户经理，必须有相应的工资待遇。低了没有人来，高了又增加销售成本。因此，激励制度设计是客户经理管理部门最重要、最有挑战性的问题。激励有多种途径，如酬金激励、荣誉激励等。

薪酬一般包括固定收入、变动收入、消费补助和小额奖励。合理的薪酬制度既能激发客户经理的热情，又能指导他们工作。管理人员应该清楚哪些薪酬成分是最有意义的。例如，如果发展新客户是当务之急，就可以增加新客户奖金额。

荣誉激励包括升迁晋级、扩大权限、享受福利项目等，比如在内部刊物上登出员工月度奖金额、带薪外出旅游度假或休假、在大厅贴出奖状、在大会上给予特别介绍，都会带来荣耀和满足感，进而激励推销人员相互攀比业绩的热情。

人寿保险公司在这方面有一套比较成熟的做法。针对推销人员的工作特点，采取特有的工资报酬形式，即以业绩为薪酬基础。具体地说，就是从客户签订的保险契约中提取，例如，将第一年保险费一定比例（通常为50%）的初年度手续费和第二年以后保险费的一部分（通常为5%）的延续手续费，两者合并支付，作为报酬鼓励员工努力提升业绩。

4. **考察与评估**

考察与评估的依据是预期推销目标和相关业务指标。要达到考察与评估的目的，首先要设计合理的目标和指标体系。经常用到的推销目标是：销售额或销售收入、利润额、客户扩展个数等。相关的业务指标是对目标的具体化或规定限制，如考核总量还是增量、毛收入还是净收入、费用支出大小、资金占用、损失率、新客户与老客户的销售量区分、客户意见和评价、市场占有率等有形和无形的指标。

指标是推销人员的行为导向，应该体现公司的营销理念和战略。许多营销人员的短期行为都可以从考核指标上找到根源。例如银行推销信用卡，以出售张数计算业绩奖金，使推销人员利用各种关系不择手段推销，只要能卖出就是成功。结果大量的信用卡并不是持卡人所需要的，成为长期没有交易发生的“睡眠卡”，浪费了大量资源。因此，指标设计和调整是推销人员管理中十分重要的基础工作，需要花费大量时间和精力认真研究。

针对既定目标进行考核，需要收集人员业绩信息。主要的信息渠道有几个途径：定期销售报告、查看客户信件和投诉、对客户进行调查、与推销人员谈话等。

原始信息资料掌握得越多、越详细，就越有可能对销售人员的业绩进行量化评估。评估的项目及其重要程度，需要根据情况设计。这是一项非常具体细致的事情，例如获取交易下单的成功率是否高？每天打多少电话？娱乐公关的开销是否过大？找到多少新客户？老客户是否流失或保持交易？评估的结果可以用作发放奖励、评选先进、晋级的依据，也可以作为是否需要再次进行培训的依据。

资料 10-1

销售方案激励法——几种销售提成方案的比较

在薪酬结构设计的过程中，如何设计销售提成方案，使之更有效地激励销售人员是薪酬体系方案设计的关键。一般而言，销售人员的收入分配方式大致可以分成年薪制和提成制两类，具体做法可以包括：百分之百年薪制、高底薪＋奖金制度、百分之百提成制、底薪＋提成制等。

销售提成方案激励法一：提成比例在达到目标后降低。具体销售方案如图 10-1 所示：

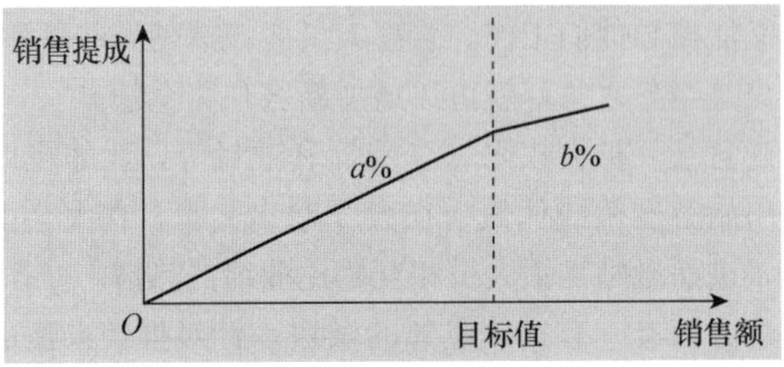

图 10-1 销售提成方案一

由图 10-1 可知，在完成的销售额没有超过目标值时，实际完成销售额的 $a\%$ 为销售人员可拿到的提成。当完成的销售额超过目标值时，超过的部分按比例 $b\%$ 计提，其中 b 值小于 a 值。

方案一的优点在于鼓励销售人员根据实际情况上报销售额目标值，并努力实现。从图 10-1 来看，无论销售人员实际完成的销售额为多少，销售目标定得越高，其所获销售提成就可以越多。但如果销售人员将目标定得过高而无法实现，其绩效考核得分和年度考核得分将有所下降。理性的做法是根据实际的情况制定销售目标值，而且这一目标值是经过努力可以实现的水平。

销售提成方案激励法二：完成目标后提成比例增大，可以用图 10-2 表示：

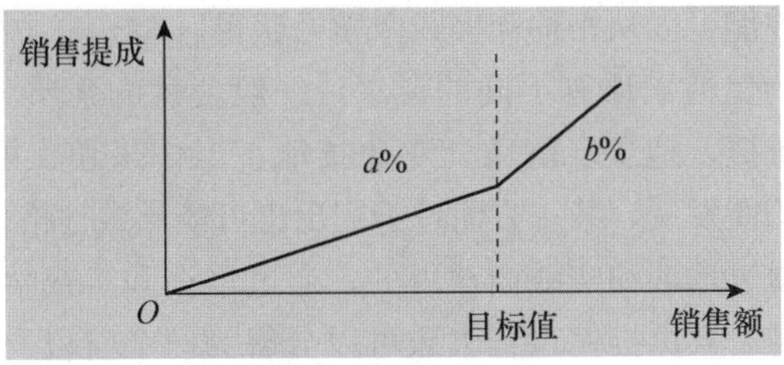

图 10-2　销售提成方案二

从图 10-2 可以看到，在完成的销售额没有超过目标值时，实际完成销售额的 $a\%$ 为销售人员可拿到的提成。当完成的销售额超过目标值时，超过的部分按比例 $b\%$ 计提，其中 b 值大于 a 值。

方案二的优点在于能够鼓励销售人员卖出尽可能多的产品，实现尽可能大的销售额。控制提成总奖金过大的风险的做法是设置每位销售人员的销售提成上限，对销售提成进行封顶。此销售方案最大的缺点在于目标值不好确定。

销售提成方案激励法三：提成比例保持不变，如图 10-3 所示：

从图 10-3 可以看到，提成比例保持不变，无论销售人员制定的目标值如何，其销售提成均按照实际完成销售额的 $a\%$ 计提。

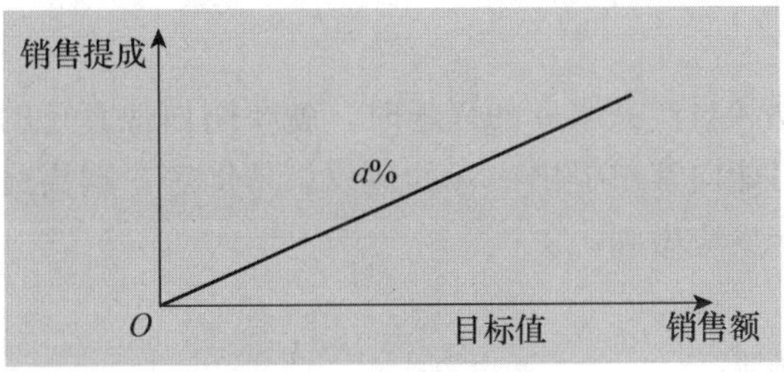

图 10-3　销售提成方案三

该方案的优点是能在一定程度上激励销售人员完成尽可能多的销售额，同时由于销售提成不与销售目标值挂钩，因此制定销售目标时，销售人员不会因追求更高的销售提成而有意地要求降低销售目标，使得销售额目标值更接近实际，不会使得上下级在沟通销售目标方面产生太多的不愉快。此外，该方案操作简单、易行。

该方案的缺点主要有：(1) 提成比例与目标值无关，销售人员完成销售额的动力不足；(2) 没有目标值约束，实际完成的销售额难以预测，不利于制订生产计划与财务预算；(3) 销售人员依然会习惯性地要求降低目标值，以使自己的绩效考核得分较高，从而获得更多的绩效工资。

四、优秀推销人员应具备的特质

成功的推销人员或者客户经理是金融机构最宝贵的资产，他们至少要具备两方面的良好素质：一是个人性格；二是销售技能。个人性格由长期的生活环境、职业历练和经验积累养成，而销售技能可以从培训和实践中学习获得。

推销人员应具备的性格素质有不同的说法，一般公认的素质可以概括为十个方面：自信、勤勉、守信、敏捷、抱负、健康、专业技能、工作兴趣、策划能力、关注社会。所有这些方面还应该均衡发展，某一方面过于突出也可能导致性格偏差。

销售技能主要是通过培训和实践而获得的。通过培训和实践学会如何尊重和了解客户、培养团队合作精神。人员推销过程大致可以分解为三个阶段：问候及印象形成、满足客户需求、销售后期。推销人员应该知道这一过程中各个环节的一些行之有效的行为方式。

即使有了业务和技术性素养的培训还不够，还需要培养销售文化素养，与客户建立长期友好关系，核心是如何根据时间、地点、对象作出灵活应对，通过良好的沟通使客户消除戒备，产生好感。有效沟通的方法大致可以归纳为几个步骤：

（1）视觉接触。

（2）微笑。

（3）问候客户。

（4）使用客户名字。

（5）避免过多使用金融专业术语。

（6）以积极态度回答客户问题。

（7）表示感谢。

当客户显示出好感和对产品服务的兴趣时，就要明白他真正的需求。这就需要具备倾听能力，否则就不可能向客户提出中肯的建议，帮助客户购买最能满足他需要的产品和服务。有效的倾听至少应做到：

（1）有时间倾听。

（2）集中精力于倾听。

（3）重点放在客户的主要想法上。

（4）积极地反馈，进一步证实客户的想法。

（5）提出问题，重复主要思想。

（6）修正个人偏见。

（7）察言观色。

与倾听密切相关的是有效的提问，因为提问有助于从客户那里引出更多的信息，有助于推销人员向客户推销正确的产品和服务。

有效地与客户沟通还要求仪表得体。即使金融机构允许在办公室着便装，但对于推销人员，在客户面前保持职业仪表也十分重要。

第三节　广　　告

广告是通过各种宣传媒介直接向目标市场上的客户对象（包括现有的和潜在的）介绍和销售产品、提供服务的宣传活动。广告本身并不能改变产品的品质，但是可以通过塑造独一无二的品牌个性，在消费者心目中提升产品的价值。金融广告旨在巩固现有客户和诱使潜在客户意识到金融机构提供的某种产品或服务将有助于达到他所期望的目标，例如，在什么地方存放资金最安全、如何通过贷款买一套新住宅、委托哪家证券公司投资证券、在何处可以买到自己最需要的保险单，等等。

一、金融机构运用广告的显著变化

就西方发达国家来看，在20世纪五六十年代，银行偶尔登一下广告，规模很小，主要宣传银行的作用，介绍银行业务状况。就整个金融业而言，广告大多只出现在专业报刊上，内容停留在开业介绍、大型促销活动及银行经营范围之类的非专业化介绍上。广告开支在业务宣传费中占很小的比例。但进入20世纪80年代以来，金融机构对营销重要性的认识日益提高，广告宣传手段越来越像工商企业那样大胆和激进。发生这种变化的原因主要基于：

（1）各种金融机构成立，彼此竞争越来越激烈。

（2）计算机技术的应用使金融业务步入信息化新时代，新产品不断出现，需要运用广告手段迅速、准确、全面地传达给顾客和潜在顾客。

（3）金融零售业务（个人客户业务）在金融业中的地位日益提高。一般而言，金融“批发”业务、公司客户更多地依赖人员推销和公共关系活动，而金融零售的大众市场则需要通过宣传媒介大做广告来争夺客户。

（4）金融机构之间在网点数量、产品价格和营业时间等方面的竞争作用相对下降，竞争的焦点集中到服务质量和服务差距上，更需要借助广告广而告之。

（5）ATM网络和POS网络建立并不断发展，需要发动强有力的广告战以促进这些分销点的业务。

发达国家金融机构运用广告进行大众营销的发展过程，大体经历了三个阶段，这与它们自身的形象、业务发展特点以及采取的营销策略相关。

阶段一：宣传声誉、强调实力。在欧美等国，银行经营不善而倒闭的现象时有发生。银行、证券和保险公司的形象并不十分好。因此，在这一阶段，金融机构的广告是以名誉为基础，强调金融机构的实力，以图在客户心目中留下“能得到安全保证”的印象。

阶段二：宣传金融产品和服务。由于金融机构之间提供的金融产品和服务的同质性较高，难以形成各自独特的品牌产品，客户分不清不同金融机构产品和服务的质量，就无法区分各家的特色。随着20世纪70年代开始的金融创新潮流，为争夺竞争优势，金融机构纷纷开发并推出新产品和新服务。因此，金融广告的内容和活动以新的、重要的或优势的产品服务项目为主，用专有的产品服务项目作为与其他金融机构区分开来的标志。

阶段三：宣传自身整体形象。经过上述两个阶段以后，金融机构发现上面两类广告的内容和方式并不能为自身塑造全新的形象，应该向社会推出一个强有力的、全能的和能够提供各种金融产品与服务的企业形象。因此改变广告策略，在广告中侧重树立企业形象，使自己更富有人情味，让自己的形象成为激发客户信任的火花，点燃客户想去访问金融机构的欲望。

二、金融机构的广告策略

1. 明确广告目的

广告的目的是帮助金融机构吸引客户，基本作用是传播信息，兼有劝说作用。由于金融机构提供的服务具有虚拟性、各家金融机构提供的产品和服务具有同质性、金融机构社会地位决定的责任性，客户不仅要得到忠告，还需要理解并感觉安全。因此，金融机构在决定广告策略时，即在什么时候做广告、做什么广告以及怎样做广告等问题上都需要通过市场调研，不仅要确定金融机构的目标，而且要了解客户需要的服务方式、金融机构网点分布状况——全国性还是地区性、客户对象性质——公司客户为主还是个人客户为主、客户需求特征——投资行为还是储蓄行为等诸多因素，这些都将影响广告策略的选择。

以银行为例，通过广告劝说那些尚未在银行开立账户的潜在客户来开立账户，是一种常见的促销方式。但对分支网络很少、以公司为主要客户对象的银行，则不宜采用广告来争揽公司客户，而应考虑用其他更合适的方式。例如，英国威廉格兰银行将主要精力集中于小商人客户。它在广播公司播出了一台节目，通过节目主人公向观众传播，银行并非像某些人想象的，是一座令人窒息的“坟墓”，节目描述了瓦格斯塔夫先生如何帮助顾客解决困难。由于小商人是潜在的私人银行客户，所以这则广播节目在一定程度上向广大社会公众和小商人客户宣传了该银行服务的特色，收到了良好的效果。

2. 明确广告类型

金融广告主要分为两种类型：形象广告和产品广告。如何选择广告类型主要取决于金融机构的长期和短期目标。如为了达到树立声誉这一长远目标，就要对形象广告给予特别重视。相反，如果要建立某一产品声誉，就要采用产品广告的策略。

3. 广告策划考虑的主要因素

（1）预算。金融机构的广告营销项目内容不仅仅是传播信息，也不仅仅是吸引客户，还要对广告活动的成本和所得利益等进行预先估算。在产品广告策略中，成本收益关系似乎更容易发现和评估，因此也更容易为营销主管所接受。然而在形象广告中，成本收益关系和效应更难觉察和测定。因为企业形象是无形资产，其价值具有隐含性和长效性，需要采用市场定价方法进行成本收益估算，比较复杂。为了节约费用开支，一些较小的金融机构聘请外部咨询专家，定期（每周、每月）提供广告咨询，按年度支付咨询费。

（2）宣传对象。为了达到广告的效果，金融机构在设计广告创意和内容时，必须分析了解那些有兴趣购买其产品的个人、家庭或组织的类型，并且要判定谁能作出购买的决定。要针对不同的对象，选择广告媒介、内容设计和形式设计等。国内金融广告普遍存在的问题是：不分客户对象，使用所有社会公众使用的媒体，或只登在专业媒体上，难以引起目标客户的注意。例如，一位 65 岁靠领取养老金生活的人不会对学生助学金贷款计划有丝毫兴趣，助学金贷款的广告完全没有必要将其覆盖。

（3）广告内容。金融广告的内容首先要直接指向宣传对象的切身利益，用理性的逻辑表明这些产品或服务将使目标对象获得预期的实际利益。其次，简单扼要地阐明接受产品和服务所必备的条件和要求，以便客户有一种明确的选择。最后，广告在很大程度上是帮助分支网点销售产品，将本地区办理机构的网点地址清楚地刊登在广告上，将大大便利客户的选择。

（4）广告词。广告词的设计应该与前面学习的定位观念、产品品牌策略等相联系，以助推金融机构的细分市场差别化战略。事实上，金融机构也创造了许多富有个性和创意的广告词，如牡丹信用卡“一卡在手，潇洒走神州”，美国运通银行“一诺千金”，保险公司“年年保险、岁岁平安”，日本储蓄银行“为了孩子今后的幸福”。个性鲜明、富有创意的广告词将深深印在客户脑海中，金融机构的形象也随之“安营扎寨”。

例如，各大商业银行为突出自己的个性，都为自家设计了响亮的广告词，特收集列于表 10－2 中。

表 10－2　传统商业银行的广告词

银行名称	主要广告词
中国工商银行	您身边的银行，可信赖的银行
中国建设银行	善建者行
中国农业银行	大行德广，伴您成长
中国银行	选择中国银行，实现心中理想
招商银行	先您所想，因您而变
兴业银行	服务源自真诚
民生银行	服务大众，情系民生

看来金融机构的广告词还得借鉴其他行业的优秀企业及产品，才能使广告词更加生动形象、有人情味，尤其是更体现个性。

三、广告媒体

金融机构在考虑预算、受众特点和规模、形象广告还是产品广告等因素的基础上，进行广告媒体的选择。可采用的广告媒体有电视、广播、广告牌、报纸杂志、直接邮寄、网络广告、手机广告等，每一种媒体形式都有各自的优缺点，选用时要综合考虑。

1. 电视

电视的优点在于综合了视觉、听觉和动作，富有感染力，能引起高度注意，触及面广，有利于金融机构的形象塑造，生动的场景描述可以更好地说明金融产品的功能，引起客户对金融产品的兴趣。不足之处在于成本高、干扰多，瞬间即逝，观众的选择性少。因此，对于市场细分性强的产品，如投资理财产品不适宜采用电视广告。一些复杂的金融产品，要播放一段冗长的内容复杂的说明，也难以达到良好的效果。

总的发展趋势是：随着电视影响的扩大以及公众对金融服务重要性认识的提高，金融机构更愿意运用有创意的广告来表达，使电视广告在金融广告预算中的比例逐年提高。英国在 20 世纪 70 年代初，银行的电视广告支出仅占其广告预算的 4%，而在 80 年代以后，这一数字已达到 50%左右。同样的过程目前也发生在我国的金融行业。

2. **广播**

广播的优点是宣传的地域和人口覆盖面广、成本低，属于大众化宣传。其缺点在于只有声音，不如电视直观形象，信息展露瞬间即逝，不易引人注意。广播的这些局限性难以为抽象的金融产品和服务提供引人入胜的宣传。因此，金融机构很少利用广播媒体。

3. **广告牌**

广告牌的特点是树立广告牌的位置始终不变，在一定时期内其宣传内容也很少改动。由于位置固定，宣传的对象属于同类，如飞机场内的广告牌的宣传对象是乘坐飞机的人群。国内金融机构在广告牌宣传方面很积极，宣传内容主要是机构名称宣传和服务内容宣传，偶尔也有宣传某一产品的广告牌，如信用卡。广告的重复性十分重要，广告牌本身便具有这种特征，因此广告牌的画面设计是核心要素，广告用语也必须简明易记。在不同城市或跨度较大的地理分布中，广告内容应该保持同一性，或至少保持风格的相似性，以提高宣传效果。

4. **报纸杂志**

报纸尤其是其中的金融版，对于读者是最有选择性的。每种报纸都有自己的读者范围和编辑特点。报纸的优势在于金融机构可以根据不同的产品情况和促销目的，制作各种类型的广告，即使是一种复杂的金融产品，也可以在报纸广告中刊登一段复杂和详细的说明。在为金融机构下属分支机构和网点提供促销支援时，也可将每个分销渠道的情况列于其后。杂志尤其是专业杂志也是金融机构选择较多的媒体之一，其可信性和权威性很符合金融机构的形象。其局限性主要在于读者范围较窄，广告成本与读者规模之间不成比例。报刊媒体由于具有可信性以及人群选择性，是金融机构刊登促销广告的理想选择。

5. **直接邮寄**

这种方式有极大的营销选择性，其中包括邮寄品的形式设计、内容安排和送达对象。直接邮寄是一种目标导向型宣传工具，可对特定细分市场进行宣传，尤其是在宣传金融机构特有的产品和服务项目时，更是一种廉价而有效的向个人促销的办法。用于向已有客户提供新产品时效果较好。在新产品推出市场初期，邮寄方式既可以起到短期保密作用，防止在推广前招来模仿者；又可以让老客户首先了解推出新产品的信息，优先享用新产品，也是对老客户忠诚的报答。随着客户群体的扩大以及数据库的建立，金融机构更关心为客户提供更多的服务，直邮方式的作用也越来越大。在英国，直邮已成为报纸和电视之后第三大广告媒体，金融机构运用直邮方式营销在行业排名中位居第六，占整个直邮市场的4.5%。

6. **网络广告**

网络广告是通过网络广告平台在网络上投放广告。它是利用网站上的广告横幅、文本链接、多媒体等，在互联网上刊登或发布广告，通过网络传递给互联网用户的一种高科技广告运作方式。常见的网络广告形式有：网幅广告、文本链接广告、电子邮件广告、赞助、与内容相结合的广告、插播式广告等。

与传统媒体相比，网络具有得天独厚的优势，网络广告已成为现代营销媒体战略的一部分。以网络为载体的广告有着受众广、交互性强、受众数量统计精确等特点。另外，网络广告比较灵活，且成本低，借助网络投放广告，在发现问题后，可以对其进行修改，这是传统媒体广告不能具备的。现在，网络广告的优势逐渐被挖掘，网络广告不仅可以实现跨时空、跨地域的传播，同时还能实现双向传播，增强广告效果。

网络媒体类型选择原则如下。网络媒体形态主要包括网站、电子邮件、应用软件三大类。而网络广告形式较多，不同形式的广告所起的广告效果也会存在一定的差异。因此，在选择网络广告媒体的时候，广告主应当根据广告目标来选择相应的形式，如，如果企业的广告目标是品牌推广，则可选用旗帜广告、软件搭载广告等形式，这种形式的广告比较醒目，传达范围广，能够让更多的人看到广告；如果企业的广告目标是促销，则可用游动式广告。另外，应当根据目标客户选择广告形式，才能达到良好的广告效果。如，针对青年目标市场，可选用互动性、娱乐性较强的游戏互动式广告，从而吸引对象，促使其作出购买行为。

7. 手机广告

手机广告是一种互动式的网络广告，由移动通信网络承载，并且具有网络媒体广告的一切特征，相较于互联网广告有更大的空间和时间优势，能够让客户随时随地地接受广告信息。

手机广告的特点是：用户量大，交互性强；受众明确，针对性强；接触度高，影响持久；到达率高，成本低廉；形式多样，个性化凸显。

手机广告的表现形式有：短信广告、WAP站点广告、电视广告、内置广告、二维码广告、定位广告等。

手机广告经历了短信、彩信、飞信、微信的更替，从传统的推送式广告模式转变为以拉动式为代表的广告模式，再到“互动式”的混合型模式。这些转变均预示着手机即时通讯广告在现有的模式基础上不断发展，有可能成为新媒体广告界的主流。

8. 其他方式

传单、手册、说明书和服务指南等广告宣传品，也是金融机构推广业务，尤其是宣传内容复杂的创新产品的一种重要方式。随着印刷和设计水平的提高，这类广告媒体的制作水平也相应提高，成为金融零售业务的主要宣传手段，用于协助某一特殊产品与服务项目的销售活动。其作用主要是向现有客户提供更多的金融服务信息。当客户进入分支机构洽谈或办理业务时，会查阅和带走随手可得的服务指南手册等。金融机构在向潜在客户宣传、吸引新客户的市场开拓方面，配合人员推销活动，向客户散发各种手册。

第四节 营业推广

一、营业推广的类型及特点

营业推广也称为销售促进，是金融机构利用各种刺激的促销手段吸引新的尝试者或报答忠诚的顾客。在金融行业，按客户对象可将营业推广促销分为三类：第一类是向尚未接受金融服务的潜在客户促销；第二类是向已接受其他金融机构同类产品的客户开展竞争性促销；第三类是向金融产品或服务的尝试者进行挽留性促销。

一般而言，营业推广具有以下三个突出特点：

1. 促进“交易”机会

许多营业推广手段都具有这样一种值得注意的特性，即它可以打破购买者倾向于某一特定决策或交易的习惯，告诉那些潜在购买者只有这样一次“难得的机会”去购买某一特定产品。不过，营业推广的缺点在于：尽管为广大购买者所欢迎，但其中多数人对任何特定产品都缺乏长期的忠诚。20 世纪 80 年代后期以来，中国金融机构曾纷纷利用有奖储蓄（房屋有奖、汽车有奖和旅游有奖）争夺储蓄客户，造成存款“大搬家”，这种非长期忠诚客户培养的促销手段，实际上与金融机构和客户建立长期关系的目标相冲突。金融机构广泛使用电脑以及客户数据库的建立，使得给那些保持长期业务关系的客户提供优惠报答成为可能。现在，国内一些信用卡公司推出的“累计积分优惠计划”就是一种旨在与客户建立长期关系的营销推广促销策略。

2. 营业推广是一种辅助性促销方式

人员推销、广告和公共关系都是常规性的促销方式，而多数营业推广则是非正规性和非经常性的活动，只能作为常规性促销的补充。用营业推广形式开展促销活动，虽能在短期内取得明显的效果，但一般不单独使用，常常配合其他促销方式使用。它能使相配合的其他促销方式更好地发挥作用。

3. 营业推广存在贬低产品的风险

采用营业推广方式促销，可能迫使顾客产生“机会难得、时不再来”之感，进而打破顾客需求动机的衰变和购买行为的惰性。可是，营业推广的一些做法过于频繁和轻率，往往容易引起潜在客户怀疑金融机构所提供的产品和服务的价格是否公道、是否安全可靠。事实上，不少金融客户（包括个人客户和机构客户）宁愿支付较高的收费标准，接受一流的、全面高质量的金融服务。因此，金融机构在开展营业推广活动时，要注意选择恰当的形式和时机，以避免可能产生的贬低产品的负面效果。

二、营业推广的目标

尽管人们对营业推广在金融业中的运用存在着各种矛盾的观点，但并没有妨碍其实际运用，尤其在需要促进信用卡发卡和刷卡，需要大力吸收储蓄存款的时候。因此，有必要强调，金融机构的营业推广活动，必须明确目标市场，选择合适的形式，制订方案，实施和控制方案，并评价结果。

在我国，由于资金的稀缺性，营业推广主要运用于个人客户零售市场。在使用营业推广策略时，金融机构可考虑将以下目标列入自己的计划：

（1）吸引新客户开立存款账户。

（2）增加存款账户中的存款余额。

（3）新产品和服务的促销，包括固定电话服务、手机服务和网络服务免收费。

(4) 吸引持卡人更多地用信用卡消费。

营业推广作为一种非价格竞争促销手段，在金融行业具有特殊作用。金融机构在同业竞争中一般都设法避免进行直接的价格竞争，包括利率竞争和费用竞争，这样的结果常常是两败俱伤。金融机构常常使用一些特定的奖励性赠品促销方式。国内曾经比较盛行有奖定期储蓄促销方式，由于容易为同业竞争者所模仿，有奖储蓄让位于更加隐蔽的赠品方式。

与国内金融业将促销主要用于吸收存款或增加资金来源不同，发达国家运用营业推广的范围比较广泛。例如 20 世纪 80 年代，英国以住宅抵押比企业财产抵押更安全为理由向客户推销利率优惠的住宅抵押贷款，并且同时向客户推销保险、养老基金、住宅改善等其他金融产品与服务。由于住宅抵押贷款盈利较大，竞争十分激烈，英国住宅协会的住宅抵押贷款市场占有率从曾经的 80%下降到 60%。为保持市场占有率，它采取了一系列营业推广促销措施，其中包括：

(1) 对第一次购房者的大额贷款提供暂时性的利率折扣，并限制客户转向其他机构寻求贷款，等到折扣优惠期满后，贷款盈利就会大幅度增加。

(2) 对借款者安排较优的偿还计划，采取前轻后重的方式，即在开始几年抵押贷款偿还负担较轻，以吸引和满足年轻人的购房需要。

(3) 提供固定利率的抵押贷款，即在两三年内抵押贷款利率固定。这在存在通货膨胀的情况下对客户十分有利。

为了获得成功，营业推广措施必须与顾客的实际需要相关联，其奖励程度应以激发顾客使用某种服务的兴趣为度。曾经一些美国的银行在竞争压力下，大力实施营业推广，如对存入 15 万美元的客户给予 1 200 美元的家庭设施改善贷款，或“负责铺设地毯”，等等。据美国麦克康尼公司调查统计，美国四家银行中至少有一家尝试过馈赠式的促销手段，其中只有 5%的客户对促销结果不满意。

三、如何选择促销工具

营业推广促销有许多种“工具”，以适应不同产品的促销需要。金融产品的类型很多且差异很大，如负债类产品、资产类产品、中介服务产品之间有很大不同，还有其他一些收费的服务项目等，对这些产品选择促销工具时要考虑产品的特点。现将金融机构常用的促销工具介绍如下。

1. 赠品

赠品是金融机构运用得较多的促销方式之一。运用赠品来促销的产品包括：吸收存款、办理信用卡、新设分支机构开业典礼等。在时间选择上，包括短时期内的促销，如对信用卡达到签账高峰时赠送礼品，以及对长时间保持交易的促销，如对在几年乃至十几年内保持客户关系者赠送奖品。

赠品的价值一般都较小。在英国，许多银行为拓展学生市场，常常采用低价值的赠品方式，如赠送半价车票等，价值仅在 3～4 英镑之间。又如，英国信托储蓄银行很早就开始把目标指向婴儿。它们向持有账户的婴儿赠送免费的围嘴。美国花旗银行在东京开设第十家分行的开业典礼日，银行职员向过路行人分发印有“最好的银行，花旗银行”的小传单，并且向前 1 000 名存款额超过 10 万日元的存户赠送一张崭新的 10 美元钞票。

2. **专有权益**

专有权益是指金融机构对自己的客户，提供某种特殊的权益或方便。例如，香港渣打银行推出了一种其信用卡客户可以享有的专有权益，客户可以在香港及海外各大城市的任何一部电话上使用国际电话服务，电话费可由信用卡账户支付。由于目前国外信用卡市场竞争激烈，发卡机构纷纷增加向用户提供的专有权益。

3. **配套优惠**

国外许多金融机构隶属于跨行业的大型集团公司，如果一个客户要以分期付款方式购买汽车，汽车公司和发放消费贷款的银行往往属于同一家企业集团。例如，美国三大汽车公司均有其从属的财务公司或银行，这三家集团企业属下的金融机构为其母公司 1/3 的产品提供信贷服务，作为一种促销手段，它对于购买本公司汽车的客户，以低于市场利率提供汽车消费贷款。

4. **有奖销售**

这一方式主要运用于存款、信用卡购物消费等方面。随着争夺存款的竞争日益激烈，各家银行曾纷纷推出各种有奖储蓄：中国建设银行推出“住房有奖储蓄”；中国银行推出“外币出国旅游有奖储蓄”；邮政储蓄也推出了“聚宝盆”“百日发”；等等。有奖储蓄一般用于定期储蓄，一年开一次奖，有的一年开几次奖，“百日发”有奖储蓄期限为 100 天，由于期限短，购买者十分踊跃。

5. **免费服务**

金融机构提供的许多服务，由于前期有大量投资，一般采用按年收费或按次收费的办法。当此类产品与服务的市场竞争加剧时，为扩大市场，招揽客户，往往采用免费促销办法。如信用卡持有者曾经要付几十元的年费，后来年费基本免除了——只要求每年刷卡六次以上。电话银行在开办之初，作为一种少数金融机构创新的业务渠道是收取费用的，同样，证券公司开设的电话服务曾经要收取费用。随着竞争的日益激烈，金融机构都已经改为免费服务，以鼓励客户多用服务系统，以便发现新需求，增加交易量。近几年网络金融开始“跑马圈地”，许多业务也是免费或半费，以尽可能多地网罗客户。

6. **关系营销**

金融服务业促销方式的最新发展表现为数据库营销，典型代表是“信用卡关系营销”。上述几种促销方式均带有一次性色彩，如存款多少可获一次中奖机会，办理某项业务可以享受一次优惠，而数据库营销方式却带有连续性特点。它可以为金融机构建立起客户的长期关系，增强客户的忠诚度。就发卡公司而言，业绩的关键不仅在于持卡人越来越多，而且要促使每个持卡人增加用卡消费，即用卡消费越多，发卡公司得益越多。由于发卡公司存有每个持卡人的个人档案，对消费状况均有记录，许多信用卡发卡公司以消费记录信息为基础，纷纷推出“信用卡积分优惠计划”。此计划分为两种：一种是发卡公司独自发起举办，按持卡客户在各家商店信用卡消费数量的累计积分给予优惠；另一种是银行与商家联合推出，消费数量只限于在合作商家中的刷卡消费金额。

例如，美国大通银行信用卡推出“复式积分优惠计划”，凡持有该公司维萨卡和万事达卡的金卡或普通卡的会员均可享有该优惠计划。美国大通银行复式积分优惠计划与其他银行的积分优惠计划的比较如表 10－3 所示。

表 10－3　美国大通银行复式积分优惠计划

大通复式积分优惠卡	一般积分优惠卡
适用范围：维萨卡及万事达卡的金卡和普通卡所有客户	适用范围：金卡客户
积分方法： 1. 根据最新签账额，每签账 1 美元，得 1 分； 2. 日结单余额每 10 美元另得 1 分； 3. 同时拥有大通维萨卡及万事达卡的会员可以将两张卡的签账额一并合起来累积分数。	积分方法： 1. 根据最新签账额，每签账 1 美元，得 1 分。
优惠项目： 1. 可以将累积分数转换为现金红利；获取免费签账点，直接将红利存入客户的信用卡账户内。 2. 可用累积分数换取多种实用名牌精品、家用电器、高级影音器材。 3. 可用累积分数换取自选的旅游优惠计划。	优惠项目： 1. 可用累积分数换取礼物。 2. 可用累积分数换取机票。

7. 促销性策略联盟

促销性策略联盟是金融机构配合生产或流通企业的营销活动，为双方共同的客户提供的金融产品与服务。例如针对信用卡业务，发卡银行和航空公司为鼓励公务出差的持卡人更多乘飞机出行，联合推出“信用卡航空优惠计划”。新加坡等国航空公司在 20 世纪 80 年代就已开始了航空优惠计划，即在一定时期内，乘坐某航空公司班机的飞行公里数累积到一定数额，便给予各种优惠。发卡银行为鼓励持卡客户多使用本银行的信用卡签账支付各种飞行费用，便与航空公司联合推出“信用卡航空优惠计划”。又例如，万国宝通银行推出“空中贵宾”卡，凡持该银行信用卡的客户乘坐国泰、新加坡和马来西亚航空公司（只限头等舱及商务客位）的航班，每签账 8 元为 1 分，按累积多少给予各种优惠奖励。我国南方航空公司最早与广发银行信用卡合作，发行“南航明珠广发卡”，后来又陆续与多家银行合作，发行了招行卡、牡丹卡、中银卡、龙卡、中信卡，实行刷卡积分换飞行里程等优惠，鼓励商务人士和喜欢搭机旅行者多乘南航飞机，多用刷卡方式支付机票费。

信用卡领域的“策略性联盟”还包括与电讯公司结成联盟。例如，1993 年国际电讯经营商城市电讯与美国大通卡合作推出了“城市电讯 Chase 信用卡”。该信用卡的用户除了可以享有大通信用卡的一贯优惠外，还可以获取城市电讯公司现有的一般国际电话费折扣 25%，再额外享有 5%的优惠，优惠期为 1 年。此外，该信用卡的新会员更可以获赠 5 000 积分，立即享受大通卡用户应有的“复式积分优惠”。

金融机构建立策略联盟有不少好处：可以充分利用联盟对象现有的各种资源，包括人力资源、设备资源；有助于银行在该市场中的原有市场份额得到保护；提高金融产品的竞争优势。

8. 目标行销——集促销与捐助于一体

进入 20 世纪 90 年代，西方发达国家出现了一种集促销与捐助于一体的目标行销，许多金融机构也纷纷模仿采用。由于金融产品和服务在一定程度上的同质性和易模仿性，金融客户选择金融机构时还会考虑金融机构的声誉，而社会责任感是客户评判金融机构声誉的重要依据。美国运通公司抓住客户的这种心理因素和行为方式，率先推出这种兼顾促销和捐助的目标行销。该公司宣布，凡持有美国运通信用卡的客户，每交易一次，该公司就会捐出 2 美分给美国反饥饿基金会。在短短一年中，运通公司已通过这种方式捐出了 500 万美元给反饥饿基金会。运通公司的目的显然不纯粹是为了公益事业，主要着眼点是招揽信用卡客户，扩大其金融业务。这种以捐助为主题的行动的确吸引了富有同情心的人。运通公司掀起这种“爱心活动”，开了“动机行销”的先河。在公众社会责任感日益强烈的年代，推行这种兼顾公益目的的金融促销活动可以收到很好的效果。

我国金融机构很快也学会了这一促销方式。2008 年，中国工商银行、中国农业银行、中国银行、中国建设银行和上海银行成为“中国红”慈善信用卡首批发卡机构，向中国红十字基金会“中国红行动”进行捐款。善款将重点资助“红十字天使计划”，帮助援建乡村红十字博爱卫生院，培训乡村医生，开展贫困农民和儿童大病救助。其他商业银行也先后发行了类似的与慈善捐助捆绑的慈善信用卡。

第五节　公共关系

公共关系旨在协助金融机构与有关各界公众建立和保持良好关系，树立良好形象，处理可能发生的对自身不利的谣言和事件。金融机构的公共关系活动主要有以下几类。

1. 与新闻界的关系

与新闻界建立良好关系的目的是：使有新闻价值的信息通过新闻媒体的传播引起社会公众对金融机构、金融新产品或者金融服务的注意。

2. 公司信息沟通

包括内部和外部信息沟通，促进股东、客户和社会公众对本金融机构的了解。目前我国大型国有银行和一些中小银行已经上市，成为拥有广大个人股东的公众公司，投资者关系是上市金融机构公共关系的重要组成部分。金融机构要通过与股东之间有效的信息沟通，建立和维护使公司股票市场价值最大化的互惠互利关系。下用引用一个例子，说明良好的公司信息沟通如何有利于投资者关系及价值最大化。

某银行有 1 亿股已发行股票，每股售价为 10 元，其市场价值为 10 亿元。假定投资者、金融分析师和个人投资者知道这个银行的产品、服务、管理、财务状况和发展计划以后，发现该银行的成长性很有吸引力，市场对此的反应是股价上升至 15 元，公司的市场价值由此增长到 15 亿元。现在假定该银行需要 3 000 万元用于业务扩张，如果从股票市场筹集资金，只要发行 200 万新股就可达到目标，相比用每股 10 元的价格筹集相同的资金，可少发行 100 万股。股份越少，股东分享的投资收益率就越高，所以股东们对于股价上涨是乐见其成的。相反，当这家银行失去股东的信任时，股东们将“用脚投票”——抛售股票走人，股价下跌导致公司市值下降，不仅增加筹资困难，也有损公司形象。

上市金融机构的信息披露有严格的规定和要求，是一项十分专业和严谨的工作。在发达国家，对于信息披露等公关人员的要求甚高，收入也较多，金融公共关系是“公共关系实践里报酬最高的专业之一”①。在我国，这项工作通常由上市公司高管之一——董事会秘书直接分管，并要接受证监会的有关培训和监督。

3. 游说

通过游说沟通，可以处理好金融机构与政府官员之间的关系，争取和促进政府部门对企业经营的支持。金融行业一般受政府的管制和监管较严，因此游说对金融机构来说更加重要。中国银行深圳分行在开展电脑网络代收水费、电费、电话费、煤气管道费、社会劳动保险费、高层楼宇费，代发工资，代办股款收付结算等现代生活“一条龙”服务时，就巧妙地游说了有关政府部门。在这项服务刚推出时，曾遭受反对，有关管理部门甚至下文反对这种做法，但深圳市民、邮电局和在深圳买了楼宇的香港人欢迎这项服务。为此，该行开展了广泛的公关活动：在政府方面，积极反映情况，并介绍这一服务符合国际惯例，对深圳投资环境的改善和确立深圳国际化、现代化都市形象很有意义；组织有关部门参观、考察电脑网络代收费的全过程；与邮电部门联合召开客户代收费座谈会，把客户的意见，尤其是邮电部门“十五分钟等于过去人工代收二十天”，客户“再也不用挤柜台、排长队和为增加滞纳金而烦恼”，以及香港人“出门归来再也不用为不及时交费导致断电话的问题而烦恼”的意见，及时反映给市政府及有关主管单位。通过这一系列公关活动，最后取得了市政府和主管单位的支持，使银行的“电脑代收费”业务全面实施。

4. 社会公益赞助活动

这种活动与深入社会、承担社会责任有密切的关系。在当今的社会中可以最大限度地增加市场营销机会。在西方国家，金融界赞助已成为金融机构开展公关活动的主要形式。在美国等发达国家，对文化团体和福利事业的捐赠，是公共关系活动中一个最适度且令人感到“低调”的部分，以赞助为主的公共关系迅速发展的原因主要在于：(1) 消费意识提高；(2) 对人们福利的关心增加；(3) 失业人数增加。

本章小结

金融产品与服务促销策略，在营销要素中起着告知、劝说和提醒的作用，有人员推销、广告、营业推广、公共关系等方式，可以根据情况和条件组合运用。促销实施的步骤包括：确定对象，明确目的，确定预算，决定组合，实施、控制与反馈。

人员推销首先要改变传统观念，建立客户经理制度。要根据产品和服务类型及市场状况的不同，实施不同的人员推销形式。在推销人员管理的过程中要着重四方面的工作，即招聘、培训、激励、考察与评估。

广告促销表现大胆激进，逐渐被金融机构采用。传统媒体有电视、广播、广告牌、报纸杂志、邮寄品等，新兴媒体的主流是网络广告和手机广告，它们各有优缺点，要根据实际情况选用。

① Scott M. Cutlip，Allen H. Center，Glen M. Broom. 公共关系教程. 8版. 北京：华夏出版社，2001.

营业推广是一种短期促销活动，要注意其特点，把握其力度。促销工具有很多，金融机构要根据产品特点、促销目标与对象进行选择。

公共关系的促销活动主要包括：与新闻界保持良好关系、经常进行公司内外信息沟通、善于游说关键部门、参与社会公益赞助活动。

重要术语和概念

促销策略　人员推销　客户经理制度　广告推销　广告媒体　广告词　营业推广　促销工具　关系营销　目标行销　公共关系

复习思考题

1. 简述金融机构促销策略的作用。
2. 简述促销组合的内容及其特点比较。
3. 简述进行金融产品促销的主要步骤。
4. 简述客户经理制度与人员推广的关系，如何实现有效的管理？
5. 进行各类广告媒体优劣比较，金融机构广告促销有哪些特点？
6. 什么是营业推广的特点与类型？金融机构如何选用促销工具？
7. 简述目标行销的概念与意义，试举例。
8. 列举公共关系活动的主要类型及其营销意义。

拓展阅读

[1] 菲利普·科特勒，加里·阿姆斯特朗. 科特勒市场营销教程. 6版. 北京：华夏出版社，2004

[2] 吴健安，聂元昆. 市场营销学. 6版. 北京：高等教育出版社，2017

[3] 李杰初. GB人寿佛山分公司“福禄双喜”产品2014年促销计划. 广州：华南理工大学，2014

第十一章　金融服务人员策略

学习目标

1. 了解服务接触三元组合模型的构成与营销意义。
2. 认识内部营销追求员工满意的意义以及如何建立内部营销的四大体系。
3. 认识顾客在服务中的作用，掌握相关营销技巧。

金融营销组织制定了顾客导向的服务标准后，需要有力地加以执行，按顾客导向的服务标准提供金融服务，努力达到既定的市场营销目标。而拥有素质良好的一线服务人员是实现目标的保证。服务人员精湛的服务技巧、丰富的服务知识和充满诚意友善的服务态度，可以为金融机构赢得顾客，创造收益。可以说，一线服务人员是决定服务质量最直接、最重要的因素。这种重要性基于服务的以下特性：

(1) 服务和消费同时发生，顾客参与服务过程。

(2) 服务质量取决于顾客满意，而顾客满意取决于接受服务时的体验。

(3) 服务接触及体验是顾客评价服务质量的关键时刻。

本章将从服务场景中影响金融服务接触效果的三大基本要素模型开始，分析金融机构的组织、员工、顾客三者在服务接触中的作用和相互关系，以及如何实施有效的金融营销策略。还要注意，本章内容与金融机构的人力资源管理有密切关系。

第一节　金融服务接触三元组合模型

人员作为金融服务营销特有的策略要素之一，其定义是：参与服务提供并影响顾客感觉的全体员工、顾客以及处于服务环境中的其他顾客。也就是说，与服务发生的场合有关的所有人员。服务发生场合以及有关人员，是在金融机构设定的运营系统下出现的，他们之间的关联可以用服务接触三元组合模型来描述，如图 11－1 所示。

一个以利润为目标的金融机构，其管理人员为了维持边际利润和保持竞争力，会尽可能地提高服务过程的效率。一方面，为了维护产品质量，控制服务过程，管理人员常常会利用规定和程序来限制顾客在服务接触时的自主权和判断。这些规定也限制了为顾

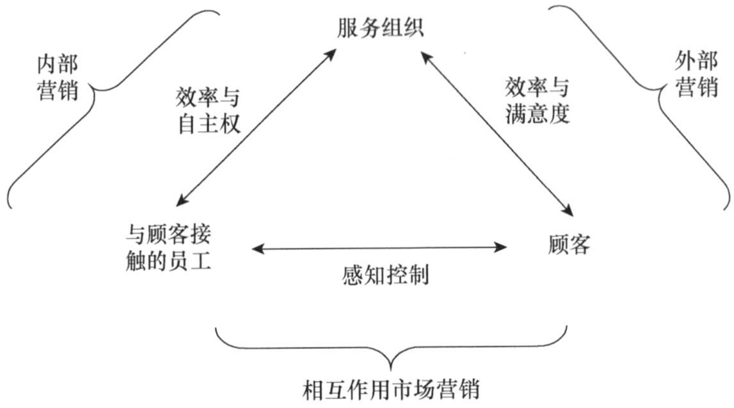

图 11－1　金融服务接触三元组合模型

客提供服务的员工，导致缺乏个性，进而导致顾客不满。另一方面，员工和顾客都试图对交互过程实施自己的影响。员工希望引导顾客的行为，使自己的工作易于管理和轻松自如；而顾客希望通过影响服务进程来获得更多利益。因此，在服务接触的场合，有三个互相作用和影响的要素，除了显而易见的服务员工和顾客外，还有无形的服务组织存在，其作用往往是主导性的。

服务接触三要素中突出或强调任何一个要素，都可能导致一种不同的服务类型形成，即服务组织支配型服务、一线员工支配型服务、顾客支配型服务三种。每一类型的服务都有其特点和利弊。理想的状况是三要素协同合作，从而创造出更大的效益。然而，现实情况往往不那么完美。各个要素倾向于从自己的偏好、为自身利益力图控制或主导整个服务过程，由此而引起彼此之间的问题和冲突。因此，金融机构需要了解三种服务类型的特点和利弊，根据自身特点作出三大要素平衡协调的管理模式。从这个角度看金融营销人员策略，重点不在一般意义的外部营销，而在内部营销和相互市场营销。

一、服务组织支配型服务

这种突出服务组织作用的人员策略，通过建立一系列严格的操作过程使服务系统标准化，提高服务效率或者实施成本领先战略。它的问题是严重限制了员工与顾客接触时所拥有的自主权。顾客只能从仅有的几种标准化的服务中进行选择，不存在个性化服务。例如，银行下班时间到了，即使顾客排了三小时的队也“必须”离开柜台。对这种缺乏人情味的行为，人们谓之“官僚作风”。顾客的不满主要来自服务人员缺乏灵活变通的自主权以满足其特殊需要。

二、一线员工支配型服务

如果一线员工被赋予足够的自主权，就会感到自身对顾客有很大程度的控制权力。通常，人总是存在“趋利避害”的倾向。服务员工都希望通过缩小服务接触范围，减少在满足顾客需求中所遇到的压力或麻烦。更严重的是，因信息不对称而产生委托—代理的道德风险。以如何确定信贷客户经理的贷款权限为例，权限太小限制了他的现场谈判反应能力，权限太大则道德风险增加，导致银行风险管理成本增加。同样，保险公司在进行理赔估价服务时，对事故补偿的评估总会存在一些难以量化的因素，需要理赔估值经理作出基于个人的专业的或经验的判断。然而保险人、被保险人和受益人之间的利益冲突，决定了恰当的估值总是难以实现。如果估值服务员工素质低或品质差，则可能出现过度或不当行权的现象。此类问题的核心不在于是否给一线人员授权，而在于授权的程度与范围如何确定。这几乎是在高度个性化服务中普遍面临的棘手问题。

三、顾客支配型服务

有两种极端情况：标准化服务和定制服务。自助服务是一种标准化服务，顾客在有限服务选择中可以实现完全控制，例如 ATM，顾客不需要和任何人接触就可以完成交易。这种高效的服务方式能够使顾客非常满意。然而，对于家庭或企业理财、保险咨询等高度定制化的服务，没有顾客的积极有效的配合就难以完成，不仅需要调动组织的资源，而且要花费很高的成本。

由此看来，秉持顾客满意和有效的服务的原则，可以维持三方控制力量博弈的平衡。金融机构应尽可能做到：对服务员工进行适当的培训，通过沟通了解顾客的期望及其在服务过程中的角色定位，同时达到自己的效率要求和利润目标。尽管本章内容讲述的是营销人员，但人员受制于组织，组织是影响服务接触不可或缺的要素，是笼罩在员工与顾客互动上的影子。因此人员策略的分析，首先要从金融机构的内部营销开始。

第二节　金融机构的内部营销

金融机构为服务接触提供特定的服务环境，组织服务招聘和培训服务人员，规定服务的内容、流程和行为规范。顾客与金融服务人员之间的交互活动发生在金融机构的文化背景及工作环境中。如果金融机构实施顾客导向战略，那么每一个员工就是这种战略的执行者。没有全体员工的努力，没有一线员工将这一意图和努力最后传递到顾客的感受中，其他一切努力都将化为乌有。因此，金融机构的高层应该认识到，要像对待顾客一样对待员工，内部营销应置于外部营销之前。现在许多有见识的服务企业管理者用“员工第一”替代“顾客第一”的口号。这不是经营目标的改变，而是经营策略的调整，将服务好一线人员作为实现顾客满意、改善内部管理的重点。这是值得金融机构学习借鉴的。

一、金融服务利润链

成功的金融机构既把注意力集中在顾客身上，同时也集中在员工身上。它们懂得服务利润链的内在逻辑，把公司的利润与员工及顾客满意紧密连在一起（如图 11-2 所示）。

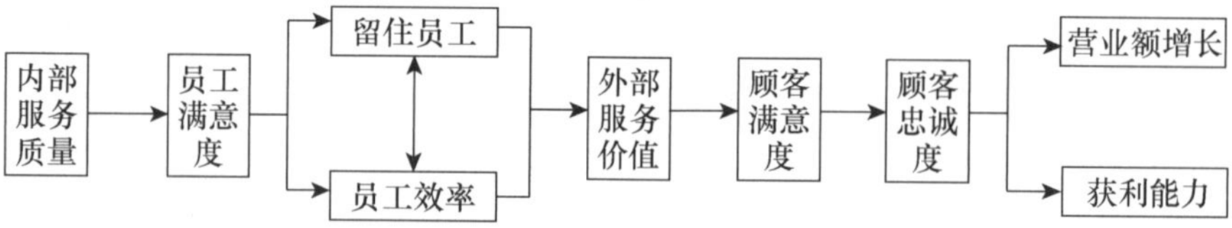

图 11－2　金融服务利润链

这一利润链形象表现了企业通过内部营销获得利润的因果关系。为了加深对整个利润链的理解，需要把握其中的五个关节点：

1. **内部服务质量驱动员工满意**

内部服务质量的内容包括：员工工作环境，员工挑选、培训、奖酬和认同，服务信息获得等。好的人力资源管理系统、高效的内部管理决策流程和授权系统、以电子技术支持的客户管理信息系统、以人为本的企业文化等，都是形成良好内部服务质量的要件。

2. **员工满意导致较高的员工保留率与生产率**

在服务行业，大多数员工跳槽的真正成本是生产率损失和客户满意度降低。尤其对于个性化程度高的金融服务，员工的低流动率与顾客的高满意度关系密切。例如，证券公司一位有价值的经纪人辞职，不仅损失了公司对他的培养时间和金钱，还失去了喜欢他、追随他的客户，若要计算这种人员流失带来的损失数额，至少是他的顶替者与顾客建立关系期间所损失的佣金收入。所以，员工满意会降低离职率，给企业带来巨大的节省效益。

正如顾客的忠诚度取决于他们对服务的满意度一样，员工的忠诚度同样取决于他们对金融机构的满意度。员工长期的满意度提高会提升员工的忠诚度，忠诚的员工对企业的未来充满信心，为成为其中一员感到自豪。他们会十分关心企业的经营发展情况，自觉担当工作责任，努力工作，效率自然相应提高。员工的高度忠诚是企业的一种内在动力，相对其他任何外在动因，更能使高效率生产工作得以长期保持和发展下去。

3. **较高的员工保留率及生产率产生更大的服务价值**

服务价值最终是由员工创造的，员工的保留率及生产率是价值产生的基本条件，高价值源于员工的高生产效率。

4. **更大的服务价值导致顾客满意和忠诚**

顾客服务价值是顾客从服务中获得的总利益与总成本之差。例如一家财产保险公司，通过让保单受益人毫不费力地快速办理手续和赔付而创造了顾客价值。但事故发生后，公司人员迅速抵达事故现场，马上办理赔偿，提供支持性服务，减少了各种繁杂的手续和文件准备，不用来回跑路，节省了办事时间，让受损顾客感到满意，真心觉得购买这家公司的保单是值得的。

5. **顾客满意和忠诚导致获利与成长**

将顾客的满意度从“非常不满意”到“非常满意”分为 5 级，“满意”级在中间。有调查显示，“非常满意”的顾客再购买的可能性是“满意”顾客的 6 倍。“非常不满意”和“非常满意”的顾客都是高能口碑传播者，企业要培养后者、避免前者。顾客得到满意的服务后，就可能产生返回、重复、执着等不断升级的交易行为，直至成为忠诚顾客。研究数据表明，顾客忠诚度增加 5%，利润可以增长 25%～85%。因此，顾客忠诚度可以作为市场份额质量指标。

二、构建并运作内部营销系统

具体来说，金融机构内部营销就是吸引和保持一支愿意和能够忠实执行顾客导向服务标准的员工队伍。内部营销是一个系统工程，主要由四个策略构成：（1）服务人员招聘策略；（2）提供服务人员发展环境的策略；（3）向服务人员提供内部支持和服务的策略；（4）留住服务人才的策略。每个策略又由若干子系统构成，图 11－3 展示了内部营销系统框架。

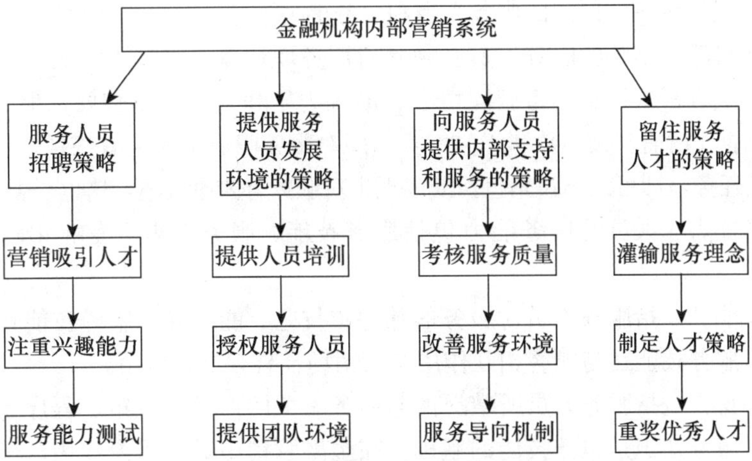

图 11－3　金融机构内部营销系统

（一）服务人员招聘策略

金融机构内部营销的起点是人员招聘。招聘要实现：（1）进来的人员素质比较高；（2）新员工能接受企业的服务文化、服务政策；（3）新员工以能成为企业的一分子，并为其出力为荣。有了这样起点的新员工，如同输入了新鲜血液，为建立统一的服务文化、降低培训成本创造了条件。

只有找对人才能做对事，因为优秀的人较少犯错误，可以使企业有更高的效率。他们足智多谋，以灵活应变的方式提供良好的顾客服务，而无须时时有人在旁叮嘱，能比同行竞争者所雇用的员工做出更棒的工作。有这样能带来高收益的员工，即使付出再多的薪资也值得。以保险经纪人为例。一位经纪人手下有 12 位业务员，每月能卖出 100 份保单，平均每人约卖 8 份。另一位经纪人每月人均销售量是 12.5 份，同样卖 100 份，只需要 8 个人，办公室里减少了四张桌椅、四部电话和四位人员支薪，省下四个人的这些开支作为奖励金又能吸引更杰出的业务员。当高薪的事实传遍业内时，出色的业务员闻风而来，销售就这样步入了良性增长轨道。能招到高技能、高效率的业务员，就能降低每份保单的销售成本。在人力成本比较高的金融机构，这个规律的作用十分突出。

做好金融机构人员招聘工作的关键是：把它当作一种营销活动，主动搜寻人才而不是“等客上门”。人员招聘重点考察应聘者的服务兴趣和服务能力，以及对企业服务理念的接受程度。

1. **用营销吸引人才**

金融机构应当把招聘当作营销活动，就像用营销来吸引顾客一样来吸引人才，努力争取“智能市场份额”。在人才这个“市场”上，企业提供的工作岗位就是“产品”，对金融机构及岗位的宣传、介绍就是“促销”。在我国香港地区及欧美国家，不少大中型企业每年都根据不同大学的特点，把它们区分开，看哪些大学的毕业生的特点最能匹配本企业的服务策略及文化，再有针对性地与所认定的大学联络，在校园举办招聘讲座。这是应用市场细分方法有效地招聘所需员工的例子。

2. **注重兴趣和能力**

招聘服务人员应注重他们的服务兴趣和服务能力。

（1）服务兴趣。招聘的服务人员必须是对服务职业有兴趣的人，其中一些人天生喜欢服务职业，或者喜欢社交、富有同情心、助人为乐和人缘关系较好。但这类人相对较少，不能满足企业所需。大多数属于另一类，即对服务职业不一定有兴趣，但能够接受扮演服务角色的任务，即可以通过角色扮演表现出对服务有浓厚兴趣，这也是合适的人选。

（2）服务能力。人员的服务能力包括服务技能、服务知识、专业化水平和体质等方面。

①服务技能：是指服务人员对服务的熟悉、技艺、能力等。服务技能包括操作技能和交际技能。服务技能在与顾客相互作用的营销场合具有重要作用。

②服务知识：是指服务人员所掌握的与服务有关的产品、政策、程序、市场等知识和社会知识。服务知识是服务技能的基础，在金融营销中具有重要作用。不仅高层次的服务需要越来越多和越来越高深的知识，较低层次的服务也开始知识化。

③专业化水平：是指服务人员经过专业培训后其服务技能、服务知识及职业道德等达到社会公认的水平，通常都以获得专业或从业资格证书为标志。服务的专业化水平是服务技能和知识的综合体现，而且有社会评估尺度，因此就这一点而言，专业化水平相比服务技能和服务知识的评价更具可操作性。

④体质：服务营销普遍需要人员具有良好的体质。首先，服务人员本身就是服务有形展示的一部分。其次，体质较差的服务人员在比较繁忙的服务过程中，容易表现出倦态和对顾客不耐烦的情绪，波及协助服务的情绪，影响顾客享受服务，顾客对这样的服务人员自然不会满意。

3. **进行服务能力测试**

金融机构可以采取模拟测试或短期试用的方式，对应聘对象的素质或能力进行考察。例如，某保险公司在电话销售和服务人员的招聘中，设计和采用了模拟测试的方式，让应聘者接听和处理三个模拟电话：①第一个电话是买保险的；②第二个电话也是买保险的，但是是一个不懂保险、不合作和语言粗暴的人；③第三个电话是投诉。这种仿真模拟测试的效果比较好。

服务能力还包括一个重要的方面，即道德品质素质。行走在充满各种诱惑的商业世界里，最优秀也是最难得的品质是“诚信”，将它拆为四个字来具体化，即“义、信、勇、谋”：①义，在取得成绩时保持平静的心态，不过分炫耀；②信，讲信用，自己答应过的事情一定尽全力办到；③勇，面对困难毫不畏惧，想方设法克服困难；④谋，针对多变的环境，随机应变掌握主动，从而获得成功。

（二）提供服务人员发展环境的策略

金融机构内部营销的策略之二是给金融服务人员提供良好的发展环境，使他们发挥最大的潜能。决定人员发展环境是否良好的因素包括：人员培训、向一线人员授权、提供团队环境等。

（1）人员培训。人员培训是提高服务兴趣和服务能力的主要途径。培训之所以必要，首先是因为服务人员流动率很高，不断有新手加入服务队伍，新手总是需要培训的。其次，金融机构在向外（包括国外）拓展网点时，多少要招聘当地人员，他们也是需要培训的。通过完善的人员培训，可以有力地支持金融机构在世界各地拓展销售网点。

另外，人员培训的对象，既包括新手，也包括老员工；既包括前台人员，也包括后台业务人员、支持性服务人员以及管理人员。服务培训是全员培训，这是由服务质量的整体性和服务利润链因果决定的。

（2）向一线人员授权。为了真正做到对顾客需求及时作出反应，必须授权给一线员工，使其能对顾客需求作出灵活反应，并对可能的差错及时进行补救。

瑞典商业银行堪称向人员授权的范例，用他们的话说是尊重个人能力的“分散式管理”，即分行经理——执行副总裁——总裁的三级权力结构模式。其中分布于各地经营的分行经理权力最大。批准信贷申请是银行的一项重要工作，也直接关系到整个银行的利润情况。银行规定，首席执行官（总裁）没有批准分行贷款的权力，总裁不能干涉具体业务，业务只能由分行来操作，由与某一客户距离最近的分行承担对该客户的所有权力和责任。这样做的原因是：分行经理能够掌握其所在城市的客户最充分的信息资源。在辖区内，他可以在第一时间听到关于任何一家公司的各种传言，也能看到任何一家公司的各种行动，因此，相信他能够作出恰当的决定。当然，个人权力也不可以随便乱用，决策权的行使必须被限制在一定范围内。如果超过规定权限，申请就会被转到上一级。如果员工能表现出更强的个人能力，这一权限的范围也将会随之扩大。这种分散授权管理模式取得了良好业绩。近 30 年来，瑞典商业银行一直保持着北欧所有银行中盈利最高的状况，客户满意度也是最高的，而且不良贷款比率、费用水平总体低于竞争者。

对员工适当授权可以给销售带来以下好处：

①一线人员可以迅速回应和满足顾客特殊的、个性化的需要。

②一线人员可以迅速回应不满意顾客的投诉和采取补救措施。

③使一线人员获得尊重或因满足顾客需要而产生工作认同感和成就感，这是一种激励。

④对一线人员的激励可以转变为一线人员对顾客的尊重和责任感。

⑤授权可以增强一线人员参与服务改进或创新的积极性。

⑥在授权条件下对顾客特殊需要的满足可以转变为顾客的口碑广告。

授权既有许多好处，同时也面临一些成本和风险问题，如：员工选择与培训费用增加、劳动力成本提高、服务速度缓慢或缺乏一致性、可能违反公平原则、过分行权或错误的决定。授权时，既要防范一些人员的道德风险，又要提高一些人员用权的勇气和能力。对于缺乏用权的勇气、怕承担失误风险的服务人员，要通过培训和激励机制鼓励他们大胆使用处置权。

是否向员工授权需要综合考虑上述各个方面的因素。一般来说，定制化程度高的服务、技术含量高的服务，向员工授权比较有利。

（3）提供团队环境。团队环境可以增强员工之间的合作，使前线服务人员从其他人员那里获得更多的支持。团队环境可以鼓舞人员的士气，有利于人员保持顾客导向的服务热情。团队环境还可以增加人员之间相互学习、相互带动的机会，有利于增强员工的服务兴趣和服务能力。

（三）向服务人员提供内部支持和服务的策略

金融机构向一线人员提供良好的内部支持和服务，是一种内部营销策略。这种策略包括考核内部服务质量、改善服务环境和建立服务导向的组织机制等内容。

（1）考核内部服务质量。通过建立内部服务质量考核机制，提高内部支持和服务的质量。例如，美国圣迭戈一家服务公司为了提高内部服务质量，建立了内部服务质量考核体系，考核对象是公司下属的各个部门。这个考核体系包括内部服务质量的四个层面：服务态度、服务能力、服务回应、服务效果。考核采取问卷调查的方式，公司每年根据考核结果，公布考核评分最高的前四或前五名部门经理的名字。公司还将部门经理的收入与本部门内部服务质量的考核成绩挂钩。在香港，包括香港理工大学在内的几个高等学府，每年都抽取不同院系和行政部门，评价它们的服务质量。考察成果除了让该院系或该行政部门员工了解外，也与其他院系和部门分享经验，达到共同进步以提升服务质量的目的。同样地，金融机构也逐步建立和完善了内部服务考核体系。

（2）改善服务环境。一个好的工作环境对服务人员可以起到一种激励作用，产生积极工作的情绪。改善服务环境，包括服务地点优选、房屋装修以及服务设备、工具和用品的更新维护等。提供支持性的技术和设施，是服务员工有效率、有效果工作的保证。例如以网络技术为基础的办公自动化，可以远程办公或沟通，将定时坐班制改成弹性工作时间；客户关系管理技术为客户信息获得和管理提供了方便。除了上述生产服务的硬环境以外，影响心境的软环境同样重要，但往往容易被管理者忽略。

信用卡推广团队建设调研营销团队工作问卷

事实上，为员工提供具有吸引力的工作场所，让员工既开心又卖力，并不一定需要豪华的配置，只需要造就一种无处不在的亲切感。最好竭尽全力保持一种“小如一家”的环境氛围。根据对一些成功公司的调查，它们并没有因取得成功而生出一种大公司的排场，不成立公司车队，不以豪华的办公大楼来彰显自己的形象，不铺设厚厚的优质地毯，也不求拥有气派的轿车、公务飞机。这种“平民化措施”一般来说有助于增强公司员工“质朴如家”的归属感。一项对员工满意程度的研究显示：“越大并非总是意味着越好——至少你的员工是这样认为的。”研究结果表明，公司越大，员工满意程度越低。在3 000家受调查的公司中，不足30人的小公司中有88%的员工对自己的公司表示满意。而当公司规模为70～100人时，满意率下降到77%；规模为100人以上时，满意率已跌至65%。

（3）建立服务导向的组织机制。传统的内部机制是以管理为导向的，即从上而下的管理关系。公司的内部沟通交流乃至决策系统往往围绕领导转，客户的需求被忽略。将公司从传统模式转为面向客户的高效率的办公系统绝非易事。例如转变银行贷款审批程序，由风险控制主导转为客户主导，涉及客户信用等级评定系统、授权系统、风险监管系统等，运作模式变化很大，转变过程可能产生一定的风险成本。但不改变则会使一线员工处于市场需求和内部僵化制度的两难境地，可能成为跳槽的重要原因。

以客户为导向的内部体制是将上级对下级的管理关系变为服务关系，提倡“人人都有顾客”的工作态度。有的员工即使不接触最终顾客，也应该知道自己在为谁服务、在服务利润价值链中的地位和提升服务价值的贡献，从而自觉对一线人员提供积极热情的支持。现实中，许多职能部门常常只强调自己职能的重要，忘记了公司共同的长远目标。

传统的金字塔形的组织结构已经过时。精通服务营销的公司已经明了，要把以领导为导向的层次关系颠倒过来。将顾客的地位置于机构顶部，其次是一线人员，他们会见顾客、服务顾客和满足顾客。再下面的是基层和中层管理人员，他们的工作是支持最前线的员工更好地服务顾客。在最下层的是高级管理人员，他们的工作是支持中层和基层管理人员，间接支持一线员工。另外，公司所有的经理只要可能都应亲自会见顾客和了解顾客。

（四）留住服务人才的策略

如何把优秀的服务人员留住并为他们做好服务，也是重要的内部营销策略。人力资本目前已成为金融机构间竞争的第一要素。金融业的人员流动比较频繁，人才的流失往往难以避免。人才流失过多会给企业带来较大甚至致命的损失。因此，留住高素质服务人才具有战略意义。金融机构要留住人才，可以采取加强服务理念的灌输、将员工当作顾客对待、制定人才政策、奖励和认可优秀人才等策略。

（1）加强服务理念的灌输。金融机构加强服务理念的灌输，有利于服务人才将自己的理想和事业与企业的理想和事业统一起来，使个人与企业达到志同道合。中国的古训“道不同，不相为谋”就是志同道合的理由，志同道合了，人才自然就不会离开。

（2）将员工当作顾客对待。要让员工感到他们对企业有价值，他们的需求被重视，他们就会更愿意留在企业。许多企业接受了把员工当作顾客的观点，把营销顾客的方法运用于内部员工，提供给员工的产品是岗位（与各种利益）和工作生活的质量。为了确定员工对岗位和工作生活的需求被满足，公司要定期进行内部营销评估，了解员工的满意度和需求。在调查的基础上，开展许多使员工受益的活动计划，如儿童看护、保健安排、家庭休假、弹性工资和弹性工作场所。通过这些员工私人生活和家庭的支持措施，保证员工的满意度、生产力和保留率。

（3）制定人才政策。将员工纳入企业的愿景中，使员工理解他们的工作是如何融入组织及其目标之中的，进而忠于企业。要激励员工追随和支持企业目标，就要让他们理解和分享企业愿景。一方面，由高层不断向员工传播企业价值观和经营理念；另一方面，使员工价值与公司价值共同增长。华尔街著名投资银行高盛公司，它的非凡业绩从根本上说，应归功于员工的贡献。这是因为，绝大多数职员相信，未来某一天，自己有可能成为合伙人——拥有公司股权。对于这一点，高级合伙人弗里德曼曾用一句经典的话总结了所有权的价值：没有人会去清洗一辆租来的车。成为合伙人的梦想是一种无与伦比的激励力量，也是吸引最优秀人才的巨大诱惑。高盛 1869 年时是一个小的家族企业，到 1998 年已成为拥有 188 名合伙人的全球著名投资银行。我国金融机构目前也正在试探员工持股计划。

人才政策包括对特殊服务岗位的特殊待遇、提供培训和出国进修的机会、满足员工的个性化要求、增加服务人员的独立处置权、制定清晰的晋升制度及公司的发展前景、提供某些集体福利等。这些物质的和精神的激励是有利于留住人的。

（4）奖励和认可优秀人才。如果希望最优秀的服务员工留在企业，就必须奖励和提拔他们。如果员工付出的努力不被重视、得不到回报，就可能泄气并开始留意跳槽。

奖励的标准要恰当，评选过程和顾客抽样要公正，结果要能为大多数员工所接受，才能起到积极的效果。

对优秀的服务人才及其服务业绩予以奖励，确认他们的贡献，可以起到示范和激励作用，提高他们留在本机构的兴趣和动力。对优秀人才的奖励包括物质和精神两方面。许多企业和服务组织支持和帮助优秀服务人才在社会上成名，就是一种精神上的重奖。这种精神上的“奖励”通常具有很强的留住人才的作用。借鉴一下香港康乐及文化事务署的奖励方式，即设计一个巧妙表彰优秀员工的办法，将精美漂亮的“赞赏卡”送给接受服务的市民。当他/她接受了某位雇员的良好服务时，就可以很方便地利用赞赏卡表达他/她的感激之情，员工也因此而受到鼓励。赞赏卡如图 11－4 所示。市民只要将打好“√”的卡投入附近邮筒就完成了评价。

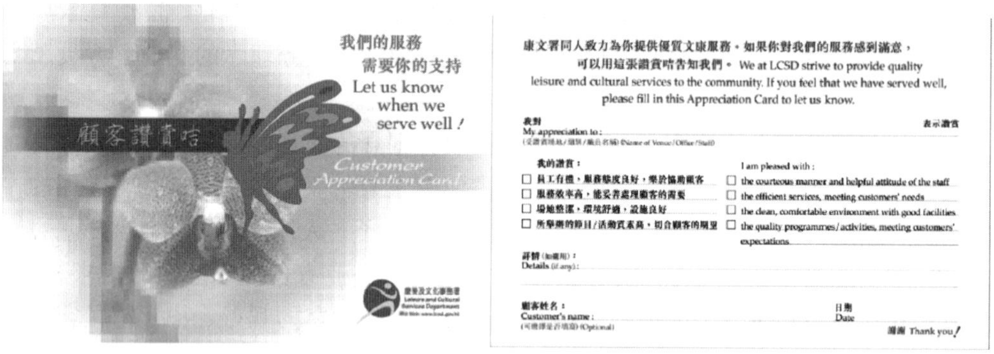

图 11－4　表彰优秀服务员工的“赞赏卡”

（五）企业文化

企业文化体现为可见的企业目标、组织架构、规章制度、行为规范，还有规则以外的规范，即潜规则，包括办事风格、人际关系，尤其是上下级关系。员工的行为受到塑造个人和群体行为的企业文化或者深入人心的标准以及价值观的重要影响。

当今时代是管理更加人性化的时代，对管理的水平要求更高。现在人们的需求层次越来越高，知识工作者在劳动者中所占的比重也越来越大，在美国已经构成劳动力的五分之二。发达国家经济的未来与繁荣归根到底将取决于知识工作者的生产力。知识工作者的特点是要自己管理自己，要有自主权，不断创新成为工作任务与责任的一部分。不能把知识工作者的生产力当作“成本”，而应看成一种“资产”。要让他们自愿在这个单位工作而不去寻找别的机会。正如彼得·德鲁克在提到对管理的新看法时所谈到的，对待“雇员”要越来越像对待“伙伴”那样。伙伴关系讲究一视同仁、人人平等，不能发号施令，多用说服的办法。只有将对人员的“管理”变为“引导”，才能使每一个人的知识和特长都充分发挥出来。这就是目前世界上许多现代化企业大都采取柔性管理的原因。金融机构应该通过构建自己的企业文化，科学地培养员工的归属意识，调动员工积极性，提高经济效益。因此，企业内部文化建设和管理不可轻视懈怠，关系到发展的可持续性。

第三节　服务过程中员工的作用

服务利润链表明：内部服务质量、员工满意度和员工生产力、提供给顾客的服务价值，与最终的顾客满意度、忠诚度和利润之间有因果关系。顾客满意来自员工满意。服务人员是服务营销的人格化。能正确认识员工角色并积极管理的公司比未能如此的公司胜出30%～40%。

金融服务过程中的“员工”主要指前台（一线）提供服务的工作人员和后台（支持系统）提供服务的工作人员。顾客对金融服务品质的感知会受到这两类员工的极大影响。

一、一线员工的重要性

在金融服务中，员工的形象与举止处在顾客的密切注视之下，在这一点上，服务与有形商品差别迥异。购买高密度盘播放器的顾客，也许并不关心那些组装该产品的工人的形象与举止，也没有必要这么做。而对于金融服务来说，与顾客接触的员工，是顾客购买的整体服务中不可分割的一部分，会极大地影响顾客对服务的评价。前台员工，如银行出纳、理财顾问、证券经纪人等，他们的形象与举止是服务品质的证据，衣冠不整、爱出错的出纳或急躁的理财顾问，会对金融机构在顾客心目中的印象产生消极影响。相反，衣着整洁、做事认真熟练的银行出纳和态度谦逊、温和的理财顾问则能激起顾客对金融机构的积极评价。由于服务不能驻留，难以把握，其效果不易确定，故顾客经常把一线服务员工的表现作为评价服务品质的线索，而形象与举止是其接受服务的一个重要的可视线索。

一线人员又称边界跨越者，在企业与市场的边界上工作，是联系外部顾客与企业内部运作的纽带。其重要性表现在：他们就是服务；他们是顾客眼中的企业；他们就是营销者。

很难想象，没有客户经理，由谁向客户提供理财咨询；没有保险推销员，顾客如何了解眼花缭乱的保险产品并投保。服务人员是服务实施的要素。

顾客认为服务人员就是金融企业形象的化身。服务人员所做的每一件事、所说的每一句话都会影响顾客对企业的感知。甚至正在休息的员工也反映其企业的形象。如果他们对顾客表现得不够专业和言辞不恭，尽管没有上班，顾客对企业的感知也会打折扣。

由于一线员工代表企业，能够直接影响顾客的满意度，他们就扮演了营销者的角色。例如，许多银行让大堂保安兼资客或引导员，让出纳员不仅完成现金操作任务，还兼顾销售更多产品，如国库券、基金、信托计划等。

二、一线员工的行为决定服务质量

顾客对服务质量的感知可以分解成五个方面，即可靠性、反应性、保证性、关怀性和有形性。而决定这五个方面感知的重要环节是与一线员工接触的互动场合。下面逐一分析，员工如何通过上述五个方面对顾客感知产生影响，进而决定服务的质量水平。

（1）可靠性即按承诺传达服务，往往取决于一线员工。如果金融机构人员表现不稳定，缺乏控制（包括人员本身的自控），服务质量就难以保证。假如金融机构发出了便利快捷的承诺，或方便简单的承诺，或热情周到的承诺，不幸遇到行动迟缓、操作无序、面若冰霜的服务人员，上述承诺就无法兑现，并招来顾客的不满。即使在与顾客隔离的远程自动化服务的情况下，如自动取款、自动售票、网站门户等服务，后台人员的作用也至关重要。一旦服务出现失误或差错，需要由员工凭借自己的经验判断决定进行处理或补救，直至恢复正常。

（2）反应性即对顾客个性化要求的回应。一名反应迟钝的或工作死板的服务人员，肯定适应不了多变的、多样化的顾客需求。相反，那些反应灵活敏捷的金融机构，总是拥有一批头脑灵活、反应迅速的一线员工。例如，当柜台前面出现排队拥挤的现象时，迅速增加窗口，加快服务速度。甚至当出现不受欢迎的顾客时，素质高的员工可以表现出不露痕迹的拒绝技巧。

（3）保证性有时又称安全性，是顾客对服务的信心和信任。当员工向顾客讲解产品和服务时，他的言谈举止表现出职业水准和彬彬有礼，可以转化为金融机构稳健可靠的形象，使顾客产生良好的第一印象，进而产生信任与信心，消除疑惑，降低对服务的认知风险。这对于无形程度较高的专业服务尤其重要。

（4）关怀性又称移情性，是指员工为个别顾客提供需要的服务时，要设身处地注意每一个顾客的问题。专注、聆听、具有适应性和灵活性的表现，可以充分表现出员工的个人魅力。对顾客特别的个性化的关怀，建立良好的个人关系，将提高顾客对服务的评价，顾客回头率较高。

（5）有形性主要体现在员工的外表、着装与态度，以及服务设施、装潢、宣传画册和标志等给顾客带来的良好感觉上。

资料 11-1

银行换钞的体会

内地游客到了香港，免不了要到银行用人民币兑换港币。一次，内地几位结伴旅游的大学生到宾馆附近的香港汇丰银行兑钞。进入银行后，服务人员告诉她们，每兑换一次要付50元港币作为手续费。她们马上想到，如果大家合起来兑换，回头再按各自的出资分配，只需要付一次手续费就行了，这50元港币分摊到大家头上，也不算很多。

她们站在银行的一个角落里合计，大家都掏出自己的钱来，这时一位问询台的工作人员走过来，请她们坐在银行大厅里的沙发上慢慢商量，并且示意她们旁边有自动饮水机和一次性杯子，还很善意地提醒她们坐下来再掏钱，以免遗落。她们坐下来，把钱数清楚，其中一位就拿着钱到柜台去兑换，柜台后面漂亮的女职员微笑着用很不流利的普通话询问她："你们是不是几个朋友一起兑的?"她有点脸红，尴尬地问："不可以吗?"心里有点不安也有点不好意思地想：香港的银行是不是不能够这样？可那位职员回答说："没有问题，我们没有不允许客户合起来兑换的规定，我只是想知道你们每个人兑多少，顺便帮你们算一下每个人的份。"她听言立即说："不用麻烦你们，我们自己算就好了。"那位职员又说："都不麻烦的，因为按汇率折算有些小钱你们不好分的。"结果，那位职员不仅把每个人兑换的份额换算清楚了，还专门数出了每一份精确到角的零钱，一份一份地交给她。当然，只收取了一共50元港币手续费。拿到已经分好的港币，大家都被感动了。

资料11-2

银行优秀客户经理的三项基本功——铜头、铁嘴、茶壶肚

"铜头"，即客户经理胆子要大，不怕碰壁，不怕被拒绝。如S集团在A银行客户经理向其推荐网上企业银行时，以安全为由一口拒绝，毫无商量的余地。A银行客户经理不甘心，一次次地为其设计使用方案。S集团前任财务总监同意开通查询功能，经过一年的使用已经操作熟练了，后来财务总监人事变动，A银行又发起了新一轮营销攻势。现任总监终于同意将集团的费用报销用网上银行解决。在经过半年的试用后，现已决定将集团的支付全部通过网上银行进行。从不行到离不开，经历了近两年的时间，其间A银行先进的支付工具经受住了企业的考验，A银行客户经理的毅力也经受住了考验。

"铁嘴"，即客户经理和客户打交道要有礼有节。不因为对方是大客户就一味迎合，对客户的不当要求坚决拒绝，在谈判中为银行的利益据理力争。客户反倒会被A银行的敬业精神和"难缠"感动，继而产生尊重。

"茶壶肚"，即客户经理心胸要开阔。和客户打交道受委屈是难免的，笑一笑就过去了，不可将情绪带到工作中。A银行客户经理有一次在电话中曾被企业财务人员的无理斥责当场气哭，可过后还得以礼相待，后来该财务人员对A银行客户经理的工作有很大的支持。

三、一线员工岗位上的矛盾

服务人员的工作岗位处在服务系统的内外交接点上，往往集中了金融机构在服务

运作管理上经常遇到的各种内外矛盾。主要包括服务人员与金融机构的矛盾、金融机构及服务人员与顾客的矛盾、顾客与顾客间的矛盾，以及服务质量与服务数量的矛盾等。服务人员如果不能正确处理这些矛盾，就会影响他们的服务质量。由于现实中人与人之间或人与组织之间的矛盾经常发生，如果对员工遇到的挫折和疑惑置之不理，他们的工作压力就会倍增，对自己的工作不满意，进而感到筋疲力尽，导致服务能力下降。

（一）服务人员与金融机构的矛盾

这个矛盾是服务岗位最大的矛盾。在服务岗位上，服务人员与金融机构的矛盾表现为双重角色的矛盾：服务人员一方面代表金融机构为顾客服务，另一方面又潜意识地代表自己本人与顾客交往。同时代表机构与代表自己本人，就是服务人员在服务岗位上的双重角色。这一双重角色之间有时是有冲突的。

许多金融机构信奉“顾客永远是对的，即使他们错了”，并要求服务员工认同和遵守。这可能与员工个性、生活取向或价值观产生矛盾。例如，服务人员本人对某个有不良习惯的顾客印象很差，如果从自己本人的好恶出发就会影响对该顾客的服务态度及行为，最终影响服务质量。如果服务人员能够“忘我”，即放弃自己个人对该顾客的看法，而完全站在企业的角度来看待该顾客，那么，对该顾客的看法就可能是中性的，服务质量就可能不会受到个人偏见的影响。

又如，一些服务人员会对顾客的淡漠、无礼、傲慢、粗暴态度非常计较，以致双方发生争吵，结果对金融机构、对本人和对顾客都不利。这也是双重角色的冲突造成的：服务人员计较顾客的态度，往往是因为在与顾客打交道时，扮演的不是金融机构为他们设计的角色，而是他们本人。认为自己和顾客处于平等地位，不能忍受顾客的恶劣态度。如果他们能淡化或放弃自我，努力扮演企业要求他们担当的角色，那么他们对顾客态度的忍受力就可能大大提高。

服务人员的双重角色导致的矛盾是普遍存在的，因为绝大多数服务人员在经受严格的训练以前，都很难做到放弃“自己本人”那个角色，很难完全“忘我”，很难完全进入金融机构要求和给他们设计的角色。服务人员的自我角色，经常干扰金融机构要求他们担当的服务角色，这是执行顾客导向服务标准的一大阻碍。

解决人员双重角色冲突问题的办法，主要是通过严格的训练，增强服务人员的心理素质，使他们善于“忘我”，善于进入服务角色，变双重角色为单一角色——代表企业的角色。一个人“忘我”和进入角色的能力，也就是表演能力或演戏能力。一个演员在排戏和演戏时可以完全不在乎“挨打挨骂”，因为已经进入角色、已经忘我。他（或她）感到挨打挨骂的人不是他（或她）本人，而是戏中的角色，这种打骂对他（或她）本人的人格没有造成丝毫损失。这个道理应该用到服务营销中来。服务人员只有以演戏的方式做好服务角色，才有可能成长为优秀的员工。

对金融机构而言，要特别关注一线员工。他们常常处于技术含量较低的岗位，薪酬较低，如柜台人员。专业程度较高的服务员工则学历较高、收入丰厚。撇开专业水平和薪酬问题，一线员工都有极大的工作压力。除了要付出脑力和体力，还要付出情感，对本来陌生的顾客和也许没有再次见面可能的顾客，要微笑、视线接触、表示真诚并进行友好交谈。对顾客友好、礼貌、体贴以及随机应变，要求一线员工付出大量的情感劳动。这就要求员工把感情（常常需要压抑自己的真实感情）倾注于工作之中，心情不好的一线员工也要面带服务要求的表情与顾客打交道。员工处理情感压力的能力十分重要，否则在各种服务矛盾中就无法履行好职责。

（二）金融机构及服务人员与顾客的矛盾

金融机构及服务人员与顾客的矛盾，也会表现在服务岗位上。例如，有的顾客会向服务人员提出超出服务标准的要求，使服务人员感到为难。如果坚持服务标准，那么就很可能使顾客不满意。如果灵活地按照顾客的要求做，那么就可能增加服务成本，或超出个人能力而不能保证服务质量，或非个人权力所及，请示并等待上级指示又会怠慢顾客，在作出何种选择上形成服务人员心理的矛盾。

如果是以顾客为导向的服务理念，就应当在能力范围内尽量满足顾客额外的要求。办法之一是提高服务人员的服务技巧，多给服务人员一些自主处置权，使他们能提供自发性服务，以满足顾客额外的要求。

（三）顾客与顾客间的矛盾

在服务岗位上，顾客与顾客之间也存在矛盾，如在排队服务中或者在“一对多”服务中往往表现得比较明显。排队时发生插队，插队与被插队顾客之间争吵起来，心情不好的顾客可能会带着不悦的情绪到柜台办业务。顾客与顾客之间的矛盾，有时会“没理由地”变成顾客与服务人员或服务机构的矛盾。金融机构不要错误地认为，顾客和顾客间的矛盾与本单位无关。事实上，从顾客的角度看，任何在服务场所发生的顾客间的矛盾，皆被视为金融机构服务能力和管理能力不足的证据，这种现象一旦发生，将使正在等待服务的顾客对服务质量的信心和对金融机构的总体评价大打折扣。

解决顾客之间矛盾的办法，主要是设立并严格执行公平合理的服务秩序（如排队制度）、设立服务区隔、增强服务能力、对顾客进行说服和教育、发展顾客自助服务等。

（四）服务质量与服务数量的矛盾

在服务岗位上，还有服务质量与服务数量的矛盾。如果强调服务质量，那么可能影响服务速度和数量，在服务供不应求时尤其是这样。相反，如果强调服务速度和数量，那么又可能影响服务质量。服务人员经常需要在质量与数量之间寻求平衡，由此产生矛盾。

解决或平衡质量与数量之间矛盾的办法之一是对服务环节进行分类，明确哪些服务环节应以质量目标为主，哪些服务环节应以数量或速度目标为主。这样整个服务系统或服务链的质量和效率就比较容易平衡。此外，服务质量与服务数量间的矛盾，是服务设计标准化与差异化两大基本服务策略矛盾的体现，这要求金融机构的决策层先从战略的角度分析，作出抉择并给予服务人员清晰的指导，帮助服务人员了解自己在所选取的服务策略中的角色，最终解决服务质量与服务数量的矛盾。

近几年来，国内银行为节约人力成本而在营业网点的柜台大量使用合同工，这些合同工的工资待遇较低，流动性较大。与此同时，银行零售业务迅猛发展，品种日益丰富，系统频频升级，这又在一定程度上增加了业务操作的难度。因此，银行营业网点工作人员的业务水平和工作效率难以达到令人满意的水平。这就是服务质量与数量矛盾的表现。

四、前台与后台的员工作用同等重要

从顾客角度来看，服务组织内的所有员工的重要性并不等同，只有那些与顾客发生直接接触的前台员工，对顾客的服务感知影响最大。

但事实上，服务品质同样依赖那些幕后员工的活动，他们虽在顾客的视线之外，但同等重要。在顾客视线外的后台服务部分，起着对前台员工服务的系统支持、管理支持和物质支持作用。试想，如果没有经理和主管为团队树立一个好的典范，也没有能力鼓励团队关注顾客和建立服务意识，那么整个企业为顾客提供优质服务的兴趣和干劲就会减弱，从而损害服务过程；如果没有后台各种职能和部门员工对前台员工的周到"服务"，没有工作上的协调和配合或者在工作中出现了差错，那么这将使他们的前台同事相当焦虑，也会破坏顾客的服务体验。所以这些支持部门的员工必须与一线员工一起，作为企业的内部顾客，使得内部服务品质与提供给最终顾客的服务品质一样出色。

对于后台服务员工来说，他们在完成基本任务时所表现出的技能水平会影响到顾客对服务品质的评价，尤其是当这些员工无法完整、充分地履行其职责时，会直接影响到整个服务流程的效率。虽然后台员工的形象或举止并不被顾客所特别注意，这与那些在传统工厂中工作的工人一样，但会影响那些与他们发生接触的其他员工（即"内部顾客"），即使这些影响可能不像前台员工的影响那样突出。

第四节　服务过程中顾客的作用

服务是典型的生产和消费同时进行的活动，或者说是表演。其中员工、顾客，甚至服务环境中的其他人相互作用，生产出要求的产品。顾客参与和感受服务过程，同时影响自己对服务的满意度。同样，在金融服务过程中，顾客必须与金融服务人员发生一定程度的有序的相互作用，才能保证产生预期的服务绩效。由于参与服务过程的顾客成为完成服务过程的必要因素，并影响自己对服务的满意度，因而在金融营销中不可忽视参与服务过程的顾客的作用。

一、服务过程中的顾客及其作用

如果用表演来比喻服务中员工与顾客的互动关系和作用，那么戏剧是否成功取决于

演员——服务员工的表演、观众——顾客的投入程度。

（一）顾客的类型

参与服务过程的顾客分为两类：接受服务的顾客和周围顾客。

（1）接受服务的顾客。这类顾客参与服务过程，通过自己适当或不适当、有效或无效、活跃或不活跃的行为影响服务效果。假如顾客办理房产过户业务，如果没有准备好有关证件和资料，在他们寻找资料时，营业员就会被迫等待。其他顾客可能因为长时间不能得到服务而产生不满。

（2）周围顾客。周围顾客是与接受服务的顾客同时接受服务或等待的顾客。他们的情况也会提高或降低顾客的满意度。当积极影响产生时可以提高顾客满意度，反之则会降低顾客满意度。

（二）顾客的作用

在服务过程中，顾客扮演两种主要角色：第一是作为生产资源的一部分；第二是作为质量和满意的表达者。

（1）顾客作为生产资源。金融机构应将顾客看作“兼职员工”，以增加企业的人力资源，提高生产能力。例如，在理财服务中，如果客户能够清楚说明自己的投资需求和风险偏好，客户经理就能设计出更贴切的理财方案，否则将花费更多时间和费用进行沟通说明。这类顾客主要属于参与度较高的一类。

（2）顾客作为质量和满意的表达者。从顾客角度，他们并不关心自己担当企业的生产力的角色，而是关心自己的需要是否得到满足。有效的顾客参与可能会提高顾客的满意度。当一个顾客来到银行，对自己做什么和怎么做的认识很清楚时，往往得到的服务较好、满意度较高。图 11－5 中展示了“做什么”和“怎么做”的含义。

做什么——顾客投入的技术质量	怎么做——顾客投入的功能质量
清楚说明想要银行员工做什么	对银行员工很友好
为银行员工提供适当信息	和银行员工关系很好
努力和银行员工合作	对银行员工很礼貌
理解与服务有关的程序	接受该服务是一次愉快的经历

图 11－5　顾客了解“做什么”和“怎么做”的含义

下面将分别介绍如何发挥顾客作为生产资源的作用、如何感受服务品质以及受什么因素影响。

二、顾客自我服务技术

顾客参与服务过程并在这一过程中影响自身对服务品质的感受，因此服务提供者应当将顾客接受服务的活动作为生产资源在服务设计时同时考虑。如图 11－6 所示，按照银行的服务类型不同，将顾客参与程度由高到低排列，最左边是自助服务，由顾客自我服务完成生产，最右边是顾客不出门而由服务人员完成服务生产。

顾客生产　　　　共同生产　　　　机构生产

1 ——→ 2 ——→ 3 ——→ 4 ——→ 5

1.网上银行（不在现场） 2. 24小时自助ATM（无人） 3. 银行大堂ATM（员工在旁）
4.柜台互动服务 5.银行上门服务

图 11-6　顾客参与服务的程度——从左至右逐渐降低

最极端的服务参与形式是顾客的自我服务。随着电信技术的进步，许多服务可以做到顾客自我服务，金融服务的变化尤其明显，可以在完全没有任何员工直接介入或互动的情况下，由顾客直接操作完成，例如自动柜员机、网上银行、电话银行、信用卡消费与还款、电子汇兑转账、自动缴费扣款、股票基金交易等。

金融行业近年来的服务进步大部分都依托信息技术进步与装备更新。以招商银行为代表的商业银行业电子化程度进步迅速，电子渠道取代物理网点渠道，在许多城市设立了没有柜台人员的电子银行门店。对顾客来说，自我服务的优点是方便、简单易行。对金融企业来说，可以节约人力成本，扩大网点，增加收益，树立自身的良好形象。

对于顾客部分参与的服务，例如柜台服务，也要激励顾客的积极参与意识，主动、准确地表达自己的需求或提出建议，说清楚问题或不满，以合作和支持的态度，使服务的效果更佳。

三、顾客感知服务品质的影响因素

顾客在服务过程中的第二个重要作用是作为质量和满意的表达者。服务的质量和品质标准是顾客是否满意，而不是服务人员自己对工作满意与否。然而，要真正了解顾客的满意并非易事。顾客满意是顾客接受服务前对服务的预期与接受服务后对服务的感知，两者比较之下的感受状态。感知与预期相符则满意，感知高于预期则喜出望外，感知低于预期则不满意。因此，服务人员需要了解顾客期望并尽可能影响它，然后使自己的服务尽量接近顾客的预期水平。

（一）顾客的期望

顾客的期望对顾客感知服务品质的水平具有决定性的影响。顾客对服务会有不同层次的期望，主要有三类：

（1）称心的服务。指顾客希望得到的服务，反映顾客对金融机构应该提供服务的期望。

（2）合格的服务。指顾客可以容忍的服务实绩，这在一定程度上反映顾客对实际服务的期望。

（3）可以接受的服务。指介于称心与合格之间的服务，在这个范围之内的服务，可以使顾客达到满意。

值得注意的是，不同顾客可以接受的服务品质范围不同，同一位顾客在不同时间可接受的服务品质范围也不同。此外，顾客对不同的服务属性也有不同的可以接受的品质范围。一般说来，某种服务属性越重要，顾客可以接受的品质范围就越狭窄，表明顾客不愿降低对这一属性的要求。在可靠性、反应性、保证性、关怀性、有形性五种服务属性中，可靠性是最重要的一类属性，因此，顾客对服务可靠性的期望较高，可以接受的可靠性范围也较窄。

影响顾客期望的有以下一系列因素：

（1）持久性强化因素。这是指长期影响顾客期望的因素。

（2）顾客的个人需要。不同的顾客有不同的生理特点、心理特点和消费能力等，因此，他们对服务品质必然会有不同的期望。

（3）临时性强化因素。这是指暂时影响顾客期望的因素。如，顾客需要紧急服务，或要求有补救性服务等。

（4）顾客的角色概念。这是指顾客对自己在服务过程中应扮演的“兼职员工”角色的认识，以及顾客觉得自己对服务品质会有多大影响。例如，在保险业务中，如果顾客能够清楚说明自己的需求、提供必需的信息、充分沟通，就能得到更好的服务。否则将花费更多时间和费用。这类顾客主要属于参与度较高的一类。

（5）服务组织的明显许诺。指组织在广告、人员推销等市场沟通活动中及合同等书面资料中对顾客作出的各种承诺。

（6）服务组织的暗示许诺。与服务有关的各种暗示，如有形展示中的价格要素、人员沟通中的言行等，是顾客推测服务实际情况的依据。

（7）顾客间的口头宣传。顾客从亲友和专家那里获得信息，了解情况。

（8）顾客以往的经验。这是指与顾客准备购买的服务相关的经历。

（二）顾客的自身素质

顾客的自身素质对顾客感知服务品质的影响是不容忽视的。顾客的自身素质包括其受教育程度、个人修养、理解能力、认知能力、与人沟通的能力等。这些因素不仅会影响顾客本人的服务体验，也会影响其他顾客的服务体验和服务提供人员的工作满意感。

值得重视的是，有些劣质服务可能是由服务人员引起的，也可能是由顾客引起的，具体表现有：

（1）顾客行为不当。如插队现象。

（2）顾客言行不轨。有的顾客言语用词带有侮辱性、挑逗性，对服务提供人员不尊重；有的甚至性格暴躁，触则动武。

（3）违法乱纪。有的顾客将服务场所当作违法乱纪场所，偷盗、抢劫；有的顾客寻衅闹事，破坏公物；等等。

（4）拒绝合作。有些顾客拒不遵守企业合理的规章制度，拒不配合服务人员工作等。

（5）其他行为。

四、服务过程中的顾客管理

如前所述，金融服务人员在与顾客互动的服务过程中，需要重视、研究顾客的作用，做好相关的管理工作。

（一）对顾客间关系加以管理

金融机构在为大量顾客提供服务的同时，应当对顾客间的互动予以考虑并适当地加以管理。如不得不让顾客去排队等待服务时，首要关键任务是对整个排队过程进行组织、沟通和监视，并提供一些有趣的娱乐休闲等，来增强顾客间积极的影响。为避免顾客因其他顾客的原因而产生不快，可以对服务区域或服务项目进行顾客区分，分别迎合不同目标顾客群的不同服务需求。另外，为改善顾客与顾客间的关系，需要诉诸多种方法与手段，如标语、印刷材料，甚至是服务人员的口头建议、提醒等，都能帮助顾客们达成共识，共同营造舒适轻松的服务环境。

（二）对顾客与员工间关系加以控制

协调和控制好顾客与员工间的关系对服务的完成质量起着非常重要的作用。对此，除了顾客与员工各自“以身作则”外，在服务过程中，加强两者的沟通是必要的。这包括帮助顾客熟悉服务流程、掌握新技术的操作技巧（如 ATM、打本机等自助服务设备的操作）、理解企业服务章程等，这些工作既可通过书面形式如宣传单、印刷品等告知，也可通过人员讲解、多媒体放映等手段来完成。

（三）对顾客参与服务过程加以管理

对顾客参与服务过程加以管理，主要是指要采取一些措施鼓励顾客主动参与服务过程，因为顾客的参与水平会影响到企业的生产力、竞争地位、服务质量和顾客满意度。具体管理工作包括两方面，即明确顾客参与类型或程度，吸引、教育和奖励顾客。

（1）明确顾客参与类型或程度。首先明确需要哪些类型的顾客参与，可以像图 11－6 一样对现有服务的顾客参与进行分类，然后从提高收益的角度考虑是否提高顾客参与程度。如果顾客的参与可能引起各种不确定性，就应该降低顾客参与程度。

接下来明确他们在参与中的“工作性质”是什么。可能是帮助自己，可能是帮助他人，可能是为企业促销，可能并不想参与，等等。

（2）吸引、教育和奖励顾客。一旦顾客作用定义清楚了，企业就应开始考虑如何加强这些角色的作用。

要努力吸引那些与角色和要求相适应的顾客。在广告、人员推销和其他公司信息资料中，清楚地描述期望的角色和相应的责任。顾客依据它们可以选择是否进入或退出这种关系。例如南航明珠俱乐部的宣传就十分清晰——商务差旅群体。结果是提高了顾客对服务质量的感知，航空公司也减少了顾客的不确定性。

教育和训练顾客最典型的例子是证券市场开展的投资者教育。证券机构通过举办各类培训和投资者相互沟通交流，培养投资者对市场的认识、对投资基本技巧的了解，增强风险意识和掌握规避风险的方法。要使顾客认识到投资损失不是政府的事，股市下跌政府救市是不合理的，减少跟风和跟小道消息，使投资行为趋于理性，市场趋于有效和健康。

如果顾客有效完成了自己的角色，就应该得到回报。例如顾客使用 ATM 可以得到地点便利和时间效率；信用卡刷卡额达到一定数额送礼品；股票交易达到一定数额可以进大户室，享受更多超值服务；等等。

证券营业部客户经理的工作目标及工作内容

本章小结

人员是金融机构的重要资产。人员策略是金融服务策略的三要素之一。服务接触三元组合模型不仅揭示了金融服务提供者和接受者的关系，还揭示了他们行为背后的力量——金融机构组织之间的作用与关系。因此，服务人员策略离不开金融机构对服务人员的管理和使用模式。

金融管理层要像营销外部顾客一样，对员工尤其是一线员工开展内部营销。金融服务利润链模型表明了金融机构开展内部营销与获取利润的关系，为实施内部营销策略提供了理论依据。前后台员工对利润创造的作用一样，但对顾客感受的影响不一样。只有员工满意了，才有顾客满意。

顾客管理是人员策略不能忽视的部分。要了解顾客对服务品质是如何感受的，以实施正确的顾客管理措施。

重要术语和概念

三元组合模型　组织支配型服务　一线员工支配型服务　顾客支配型服务　服务利润链　内部营销策略　内部顾客　员工满意　顾客期望　顾客感知　顾客管理

复习思考题

1. 简述金融服务接触三元组合模型的构成与营销意义。
2. 简述内部营销与外部营销的关系。
3. 为什么要追求员工满意?
4. 服务利润链的构成和关节点是什么?
5. 前台员工与后台员工对于服务接触中形成顾客感知有何作用?
6. 如何构建内部营销体系并正确实施?
7. 对员工授权的意义是什么? 有什么问题? 如何解决?
8. 企业文化在内部营销中起什么作用?
9. 顾客在服务中起什么作用? 哪些策略可以发挥顾客的积极作用?

拓展阅读

[1] 黄达，张杰. 金融学. 5版. 北京：中国人民大学出版社，2020
[2] 加里·德斯勒. 人力资源管理. 12版. 北京：中国人民大学出版社，2012
[3] 稻盛和夫. 调动员工积极性的七个关键. 北京：机械工业出版社，2015

第十二章　金融服务过程策略

学习目标

1. 认识服务过程的定义与影响过程的主要因素。
2. 了解金融服务流程设计的几种常用方法及其内涵。
3. 掌握一种服务流程设计的方法——蓝图法。

服务过程是服务产品的基本形式，没有过程的服务是无法想象的。服务过程策略无异于服务产品策略。因此，服务过程是金融服务营销策略的要素之一。对金融营销服务过程进行研究是为了找出服务过程最容易发生问题的关节点，对服务全流程尤其是前台与客户接触活动的"真实瞬间"进行全程跟踪，检查是否产生了令消费者满意的服务结果，实施严格的管理和控制。服务计划及流程图是设计和分析服务过程的重要工具。本章将以服务营销关于流程管理与控制的理论为基础，介绍金融服务过程的含义、特性和分类，着重介绍简单易行的流程设计与分析工具——蓝图法，及其在金融服务过程设计中的应用。

第一节　服务过程的含义

一、服务过程概念

服务过程，是指与服务生产、交易、消费有关的程序、操作流程、组织机制、人员处置权的使用规则，对顾客参与的规定、对顾客的指导、活动的安排等。简言之，就是服务的生产工艺、交易手续和消费规程的总和。

下面用一个顾客到银行办理存款的过程来进一步说明服务过程的含义。

李先生因存钱而开车来到银行门前的停车场，由保安引导停车到位后（第一次接触），进入银行大堂，领取叫号条，在座位等待（第二次接触）。按照提示或规定，轮到他前往柜台（第三次接触），柜台服务人员处理存款业务，进入核心服务阶段。当存折从柜台里递出来时，李先生看到最新一行打印数据记录了自己交付的现金及其变化后的数额，确认此次交易完成（第四次接触），然后离开柜台，走向停车场，驱车离开银行。整个服务过程结束。

这是一个银行与客户四次密切接触的服务过程，它可以用一个研究工具——流程图来表示，见图 12－1。

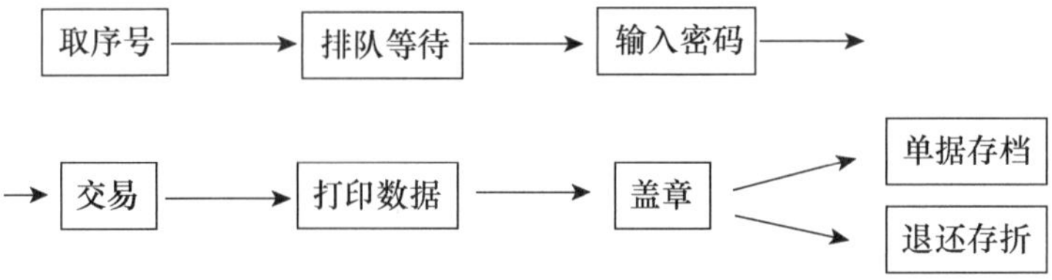

图 12－1　银行存取款服务简易流程图

然而，这样一个过程仅仅是顾客角度的描述，不是金融机构处理这笔交易的全过程。服务过程还应该包括与服务接触相关的后台处理过程、支持系统运行等顾客看不见却离不开的整个运营系统。例如，存款业务的簿记与凭证流程、现金及库存管理流程、相关岗位人员操作控制流程、大堂排队秩序管理流程等。一个完整的服务流程应是一个以前台服务为核心的前后台衔接连贯的系统或结构，图 12－2 展示了整个服务过程系统的架构。

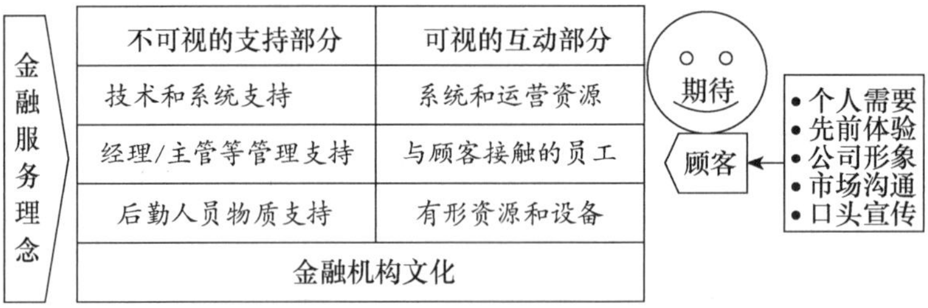

图 12－2　服务过程系统模型

从图 12－2 可见，服务过程中的各种要素是以某种系统模式结合在一起的。图中间的大矩形代表的是顾客眼中的服务，这种服务被中间一条线分成两个部分：互动部分，即顾客可观察到的；支持部分，即不可视部分，两部分都受金融机构文化的影响。企业文化是一种内部共享价值，可以左右组织中员工的思想和对事物的评估，进而影响过程系统的构建模式。

互动部分包括三个方面：一是由顾客与一线服务员工构成的接触双方；二是有形资源和设备，例如银行的 ATM 或者银行大厅中供顾客休息用的沙发、饮水机等；三是系统和运营资源，如需要当场填制的交易单、合同协议等，或者是顾客应遵守的服务规则等。在互动部分中可以看出，顾客是参与到服务过程中的一种资源，是服务系统中的一个组成部分。支持部分也由三个部分组成，即系统、管理、物质支持。

方框的左边输入框表示构建流程模式的“金融服务理念”，它对服务系统的规划和管理进行指导，规定着硬件设施系统设计管理和人力资源管理的战略与策略。方框的右边是输入的顾客因素，表示设计流程时要考虑顾客的多个方面。这左右两个部分是服务过程系统向企业经营哲学和外部顾客两个方向的延伸，在研究金融服务过程策略时，来自这两个方向的影响是不可回避的。

二、构建服务过程的要素分析

在初步了解服务过程系统结构模型的基础上，还要进一步深入分析图 12-2 内部的构成系统模型的要素，以便正确地理解和运用。

（一）“接触面”互动过程要素分析

首先，服务系统的互动部分反映了顾客与服务组织的接触，而顾客所能体验到的“服务过程”特性也产生于这个重要的“接触面”。构建良好的接触面互动服务过程，要考虑以下几个要素：

（1）服务过程中的顾客。服务的生产过程与消费过程的同步性决定了顾客或多或少都要参与到服务过程中来，因此，顾客的服务体验具有即时性、瞬间性、实地性，所以倘若在服务过程中有哪个环节出了小小的差错，其结果都会使顾客对服务不满意，且无法挽回。

（2）与顾客接触的员工。接触顾客的员工即服务的一线人员地位很重要，他们需要在关键时刻通过观察、问答及对顾客行为作出反应来识别顾客的愿望和需求。他们还能进一步地追踪服务质量，在发现问题时及时采取对策。

（3）服务系统和运营资源。包括排队系统、客户服务呼叫中心、资金汇总系统、自动柜员机系统或在线服务系统等。各种系统和程序都影响服务和执行任务的方式与效率，并且对服务质量有双重影响。首先，顾客必须和这些系统互动，它们直接影响顾客对服务质量的感知。例如，当顾客面临要求填写的文件太烦琐复杂时，就会感觉服务差劲。其次，系统和程序对员工作业也有影响，如果某种系统太旧或太复杂，操作的员工可能会感到困惑或烦恼，形成负面激励，导致服务质量下降。

（4）有形资源和设备。它们构成了服务过程中的服务环境组合，包括行情显示器（台式＋挂式）、方便交易的物品、室内布置与装修、音乐等。一切对服务接触有积极感知帮助的氛围和有形因素，共同构成了服务过程的可视部分。顾客、员工、运行系统及资源在此环境中相互作用。这些有形资源和设备对服务质量起着不容忽视的作用，因为顾客可以在此环境中感觉到自己参与服务过程时的难易程度，得出服务环境是否友好的结论。例如，金融机构在营业大厅里摆放着自助咖啡机、糖果、大沙发以及报纸杂志等，提供给等候服务的顾客，这些有形资源无形中提升了顾客对服务质量的良好感知。

（二）支持系统的过程要素

这部分虽然不被顾客所见，但直接影响互动部分的效率和效果，不能因为顾客看不见而有所忽视，应该将其纳入服务过程营销的整体设计之中。

（1）系统支持。强调在顾客可视线背后的支持系统（不同于前面互动部分中的系统和运营资源）。例如，银行如果购置了一套速度很慢的计算机系统，就无法满足及时进行快速决策及日常的现金调拨的要求，数据库也无法为接触顾客的营业员方便、快捷地提供服务信息，这是由于可视线后的支持系统不好而影响了服务过程的质量。

（2）管理支持。这一支持决定着企业的文化，即决定服务组织的共享价值、思考方式和工作群体、团队和部门的工作情况。如果经理和主管没有为团队树立一个好典范，也没有能力鼓励团队关注顾客和培养服务意识，整个服务组织为顾客提供优质服务的兴趣就会减弱，进而损害服务过程。

（3）物质支持。与顾客接触的员工要正常完成工作，常常要依赖无法被顾客直接看到的各职能部门及其所提供的物质支持。这些提供支持部门的员工必须将与顾客接触的一线员工视为自己的内部顾客，使内部服务质量与提供给最终顾客的服务质量一样出色，否则会使一线员工的工作积极性受到挫伤。这一内部服务过程出了差错，也将影响顾客感知的服务过程质量。

第二节　金融服务过程的分类方法及主要类型

金融服务种类、形式复杂多样，因此服务过程的差别也大。金融企业在进行服务过程设计与管理之前，首先应该了解服务过程分类的基本方法，并对自己提供的服务进行归类。只有明确了服务过程的类属，才可能采用正确的方法设计有效的服务传递流程系统。然而对服务过程分类并不简单，需要利用一定的方法。下面介绍几种服务过程分类方法，即三因素分类法、二维坐标分类法、作业差异分类法。

一、三因素法的流程分类

这是目前使用较多的服务分类方法，所谓三因素是：服务流程差异程度因素、服务作用对象因素、顾客参与服务程度因素。以这三个因素划分服务过程，可得出如图 12-3 所示的服务过程类型图。

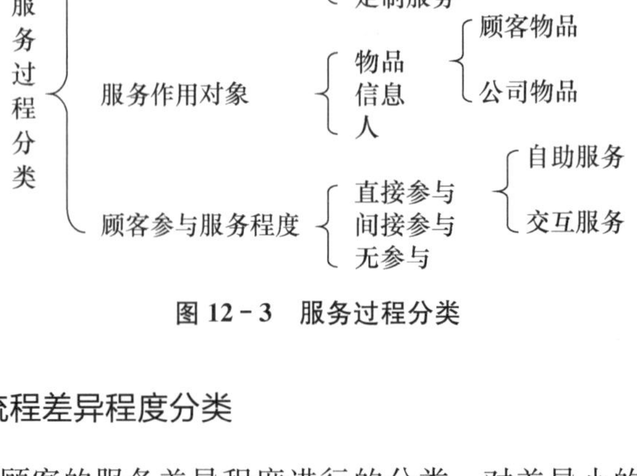

图 12-3　服务过程分类

（一）按服务流程差异程度分类

这是按照提供给顾客的服务差异程度进行的分类。对差异小的尽量采用标准服务，例如储蓄柜台业务、公共产品付费业务等。由于业务性质简单、过程重复，可以实行流程标准化作业，随着技术进步，可以用机器替代人工，以降低人力成本，扩大业务规模。对个性化程度高的业务，如投资理财咨询、公司现金账户管理等，一般没有通用固定的业务模式可以遵循，需要业务能力较强的人员，通过不断的信息沟通和分析判断，才能给出顾客满意的个性化服务解决方案。为了适应这一服务特性，过程需要一定的灵活性，不能规定得过于强硬和僵化，需要授予一线人员较大的自主决策权。

（二）按服务作用对象分类

服务是有具体作用对象的，可以将作用对象分为物品、信息和人三大类。

所谓物品，对于金融企业有些特别。金融服务的“物品”是货币，货币除了小部分表现为现金以外，大部分时候是用数字表示的无形的特殊“物品”，人们用一个叫“权益”的东西拥有它，由具有法律效力的合同来表现和固化。这是金融服务过程不同于一般服务过程的关键之处。当服务作用对象是物品/金钱/权益时，还要进一步分清是顾客物品还是公司物品。例如，储蓄存款、保证金、保管箱、资金汇兑等形式的财产、资金均属于顾客，工作人员有保持其完整无损的义务。另一些服务是用公司的物品提供服务，如银行贷款就是银行的资产，还有信用卡刷卡机具、融资租赁设备等，都是金融机构为了完成特定服务过程必须提供的资源或设备设施，客户在接受此类服务时，有保持这些资源或设备完好的义务。

在信息时代，凡服务系统一定伴有信息系统。金融服务是将信息系统作为重要服务媒介的典型代表。以银行为例，它实质上就是一个庞大的货币资金账户信息处理系统，其间流动着海量信息和巨量资金。有相当多的信息处理属于后台行为，顾客能够见到的业务受理和处理结果，只是系统运作的前端和末尾。以汇票托收服务为例，顾客对服务的体验是交票和资金到账数据正确与时间效率，其间发生的票据处理与交换清算环节，则由顾客看不见的后台系统完成。现在更多的服务通过电子和互联网方式处理，如电子银行、电话查账、大型集团公司的非现场账户管理和资金划拨，凡此种种，金融业正通过运用信息技术的最新成就，为客户带来巨大的资金财富管理便利。

（三）按顾客参与服务程度分类

顾客参与服务传递流程的程度分三种情况：无参与、间接参与和直接参与。

在顾客无参与和间接参与的服务过程中，没有顾客出现在服务现场，可以采取类似制造业的方法设计服务流程，对场址选择、人员配置、工作安排、员工培训等决策可以多从效率的角度考虑。例如银行支票和汇票托收、现金鉴别与保管、票据单证鉴定、同业往来等业务都属于此类。

顾客直接参与又分为自助服务和交互服务。在电信技术及其应用快速发展的推动下，自助服务应用越来越受到广泛欢迎，如 POS 机、ATM、电话银行、网上银行等等。如果顾客愿意保持传统的银行服务方式，也可以选择到营业大厅的柜台，在与服务员面对面沟通交流中办理业务。但是要注意两者的服务过程以及可能遇到的问题有很大不同。

（四）三因素分类示例

这里以银行为例，用上述分类标准作出服务过程类型图谱，见表 12-1。证券与保险等其他金融机构的服务产品，也可以用此表进行服务过程类属的划分。

表 12-1　商业银行服务过程分类表

		低差异化（标准服务）			高差异化（定制服务）		
		物品/财产加工	信息/形象处理	人员处理	物品/财产加工	信息/形象处理	人员处理
无顾客参与		保管箱	资金结算汇兑		委托理财	保险理赔	
间接顾客参与		代理出售国债基金	网上查询银行账户余额		资金票据托收	集团公司现金管理系统终端	
直接顾客参与	自助服务	ATM 存取款	电话/网上付款	服务设施布局指引	股票/外汇买卖	收集金融产品信息	
	交互服务	储蓄柜台现金业务	证券发行路演	投融资常识普及	*分期贷款*	理财方案设计	投融资项目培训

注：带下划线的斜体字表示物品由服务方提供。

二、二维坐标法的流程分类

这是一种较为简单的服务流程分类方法，仅用服务复杂程度和服务差异程度两个变量，在平面坐标系对服务过程进行分类，形成一个四大类属方阵图，如图 12-4 所示。虽然图中所示服务不限于金融行业，但金融企业可比照此法对自己提供的各种各样的服务进行坐标定位，有助于解释不同类型服务所具有的不同过程特征。

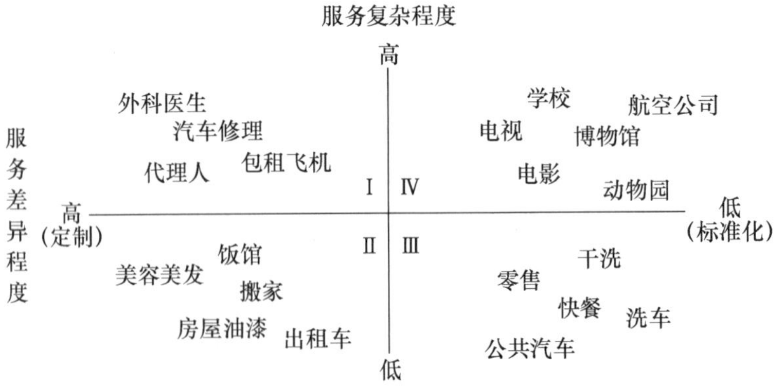

图 12-4　服务类型的二维坐标分类示意图

位于坐标系上半部的服务活动复杂程度较高，服务人员需要经过训练或需要一定的设备投资，同时要求顾客具备一定的知识、技能，否则较难达到预期的服务效果；位于坐标系下半部的服务活动比较简单，顾客可参与程度较高，但要花费一定的时间和精力。位于坐标系左半部的顾客需求差异大，提供定制程度高的服务，可以满足他们的个性化需要；位于右半部的客户服务需求的共性较多，可以推行标准化的服务路径。

不同的服务类别对员工的服务接触方式和技能要求也不同。处于Ⅱ和Ⅲ象限的服务活动，由于专业技能要求不高，服务组织基本上可以自己培训员工。其中Ⅲ象限的服务，由于复杂程度和定制程度都不高，可以开发标准工作流程，每个员工都能够可靠而统一地工作，即使更换员工也能保证服务质量，使培训成本降低。处于Ⅰ象限中的服务人员，需要比较多的经验和技能，能够对顾客的特别要求作出灵活反应。对于Ⅳ象限中的服务，一般需要依靠比较复杂的设施和设备，需要对员工进行专业训练。

三、作业差异法的流程分类

按流程作业方式的不同对服务流程分类，可以将服务分成线性流程、订单流程和间歇性流程。

（一）线性流程

线性作业方式的流程是各个环节按一定安排依次顺序进行，服务依据这个顺序产生至完成。线性流程也是一种具有弹性的过程，可通过专门化、例行化而加快绩效速率。线性流程最适合用于具有标准化性质的服务，并具有量大而持久的特征，如自助型的服务——自助银行、信用卡消费与还款等。线性流程的缺点是：由于各种不同构成要素之间的相互关系，往往一个环节的问题可能导致整体作业受到影响，甚至造成流程停顿。

（二）订单流程

订单生产过程是用不同活动的组合及顺序制造出各种各样的服务。这类服务可以特别设计和定制，以适合各种顾客个性化的需要，或者提供预约服务。这种流程的主要优势是富有弹性。例如银行大额现金提取预约、券商推出新理财产品的预约申请等。

（三）间歇性流程

间歇性流程是指各服务项目独立计算，做一件算一件或属于不经常重复的服务。[①] 这种类似项目管理模式的流程非常有利于专项管理技术的转移及关键分析方法的应用，例如为大客户定制的投资理财方案、银团贷款、新股公开发行上市等。这类专项工作浩繁，对管理者而言是复杂而艰巨的。如果管理层团队合力较差，很容易形成混乱局面。

上述对服务过程的多种分类模式与方法表明，服务活动形态的复杂导致其分类复杂。不同的分类方法就是不同的分类工具。如果金融企业理解并掌握了这些流程分类方法，将有助于服务流程设计与管理。在对流程科学分类的基础上，接下来要深入了解若干设计服务流程的方法。

---

① 王超. 服务营销管理. 北京：中国对外经济贸易出版社，1999.

第三节　金融服务流程主要设计方法

设计一个良好的服务流程系统，要考虑如何使顾客对服务产生满意的感知的许多方面，包括设施、辅助物品、显性服务、隐性服务等，并尽可能使它们完美结合、协调运作。以下介绍的若干种常用的流程设计方法，有助于实现设计目标。

一、图形设计法

无论何种类型服务企业的管理层，在需要更好地了解服务的过程是如何发生和传递时，都可以用画流程图的方法。常用的两种是：服务图（描述一种当前的状况）和蓝图（设计一个运作构想）。它们本质上都是一种表达流程设计思想的工具。

（一）蓝图法

服务质量的主要挑战是：产品投放市场前无法定量设计和定量测试，服务接触的买卖双方的互动性决定了其所采用的设计方法必须不同于建筑、发动机和药品等工业产品的设计方法。20 世纪 80 年代有学者开始寻求普适性的服务设计方法，其中比较著名的是“蓝图法”。设计楼宇时，工程师把蓝线绘制的设计图称为蓝图，用来展示建筑的模样、结构和建造过程中的一些细节。在服务过程管理中借鉴工程设计的“蓝图”方法，采用类似的可视图来描述服务过程，以增加过程设计及运作的直观性与可操作性。

服务蓝图是一项描述服务系统流程的可视技术，其主要内容是：由可视线区分前后台，详细标明作业细节、流程、潜在失误点、顾客等待发生点、关键作业环节。服务流程的每一项工作及各工作间的相互关系都要在服务蓝图中画出，并标明与其相关的上下活动顺序和变化点，详细程度应按特定的目的和要求而定。蓝图中还指明了可能出现错误并破坏被感知的服务质量的失误点，以便在计划实施过程中采取预防措施。

在服务蓝图把这些相互作用的活动按发生的时间顺序进行排列后，服务传送过程就像一条河：一些活动发生在河的上游，另外一些则发生在河的下游。在每一个服务环节，营销者都要自问一下：顾客真正需要的是什么？这个环节的什么因素可能导致失败？

服务蓝图为流程设计者提供了一种较好地了解基本服务流程的手段，进而可以让管理者对这些流程进行必要的控制，或者剔除一些浪费时间和精力的不必要的环节，加快服务过程，提高服务被顾客感知的价值。蓝图还是营销人员的实用工具，因为它描绘了顾客在了解服务、提出服务要求、使用服务和资金交易过程中经历的全套活动。由于蓝图法的普遍运用，本章将在第四节详细具体介绍蓝图是如何制作与使用的。

（二）服务图法

服务图的概念非常简单明了。与蓝图不同，服务图的首要目标是站在顾客的角度来描述服务活动，确保服务的方方面面都能增加顾客享受的服务的价值，同时揭示服务体系可以分解的节点，防止片面追求顾客价值创造但达不到预期收益目标。

服务图设计中一个常常不被重视的重要内容是识别最有可能失败的环节，而造成这种失败的主要原因有：

（1）金融服务过程中有些步骤不能增加顾客享受服务时的价值，甚至是重复的。

（2）在提供金融服务前未能有效地调整顾客期望。

（3）有些服务的绩效需要顾客积极参与和合作，但顾客尚未认识到这一点。

（4）有些步骤过分强调员工个人的判断力。

（5）生产结构（服务传递系统）在某些环节上设计欠佳，或者缺乏可靠性。

服务图的表现既可以简单化，也可以复杂化，需视具体情况而定。复杂的服务图还需要测量整个过程中每一步骤的时间和成本。无论简单与否，设计出正确的服务图都是服务成功的开始。

二、生产线法

用生产线法设计服务程序源于制造业的生产活动。操作工人各自在标准化的生产流水线上重复完成规定的简单动作，效率很高，不易出差错。受这一生产模式的启发，金融机构也采用类似的方法来设计服务流程，给顾客提供标准化的、程序化的服务活动。

这一方法适用于差异程度低、操作简单的服务，例如股票交易、保费续期支付、存取款业务、资金划转汇兑等，都属于此类。

（一）生产线法的基本思想

20 世纪 70 年代，作为“服务业革命”的主要标志之一的生产线法被广泛采用，对服务业发展带来了巨大影响：银行业的标准化使自动柜员机和计算机清算系统被大量采用，取代传统手工操作，大大提高了业务处理速度和准确率；同样，股票和债券的二级市场交易标准化，简化了交易手续，大大提高了产品交易的准确率和速度。

表 12－2 是包括银行在内的许多服务行业采用生产线法设计服务流程的举例，其中所列的非银行服务行业的标准化服务产品，可为金融业扩大生产线法的应用范围提供启示和借鉴。

表 12－2 采用生产线法设计流程的服务举例

行业	应用示例	行业	应用示例
银行	● 电子现金汇兑系统 ● ATM ● 计算机清算系统 ● 标准化服务流程	航运	● 联合订票系统 ● 自动收费装置 ● 自动售票系统 ● 全球能力管理
公共管理	● 废弃物自动处理 ● 城市资源统一管理 ● 智能交通系统	通信	● 自动应答系统 ● 电话查询系统 ● 故障自动诊断

续表

行业	应用示例	行业	应用示例
医疗	● 急救调拨系统 ● 自动看护装置 ● 远程诊断系统 ● 门诊标准诊断程序	零售	● 自动售货机 ● 商品价格自动清算 ● 超市与仓储式管理 ● 商品集中采购配送
旅店	● 电子钥匙 ● 呼叫—应答系统 ● 标准客房服务	餐饮	● 自动烹调设备 ● 标准化食品 ● 快餐业标准化管理

用生产线法设计服务流程的主要理由是：

(1) 改变服务是“非主流经济”的错误认识。抛弃以往把服务看作是针对个人和家庭生活基本需求的日常服务的从属性社会经济活动这种看法。

(2) 借鉴制造业控制质量的方法。服务业的传统运营方式难以控制服务质量和效率，而制造业中，通过使用高度集成、精密组织并处于严密监控之下的制造系统，可以较好地控制产品的质量和特性。

(3) 借鉴制造业提高产出水平的方法。金融机构在提供金融服务时，可以像工厂一样，采用自动化机器等现代设施来装备服务系统，提高产出水平。

(4) 借鉴制造业的过程控制的方法。对从接受顾客需求到进行准备，再到提供相应服务的一系列过程实施精确控制，即“精确地生产，精确地服务，减少人为干扰”。

（二）生产线法的主要内容和设计要点

以上述理念为基础的服务生产线设计方法，主要着眼于系统化、标准化，将小规模、个人化、无定性的服务系统改造为大规模、标准化、较稳定的服务系统，提高服务效率和服务质量。主要的工作内容是：产品标准化、系统程式化、过程可控化。

首先是服务产品标准化。对服务产品本身重新进行分析，尽量减少其中的可变因素，使之标准化，为顾客提供稳定、一致的服务。借鉴麦当劳的标准化流程设计的例子，它对其服务产出的四个组成要素进行了如表 12-3 所示的标准化。通过标准化、规范化的服务，麦当劳的服务质量和服务特点以及可靠性在顾客心目中留下了鲜明的印象。无论在什么地方，顾客都能在走进麦当劳之前明确自己所能得到的服务，从而产生充分的信任感。麦当劳也由此建立并巩固了在顾客心中的地位。

表 12-3　麦当劳服务要素的标准化

服务要素	服务要素的标准化
“环境”要素	统一的店堂布置、烹制设备和操作规范等
“物品”要素	规格统一的食品（如巨无霸、麦香鸡、炸薯条等）和包装
“显性服务”要素	统一规定并严格控制的服务人员操作规范；食品口味的一致性，待客的一致性等
“隐性服务”要素	同样整洁、卫生的环境，保证及时性、愉悦性的统一措施等

其次是服务系统程式化。分析服务运营的各个阶段，在适当的地方采用机械和自动化设备来代替人员密集型劳动，以提高标准化程度和效率，并减少人为差错。如麦当劳

所使用的物料检测系统、自动化烹制设备、自动收银机等。

最后要用系统化的方法设计和控制服务运营过程，使运营过程的各个阶段都得到精密的组织和控制，增强系统运转的稳定性，提高系统运营效率。其中包括通过精确的分析和计算确定设施的布点并尽量优化；在明确劳动分工的基础上进行工作设计和流程设计，并制定明确、统一的服务人员标准规范和服务标准程序。如麦当劳对前台售货人员的工作所进行的改进设计。

对运营及管理体系进行周密的分析、规划和设计，是制造业思想应用于服务业的非常重要的一个方面。麦当劳在这一点上做得极为成功，从设施布置、物料供应、食品加工、服务提供到系统管理等一系列过程都经过严密的规划和设计，处于精确的控制之下，保证了系统的高效、可靠运转。它对管理体系的周密设计，使其能够对遍布全球的数万家经营店和关联企业实施良好的管理和控制。

归纳起来，对金融企业采用工业化流程设计方法的内容主要有两方面：一方面是硬件技术的应用，用机械和自动化设备、信息系统等代替传统的人工劳动，如银行的自动柜员机、网上银行、电话银行、信用卡网络与机具布置，等等；另一方面是软件技术的应用。

（三）生产线法的利弊

生产线法以其特有的优势，近 30 年内在全球迅速发展，造就了一批著名的服务企业。仅以 ATM 的应用来看，20 世纪 70 年代末到 80 年代初，美国 ATM 数量持续以每年 40%的速度猛增，在加拿大增长率则高达 77%。这些发展与生产线法的运用密不可分，其优点是显而易见的。

(1) 效率提高。机械和自动化设备代替了人力劳动，不仅工作速度大为加快，准确率和可控制水平也大大提高，使服务系统的运营效率得到较大提高。

(2) 管理水平提高。移植制造业的管理思想（即工业化“软技术”应用）改变了服务业组织管理混乱的局面，分工、责任、权利、义务都得到明确，运营体系的设计更科学，运营管理水平得到提高。

(3) 服务规模扩大。当服务工作变得非常规范时，交易量会因效率高而剧增，实现规模效益，同时促进了行业内大型服务企业的形成。

(4) 顾客服务水平得到提升。在大多数情况下，生产线法的采用降低了服务供应者的管理和运营费用，使顾客的花费减少，降低了服务支出。此外，生产线法比较容易培训员工并使工作容易上手，还能给顾客一种工作比较规范的感觉。

(5) 改变了劳动力的就业结构和知识结构。由于许多简单劳动被自动化设备取代，服务业中劳动力就业结构发生了变化，一部分员工面临失业，这促使他们努力掌握新技能。同时，新的管理方法要求服务业员工具备较高的技术水平和操作技能，也促进了员工知识结构的改变。

生产线法将各种新技术和自动化设备引入了服务业，如今，网上银行等新服务模式的出现就是应用现代技术改造金融服务业的典型范例。

但生产线法在应用中也有一些不可避免的局限性。首先，新技术和自动化设备一旦出现故障，很难在短时间内修复，给顾客带来了相当大的麻烦。例如，ATM 的机器故障、取款卡因记载的信息发生错误而被机器吞没等，都会对顾客产生较大的消极影响。计算机系统的较大故障，有可能使整个营业网点及设备都无法运转，直接造成非常严重的后果。其次，自动化设备的人—机界面往往不够友好（在初期尤其如此），缺少帮助的顾客经常因为不知道如何使用而无法获得服务，老年人、小孩和妇女更容易遇到这些问题。此外，由于人与机器之间很难进行充分的沟通，顾客在有疑问或遇到麻烦时无法得到帮助（例如，忘记了取款卡的密码等），而且机器只会一成不变地执行预先设定的指令，顾客无法享受较灵活的服务。所以，尽管在通常情况下标准化的设计系统都能够较好地完成服务，但它们的这些缺陷却严重影响了顾客满意度。ATM 取款卡被吞的情况或许一百次中仅发生一次，但这一次也足以使许多顾客从此心存疑忌。

除上述原因以外，生产线法的设计思想在现代金融业发展日新月异的时代还存在两个致命的问题：其一是顾客的个性化需求问题。生产线法遵循从产品到过程均为标准化的思想，在面对现代消费者的非标准化、个性化服务要求时，难以提供较高的满意度。另一个问题是员工管理问题。生产线法所推崇的明确分工、标准操作流程等，没有把激励员工参与管理、提高员工满意度和忠诚感看得很重，从而影响了服务水平和服务质量的提高。而且，按制造业思想建立起来的按部就班的组织流程，在服务中常常因为某个环节的失误而导致整个系统的运转延误。

三、顾客合作法

生产线法并不适用于许多金融产品非标准化、个性化的服务。服务产品的特点是服务和消费同时发生，只有当顾客出现时服务才开始启动，顾客不应总是被当成被动的服务接受者，有些场合顾客可以或愿意一起为服务付出劳动，因此出现了一种不同于生产线法的顾客合作式的新型服务方式。这样的例子在理财咨询一类的专业服务中比较常见，顾客向金融机构提供的想法和资料越翔实、全面，顾客对咨询顾问的理财方案的满意程度就越高。在电子技术广泛用于金融零售业务的场合，顾客与其的亲近和熟悉程度也会影响技术设备的使用效率。所以，在这样一类金融服务中，应该考虑将顾客合作互动作为服务流程的一个必要组成部分。

（一）顾客合作法的思想基础

顾客合作的流程设计方法基于对顾客行为的如下理解：顾客对了解服务运营流程具有一定兴趣，希望主动地接受服务；顾客希望能参与到服务的具体运营中，使自己能主动影响服务过程，使服务更符合自己的偏好；顾客愿意自己承担一部分工作，以节省时间、减少费用，并获得更大的自由；顾客希望并且主动避开服务的高峰期和拥挤的服务设施；等等。因此，在进行服务流程设计的时候，必须认真考虑顾客的偏好、特点和需要，将其作为一种生产资源纳入服务流程系统中。这种设计方法的优点是：

（1）服务的个性化程度提高。顾客主动而不是被动接受参与和合作，使其有机会更多表达个人要求，有助于顾客对服务形成良好的感觉，并使其更自由地影响服务过程，更符合自己的需要。同时，也使服务者容易了解顾客并提供有针对性的服务。与标准化的流程系统相比，顾客合作型流程系统更多考虑了顾客特点及其各种可能情况，更加“体贴”顾客，提供的服务质量更好。

(2) 服务的运营效率提高。首先，由于服务需求是时间相关需求、地点相关需求，供需之间的不平衡使得设施布置、能力规划和人员安排的难度较大。如果在服务设计中把顾客作为生产资源充分考虑，顾客就能够主动地调节需求，使之与供给相适应，从而有助于供需平衡，提高设施、人员的利用效率。其次，用顾客劳动取代员工劳动可以获得成本优势。员工劳动减少使工资成本降低，员工收益转为顾客收益，顾客参与服务活动的收益来自其享受服务的支出减少。最后，顾客的主动参与可以使其更多地接触服务系统中的新技术和新设备，加快对服务过程的熟悉，有助于管理者尽快对新技术的使用效果和优缺点作出评价，有利于作出是否调整的判断。

(3) 及时协调服务供需矛盾。服务能力不能储存，随时间的推移而消失。需求太盛时能力不足，需求太少时能力闲置。如果顾客积极配合事先约定的服务时间和地点，将有利于对需求削峰填谷政策的落实——高峰时减少排队等待，低谷时享受低价优惠，由此舒缓供需紧张的矛盾。

（二）顾客合作法的主要内容

(1) 充分理解和把握顾客的个性化需求。根据提供金融服务的类型，研究目标顾客的需求和心理特点，分析其偏好，分析顾客在金融服务提供过程中的可能行为，考虑各种可能出现的情况（例如，前来提款的顾客可能是小孩或残疾人，可能对 ATM 有畏惧心理，服务提供系统出现故障时的各种反应等），并对服务提供的整个流程进行分析，确定哪些工作可由顾客承担，或者可以让顾客拥有更大的控制权；确定顾客在不同的服务环节中所能达到的参与程度。

(2) 在流程设计中突出服务的灵活性。要为顾客的参与和控制留下更大的空间，并能够使顾客的金融服务保质、高效地进行。由于顾客需要在金融服务过程中更多地参与并发挥自主权和控制权，所以还需要考虑金融服务流程对顾客学习的支持职能，必须巧妙地安排，使顾客能够快速、简易地掌握所需的技能和知识，以避免由于顾客的参与而造成系统运营的效率降低。

(3) 给予员工更大的自主权。为服务员工制定相应的服务措施和授权方式，使其在顾客服务中发挥更积极、更有效的作用。

(4) 动态监控和评价服务绩效。由于不同顾客的要求有很大不同，只有随时关注服务的过程和结果，并及时进行评价，才能够不断地改进服务系统和提高服务水平。

与生产线法比较，顾客合作法能够更好地满足顾客的偏好，提供更加个性化的服务，并通过顾客的参与和主动调节供需平衡而使服务效率在某些方面得到提高。但总的来说，金融服务的个性化必然会影响服务系统的运营效率。两者之间存在此消彼长的制约或矛盾。因此，必须合理地确定顾客的参与环节和参与程度，以实现满足个性化需求和提高金融服务效率的综合目的。

（三）顾客合作法需考虑的主要问题

采用顾客合作法设计金融服务流程时，主要侧重关注两个问题：顾客学习与一线员工的重要作用。

（1）顾客学习。如前所述，由于顾客在顾客型服务系统中的主动参与，以及所拥有的自主权和控制权，因此顾客的表现对服务的最终水平和服务效率有着至关重要的影响。一方面，服务提供者必须尽快使顾客进入角色，对于服务系统来说，这意味着能够更切实地满足顾客的期望、较好的服务质量、较高的顾客满意度和忠诚度、较低的成本等好处，还能更好地控制顾客的行为，使其符合设计者的意图，同时使服务提供者对顾客的需要和愿望更为了解。另一方面，从顾客本身来讲，他们一般并不关心服务提供者的成本或生产率水平，只关注服务的效果，但同时顾客往往不知道如何通过充分发挥自己的作用而得到更好的服务效果。因此，一个好的金融服务流程除了要为顾客的充分参与创造良好的学习条件外，还应该采取一定措施吸引和激励顾客的学习积极性。鼓励顾客尝试加入、尝试主动参与，在参与实践中进行的学习往往是最有效的。

（2）一线员工的重要作用。在顾客合作型的服务流程中，了解顾客的特点和需要，并提供相应的服务等一系列重要活动，都主要由一线员工来完成，员工与顾客的接触频率、员工的服务技能与工作表现直接决定了顾客所能得到的服务水平，影响着服务系统运营效率的有效发挥。此外，吸引、激励顾客参与服务过程并提供帮助，主要依赖前台员工。因此，在服务流程设计中，必须充分重视一线员工的作用和地位。只有服务技能高、服务意识强的一线员工，才能为顾客提供高水平的服务。

（四）顾客合作法的利弊

好处一，将顾客作为一种生产资源，通过合作共赢方式纳入服务设计中，引导他参与服务过程，让他拥有更大的自主权，并注重他的个性化需求，使他的偏好得以满足。好处二，可以针对金融服务需求时间和地点变化幅度较大的特点，引导顾客主动调节服务的供需平衡，以最大限度利用服务资源，发挥服务系统的最大效率。好处三，将如何提高员工的满意度和忠诚度也纳为设计的重要内容。好处四，能够提供更加个性化的服务，使顾客的满意度大为提高。

但任何事物都是一分为二的，这一方法也存在不足。一是服务系统的运营效率降低。与标准化的生产线型服务流程相比，由于顾客接触多，产出与提供过程的不确定性增大，导致部分效率损失。二是服务流程的管理难度加大。一方面，顾客需求的多样性使服务过程的管理和控制更加复杂；另一方面，要充分调动员工的积极性，给予员工自主权，这也加大了管理的难度。三是新技术在服务系统中的应用难度增加，强调顾客参与和重视员工作用使技术的选择、人—机界面的设计等更加复杂。

四、技术核分离法

生产线法和顾客合作法适合于服务过程的两种极端情况——简单型服务和复杂型服

务，但现实中大量服务过程的类型介于两者之间。为了既满足众多顾客对服务个性化的需求，又能获得生产线法带来的高效益，需要考虑一种能将上述两种流程设计特点有机结合起来的流程设计新方法，这就是技术核分离法。这种方法的基本思想是：将服务过程分为与顾客的高接触部分和低接触部分。在设计服务流程之前，明确服务类型及其服务流程各环节的顾客接触程度，在接触程度低的服务环节，如后台作业，流程设计侧重用生产线法，充分发挥现代信息技术的优势。而对接触程度高的服务环节，如前台作业，偏重顾客合作法。结果是：在尽可能照顾顾客对个性化服务需求的同时，又利用标准化的作业流程实现规模经济效应，兼顾了服务水平和服务效率两方面的提高。

（一）技术核分离法的原理

制造业借助原料和产品的库存，生产能够不受外界干扰而持续进行，达到经济效益最大化的效果。将其复制到服务业，“技术核”的概念便由此发展起来。技术核分离法的基本思想是：大部分的服务过程都可以分成两部分——与顾客紧密接触的部分和与顾客基本不接触的部分，后者被视为脱离顾客服务环境的一个“技术核”。

鉴于顾客接触程度对服务运营效率与顾客满意度的重要影响，可以根据与顾客接触程度的不同，把服务流程系统分为与顾客高接触和低接触两部分，又称前台部分和后台部分。前台与顾客接触程度高，宜采用顾客合作法，让服务流程适应不同顾客的个性化需求，灵活处理服务中可能出现的各种具体问题，达到较高的顾客满意度。而在后台，避开了与顾客接触造成的不确定性，可以按照生产线法设计“技术核”，如使用自动化设备、确定标准化流程、严格操作分工等，达到较高的运营效率。前后台之间应当有衔接部分，进行信息和物料的交换，并对前台的个性化服务进行初步加工，方便后台的批量处理。

（二）技术核分离法的主要内容

根据技术核分离法的思想进行流程设计，其主要内容有以下几点：

（1）界定核心流程。核心流程即主要业务流程，是流程设计的重点。有时候从交织着不同流程的金融服务过程中识别核心流程与辅助流程是不太容易的。可以根据以下这些原则来识别、界定核心流程：

①价值原则。核心流程是一个增值过程，应该能为企业的发展带来真正的利益。

②顾客原则。核心流程直接影响顾客利益，影响其满意度和忠诚度。

③绩效原则。核心流程能够影响企业绩效，改善核心流程可以提高企业的绩效。

（2）划分流程中与顾客的高接触部分和低接触部分。先对服务过程进行全面考察和分析，分出高接触与低接触部分，并分为两个子系统。在两个子系统内部，分别找出最关键的运营目标，并据此明确各子系统及下属各单元的工作任务。还要明确并建立两个子系统“接口”的衔接，使之能够协同工作。

（3）设计高接触部分。设计时，要仔细评价与顾客接触的各个环节的重要程度以及顾客的真正需求，使上述两种服务设计方法合理化，尽量减少影响服务效率的不必要的接触，如将部分人工服务改为自动化服务——自动柜员机、电话或网络查询系统等。

（4）设计低接触部分。这一部分流程设计主要遵循生产线法，采用新技术和自动化设备，制定耗时和费用标准，进行动作设计，对系统的资源、流程和产出进行精确的控制。把后台作业与布局相对较为分散的前台作业分开，集中到一起以降低费用、提高效率、减少风险。

（5）全面考察和评价。从整体集成的角度，对分开设计形成的各个部分，找出衔接不善或不协调，未能使系统的综合运营水平（服务质量与运营效率）达到理想目标的环节，进行调整改进，全面优化整个服务系统。

（三）技术核分离法的设计特点

由于是分开对高接触部分和低接触部分进行设计，必须对二者各自的设计特点有清晰的认识，才能把握设计关键，优化流程性能。下面是它们在设计特点上的主要区别。

（1）工作设计与人力资源特点。首先，二者的任务类型不同。在高接触部分，是顾客、员工与设备技术三个因素之间的互动活动，而低接触部分则主要是员工与设备技术的互动活动。其次，高接触部分的员工直接代表公司的形象，要求他们有较高的人际交流能力、服务技巧以及良好的服务态度；而低接触部分则主要需要员工的生产技能高。

（2）自主程度。低接触部分可以预先设计流程规范并严格遵守，高接触部分的流程不能规定太死，要给现场人员留有一定的灵活变通的空间，以适应千差万别的现场情况。

（3）管理与控制。高接触部分的生产能力规模应满足峰值需求，而低接触部分则可以把目标定在稍高于平均值产能的水平。高接触部分的运营计划受具体情况的影响，必须具有相当的灵活性，而低接触部分则相对较为稳定。高接触部分的服务设施应分散、接近顾客，低接触部分则可以集中并靠近所需的资源。高接触部分的设施与能力必须符合顾客的需求和期望，而低接触部分则可以按生产率最大化来设计。

由于顾客的不确定性因素对服务过程的影响较大，高接触部分的监控难度较大。二者的控制特点如表 12－4 所示。

表 12－4　高接触部分与低接触部分的不同控制点

控制系统特征	高接触部分	低接触部分
工作表现的衡量标准	主观、变化	客观、固定
失误衡量标准	不精确	较精确
反馈环节的确定	难	易
失误的纠正	必须立即进行	可稍缓

（4）目标与结构。由于所处环境不同，二者的目标也有所不同。高接触部分的目标是最佳服务效果，低接触部分的目标则是最高运营效率。在人员与系统的接触方面，高接触部分主要是人与人之间的交流，而低接触部分则存在更多的人—机交流。此外，高接触部分的流程必须适应比较灵活的任务。

（5）产出。高接触部分的产出直接决定顾客的满意度，因此必须具有更多的有关属性，如环境氛围、心理感受等。

（6）流程设计。与低接触部分相比，高接触部分的流程设计将更迅速、更直接地对顾客产生影响，需要充分考虑面对顾客的情况。因此，将高接触与低接触分离开来并转化为前台和后台作业程序后，在设计或改进服务流程时，应该力争贯彻和实现表 12－5 所列示的设计内容。

表 12-5　金融服务流程设计的规划内容

金融服务系统规划的内容	高接触部分金融服务工作前台	低接触部分金融服务工作后台
环境设计	环境是服务性质的决定因素。	服务环境无须顾及顾客，只需适宜后台工作及与前台的沟通。
过程设计	充分考虑对顾客感知质量有直接影响的因素，如让顾客参与服务过程时具有便捷性、时效性。	过程设计指向低耗高效工作，顾客不参与其中。
进度衡量	顾客满意是工作效率的主要指标。	顾客只关心最终完成时间。
人员配置	员工的自身素质（包括性格、年龄、知识背景等）、工作技巧（包括沟通能力、展示能力等）直接决定服务的品质。	员工只需一种或少数几种专业技能，对沟通能力要求不高。
质量控制	质量标准取决于顾客可变的预期。	质量标准是系统内生的、易测的、固定的。
时间要求	由顾客决定，在顾客满意范围内没有严格的时间限制。	有严格的作业周期和完成时间标准。
需求预测	短期的、需求导向的。	长期的、供给导向的。

（7）时间标准。高接触部分的服务时间主要取决于顾客的需要，不易确定时间标准，而低接触部分的时间标准较明确。

（8）高接触部分的绩效只能进行短期预测，而低接触部分可以进行较长期的预测。

（四）技术核分离法需注意的主要问题

在技术核分离设计方法的具体应用中，需要注意的问题主要有两个。

（1）明确与顾客的接触程度。确定金融服务流程各环节与顾客接触的程度，是划分流程的高接触和低接触部分的主要依据。顾客的接触程度实际上代表了顾客在系统中各个环节的存在程度，以及顾客对金融服务过程与结果的影响程度。接触程度是顾客出现在服务活动中的时间与服务总时间的比例。高接触意味着服务过程的时机与性质完全取决于顾客，服务感受和服务质量很大程度上就是顾客的感受。

（2）关注前台与后台的衔接。由于技术核分离法把服务流程分为前台和后台，并分别应用了不同的设计思想，因此，这两个部分的衔接便成为影响服务流程整体运行效率的关键问题。除此之外，如何实现物料与信息在二者之间的及时、准确传送，如何明确环境、顾客、前台、后台之间的相互作用关系，如何应用整体优化的方法使服务系统的运营效率达到较高的综合水平，也是设计时的考虑重点。

第四节　设计工具——服务蓝图

在上一节图形设计法中介绍了服务蓝图的原理和特点，本节专门详细介绍服务蓝图的构成与制作等更具实际操作意义的内容。服务蓝图是详细描绘服务系统的图片或地图，是用来向顾客、员工等服务相关人员表达无形服务的有形媒介，从图上可以直观地看到这样一些内容：服务实施过程、接待顾客的地点、顾客和员工的角色以及服务有形要素等等。

一、服务蓝图构成

（一）服务蓝图的主要构成

如图 12－5 所示，蓝图中有有形展示顾客行为、前台接待员工行为、后台接待员工行为和内部支持行为四个部分。

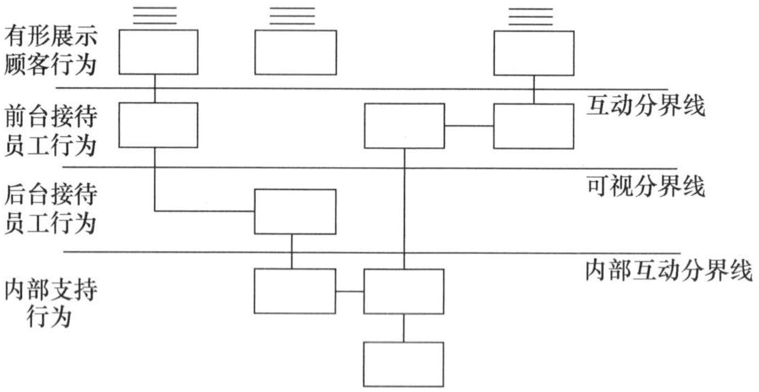

图 12－5 服务蓝图结构示意

顾客行为包括顾客在购买、消费和评价服务过程中的步骤、选择、行动和互动。例如在汽车贷款中，顾客决定、寻找并约见银行信贷员，面谈，确认交易，收到合同文件和还款账单。

与顾客行为同时发生的是服务人员行为。顾客能看到和接触的是前台接待员工行为。顾客看不到但支持前台接待员工行为的是后台接待员工行为。如对贷款资料和顾客资信进行审核、评估、决策的人员。

内部支持行为包括内部服务以及工作人员履行服务的步骤和互动行为。例如电脑信息系统、业务规章制度体系、资料档案管理系统等。

从蓝图的构成可以清晰地看到顾客是服务流程的组成部分，这是其与其他流程图的最大区别。从顾客导向的观念出发设计服务流程，体现在蓝图设计步骤上，在图 12－5 中应该是从上至下的逆向过程。

四个主要行为区域被三条分界线分开，分界线的含义分别是：

（1）互动分界线表示顾客与组织之间直接的互动。一旦有一条垂直线穿过此线，即表明发生了直接接触。

（2）可视分界线把顾客能看到和不能看到的服务行为分开。它表明是否给顾客提供了较多的可视服务。同时还是前台与后台接待员工的工作分界线。后台部分的工作可以尽可能采用生产线法设计服务流程。

（3）内部互动分界线区分了顾客服务人员与支持他们的其他员工。垂直线穿过内部互动分界线表明发生了内部服务接触。

蓝图最上方排列若干平行线是用来表示服务有形展示的，通常在每一个顾客接触点上方需要列出服务有形展示的内容。例如，将营业场所设计成开放式格局，以直接面对面的交流方式接待来访的贷款顾客，等等。

（二）流程图符号

为了更进一步增加流程图的信息含量，提高与读图者的“对话”能力，许多流程图将图框符号化，即规定不同形状的图框表示不同的含义。下面列举常用的图框符号及其含义。

- 矩形框，表示过程的一个步骤。对行为的简要描述显示在矩形框中。
- 菱形框，表示过程面临一个决策或分支点。对决策和分叉的描述通常以问题的形式出现，而回答决定了决策符号的去向。
- 圆角矩形框，用于识别过程的开始或结束。开始和结束在该图中出现。
- 文件框，表示与过程有关的书面信息，文件的标题或描述出现在该符号内。
- 流程线，箭头表示流程的走向。
- 圆柱体，表示储存与过程有关的资料和信息。资料库的标题或描述出现在该符号内。
- 圆形，表示一个流程的循环。一个字母或数字出现在该符号内，相同字母或数字用于连续流程图的连接器符号内，表示过程如何连接。

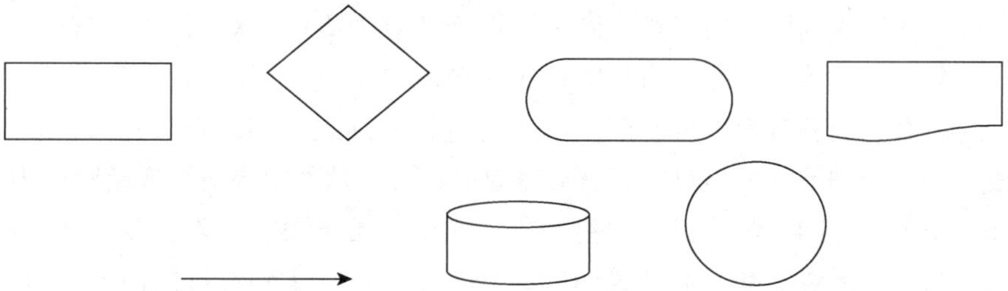

下面以一个订单处理过程为例，说明这些图框符号的运用（见图 12 - 6）。

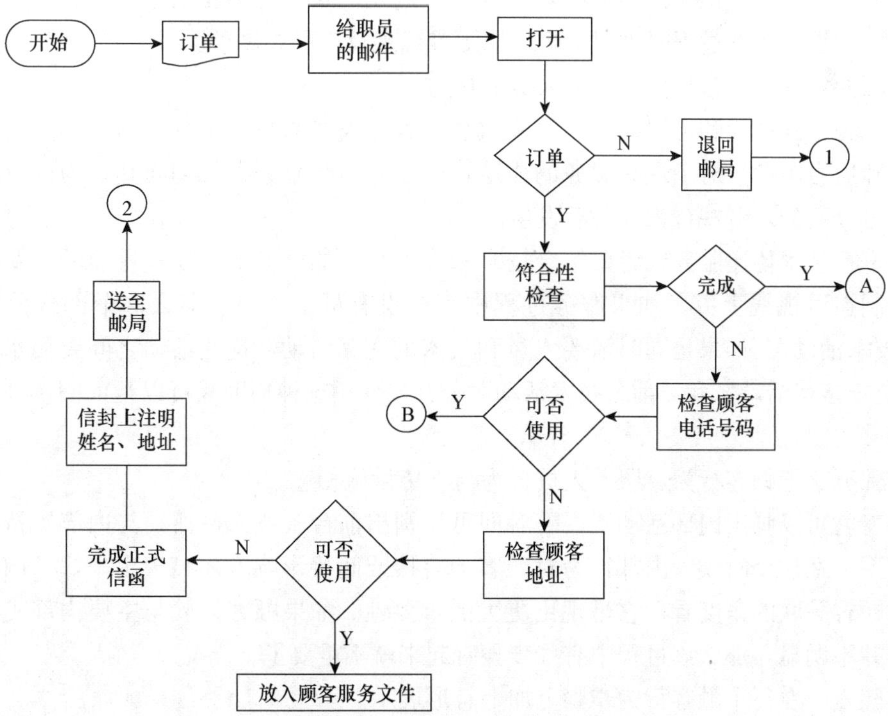

图 12 - 6 订单处理流程图（符号式）

二、制作步骤

蓝图制作大体分为六个步骤。

步骤一：明确需要制定蓝图的服务过程。

蓝图可以用于描绘大或小、简单或复杂、低层或高层等不同服务流程。例如，贷款业务流程图仅仅是概念性的，没有什么细节。还可以在这个基础上开发描述某一个环节的或局部的详细过程图（类似工程蓝图某一局部的放大详图），如描绘供内部有关员工使用的审批流程及权责图、数据资料传送流程图。还可以设计针对顾客办理贷款手续的流程图等。因此，明确蓝图究竟要做什么用是设计流程图的前提。

步骤二：认识顾客（细分市场）对服务的需求。

每个细分市场顾客的需求不同，产品或服务以及流程图应该准确反映这些差异。当一个服务蓝图不便表达满足不同顾客群的服务时，需要分别单独制作。

步骤三：从顾客的角度描绘服务过程。

从顾客的角度识别服务的接触程度，可以把注意力集中在对顾客影响较大的过程和步骤上。如果是内部服务，那么为顾客提供服务的员工就成了内部顾客。因此要识别顾客是谁，对顾客在服务过程中可能产生的感受进行仔细观察和调查研究，推敲服务的每一个阶段、每一个细节。突出对顾客至关重要的部分，从而提高对顾客的吸引力。

例如对服务起点的认识，银行大堂人员往往认为始于顾客进入营业大厅的时候，但顾客则认为从打电话咨询有关业务或预约时就开始了，开车到银行门前的拥挤程度、有无停车位置、寻找办理业务的地点等都属于服务经历。有专家推荐了一种“步行穿越调查”的方法，即员工把自己当作顾客进入服务过程，来亲身感受服务中所看到、听到等的经历，在设计服务过程时加以考虑，以更准确地反映顾客需求。

步骤四：描绘前台与后台服务人员的行为。

首先画上互动线和可视线，然后从顾客和服务人员的观点出发绘制过程，辨别出前台服务和后台服务。对于现有服务的描绘，可以向一线服务人员询问其行为以及哪些行为顾客可以看到，哪些行为在幕后发生。

在进行技术传递服务或者要结合技术和人力传递的情况下，技术界面所需要的活动也要绘制在可视线上方。如果服务过程中完全没有员工参与，那么这个部分要标注上“前台技术活动”。如果是同时需要人员和技术的交互活动，这些活动之间要用水平线将“前台员工接待活动”和“前台技术活动”分开。使用这种辅助线可以帮助阅读和理解服务蓝图。

步骤五：把顾客行为、服务人员行为与支持设施相连。

接着就可以画出内部互动线，随后即可识别出前台服务人员活动与内部支持职能部门的联系。在这个时候，内部行为对顾客的直接或间接影响方才显现出来，从内部服务过程与顾客关联的角度看，它呈现出更大的重要性。如果顾客体验与主要内部支持服务的关联并不明显，那么该过程中有些步骤看起来就不重要了。

步骤六：在每个顾客行为步骤上加上有形展示。

最后在蓝图上添加有形展示，说明顾客看到的东西以及顾客经历每个步骤所得到的有形物质。包括服务过程的照片、幻灯片或录像在内的形象蓝图在该阶段也非常有用，它能够帮助分析有形物质的影响及其与整体战略及服务定位的一致性。

三、在金融过程策略中的应用

根据服务蓝图构成的基本原理，就可以对金融服务中的有关业务流程进行描述和关键点分析。图 12－7 是一个以银行贷款业务为例的服务流程蓝图。

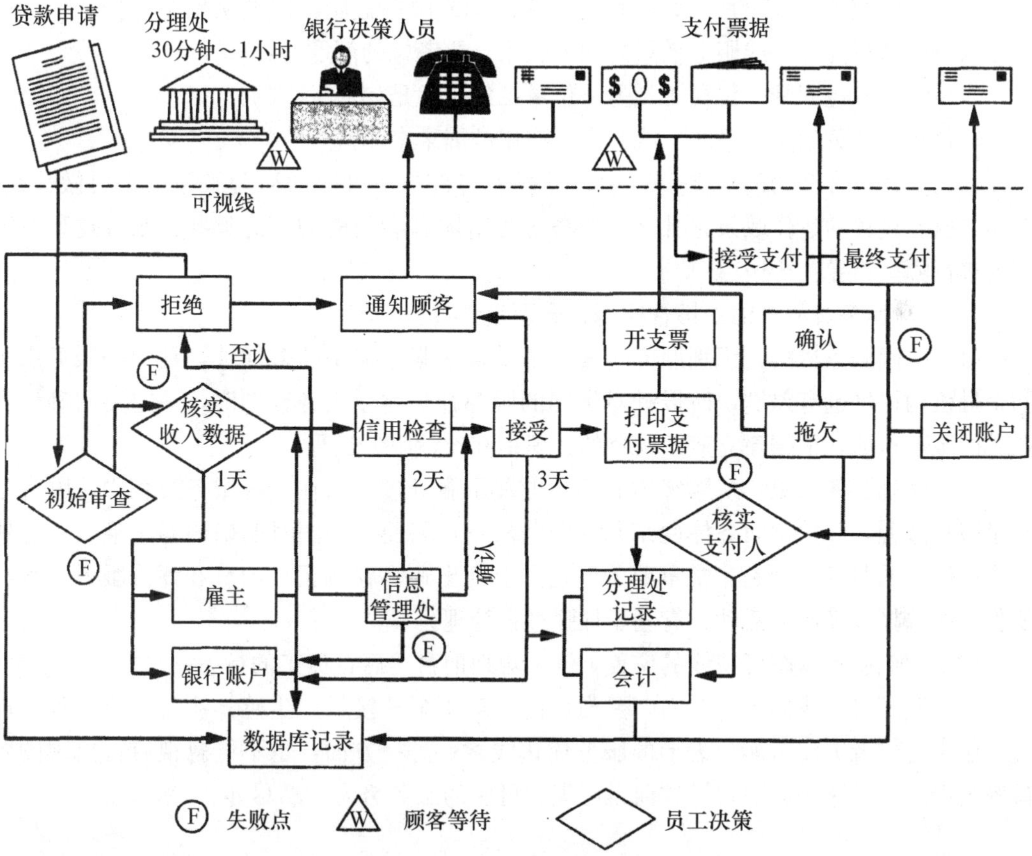

图 12－7　银行贷款业务流程

在金融服务过程管理中应用蓝图法进行分析，是为了扩展对金融服务过程更深刻的理解而分解服务的基本流程和结构，仔细考察顾客和金融企业之间的所有接触点，辨别出在金融服务过程中可能碰到的事故，进而据此优化服务设计。

1. 根据服务蓝图所描述的服务过程展开分析，加强服务过程优化管理

可以从以下三个角度展开问题分析：

（1）了解顾客在金融服务中的参与过程。根据蓝图上从左至右的顺序，跟踪顾客行为和发生的事件，其间可假设相关问题：

①顾客对金融服务有何选择？

②顾客如何使金融服务产生？

③顾客参与服务的程度有多大？是高度涉入还是偶发行为？……

（2）了解服务员工的角色。对蓝图进行水平分析，关键点集中在可视线上下的活动上：

①服务过程的合理性、效率、效果如何？

②哪些员工在与顾客接触？

③接触频率怎样？

④一位员工对顾客负责到底还是中间有转手发生？……

（3）了解服务过程因素的结合情况。纵向剖析服务蓝图，以便明确服务任务、关键员工以及内部行为与一线服务效果之间的联系。要考虑的问题是：

①整个服务过程从一位员工到另一位员工的传递是如何发生的？

②什么是相关的支持系统？或起支持作用的因素有哪些？

③在支持顾客互动的重要环节中，可视的前台与不可视的后台服务员工要做什么？其中，服务过程的运作政策是什么？服务过程对顾客参与的规定有哪些？服务过程对顾客要进行哪些指导？……

2. 针对服务过程中的关键性问题，合理设计过程策略

（1）明确服务目的，识别服务过程。由于金融服务类型的多样性，且同一服务由不同金融机构提供也有差别，所以针对不同的服务种类建立服务蓝图时，一定要明确该类业务的服务目的，根据建立蓝图的目的，识别和设计服务过程。

（2）明确服务对象，从顾客体验的角度展示服务过程。在金融服务过程中，顾客参与了服务过程，并根据服务体验来判断服务质量，因而，作图时明确顾客是谁以及这些顾客所体验的服务过程是非常重要的。在图上列出顾客在购买、消费和评价服务过程中所作出的选择或经历的活动，有利于加强过程管理。

（3）明确服务蓝图可视线的位置，清晰规划前台、后台员工的行为。

服务蓝图告诉我们，一方面，要强调前台对于服务接触产生感知质量的重要性，以提示服务提供者关注有形、无形的服务优化线索；另一方面，也不能忽视后台出现的延误和失误问题，这些问题将导致前台可视、可感的服务努力前功尽弃。

本章小结

服务过程营销即服务产品营销。金融服务过程的含义包括服务过程的概念和特性，完好的服务过程的表现与绩效受许多因素的影响。研究金融服务过程首先要对过程进行科学分类。常用的分类方法有三因素法、二维坐标法、作业差异法。金融企业了解和掌握服务过程分类是对金融服务进行设计和管理的前提与基础。

金融服务流程设计的方法有：图形设计法、生产线法、顾客合作法和技术核分离法。每一种设计方法都有其鲜明的特点、适用服务类型以及优缺点。

服务蓝图是一种简单易行的、有效的流程设计工具，“三线四块”是其基本结构，遵循六大制作步骤，可以使服务流程设计达到符合顾客满意和内部运作高效率的要求。

重要术语和概念

服务过程　三因素分类法　二维坐标分类法　图形设计法　生产线法　顾客合作法　技术核分离法　服务蓝图

复习思考题

1. 什么是服务过程的定义？请举例说明。

2. 影响服务过程的因素有哪些？与企业文化的关系如何？

3. 为什么要对服务过程分类？有什么分类方法？

4. 服务过程可以分为哪些类型？其营销意义是什么？如何将其用于对金融服务分类？

5. 简述几种服务流程设计方法的核心思想以及适用对象。

6. 分别说明图形设计法、生产线法、顾客合作法、技术核分离法的主要内容、做法和优缺点。

7. 简述服务蓝图的结构及各个部分的营销意义。

8. 以身边熟悉的服务过程试做一个服务流程图，说明设计思路。

拓展阅读

[1] 刘丽文. 生产与运作管理. 5版. 北京：清华大学出版社，2016

[2] 雷蒙德·P. 菲斯克，史蒂芬·J. 格罗夫，乔比·约翰. 互动服务营销. 北京：机械工业出版社，2001

[3] 桑杰夫·波多洛伊，詹姆斯·A. 菲茨西蒙斯，莫娜·J. 菲茨西蒙斯. 服务管理：运作、战略与信息技术（原书第9版）. 北京：机械工业出版社，2020

[4] 冯建龙. 数字化背景下商业银行“智慧运营”的路径研究——以浙江为例. 浙江金融，2021（7）

[5] 祁婕，肖琳. 银行网点厅堂服务流程仿真优化. 市场周刊，2020（4）

[6] 吴若苇. M银行厦门分行A支行排队管理优化研究. 厦门：厦门大学，2019

[7] 申睿，周雷，等. 困境与突围：人工智能赋能银行网点智能化转型研究. 金融教育研究，2019（5）

第十二章实训项目

第十三章　金融服务有形展示策略

学习目标

1. 了解有形展示的概念、功能和作用。
2. 熟悉不同类型服务场景的差异以及服务场景对人的行为的影响。
3. 掌握服务环境设计的关键因素。

由于服务的无形性和顾客识别服务质量的困难，金融机构对服务环境的设计和管理具有十分重要的意义。服务环境在服务营销学中一般称作有形展示，是服务营销组合的七个要素之一，对服务质量起着间接承诺的作用。顾客依靠服务进入点的环境与自己过去的经验比较，判断其所属的层次水平。因此，当服务内容、价格、促销和选址难以形成竞争优势时，有形展示可以成为与对手区别开来的手段。

金融机构提供的金融产品和各种服务紧密相连，金融产品本身就是金融机构提供的一种或几种服务的组合，既有无形性又有同质性。所以，金融机构需要通过有形展示，让客户能够切身体会到其得到的服务和别的金融机构提供的服务在品质上的差别。

本章的主要内容是介绍有形展示的概念、有形展示发挥作用的理论基础，研究有形展示的基本方法，将这些有形展示营销的基本知识运用于金融行业，介绍一些金融机构和其他行业的有形展示策略的例子。

第一节　有形展示概述

一、有形展示的概念

（一）有形展示的定义

服务营销对有形展示的定义：为进行服务传递，公司与顾客进行交互所处的环境以及有利于服务执行或传播交流的任何有形商品。其中，与环境相关的有形设施又叫服务场景。

有形展示通过对服务工具、设备、员工、信息资料、其他顾客、价目表等所有这些为顾客提供服务的有形物的服务线索的管理，加深顾客对服务的理解和认识，为顾客作出购买决定传递有关服务品质的信息。如果金融机构有效地利用并设计有形展示，就可以缩小顾客预期服务和感知服务之间的差距。

在商品营销中，有形展示基本上就是产品本身，而服务产品基于人的活动本身是无形的，需要借助一些相关有形物品展示产品内容和品质。有形展示的范围比较广泛。事实上，服务营销学者不仅将环境视为支持及反映服务产品质量的有力实证，而且将有形展示的内容由环境扩展至包含所有用以帮助生产服务和包装服务的实体产品和设施。若善于管理和运用这些有形展示，则可帮助顾客感受服务产品的特点以及提高享用服务时所获得的利益，有助于建立服务产品和服务企业的良好形象，支持有关营销策略的推行；反之，若不善于管理和运用，则它们可能会传达错误的信息给顾客，影响顾客对产品的期望和判断，进而破坏服务产品及企业的形象。

有形展示对服务产品的传播十分重要，尤其是对于具有明显信任特征和专业程度较高的金融行业，如银行、证券、保险公司等，买卖双方在信息掌握上是不对称的。银行的顾客实际上不知道自己的钱被托付给银行后，银行实际会做些什么，完全是凭对银行的信任达成交易的。因此可以理解为什么花旗银行重视与客户的交流，实现金融服务的有形化。花旗银行的理念就是通过实际操作让客户体验到其服务的品质，通过技术人员给客户提供培训和讲座，通过前台人员的交谈让客户相信花旗银行的专业水平。所有与客户接触得比较多的员工，他们的专业素质、服务态度和服务跟踪，是客户能信任花旗银行的服务的基础。

（二）有形展示的构成

有形展示的构成要素如表 13－1 所示。这些要素包括服务组织的所有有形设施（服务场景）和其他有形传播。从顾客视角又分为外部设施、内部设施和网络设施。

表 13－1　有形展示的构成要素

服务场景	其他有形传播	服务场景	其他有形传播
外部设施	名片	内部设施	手册
外部设计	文具	内部设计	网页
标志	收费单	设施	虚拟场景
停车场地	报告	标志	
周围景色	员工着装	布局	
周围环境	制服	空气质量/温度	

以银行服务为例，服务前台的服务效率、态度，规范、服务网点的便捷性，门面的档次感，前台监控设施的完备性，门面空间的大小，门面中的服务信息，咨询问题时得到答案的及时性与确定性，辅助设备的运行稳定性，银行员工在公众场合的形象等都属于银行服务产品的有形展示。

各种要素的重要性在不同服务情况下是不一样的。有的服务场景展示比其他有形展示重要，例如银行服务场景设施强调银行的稳健性及服务特色。有的不必太强调服务场景但其他有形展示比较重要，如保险服务，重要的是保单、收费单、公司资料和手册、信笺或卡片、网站等。认清这一点，可以避免实施有形展示策略的盲目性。

二、有形展示的功能

根据环境心理学理论，顾客利用感官所获得的对有形物体的感知及由此所获得的印象，将直接影响到顾客对服务产品质量及服务企业形象的认识和评价。顾客在购买和享用服务之前，会根据那些可以感知到的有形物体所提供的信息而对服务产品作出判断。从这个角度来看，有形展示主要包括四大功能，即包装、辅助、交流、区别功能。

1. 包装

与有形产品的包装一样，有形展示的服务场景即其他有形因素也是服务的包装，并以其外在形象向顾客传递服务产品的“内在”信息。服务场景体系是组织的外在形象，对形成顾客第一印象和服务期望具有重要意义。例如，许多金融机构营业部采用落地式大玻璃窗，保持空间的通透，还陈列一些历史文化类作品以营造文化氛围等，一改传统银行营业部冷冰冰、古板的形象；一些营业部还仿效零售公司的做法，让出纳员在大门旁排队迎宾，表现出服务的“亲切”和“热情”的姿态。

2. 辅助

环境设施能够促成或阻碍场景中服务活动的进行，使顾客和员工更容易或更难达到目标。设计良好的功能设施可以使顾客将接受服务视为愉快的经历，员工也将提供服务视为快事一桩。相反，不理想的设计会使顾客和员工都感到失望。例如，许多银行、保险公司在营业大厅设置了自助点钞机、碎纸机、饮水机、叫号机等很多自助设备，让客户可以坐在沙发上喝水、看看报纸杂志，悠闲地等待办理业务。

3. 交流

好的服务场景有利于员工和顾客双方的交流。顾客可以了解自己和员工的职责是什么，迎接他们的服务场景应该怎样，自己的行为应该怎样，以及受到怎样的奖励或非议。例如，证券营业部对客户分类，并分别开设大户、中户、普通客户室。普通客户室仅有一台电脑和一张椅子（相互紧靠），提供一般信息；而大户享有几个人一间的独立房间，有电视、报纸和专门的信息渠道。享受高等级待遇的顾客，意味着其是交易量和总资产在一段时间内达到了一定水平的大客户。围绕顾客的硬件设施无声地证明了其经济实力和对公司的贡献。不同级别的信用卡也有同样的沟通标识作用。

4. 区别

用有形设施将自己与竞争对手区别开来，是一种细分策略。例如美国有一家面向消费者和儿童的银行，为了利用服务场景清楚传播自己的独特之处，它在顾客第一眼能看到的地方挂了一幅儿童壁画。然后顾客会受到一个随和的、身着黄褐色衣服员工的欢迎。在银行内专门有一块儿童玩耍区域以及出售包括小猪储蓄罐的小卖部。通过这些做法，该银行将自己与那些经营商业客户或者高收入阶层的银行区别开。此外，有形展示还有服务层次的区隔作用，如大饭店设计几种不同档次的餐厅，需要借助环境的差异来区分，还有飞机上的头等舱和电影院的包厢座位等，以显示不同价格带来的不同体验。

三、有形展示的作用

服务有形展示的首要作用是支持金融机构的市场营销策略。在建立市场营销策略时，应特别考虑对有形因素的操作，力图使顾客和员工产生应有的服务接触感觉，导致预期的行为反应。有形展示作为金融机构实现其产品有形化、具体化的一种手段，在服务营销过程中占有重要地位。有形展示之所以能被升华为服务市场营销组合的要素之一，在于它所起到的以下几个方面的重要作用。

1. 通过感官刺激，让顾客感受到服务给自己带来的利益

营销学关于消费者购买行为的理论强调，产品的外观能否满足顾客的感官需要将直接影响到顾客是否真正采取行动购买该产品。同样，顾客在购买无形的服务产品时，也希望能从感官刺激中寻求到某种期待的东西。服务展示的一个潜在作用是给市场营销策略带来乐趣优势，努力在顾客的购买经历中注入新颖的、令人激动的、娱乐性的因素，从而改善顾客的厌倦情绪。例如，顾客期望金融机构的外形设计能独具特色，期望高格调的营业大厅能真正提供祥和愉悦的气氛，显示屏上除了庄严的产品价格信息，还穿插一些有趣的小品。因此，采用有形展示的实质是通过有形物体对顾客感官方面的刺激，让顾客感受到无形的服务能给自己带来的利益，进而影响其对无形产品的需求。

对于金融行业来说，建筑可以有力地支持以感觉为基础的服务营销策略，这是一个值得挖掘的资源，我国当今金融企业的建筑可以媲美发达国家的金融企业。但是，建筑物只是“包装”的最外一圈，是最初的线索。“内层包装”——环境、顾客系统、员工的素质和工作态度变得越来越重要，它们要么与最初的线索（即建筑物所传达的）相吻合，要么让顾客觉得最初的线索仅是假象。

2. 引导顾客对服务产品产生合理的期望

顾客对服务是否满意，取决于服务产品所带来的利益是否符合顾客对它的期望。但是，服务的不可感知性使顾客在进入服务之前，很难对该服务作出正确的理解或描述，他们对该服务的功能及利益的期望也是很模糊的，甚至是过高的。不合乎实际的期望又往往使他们错误地评价服务，给出不利的评语。通过运用有形展示，可以让顾客在使用服务前能够具体地把握服务的特征和功能，较容易对服务产品产生合理的期望，以避免因顾客期望过高而难以满足所造成的负面影响。

3. 影响顾客对服务产品的第一印象

对于新顾客而言，在购买和享用某项服务之前，他们往往会依据第一印象对服务产品作出判断。既然服务是抽象的、不可感知的，有形展示作为部分服务内涵的载体无疑是顾客获得第一印象的基础，有形展示的好坏直接影响到顾客对企业服务的第一印象。例如，宣传理财产品时。

当表达年收益的指标措辞含糊，而最终不是所预期的水平时，顾客便会产生“货不对路”的感觉，甚至有一种可能受骗的不安感觉，可能这个客户对后续同类产品不会再产生兴趣。反之，若金融机构在宣传资料中详细载明产品的风险收益特征（一些基金公司在产品介绍中表现出了这样的态度），顾客会认为金融机构是认真的，对顾客是负责的，进而也增强了对金融机构的信任感，因为信任而产生购买欲望。

4. 使顾客对服务质量产生“优质”感

服务质量的高低并非由单一因素所决定。根据专家对多重服务的研究，大部分顾客根据十种服务特质判断服务质量的高低。“可感知”是其中的一个重要特质，而有形展示正是服务中可感知的部分。因此，金融机构应强调使用适用于目标市场和整体营销策略的服务展示。

与服务过程有关的每一个有形展示，例如，服务设施、服务设备、服务人员的仪态仪表，都会影响顾客感觉中的服务质量。优良的有形展示及管理能使顾客对服务质量产生“优质”的感觉。通过有形因素提高质量意味着对微小的细节加以注意，许多时候，可见性较高的服务细节能向顾客传递公司的服务能力以及对顾客的关心。例如，在柜台摆放老花镜，摆放盛有几颗糖果的小碟，使顾客感觉到服务的温馨与体贴，提高了顾客感觉到的服务质量。

5. 有利于员工的工作态度和业务培训

环境不仅仅作用于顾客，同时也作用于员工。良好的工作环境可以使人心情愉快，效率提高，与顾客之间协调互动。此外，从内部营销的理论来分析，服务员工也是企业的顾客。由于金融服务产品是“无形无质”、无法驻留的，顾客难以了解服务产品的特征与优点，那么，金融企业的服务员工作为企业的内部顾客也会遇到同样的难题。如果服务员工不能完全了解金融机构所提供的服务产品，营销管理人员就可能无法保证他们所提供的服务符合预先设定的标准。所以，营销管理人员利用有形展示突出服务产品的特征及优点，也可起到培训服务员工的作用，使员工掌握服务知识和技能，指导员工的服务行为，为顾客提供优质的服务。

第二节　服务场景的类型

对有形展示可以从不同的角度作不同的分类。不同类型的有形展示对顾客的心理及其判断服务产品质量的过程有不同程度的影响。

一、按场景中的活动主角和复杂性分类

鉴于构成有形环境的多重要素，以及对达到公司的营销目的的重要性大小不一，一些专家试图按服务场景主角和服务复杂程度对服务进行分类，以便有关服务机构进行有形展示的决策。通常服务场景中的主角有三种情况：只有顾客——自助服务情况、只有员工——远程服务情况、员工和顾客同时存在——交互服务情况。其中又分复杂与简单两种类型，如表 13－2 所示。

表 13-2　服务场景的类型

复杂程度 \ 服务类型	简单	复杂
自助服务（顾客主导活动）	柜员机存取款	
	柜员机转账	券商营业厅股票交易
	网上银行	
交互服务（员工和顾客交互活动）	柜台储蓄存款	理财产品交易
	投连险交易	理财咨询
	国债发行	保险理赔
	住房公积金发放	投资者教育与培训
远程服务（员工主导活动）	客户服务中心	
	银行保管箱业务	股票 IPO 网上路演
	票据托收委付	

表 13-2 服务场景分类的营销意义可从以下两个方面理解：

第一，对于不同的服务类型，服务场景的影响不同，因此要分清楚是谁（顾客或员工）分别或共同进入服务设施并受其影响。自助服务是一个极端，员工很少，顾客是操作的主角。另一个极端是远程服务，顾客参与很少，甚至不参与，完全由金融机构操作完成。介于两者之间的是交互服务，消费者和员工都要置身于服务场景中。对于自助服务环境，应该重点专注营销目标，如吸引细分市场顾客、便于使用等等。在远程服务中，服务设施的设计可以专注于员工的需要和爱好，能激励员工、有利于提高生产率、加强团队合作等，不需要考虑顾客，因为顾客不在服务场景中。如果是顾客和员工都需要进入服务场景，情况就比较复杂。服务场景的设计要兼顾顾客和员工两方，可以同时吸引、满足、便利他们之间的活动，同时也要考虑顾客与顾客之间、员工与员工之间的交叉活动。

第二，服务场景可以分为简单和复杂两种情况。简单型的设计因素、空间和设施不多，如大型购物中心、ATM、出售彩票，都是相对简单的服务。复杂型的则包含很多因素和形式，例如理财咨询服务、企业财务顾问服务、IPO 路演活动、保险理赔服务等。

服务机构通过这种分类，可以认清自身属于哪一类，以便在决策中解决这样一些问题：

（1）明确调研对象。自助服务应该了解顾客的需求和偏好；远程服务则应将重点放在员工身上；如果是交互服务，则要对顾客和员工双方进行调研，尽量兼顾各自的需要。

（2）明确组织目标。自助服务可以强调营销目标；远程服务要注意员工的满意度；交互服务既要重视营销目标又要重视员工积极性，不能片面强调一个方面。

（3）明确决策的复杂程度。当服务机构知道将面对复杂的服务场景决策时，应该考虑投入更多的时间、金钱和人力，操之过急往往欲速则不达。

二、以有形展示的构成要素分类

按有形展示的构成要素进行划分，主要表现为三种展示类型：物质环境、信息沟通和价格。它们不是完全相互排斥的。例如价格，属于一种不同于物资设备和说服性信息交流的展示方式，需要通过多种媒介使服务环境传递价格信息。

（一）物质环境展示

物质环境的形成离不开三大因素：周围因素、设计因素和社会因素。

（1）周围因素。这类因素通常被顾客认为是服务产品内涵的必要组成部分，是指顾客可能不会立即意识到的环境因素，如气温、湿度、气味、声音等。它们的存在并不会使顾客感到格外兴奋和惊喜。但是，如果失去这些因素或者这些因素达不到顾客的期望，就会削弱顾客对服务的信心。周围因素是不易引起人们重视的背景条件。但是，一旦这些因素不具备或令人不快，就会马上引起人们的注意。比如，气温和噪音。因为周围因素通常被人们认为是理所当然的，所以它们的影响只能是中性的或消极的。换句话说，顾客注意到了周围因素更可能引发躲避行为，而不是导致接近行为。例如，营业部一般应该拥有设施设备摆放整齐有序、四处窗明几净的环境，达到此要求的营业厅会使顾客感到舒服和放心。而污浊散乱的大厅环境显然会令顾客大为反感，顾客可能会转而光顾另一家营业厅。

（2）设计因素。设计因素是刺激消费者视觉的环境因素。这类因素被用于改善服务产品的包装，使产品的功能更为明显和突出，以建立有形的、令人赏心悦目的产品形象。比如，服务场所的设计、服务商形象标识等便属于此类因素。设计因素是主动刺激，它比周围因素更易引起顾客的注意。因此，设计因素有助于培养顾客积极的感觉，且鼓励其采取接近行为，有较大的竞争潜力。设计因素又可分为两类：美学因素（如建筑风格、色彩）和功能因素（如陈设、舒适）。设计因素既包括应用于外向服务的设备，又包括应用于内向服务的设备。

（3）社会因素。社会因素是指在服务场所内一切参与及影响服务产品生产的人，包括服务员工和其他在服务场所同时出现的各类人士，其言行举止皆可影响顾客对服务质量的期望与判断。

服务员的服饰装扮在服务展示管理中也特别重要，因为顾客在一般情况下并不对服务和服务提供者做严格区分。产品的展示是至关重要的，服务产品展示与有形产品展示唯一的不同是，服务人员构成服务产品的不可分割的部分，服务人员必须与产品一起设计并被适当包装。

（二）信息沟通展示

信息沟通是另一种服务展示形式，这些来自金融机构本身以及其他引人注意的沟通信息通过多种媒体传播，展示服务。从赞扬性的评论到广告，从顾客口头传播到公司标记，这些不同形式的信息沟通都传送了有关服务的线索，影响着金融机构的营销策略。

要通过强调现有的服务展示并创造新的展示来有效地进行信息沟通管理，使服务和信息更具有形性。

（1）服务有形化。让服务更加实实在在而不那么抽象的办法之一，就是在信息交流过程中强调与服务相联系的有形物，把与服务相联系的有形物推至信息沟通的前沿。如日本三和银行的行徽是绿色的，它就把其所有分支机构的玻璃都画上绿色的树木，女营业员统一着浅绿色的服装，既能吸引人们的注意力，又给人一种宁静舒适的感觉。

（2）信息有形化。信息有形化的一种方法是鼓励对公司有利的口头传播。例如汇丰推出的广告标语“环球金融，地方智慧”（The World's Local Bank），希望体现出其服务兼顾“全球化”的品质和“本土化”的特色。如果顾客经常选错服务提供者，那么他就特别容易接受其他顾客提供的可靠的口头信息，并据此作出购买决定。

（三）价格展示

价格是市场营销组合中唯一能产生收入的因素，而其他的因素都会引起成本增加。此外，价格之所以重要还有另一个原因：顾客把价格看作有关产品的一个线索。价格能培养顾客对产品的信任，同样也能降低这种信任。价格可以提高人们的期望（它如此昂贵，一定是好货！），也能降低这些期望（我付出这么多钱，得到了什么？）。

在服务行业，正确的定价特别重要。因为服务是无形的，服务的无形性使可见性因素对于顾客作出购买决定起重要作用。价格是对服务水平和质量的可见性展示。价格成为消费者判断服务水平和质量的一个依据。

（1）价格过低。营销人员把服务价格定得过低就暗中贬低了他们提供给顾客的价值。顾客会怀疑，这样低廉的服务会有什么样的专长和技术？

市场营销中一个有趣的现象是：质量声誉一般或很差的公司往往把低价作为补偿这些缺陷的“拐杖”，这一策略通常不会成功，因为“价格”和“价值”不是一回事。价值是与顾客的全部付出相对应的全部利益。价格仅仅是全部付出的一部分。例如，一家零售店价格低廉，但是服务职员漫不经心，不熟悉业务，店内凌乱、不干净，对许多顾客（也包括老顾客）来说，这可能意味着会有更多非价格成本的付出。

（2）价格过高。犹如过低的价格会产生误导一样，过高的价格同样会导致这一结果。过高的价格给顾客以价值高估，不关心顾客，或者“宰客”的形象。

与物质环境、信息沟通一样，价格也传递有关服务的线索。价格能展示空洞的服务，也能展示“饱满”的服务；它能表达对顾客利益的关心，也能让人觉得漠不关心；制定正确的价格不仅能获得稳定的收益，而且能传送适当的信息。价格的高低直接影响着金融机构在客户心目中的形象。

三、以顾客是否拥有分类

根据有形展示物品能否被顾客拥有，可将其分成边缘展示和核心展示两类。

1. 边缘展示

边缘展示是指顾客在购买过程中能够实际拥有的展示。这类展示很少或根本没有什么价值，比如电影院的入场券，它只是一种使观众接受服务的凭证。在宾馆的客房里通常有很多包括旅游指南、住宿须知、服务指南以及笔、纸之类的边缘展示，这些代表服务的物的设计，都以顾客心中的需要为出发点，它们无疑是企业核心服务强有力的补充。

2. 核心展示

核心展示与边缘展示不同，在购买和享用服务的过程中不能为顾客所拥有。但核心展示却比边缘展示更重要，因为在大多数情况下，只有这些核心展示符合顾客需求时，顾客才会作出购买决定。例如，宾馆的级别、银行的形象、出租汽车的牌子等，都是顾客在购买这些服务时首先要考虑的核心展示。因此，我们可以说，边缘展示与核心展示加上其他形成服务形象的要素（如提供服务的人），都会影响顾客对服务的看法与观点。当一位顾客判断某种服务的优劣时，尤其在使用或购买它之前，其主要的依据就是环绕着服务的一些实际性线索、实际性的呈现所表达出的东西。

第三节　服务场景影响行为的理论简述

为什么服务场景会起到包装、辅助、交流和区别的作用呢？这个问题主要是由环境心理学来回答的。环境心理学是服务场景作用的理论基础。它主要研究工作环境、公共场所（医院、学校和监狱）对人的心理作用，力图解释场景对人员行为的影响的深层原因，从而真正理解并正确处理环境和行为的关系。

一、有形展示“刺激—反应”模型

服务场景对行为的影响基本遵循“刺激—反应”理论。环境中的诸多要素是刺激，顾客和员工是对刺激作出反应，该环境下产生的行为是反应。服务场景的要素会影响到顾客和员工，他们对服务场景的内在反应决定了行为方式。

这里引用一个经典的例子。假设校园里离教室不远处停放着一辆面点车，车子设计得多姿多彩、活泼有趣，还飘着烘烤面包的香味。外观设计和香味就是影响顾客的两个服务场景因素。你刚刚下课，穿过校园，肚子有点儿饿。于是，面点车那有趣的设计以及飘出的阵阵香味让你感到高兴、放松，同时也感到饥肠辘辘。还要再上一节课才到午饭时间，最终你被吸引到面点车前准备买块点心。于是场景导致了行为的发生。如果离上课还有一些时间，你可能会与其他站在车旁的顾客聊一会儿天，这是服务场景导致的其他行为。

用图框来表示这个“刺激—反应”模型的机理和过程，见图 13－1。它表明环境对顾客和员工的影响，可能产生多种类型的反应以及引发多种行为。

二、环境要素

有形环境是人员产生反应的刺激源，包括所有客观的、能被该服务组织控制以强化或约束员工与顾客行为的有形因素，如照明、颜色、标识、构造、材质、家具风格、布局、墙壁装饰和温度等等。在研究中一般归纳为三类：周边条件，空间布局与功能，标志、象征和制品。

1. 周边条件

周边条件包括环境的背景特点，如温度、照明、噪音、音乐、气味和颜色。所有这

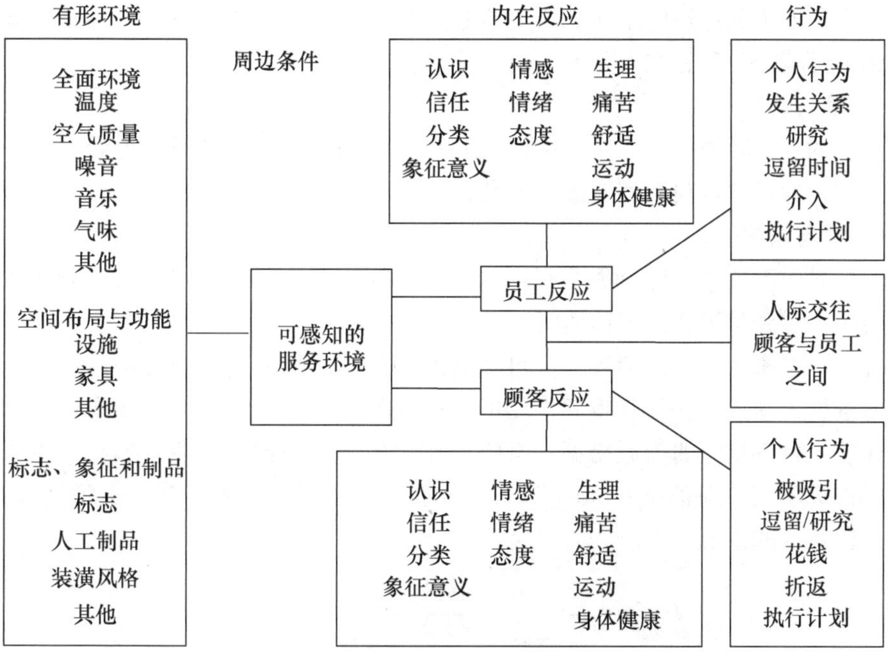

图 13－1　服务环境的“刺激—反应”模型

些都能极大地影响人们对某个特殊服务场景的感觉、想法和反应。例如，有音乐比没音乐能延长顾客逗留的时间，音量小的慢节奏音乐使顾客感觉更悠闲，愉悦的感觉产生可以促成更多交易。

2. 空间布局与功能

空间布局是指设备、设施和家具陈设的摆放，它们的大小及相互关系。功能是指同样的设施方便顾客和员工使用的能力。银行用于自助服务的设备 ATM 的摆放就要注意这个问题，否则就难以达到令顾客满意的目的。

布局应该讲究易于接近以及美学上的灵巧、舒适，力图表达出服务质量的品位。

3. 标志、象征和制品

利用有形环境将很多与经营有关的信息清楚或含蓄地传达给使用者。例如，外部和内部的标志就明显起着交流作用。它们可以是标签（如公司名字）、指示牌（如出入口）标志、告知行为规范（如禁止吸烟）标志、避免拥挤的标志等。

有些环境因素标志没有直截了当的沟通功能，但也可以起到暗示作用。建筑的材料质地、艺术作品、出席证、地板材料等，都可以起到暗示作用。在银行的办公环境中，一定的提示，如桌子大小、摆放位置可以表示出主人的地位和职业形象。

三、行为活动

人员处于服务环境中将发生一定的行为，而行为是人员对环境的认识、情感和生理上的反应。也就是说，环境要通过人员自己的身心反应才导致行为发生。通过人的内在反应的分析，可以进一步了解特定环境导致特定行为之间的内在关系。

分析人员处于服务环境中所产生的内在反应，可从四个方面进行：环境与认识、环境与情感、环境与生理、个人差异。

1. 环境与认识

感知到的服务环境能影响对有关的人和产品的信任。可以把服务场景看作一种非语言交流形式，通过“客观语言”传达信息。

2. 环境与情感

服务场景引起情感反应是无可置疑的。有些地方令人感到高兴、愉悦和放松，而有些地方会令人感到难过、沮丧和消沉。

环境心理学家认为，任何环境，自然的或人为的，都会引起两方面的情感：是否高兴与唤起程度。令人愉快又有唤起作用的服务场景称为兴奋型；令人愉快但没有唤起作用的，或使人昏昏欲睡的为放松型；有唤起作用但令人不愉快的叫苦恼型；令人不愉快且使人昏昏欲睡的叫抑郁型，如图 13－2 所示。而是否高兴或喜欢，是刺激顾客重返、花钱、久留行为的重要因素。

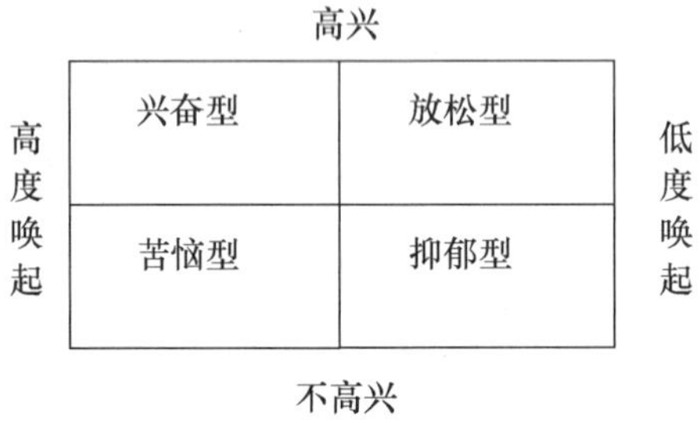

图 13－2 环境与情感的关系

3. 环境与生理

感受到的服务场景会带来生理上的影响。太大的噪音会引起生理上的不适，房间温度太低会使人冻得发抖，太高又会使人大汗淋漓，空气不好会令人感到憋闷，光线太强或太弱会影响视力并引起身体不适。当身体的疲惫或不适发生时，人们将产生离开的愿望，并留下不愉快的印象。当顾客精神焕发、时间充裕时往往不在意排队；当处于相反状态时，对排队将不耐烦、不满意。这些环境也将影响员工的工作情绪和效率。

4. 个人差异

环境会影响置身于其中的人员的认识、情感和生理，但是每个人、每一次的反应又不完全相同。因为每个人的个性不同，当时的一些特别的条件也不同。暂时的情绪状态也会引起人们对环境刺激的不同反应。一个轻轻松松过完两天周末的人和工作了一天、既烦恼又疲惫的人，感受的程度可能相差较大。因此，既要熟悉普遍的内在反应规律，同时也要认识到每个人的差异，从而导致的行为是多样且复杂的。

四、人的行为反应

服务环境中的行为活动分为个人行为和社会交往，而个人行为又分为顾客和员工两类。服务营销运用环境心理学的研究成果，有效解释了环境与人的心理和行为之间的关系。

1. **个人行为**

环境心理学家认为，个人对环境作出的反应体现在两个十分常见而又截然相反的行为方式上：靠近或远离。靠近行为包括逗留愿望、研究、操作使用、发生联系等。远离行为则相反。例如：一家有宽敞停车位的银行将比停车面积很小的银行更能吸引白领阶层；营业大厅摆放舒适的桌椅，消除了顾客等待时的紧张和不耐烦的感觉；营业大厅走动的服务咨询员，面带微笑，主动和善地回答和指导顾客在服务过程中遇到的问题，使顾客感受到了人情味。又如广发银行信用卡部门2000年以奥运这一重大事件为卖点，并以国内体育明星为信用卡封面，抓住了大众追逐奥运、崇拜体育明星的心理，从而其发行的信用卡得到了人们的喜爱和接受。

适当的空间、设备，适宜的温度、气温和空气质量等，都有利于提高员工的舒适感和满意度，使员工工作效率更高、工作时间更长、与其他员工相处和谐。

2. **社会交往**

服务场景还影响顾客与员工交往的质量。"所有的社会交往都受其所处的有形环境的影响"。服务环境的各种因素，如座位安排、空间大小、设施和用具等，都能够表达顾客与员工或顾客之间交流的可能性和限度。如银行柜台的宽度，太宽则拉大了顾客与员工的距离，过窄则不利于顾客和员工各自有关的操作；某家银行专门为外汇储蓄设了一个窗口，顾客可以不必排队直接办理业务，人们将它理解为持有外汇的顾客享有特殊待遇，这家银行外汇也许特别紧张；中国建设银行曾经推出"柜台限时服务"，要求员工在规定的几分钟内完成交易，并公布有关服务标准，使顾客知道这家银行注重效率，同时知道如果员工操作超过限定的时间，则顾客有权利向他的上司投诉。

五、研究服务场景影响的方法

设计一个服务环境，要在服务环境调查研究的基础上，作出战略计划。既要考虑顾客满意的营销，又要按照组织行为学的观点协调各职能部门的要求。下面介绍几种研究方法，了解人员对不同类型环境的反应和偏好，以及各种方法的优缺点。

1. **环境调查法**

环境调查法要求人员通过调查问卷的形式回答预先设定的问题，了解他们在不同环境条件下的需要和偏好。例如，一家银行选定3 000位顾客和2 000位员工展开调查，将需要了解的32个环境因素归纳为周围条件、美感、隐私、效率和方便五类，并用调查对象易于理解的措辞表示。从回收的问卷中获得了顾客和员工对银行设施的不同期望或感受的信息。

2. **直接观察法**

使用一定的手段和受过培训的观察人员，观察并记录服务场景中人员的行为和反应。一种谓之"步行穿越调查"的方法是直接观察的有效工具。管理人员作为顾客进入服务场景接受服务，直至结束，体验当中所有的感受并发现存在的问题。

3. **实验法**

这是一些专家认为最好的方法。具体做法是：将几组顾客放在不同的环境配置中，观察其反应。比如观看颜色、形状、图像和听音乐及对音量大小的反应和感受。例如在商店实施改变后，观察客流量大小、群体结构变化、商品品种销售量等。

4. 形象蓝图法

在服务过程中使用的形象蓝图也可以用作场景调查的分析工具。一张形象蓝图能清楚显示在服务顾客时的每一步骤。它可以借助不同的媒介表达，如幻灯片、照片或录像带等。

上述调查方法各有优缺点，如图 13－3 所示，使用时应结合具体情况扬长避短。

环境调查法	直接观察法	实验法	形象蓝图法
优点：便于管理和结果理解；样本量大；可电话调查；标准问卷可电脑处理	优点：信息人为干扰少，有一定深度和准确性；适用新旧环境更替	优点：结果正确，可信度高；适合没有经验积累的新环境设计	优点：清晰、条理、生动展示服务场景状态；反映问题
缺点：问题的结果不一定反映人们的真实感觉和行为	缺点：时间和金钱花费较大；非定量，不能用电脑程序处理	缺点：金钱和时间花费较大；有时可以用模拟技术解决	缺点：不能给出顾客和员工的偏好

图 13－3　不同调查方法的优缺点

第四节　服务环境的设计

所谓服务环境，是指企业向顾客提供服务的场所。它不仅包括影响服务过程的各种设施，而且包括许多无形的要素。因此，凡是会影响服务表现水准和沟通的任何设施都包括在内。例如，就旅馆业而言，环境意味着建筑物、土地和装备，包括所有内部装潢、家具和供应品。因此，像一些较不起眼的东西，如茶盘、记事纸等，在传统的设计观念中或许会被忽略，但对于服务环境设计来说，这些东西也必须与其他明显物品一样包括在内。

一、服务环境的特点

对大多数金融机构而言，环境的设计和创造并不是件容易的工作。虽然对于向顾客提供在住所或家庭中的服务，这个问题并不很重要，但也应该注意到器械装备的设计、制服、车辆、文具以及可能会在顾客心目中形成对金融机构印象的相关事项。

从服务环境设计的角度看，环境具有如下特点：

（1）环境是环绕，即包括与容纳，一个人不能成为环境的主体，只可以是环境的一个参与者。

（2）环境是多重模式，即环境对各种感觉形成的影响并不是只有一种方式。

（3）边缘信息和核心信息总是同时展现，都是环境的一部分，即使没有被集中注意的部分，人们还是能够感觉出来。

（4）环境的延伸透露出来的信息总比实际过程中多，其中若干信息可能相互冲突。

（5）各种环境均隐含有目的和行动以及各种不同的角色。

（6）各种环境包含许多含义和许多动机性信息。

（7）各种环境均隐含有种种美学的、社会性的和系统性的特征。

因此，服务环境设计的任务，关系着各个局部和整体所表达出的整体印象，影响着顾客对服务的满意度。

二、理想服务环境的创造

设计理想的服务环境并非一件容易的事情，除了需要大量的资金花费外，一些不可控制的因素也会影响环境设计。一方面，人们现有的关于环境因素及其影响的知识及理解程度还很不够。究竟空间的大小、各种设施和用品的颜色与形状等因素的重要性如何，地毯、窗帘、灯光、温度等因素之间存在怎样的相互关系，诸如此类的问题具有较强的主观性，很难找到一个正确的答案。另一方面，每个人都有不同的爱好和需求，他们对同一环境条件的认识和反应也各不相同。因此，设计满足各种各样的需求的服务环境，如旅馆、大饭店、车站或机场等，存在一定的难度。

以一家营业大厅为例，其环境的设计应该考虑如下几个方面：

（1）适当的地点。适当的地理位置容易吸引更多的顾客。不过，适当的地点主要是指营业厅接近于目标顾客集中的地区，并非单纯是指营业厅应处于客流量较多的繁华商业区或交通便利的地方。因此，了解各种地段的特点和顾客的消费需求，是有效地推广服务产品的前提。

（2）大厅的环境设施状况。环境设施是营业厅经营的最基本条件。顾客选择营业厅前首先看的是大厅装修的档次、设施是否陈旧污浊、柜台是否宽敞舒适。从外部看，它要求招牌整齐清洁、宣传文字字迹清楚、盆景修剪整齐。

（3）营业厅的氛围。营业厅的氛围是影响餐厅服务质量的重要因素，无论大厅外部还是内部的设计与装饰都要烘托出专业、便利、友善的感觉，以便突出银行的服务宗旨和强有力的吸引力。大厅的设计、装饰、布局、照明、色调、音响等都会影响气氛。比如音响，音量适中的音乐能使顾客愉快、放松，但音量过大则可能影响顾客的交谈，使人感到厌烦。在讨论核心业务的私密空间中则无音乐胜过任何优美的音乐，显现出严谨和庄重。

环境设计如此重要，但不能错误地认为只有环境设计尤其是室内设计才是可供利用的、配合全套营销组合的有形展示策略。很多实力一般的金融机构虽然认识到了有形展示的战略性作用，却碍于资金缺乏，而视有形展示为一种奢侈的投资。事实上，正如前面所指出的，有形展示除了环境与气氛因素以及设计因素之外，还有社交因素。社交因素代表服务员工的外观、行为、态度、谈吐及处理顾客要求的反应等，它们对企业服务质量乃至整个营销过程的影响不容忽视。社交因素对顾客评估服务质量的影响，远较其他两类因素显著。因为根据对社交因素的观察，顾客可以直接判断服务员工的反应性、能否诚心诚意地处理顾客的特殊要求、能否给顾客一种对企业服务质量颇具信心的感觉以及服务员工是否值得信赖等。

三、影响服务形象设计的关键因素

金融机构要塑造自身的形象，受很多因素的影响。营销组合的所有构成要素，如价格、服务表现、广告、促销活动和社会活动，既影响顾客与当事人的观感，也是服务的可视要素。影响服务环境形成的关键因素主要有两点。

（一）实物因素

物质环境，包括外部的和内部的，有很强的沟通能力。在消费之前，顾客就在寻找信号（线索）：①服务能力；②服务特点；③顾客的满意表现。物质环境对顾客的影响程度，因服务的类型不同而不同。金融机构最显著的外在环境是营业场所的建筑构造设计。一栋建筑物的具体结构，包括其规模、造型、建筑使用的材料、其所在地点位置以及与邻近建筑物的比较，都是塑造顾客观感的因素。至于其相关因素，诸如停车的便利性、可及性、橱窗门面、门窗设计、招牌标示和指示车辆等也很重要。因为外在的观瞻往往能附联牢靠、永固、保守、进步或其他各种印象。

金融机构办公与服务场所内部的陈设布局、装饰、家具、装修、照明、色调配合、材料使用、空气调节、标记、视觉呈现如图像和照片等的品质造型等，所有这一切合并在一起往往就会创造出“印象”和“形象”。从更精细的层面而言，内部实物还包括记事纸、文具、说明小册子、展示空间和货架等项目。

将所有这些实物构成要素合并成为金融机构“有特色的整体形象”，需要相当的技术性和创造性。有形展示可以使金融机构显示“个性”，而“个性”在高度竞争和无差距化的服务产品市场中是被顾客识别和记住的一个关键因素。

（二）气氛因素

服务设施的气氛也会影响其形象。“氛围”原本就是指一种借以影响买主的有意的空间设计。此外，气氛对员工以及前来公司接洽的其他人员也都有重要的影响。所谓的“工作条件”，是指它会影响到员工对待顾客的态度。就营业大堂而言，每家金融机构的大堂都有各自的实物布局、陈设方式，形成顾客的“感觉”：有些显得局促，有些感觉宽敞；有的豪华壮丽，有的朴素稳重。营业场所必须有一种精心设计的气氛，适合目标市场顾客，并能诱导其购买。

影响气氛的主要因素包括：

（1）视觉。“视觉商品化”（visual merchandising）一词用来说明视觉因素会影响顾客对营业场所观感的重要性。视觉商品化与形象的建立和推销有关，顾客进门之后，确保无论顾客是在搭电梯，还是在等待交易或接洽，服务的推销和形象的建立仍在持续进行。照明、陈设布局、颜色显然都是“视觉商品化”的一部分。此外，服务人员的外观和着装也是。总之，视觉呈现是顾客惠顾服务产品的一个重大原因。

(2) 气味。气味会影响形象。借鉴商业机构的做法，如咖啡店、面包店、花店和香水店，使用芳香和香味来推销其产品；面包店巧妙地使用风扇将刚出炉的面包香味吹散到街道上；餐馆、咖啡店等也都可以利用香味达到良好的效果。金融机构的办公室、皮件的气味和亮光蜡、木制地板打蜡后的气味，往往可以散发出一种特殊的豪华气派。

(3) 声音。声音往往是气氛营造的背景。如果一个意大利顾客第一次光顾挂有"意大利比萨饼"的饭店，入门后听到以曼陀铃为主的《重归苏莲托》的音乐，一定庆幸自己的正确选择。这和一个身在异国他乡的中国人听到《二泉映月》时的感受别无二致。青少年流行服装店的背景音乐所营造出的气氛，当然与大型百货店升降梯中听到的莫扎特乐曲所营造的气氛大不相同，也和航空公司在起飞之前播放给乘客们听的令人舒畅的旋律所营造的气氛迥异。金融机构若想营造一种"安静"的气氛，可以使用隔间、低天花板、厚地毯以及销售人员轻声细语的方式。用具在使用中发出的声音，也能影响人们的感觉，如汽车关门的沉闷响声使人感觉厚实沉稳，令人觉得有较高的安全性。营业厅摆放的打本机，小声而有节奏的打击声，使顾客觉得机器完好，可以放心使用。

(4) 触觉。厚重质料铺盖的座位的厚实感、地毯的厚度、壁纸的感度、桌子的质感和大理石台面的凉滑感，都会带来不同的感觉，并发散出独特的气氛。ATM 操作的顺滑、密码按钮的隐蔽设计，令人感觉机器档次不低。

资料 13-1

在德国的银行享受文化

在德国，全新的银行服务理念已经融入每一个现代化银行分行的建设和服务之中。目前，德国的银行分行网点建设已经有了一个比较成熟的现代模式。

走进任何一家德国银行，你会发现，和国内银行最大的区别在于，银行柜员和顾客之间的那一面玻璃已经没有了，你甚至感觉不到自己是跨入了银行的门槛。银行员工在无隔断的开放空间里与你面对面交流，你也可以在休闲区来一杯咖啡放松放松，还可以把孩子放在儿童游乐区——儿童在银行的一个小区域内怡然自得地玩耍，这已成为德国银行的一道景观。让客户尽量放松，正是德国银行网点目前所追求的营销效应。

德国的银行分行现在一般划分为自助服务区、柜员服务区、客户金融业务咨询区。在自助服务区里，地面上的路线指示会引导顾客到自己所需的不同功能的自动柜员机前，自动柜员机均附有醒目的功能说明，可以方便顾客快速找到所需的服务项目。功能完善的自助设备有效缓解了银行柜台的压力，优化了柜台业务，将银行员工从柜台简单的存取款等业务中解放出来。而合理的分区设计，使你可以与银行员工在金融业务咨询区一起讨论你个人的投资意愿和银行的创新产品等。

明亮而又明快的暖色调，干净利落、划分清晰的功能区布局，友好的氛围以及持续咨询服务，最大限度地服务客户、与客户愉快地交往，胜任各类金融商贸交易，这些都是目前德国新型银行所体现出来的特点。

【场景一】德国沃尔夫斯堡市中心的吉夫霍恩—沃尔夫斯堡储蓄银行现代化分行的全新布局。

这家银行于 2002 年 8 月开业，其营业面积达到 4 400 平方米，建筑外观非常有吸引力，内部的灯光设计和布局强化了银行的开放度和透明度。

客户走进第一层大门，就可直接看到呈半圆形分布的自助服务区，其中摆设了三台ATM、一个投币机以及一个夜间保险箱。与其背对背而面向外墙的，是三台银行票据打印机以及两个自助服务终端。其中一个终端配备有座椅，客户可以坐在那里进行操作，而这台终端的使用频率要远远大于那台需要站着进行操作的终端。

自助服务区域和人工咨询服务台之间是无障碍的。客户一走进银行，所有服务区域都一目了然，他们可以从容地选择是使用自助服务终端还是人工服务柜台。自助服务区24小时开放。在下班时间，银行只用一道可移动的玻璃隔断将自助服务区和人工咨询操作柜台相分隔。

全新的自助服务区受到了当地居民的喜爱。据统计，在没有增加新机器的条件下，自助服务设备的利用率提高了50%。在客户金融业务咨询区，贷款、投资咨询、房产融资以及保险销售可以同时进行。在全新的满足客户需求服务理念支配下所营造出来的全新布局，使银行大幅增加了30%的客流量，同时也取得了很好的投资回报收益。

【场景二】Taunus Sparkasse 网点建设中现代化分行改造与自助银行结合。

5年前，Taunus Sparkasse 在“零售银行业务成本必须大幅削减，银行对客户的服务质量却要提升”的理念支配下，开始了改革，从一个全新的角度来衡量自助服务设施在达到自身目标过程中的作用。该银行64家网点之中的36家网点都开始提供“特色对话银行服务”，银行的网点布局也得到了更新，增设了开放式的自助服务区和金融业务咨询台，还新添了50多台现金循环机，以方便客户随时存取款。这项决策取得了令人赞叹的效果。现在，该行可进行自动化操作业务中的30%都已经在自助银行终端上完成。

另外，在赌场等特殊场合，Taunus Sparkasse 也设置了新的银行自助服务设备，这一措施为银行赢得了新的客户，培养了新的利润增长点。同时，Taunus Sparkasse 通过在信用社、食品店等地方安放ATM，以店中行的服务模式，使得银行更加接近客户，并保证了基本的现金业务量。

Taunus Sparkasse 的改革，虽然近乎脱胎换骨，但是有一点没有变，即虽然银行网点里的自助服务设备将在未来起到更加重要的作用，但实体建筑网点依然是而且将继续是这家银行营销网络的基本单位。

本章小结

服务有形展示是为进行服务传递，公司与顾客进行交互所处的环境以及有利于服务执行或传播交流的任何有形商品。其功能主要体现在四个方面：包装、辅助、交流、区别。作为服务营销的要素之一，发挥着特定和不可替代的作用。

由于服务场景的复杂性，按照一定规则对其进行科学分类是认识服务有形展示的基础。主要有按场景中活动主体不同的分法、按有形要素构成不同的分法和以顾客是否拥有的分法。

研究服务场景对人们活动的影响，主要依据环境心理学的“刺激—反应”模型，对环境要素和人的行为反应进行分析，进而提出研究场景影响的方法：环境调查法、直接观察法、实验法和形象蓝图法。

对服务环境进行设计时，要考虑周边条件、空间布局与功能以及标志、象征和制品等因素，还要注意区分边缘展示和核心展示。

重要术语和概念

有形展示　服务场景　外部设施　内部设施　物质环境展示　信息沟通展示　价格展示　边缘展示　核心展示　环境要素　行为反应　环境调查法　直接观察法　实验法　形象蓝图法　视觉商品化　气氛因素

复习思考题

1. 举例说明金融机构有形展示的要素有哪些。
2. 有形展示对金融机构的营销策略有什么作用？
3. 金融机构的服务场景可以包括哪些类型？
4. 什么是环境心理学的“刺激—反应”模型？这一模型对于有形展示有何意义？
5. 金融机构应该如何在服务场景设计中运用有形展示的策略？
6. 营业场所的气氛因素及其作用是什么？试举例说明。

拓展阅读

[1] 保罗·贝尔，等. 环境心理学. 5版. 北京：中国人民大学出版社，2009

[2] 胡正凡，林玉莲. 环境心理学. 3版. 北京：中国建筑工业出版社，2012

[3] 乔杰. 现代商业银行经营网点室内装饰设计探究. 四川水泥，2020 (9)

[4] 张强. 银行系统网点家具设计要点研究. 家具与室内装饰，2018 (1)

[5] 陈爱. 商业银行厅堂营销模式研究. 财经界，2015 (10)

[6] 林治乾，成昌洁. 商业银行网点转型探析——以美国Umpqua银行为例. 金融言行：杭州金融研修学院学报，2015 (7)

[7] 杨圣滔. 互联网金融时代，银行网点创新设计趋势. 现代装饰，2015 (10)

第十三章实训项目

第十四章　网络金融营销

学习目标

1. 从网络金融的产生和发展了解网络金融的含义及特点。
2. 了解网络金融营销的功能和营销网站设计的基本内容。
3. 掌握网络金融营销的战略规划和实施策略。
4. 了解网络银行的运营及营销。

以互联网为代表的现代信息科技，特别是移动支付、社交网络、搜索引擎和云计算等，正加速渗透到社会的各个角落，对金融业的影响将是根本性的。可能出现既不同于商业银行间接融资也不同于资本市场直接融资的第三种金融融资模式，称为“互联网金融模式”，即“网络金融”。

网络金融的发展将颠覆传统的金融业形态，银行、非银行金融机构和非金融的一般企业都将在这场以新经济为背景的角逐中重新定位、重构关系。在一定意义上，谁的网络金融营销最出色，谁就最有可能赢得市场先机。因此，对于从事金融业务的相关企业，网络金融营销的重要性，无论怎么强调都不过分。

关于网络金融的学习涉及金融与网络信息等多学科知识，本章仅仅是入门式的粗浅介绍，主要内容有：(1) 网络金融的产生与发展，网络金融的概念、特点和交易主体；(2) 网络金融营销的功能及网站设计；(3) 网络金融营销的战略与策略；(4) 网络银行的运营及营销。

第一节　网络金融营销概述

一、网络金融营销的产生与发展

1995 年 10 月 18 日，美国 3 家银行联合在互联网上成立了全球第一家网络银行——“安全第一网上银行”(简称 SFNB)，开了网络金融之先河。经过近 30 年时间，网络金融发展迅速，给传统金融产业带来了巨大冲击，迫使其经营理念和管理结构等方面不得不进行全新的探索和改革。

SFNB 的冲击使世界各国几乎所有金融机构都开始慎重思考互联网对传统经营模式的影响和可能的发展机遇，试图把传统的金融业务与现代信息技术和互联网结合起来，使自己在现代信息技术的革命性变革面前不至于落伍而被淘汰出局。2000 年 7 月 3 日，西班牙 Uno-E 公司同爱尔兰互联网银行“第一集团”正式签约，组建业务范围覆盖全球的第一家互联网金融服务企业 Uno-FirstGroup。两家公司跨洋重组的最终目标是建立全球最大的网络金融服务体系，合并资产总值达到 15.8 亿欧元，新集团现已在英国、德国和西班牙拥有 10 多万客户。

国外发达国家的网络金融起步较早，并迅速成为供应商和客户所推崇的主流。这主要归功于它快捷方便的操作和灵活的自由度，使人们足不出户就可以接受金融服务，也省去了传统银行业务办理的烦琐程序。相对于实体银行大量的人力和物力成本，金融网站的运作大大节省了成本，这也是网络金融成为大势所趋的重要原因。先进的网络技术、人们对于资金和金融的观念、与时俱进的法律法规政策促进了网络金融的蓬勃发展。

在我国，尽管传统金融业的发展水平比较落后，但在网络金融发展的浪潮中，金融业紧跟世界的步伐，整体上与世界先进水平的差距逐渐缩小。1996 年招商银行开通包括网上个人银行、网上实时支付等五大内容的网上金融业务后不久，立即就有 20 多家银行的 200 多个分支机构建立了自己的网站，推出网上银行业务。1997 年 11 月，中国保险信息网面向公众开通运行。2000 年 6 月，由中国人民银行牵头，会同 12 家商业银行联合共建的中国金融认证中心正式挂牌运行。我国还成立了全国银行卡经营管理中心，实现了在全国大中城市范围内的联网通用。

2003 年 7 月 9 日，中国人民银行公布实施了《网上银行业务管理暂行办法》。为顺应形势变化，中国最大的商业银行中国工商银行把分散在全国各地的 36 个分行的计算中心整合归并为南北两大数据中心，集中处理全行各项业务，开创了我国金融信息集约化管理的先河，大大提高了工商银行业务处理的技术集成程度，为全面推行网络金融业务、实现跨越式发展奠定了坚实的基础。

现在国内几乎所有的大中型金融机构都开通了自己的网站和网上金融业务。网上银行、网上证券、网上保险、网上理财等网络金融业务渗透到了社会经济生活的各个方面。网络金融的发展逐步成为我国金融业务的主流形态，对我国金融产业的发展方向、现代化水平以及国际竞争力的提高起着决定性的作用。

二、网络金融营销的概念（双重含义）

“网络金融”是以网络空间中的货币形式（即电子货币）为交易媒介和管理对象，所进行的各种信用活动、金融交易以及风险管理活动。网络金融是金融与网络技术全面发展的产物，包括网上银行、网上证券、网上保险、网上支付、网上结算等相关的金融业务内容。根据这个定义，可以很清晰地对传统金融活动与网络金融活动进行区分，两者之间的区别就在于是否以货币的虚拟形式作为交易媒介和管理对象。网络金融是网络与金融相结合的产物，但它又不是两者的简单相加，因为金融与网络技术全面结合发展，不仅产生了包括网上银行、网上证券、网上期货、网上保险、网上支付、网上结算等相关的新兴金融业务内容，而且产生了新的金融组织结构、新的金融服务理念、新的管理和控制原则，例如第三方支付。①

基于网络金融的营销即网络金融营销，是指从事相关金融业务的企业借助于互联网计算机通信技术和数字交互媒体来实现营销目标的一种营销手段。它是传统的营销活动在互联网环境下的应用和发展，是互联网发展的结果。在互联网时代，网络营销是金融组织营销系统中的一个重要组成部分，根据市场营销、金融营销、电子商务的相关定义，网络金融营销可以具体描述为：网络金融营销是指通过非直接物理接触的电子方式，营造网上经营环境，创造并交换客户所需要的金融产品，构建、维护以及发展各个方面的关系，从而获取利益的一种营销管理过程。

金融网络营销的概念有双重含义：一方面是对传统的金融业务利用网络技术来进行营销，即对传统的金融业务利用网络技术进行市场调查、促销和宣传；另一方面是专门为网络金融业务而开展的营销活动，指金融机构针对网络金融客户进行市场细分和定位、确定目标、开发产品、进行网络促销和沟通，实现网络金融服务的目标。

三、网络金融交易的主体

以互联网为基础的网络金融营销的主体就是进行金融交易的双方甚至三方，分为：卖方、买方、第三方交易中介。

卖方一般是金融组织。传统金融组织按其承担的职能可以简单地划分为三类：经纪人组织、基金组织和银行机构。而网络金融的出现推动了金融混业经营（包含了非主营业务）和综合经营（包含了新兴的信息业务）。在发达国家，网上银行一般实行混业经营，它们可以作为网络金融营销卖方的典型代表。这也是我国网络金融未来发展的方向。

买方一般而言是政府、企业和消费者等金融产品需求者。但是从目前的现实看，主要的买方是个人和小微企业，体现了互联网金融服务适应大众化、分散化交易的特征，最典型的就是时尚理财产品——众筹（详见资料 14－1）。

第三方交易中介是指在网络金融市场上充当买方和卖方的交易媒介，促使交易完成的组织和个人，例如支付宝等。

网络金融营销者可以是卖方，也可以是买方或者第三方。谁更积极、主动地寻求交换，谁就是营销者。网络金融营销如果按主体分类，可以分为六种模式：卖方对买方、卖方对第三方、买方对卖方、买方对第三方、第三方对卖方、第三方对买方。每一种模式都可以包括中间交易平台，也可以有自己的网站，不需要中间交易平台。

---

① 第三方支付，就是一些和国内外各大银行签约，并具备一定实力和信誉保障的第三方独立机构提供的交易支持平台。在通过第三方支付平台的交易中，买方选购商品后，使用第三方支付平台提供的账户进行货款支付，由第三方通知卖家货款到达、进行发货；买方检验物品后，就可以通知付款给卖家，第三方再将款项转至卖家账户。

资料 14-1

“娱乐宝们”的众筹力量

继阿里巴巴推出“娱乐宝”后，百度上线了“众筹频道”。现在，京东众筹业务“凑份子”也正式亮相了。虽然阿里巴巴一直声称娱乐宝并非“众筹”概念，但外界普遍认为，娱乐宝的本质与众筹无异，只是换了身马甲而已。看得出，已向公众推送出一款款时尚理财品种的IT大佬们并不满足于现有的跨界举动，还要在踢平横亘在百姓面前的产业投资门槛的同时，向芸芸众生敞开一扇又一扇理财与投资的众筹大门。

起源于美国的众筹（crowd funding），最初的应用来自一些创意工作者（音乐家或艺术家），他们为完成艺术作品而向粉丝筹资，粉丝则自愿向钟爱的艺术家无偿提供资金。……伴随着互联网技术、云计算和大数据的渗透与辐射，作为一种筹资与投资工具，众筹得到了深度开发，不仅出现了诸如人人投等专司众筹的理财网站，而且琳琅满目的众筹理财品种让人应接不暇。

相比于其他金融企业和投融资机构，互联网企业不仅拥有宽阔的信息技术平台，具备强大的数据分析与处理能力，进而可实现对网民需求的精准定位，而且更有底气在属于互联网金融领域的众筹地带八面腾挪。

从众筹投向来看，娱乐宝、众筹频道和“凑份子”都不约而同地瞄上了文化产业，娱乐宝以投资电影、游戏为主，众筹频道侧重影视作品，而“凑份子”主攻流行文化和智能硬件两个领域新奇好玩的项目。目前，娱乐宝已公开售卖两期产品，共9个项目，募集资金1.65亿元，有39万粉丝参与投资。据悉，娱乐宝第三期不久也将推出，筹资规模或超5亿元。“凑份子”只明确了首期上线的12个项目，众筹频道还处于只闻楼梯响的阶段。

与其他众筹相比，互联网企业由于流量巨大，无论影视制作方还是资金支持方，众筹平台上的数量都要多得多，千万个“小而美”的资金在众筹平台上汇集，最终形成了“大而强”的资金体量。这种建构在“互联网思维”和“粉丝经济学”基础之上的微金融力量，将逆袭传统的产业培养路径，重构文化娱乐成长的商业模式。

以电影市场为例，虽然国内电影年度总票房翻过了百亿大关，单片突破10亿元的卖座电影也屡屡出现，但电影业每年能登录院线的故事片不到三分之一。……当年，《泰囧》《疯狂的石头》《失恋33天》的导演，都是拿着剧本“四处化缘”才最终得以拍成影片的。如今，有了娱乐宝、众筹频道等融资工具，就可以为那些优秀但缺乏资金的电影提供资金支持，帮助更多影视黑马突出重围。

“娱乐宝们”追逐的不仅仅是大片和大明星，更在意的还是影片内容和卖座率。阿里巴巴拥有中国最强大的电商购物数据，百度不仅占据国内最大的流量入口，而且拥有国内最强大的数据平台，在此基础上，它们完全能通过对数据的追踪、分析与整理，发现当下娱乐热点并预测未来趋势，令“娱乐宝们”寻找到最佳的电影及娱乐形态投资目标。一个最能说明问题的案例是，在美国，NetFlix利用大数据前瞻分析，组织拍摄了红遍全球的《纸牌屋》。

投资影视历来是富人把玩的游戏，但“娱乐宝们”却向普通民众提供了一个大众化投资平台，100元或上千元也可体验一下投资电影的感受，拉近了普通民众与电影娱乐产业之间的距离，实现了电影娱乐产业与草根资本的对接。

对电影制作方而言，娱乐宝与众筹频道提供的不仅是资金，还能帮助其获得票房收入并征集到最真实的用户声音。网民通过众筹平台参与投资，等于在影视项目开拍之初就获得了一大批忠实观众。开拍后，制作发行方通过微信、来往和百度贴吧等平台和粉丝互动，增强粉丝的参与感。影片上映时，投资人还会邀请朋友、家人一起欣赏，直接拉动票房或收视率。不仅如此，投资者还可通过“用钱投票”的方式评判对某个导演、演员、剧本的喜好程度。这些第一手的用户数据，将成为影视娱乐行业新的风向标，真正实现影视产品的“大数据创作”……

资料来源：中国证券报·中证网，2014-07-14.

四、网络金融营销的特点与优势

相对于传统的营销方式，网络金融营销有着它自己的特点：(1) 能够提供全球性、全天候的在线营销；(2) 具有很强的互动性，能够实现全程营销；(3) 能够以客户的需求为导向实现个性化的服务；(4) 使客户获得金融产品与服务更加方便，提高了交易的效率；(5) 节约店面成本、物耗、人工等成本，具有显著经济性；(6) 技术门槛高，以高技术为基础的互联网，需要一定技术设备和人才来支持。①

网络金融营销与传统的营销方式相比有着它的优势，归纳起来主要有八大优势。

1. 有广大的潜在受众基础

对于网络营销而言，几乎所有的网民都是网络金融营销的潜在客户。目前，中国的互联网普及率由1998年底上网用户数210万，发展到2021年底，网民规模达10.32亿，互联网普及率为73.1%（中国互联网络信息中心），人均每周上网时长达到28.5小时。网民规模已经大大超过欧洲人口总量，位居世界第一。其中网民使用手机上网的比例达99.7%，手机是上网的主要设备。所以，网络营销尤其是移动式网络营销，与传统的营销方式相比的优势之一，就是具有数量众多的潜在客户群体。从长远来看，网络营销能带给金融机构长期的利益，使其有可能在不知不觉中培养一批忠实顾客。

2. 成本优势

网络营销最大的优势之一就是能够极大地降低经营成本。在网上发布信息代价有限，大量的产品、市场和促销信息可以通过公共信息平台实现有效、准确、快速的传播，金融机构也可以将产品和服务直接向消费者进行推销，从而缩短分销环节。此外，由于发布的信息谁都可以自由地索取，就可以拓宽销售范围，节省促销费用，从而降低成本，使产品具有价格竞争力。同时，由于前来访问的大多是对此类产品感兴趣的顾客，受众准确，避免了许多无用的信息传递，也可节省相当数量的费用。以网上证券公司为例，在支持同等数量客户的条件下，其投资是传统营业部的1/3～1/2，日常营运费用是传统营业部的1/5～1/4。在美国，网上证券的交易成本仅为传统交易方式的15%。网络营销

---

① 李鹏，杨欣鹏. 商业银行网络金融营销策略浅析. 北方经济，2008 (19).

所具有的巨大的成本优势由此可见一斑。

3. 良好的沟通

金融机构通过建立自己的网站和网页，能够与消费者进行有效的沟通，拉近彼此之间的距离，金融机构的网站可以通过让顾客在线填写调查表来收集顾客的意见，让顾客参与产品的设计、开发、生产，具体了解顾客的兴趣和要求，使产品真正做到以顾客为中心，从而更好地满足顾客的需要，避免不必要的浪费。而顾客对参与设计的产品也会有特别的亲切感，如同是自己定制的一样。金融机构还可在网站上设立专门的咨询论坛，帮助消费者了解有关产品的信息，并解答消费者的疑问，使沟通更加人性化、个性化，从而使顾客更加青睐本金融机构。

4. 优化服务

人们在购物过程中最怕遇到两种售货员，一种是"冷若冰霜"，让人不敢买；另一种是"热情似火"，让人不得不买，虽推销成功，但顾客心中却颇有微词。网络营销的一对一服务，留给顾客更多自由考虑的空间，避免冲动购物，可以进行更多的比较后再作决定。在顾客咨询和购买的过程中，金融机构还可及时提供意见，帮助顾客完成购买行为，通常在这种情况下，顾客对其所作出的购买决策的满意程度也会更高。此外，网络营销所具有的良好的沟通功能使得各家金融机构都能够快速准确地了解各家客户的各种信息，从而能够兼顾客户的个性化需求，提高其针对每个客户的需求而适时、适地提供服务的能力。网络营销还提高了金融机构的信息服务水平，金融机构可以及时、便利地向客户发布有关政策，而且发布信息的表现形式将更加丰富多彩。

5. 多媒体效果

集文字、声音、图像和影视多种媒体于一身的网络技术为金融机构最大限度地展示和介绍产品提供了条件。另外，在网络上的广告既具有平面媒体的信息承载量大的特点，又具有传播媒体的视、听觉效果，可谓图文并茂、声像俱全，将显著提高宣传的有效性。

6. 超越物理条件的限制

通过网站，企业的金融营销活动可以达到每周 7 天、每天 24 小时的在线服务和全球化运作，极大地扩展了业务发展的时间和空间范围。互联网可以在瞬间将金融企业的信息传送到世界各地，为全球客户访问网站提供了方便。网络有效地打破了物理条件的限制，使金融企业直接面向更大范围的客户。此外，由于开展零售业务需要业务网点的支持，因此在网络营销出现以前，一些金融机构就因为没有足够的业务网点支撑，要给渠道代理付出很高的费用，大大削弱了自身竞争力。网络营销的出现，将使得金融机构在获得批准后，就不会再因为缺乏具体的物理网点而受到限制了。

7. 顾客黏滞性强，不随物理地点迁徙而更换金融机构

网络营销为金融机构吸引主力客户创造了重要条件。最频繁地使用网上金融服务的大多是那些已经成为网民的年轻人。他们受过良好的教育，收入高于社会平均水平，是创造社会财富的主力军。这一正在成长的客户群体能为金融行业带来丰厚的利润。能否抓住这个客户群体，将是金融机构提高效益的关键因素之一。据有关统计，美国的许多银行每年都会有 8%～10%的老客户离开，其离开原因三分之二是因为客户的住所或工作地点迁移，离开了金融机构传统经营模式下有效的服务范围。如果通过金融网络营销，就使搬家后的客户仍然能够通过家里的个人计算机上网而继续在原来的金融机构办理各项业务。这样，就扩大了其所覆盖的服务区域，减少了客户的流失。

8. 顾客决策的便利性、自主性

现在的人们生活在信息充斥的社会中，无论是报纸、杂志、广播，还是电视，无不充满着广告，而最让人痛恨的莫过于精彩的电视剧中也见缝插针地安进了广告，让人们躲都躲不开，不得不被动地接受各种信息，在这种情况下，广告的到达率和记忆率之低也就可想而知了。网络营销则全然不同，人们不必面对广告的轰炸，只需根据自己的喜好或需要去选择相应的信息，如厂家、产品等，然后加以比较，作出购买的决定。这种轻松自在的选择不必受时间、地点的限制，二十四小时皆可，浏览的信息可以是国内外任何网上的信息，不用一家家柜台跑来跑去比较质量、价格，完全由自己做主，只需操作鼠标而已，这样的灵活、快捷与方便是传统的交易方式所无法比拟的，受到许多工作繁忙人士的喜爱。

总之，金融企业通过网络营销，打开了新的广阔的营销空间，可以不受时间和空间的限制更好地为客户提供个性化的服务，提高金融企业的市场占有率，同时降低了成本。尤其是商业银行，从传统的人力密集型企业变成了资本技术密集型企业，更适合虚拟的网络营销方式，其方便快捷、不受时空限制的优势也是其他营销方式所不具备的。在可以预见的将来，网络营销对金融企业的作用与影响会越来越大。

第二节　网络金融营销的功能与网站设计

一、网络金融营销的功能

解析网络金融营销的功能并将其与传统的网下营销的功能相比，可以发现，有些方面是全新的，有些方面则表现出更强的优势。网络金融营销的功能具体体现在以下八个方面。

1. 信息搜索功能

信息搜索功能是网络营销强大能力的体现。在网络营销中，可以利用多种搜索方法，主动地、积极地获取有用的信息和商机。例如主动进行价格比较、主动了解对手的竞争态势、主动通过搜索获取商业情报等等，据以进行决策研究。搜索功能是金融企业营销能动性的一种表现、一种提升网络经营能力的手段和竞争手段。随着信息搜索功能由单一向集群化、智能化发展，以及向定向邮件搜索技术的延伸，使网络搜索的商业价值得到了进一步的扩展和发挥，金融企业通过网络寻找营销目标客户将不是一件难事。

2. 信息发布功能

发布信息是网络营销的主要方法之一，也是网络营销的一种基本职能。无论哪种营销方式，都要将一定的信息传递给目标人群。但是网络营销所具有的强大信息发布功能，是古往今来任何一种营销方式都无法比拟的。网络营销可以把信息发布到全球任何一个地点，既可以实现信息的广覆盖，又可以形成地毯式的信息发布链；既可以创造信息的轰动效应，又可以发布隐含信息。信息的扩散范围、停留时间、表现形式、延伸效果、公关能力、穿透能力等都是最佳的。更有甚者，网上信息发布以后，可以进行跟踪，获得回复，进行回复后的再交流和再沟通。因此，可以及时准确地了解信息发布的效果。

3. 市场商情调查功能

对市场商情的准确把握，是网络营销中一种不可或缺的方法和手段，是现代商战中对市场态势和竞争对手情况的一种电子侦察。在激烈的市场竞争条件下，主动了解商情，研究趋势，分析顾客心理，窥探竞争对手动态是确定竞争战略的基础和前提。通过在线调查或者电子询问调查表等方式，不仅可以省去大量的人力、物力，而且可以在线生成网上市场调研分析报告、趋势分析图表和综合调查报告。其效率之高、成本之低、节奏之快、范围之大，都是以往其他任何调查形式都做不到的。这为金融企业提供了一种市场快速反应能力，为科学决策奠定了可靠的基础。

4. 销售渠道开拓功能

网络具有极强的信息进取力和穿透力。传统经济时代的经济壁垒，如地区封锁、人为屏障、交通阻隔、资金限制、语言障碍、信息封闭等，对于网络营销信息的传播和扩散都不是障碍。新技术的诱惑力，新产品的展示力，图文并茂、声像俱佳的昭示力，网上路演的亲和力，地毯式发布和爆炸式增长的覆盖力，这些要素整合在一起，可以形成综合的信息进取能力。这种生动的渗透力量是任何媒体、任何其他手段都无法比拟的。

5. 品牌价值扩展和延伸功能

美国广告专家曾预言：未来的营销是品牌的战争。拥有市场比拥有工厂更重要。拥有市场的唯一办法，就是拥有占市场主导地位的品牌。互联网的出现不仅给品牌影响力带来了新的机会和手段，而且推动和促进了品牌的拓展与扩散。互联网不仅拥有品牌、承认品牌，而且对于重塑品牌形象、提升品牌的核心竞争力、打造品牌资产，具有其他媒体不可替代的效果和作用。

6. 特色服务功能

网络营销提供是一种特色服务功能，服务的内涵和外延都得到了扩展与延伸。顾客不仅可以获得形式最简单的 FAQ（常见问题解答），邮件列表，以及 BBS、聊天室等各种即时信息服务，还可以获取在线收听、收视、订购、交款等选择性服务。从无假日的应急需要服务、信息跟踪、信息定制到智能化的信息转移、手机接听服务，等等。这些服务以及服务之后的跟踪延伸，不仅极大提高了顾客对产品和服务的满意度，实现了以顾客为中心的营销理念，还使客户对金融企业的依赖程度大大增加，进而形成了金融企业的一种重要的战略资源。

7. 客户关系管理功能

客户关系管理源于以客户为中心的管理思想，是一种旨在改善金融企业与客户之间关系的新型管理模式，是网络营销取得成效的必要条件，是金融企业的重要资源。在传统的经济模式下，由于认识不足，或自身条件的局限，金融企业在管理客户资源方面存在着较为严重的缺陷。在网络营销中，通过客户关系管理，将客户资源管理、销售管理、市场管理、服务管理、决策管理集于一体，将原本疏于管理、各自为战的销售、市场、售前和售后服务与业务统筹协调起来。即通过跟踪交易，帮助金融企业有序地监控交易的执行过程，规范销售行为，了解新、老客户的需求，提高客户资源的整体价值。通过收集、整理、分析客户交易行为数据以及反馈信息，全面提升金融企业的核心竞争能力。客户关系管理系统还具有强大的统计分析功能，可以避免决策的失误，并带来可观的经济效益。

8. **经济效益增值功能**

网络营销会极大地提高金融营销者的获利能力，使营销主体提高或获取增值效益。这种增值效益的获得，不仅是由于网络营销效率的提高、营销成本的下降、商业机会的增多，更是由于在网络营销中，新信息不断累加形成海量信息，利用“大数据”开发工具，使原有信息量的价值实现增值。

二、网络金融营销的网站设计

（一）营销网站的组成部分

金融企业网站应该为浏览者提供大量的信息和服务，因此要有丰富的内涵和服务。网站的内容要将金融企业的产品、资源、组织、特点、宗旨等多种信息充分表达出来，还要利用网络互动的特点将本企业与网络上其他相关资源链接，以方便浏览者浏览和获取更多的信息。要想达到这些效果，一个完整的网站应该由主页、新闻稿档案、参考页面、产品与服务页面、员工页面、客户支持页面、市场调研页面、企业信息页面、网络广告、其他内容等部分组成。下面将逐一进行介绍。

1. **主页**

主页是金融企业在网上的“门户”，它是上网者登录网站后对网站及金融企业的第一印象，是整个网站的核心，所以它的设计对整个网站来说至关重要。主页应包括企业名称、标志、公司地址、联系方法、对网站内容进行简单有效导航的菜单或图标、着重标明的最重要的新闻或修改的内容等。因此，主页设计的美观、方便程度以及信息概括能力都将影响浏览者对整个网站的印象，进而影响顾客后续的交易行为。

2. **新闻稿档案**

新闻稿档案是任何一个企业的商业 Web 网站中都应有的内容。新闻稿既可以发布有关新产品或新开发项目的情况作为档案，又是活的公司年表。在过去，如果想发一个新闻稿，一般得请公共关系公司来做，即使有足够的胆量和天赋可以自己操作，也要付出昂贵的传真费，还要接受新闻机构的检查和删减。有了 Web，就可以迅速地并且以较低的成本发布新闻稿。因此，每个金融企业的网站都应该有自己的新闻稿档案。

3. **参考页面**

创建参考页面并链接到与金融企业相关的特定主题的网络论坛或其他网络资源，使得浏览者可以在网站上获取更多相关信息，因而会增加对该网站的访问次数。通过寻找使客户感兴趣的信息点，可以很快使金融企业的网站变成该议题的权威指南，从而吸引更多的客户。

4. **产品与服务页面**

金融企业整个网站的核心内容是产品与服务页面。此页面采用信息分层、逐层细化的方法展示金融产品或金融服务。所谓信息分层就是将它放在详细程度不同的页面上，从而允许用户能自上而下地找到最适合他们需要的信息层。每个信息层都允许用户在他所使用的信息深度范围内导航。由此可见，产品页面的主要内容应包括产品或服务简介、产品或服务价格清单、单个的产品或服务页面、产品或服务名称、产品页面的链接。

5. **员工页面**

员工是金融企业最有价值的资产和宝贵资源，通过创建每个员工的页面可以吸引潜在客户，同时也是使虚拟企业人性化的有效手段。客户希望把电子邮件发给一个有名有姓的真人，集中介绍员工的页面可以使顾客对员工有所了解，同时提供了客户与金融企业建立真实关系的员工的电子邮件地址。

6. **客户支持页面**

客户支持页面的最佳用途是：与顾客沟通并为其提供服务和技术支持。一些著名公司的网站提供网上维修服务或投诉路径，即通过网络指导用户对有问题的产品和服务进行售后服务。许多用户上网并不是要购买，而是想寻求帮助，Web 网站应尽其所能满足顾客的需求，满意的顾客服务能更好地满足客户需求，这种投资必定会获得回报。在设计客户支持页面时，设计者应尽可能地让自己站在客户的角度，设想每种潜在的方法，向客户提供有用信息，使他们对金融企业及其产品和服务产生亲切感。

7. **市场调研页面**

无论是传统营销还是网络营销，市场调研都是其必不可少的关键环节，网络即时互动的特性决定了它是一种强有力的市场调研工具。网上调研具有成本低、速度快、效率高等优点。还可以通过市场调研页面的制作了解顾客对其产品、服务的评价、建议等信息，在网上散发问卷，由此可建立起市场信息的数据库，作为营销决策的量化基础。

8. **企业信息页面**

网上企业的特点之一是资信不易确定，这一点对于金融企业尤其突出。因此金融企业应尽量提高自身资信的透明度，让访问者了解金融企业的运营状况，从而使网上购买者对企业的信任程度提高，达到增加交易的目的。金融企业的信息页面主要包括公司数据库、财务表格、与投资者的关系、公司股票等页面。

9. **网络广告**

网络广告不同于传统广告，主要靠理性诉求来吸引顾客。因此广告内容主要是产品介绍、促销活动、宣传等信息。互联网的多媒体特征，使得网络广告可以集文字、动画、声音、三维空间于一体，因此可以创造出颇具吸引力的效果，从而增加网站的访问率。

10. **其他内容**

除了上述基本内容外，金融企业还可以根据自身的特点增加其他一些内容，如赞助商页面、企业文化、安全保障系统等。

虽然以上所列是一个完整的网站的组成，但并不是所有的营销网站都必须由以上各项组成，每个企业都可以根据自身的要求进行相应的调整。

（二）金融营销网站建设的一般步骤

金融企业建立自己的营销网站并非易事，涉及计算机的硬件和软件、通信网络、域名申请、资料准备、网站内容设计与网页制作以及网站的维护和推广等，事先必须有一个营销网站建设的全面的设计目标和具体的设计方案。创建一个营销网站的一般步骤大致如下。

1. 根据消费者需求定位网站

金融企业要分析消费者的需求，针对不同的消费者可以提供不同的服务。在信息经济时代，上网的人数越来越多，根据中国互联网络信息中心的调查报告，到 2021 年 12 月 31 日，我国上网人数逾 10 亿。如此众多的上网用户，他们的需求也各不相同，有的上网寻求他们需要的理财信息，有的希望在网上冲浪过程中寻找到有用的产品信息，有的是上网寻求更好的服务，等等。总之，每个顾客的需求是不一样的，金融企业可以针对不同的顾客进行不同的网站设计。

2. 申请域名

域名是由个人、企业或组织申请的独占使用的互联网标识。从商界看，域名已被誉为“企业的网上商标”。域名相当于企业的一种数字品牌，如果在域名宣传方面卓有成效，可以为企业树立网上品牌奠定基础。

注册域名是为了在网上建立服务器，发布信息。只有有了自己的域名，别人才能访问到你。所以，域名注册是在互联网上建立任何服务的基础。如果金融企业的网站想对国际开放，可以申请国际域名如.com，.net，.org，.info，.biz 等，如果只是面向国内消费者，可以申请国内域名如.com.cn，.net.cn，.org.cn。可以直接到 CNNCI（http://www. cnnic. net. cn）进行注册，也可以委托其他专业公司注册。

从域名的内涵和商标的范畴来看，域名可以看作是商标功能在新的虚拟交易环境中的一种新形式和变种，是企业商标外延的拓展和内涵的延伸，是基于网络的商业环境的需要。由此可见，域名的选择是重要且严肃的事情。选取域名要有一定的技巧，一般来讲，一个好的域名往往有下列特点：

（1）与金融企业名称一致。

（2）与金融企业及其产品的品牌一致。

（3）与金融企业广告语一致以及中英文内容一致。

（4）同金融企业的重要信息相关。

（5）尽量简单、容易记忆。

由于域名的唯一性以及域名的抢注现象比较严重，依据以上选择技巧尽早注册域名是很重要的，而且最好多注册几个，以免发生域名冲突。

3. 资料收集

不同类型的网站因其目的不同，网站建设所需收集、准备的资料也有所不同。例如：想建设一个能提供在线销售的网上推广、发布最新信息、客户技术支持等功能的营销网站，需要准备的资料有很多，大体的步骤为：

首先，要策划网站的整体形象，统筹安排网页的风格和内容；

其次，要准备公司的概况、产品/服务介绍、图片、价格等信息；

最后，准备一些提供增值服务的信息资料，如市场行情信息、公司股票等。

准备资料时，要尽量多收集一些多媒体方面（但不要太大，或者动态效果不要太强）的资料，确保网站内容丰富、风格独特，可吸引更多的顾客点击网站。网站的与众不同，可以吸引客户注意力，尽管“注意力经济”理论并不完全可靠，但至少在建站初期还是很有用的。

4. **网页制作**

在进行网站建设及网页制作时，金融企业应该充分意识到，顾客在访问网站时，关心的不是管理者个人信息，也不是企业的机构设置，而是你能生产什么商品或提供什么服务，商品与服务的质量、价格如何，售后服务等信息。因此，在以提供服务为核心的金融企业中，服务就成为建站的核心内容。

第一次访问网站的顾客是否能够成为今后频繁的访问者，在很大程度上取决于其在访问过程中的感受，如果网页给他们的印象良好，则获得他们下一次访问的可能性就比较大；反之，如果他们觉得网站没有内容，即使链接十分方便，他们也不会再次访问。此外，网页设计的好坏，还决定了金融企业能否成功地进行信息传递，并使顾客对本金融企业的关键信息留下记忆。因此，在进行网页设计时需要注意以下 12 个方面的问题：

（1）网页结构要简洁。结构简洁并不意味着内容少，在做到内容全面、涵盖顾客普遍所需的信息的同时，尽量避免结构重叠与模糊。

（2）提供清晰的漫游指示。为了使浏览者在漫游过程中发现有趣的信息，找到他们期望得到的信息以及你希望他们阅读的信息，引起他们浏览的兴趣，在制作网页时应该提供清晰的通路线索。由于人们对计算机屏幕的反应与对纸张的反应有所不同，而且在设计网页时，往往要受到经济条件的限制，因此需要考虑更多的因素。一般可采取这样的措施：采用合适的网页尺寸、使用多级目录、提供一张电子地图等。

（3）创意要有特色。有特色的创意可以吸引更多浏览者的注意力。如香港国泰航空公司的网站设计就有一套自己的方案，每个商标都有指定的专用颜色、形状，以保持其在全球形象的统一性。

（4）页面要通用，尽量避免采用尖端技术。一些 Web 设计人员在设计主页时非常喜欢用最新的技术，这无可厚非，但要看新技术能否在各种浏览器中得到支持。如果在 Web 页面中大量使用了非标准的和只有某种特定的浏览器能够支持的一些新技术，会影响网页的浏览效果。

（5）页面色彩要协调。色彩会影响浏览者的可视效果，应尽量避免选择使页面难以阅读的背景颜色，页面内容的色彩应该与背景颜色协调。常见的一些问题是使用彩色文本与黑色背景，这种页面可视效果很差，影响浏览者浏览。所以在编写一个网页后，有必要事先将其放到各种操作系统、各种浏览器环境中去试用，以免出现可视效果差的问题。而且，网页设计中要尽量使用标准的链接颜色，以便用户判断页面是否访问过，方便用户了解其访问路线。

（6）缩短网页下载时间。好的主页在强调美观的同时也强调其下载速度。网页如果设计得非常美观漂亮，就好像杂志的封面一样，但没有考虑到网络不同于纸质媒体，那么就不符合营销网站的要求。从浏览者的角度看，不管网站设计得多精彩，如果下载速度太慢，就会使其失去耐性，以后就不会愿意再次访问这个网站。缩短网页的下载时间对于吸引客户很重要，因此要尽量提高网页的下载速度。

（7）提供联系地址。提供联系地址对营销网站比对普通网站更重要，因为金融企业设计网站就是为了给浏览者提供信息，如果他们对信息感兴趣，自然就会希望与网站有关人员取得联系，例如索取有关的资料或对该网站的建设提出建议等。浏览者与金融企业的联系不仅仅通过 E-mail，为了方便可能还希望通过电话或传真联系，因此 Web 主页上不仅应该提供 E-mail 地址，还应该提供物理联系地址、电话号码或传真号码。

（8）遵循 Web 格式。网页设计遵循 Web 格式，才能符合浏览者在 Web 网站的阅读习惯。开发人员一般都要为 Web 网站开发内容，但是有时也会有一些数据是由其他的数据形式直接转换来的，还有许多内容是从原有的数据库中转换过来的。如果不针对 Web 的特点进行处理就直接将这些数据放到 Web 上，结果往往会造成访问者的不满意。由于直接使用了其他格式的数据，因此许多网站有些数据无法用浏览器浏览。例如有些网站将纸质杂志的内容以它们原有的格式放到 Web 上，使得普通的浏览器无法浏览这种格式的文件，为了浏览该文件，用户就不得不先将其下载下来，再使用专门的处理程序才能进行浏览。

（9）尽量少用表格。使用表格可以使网页更加美观，但是表格文件所占用的存储空间比文本文件要大得多，下载需要很长的时间，会降低整个页面的下载速度，要等整个表格都传过来以后才能在浏览器中显示出来，如果中途断线的话，就会前功尽弃。因此在设计网页时应尽量避免使用表格。

（10）选用新颖、小容量的图形。如果一个 Web 网站中使用的图形曾经有许多网站都使用过，那么访问者必然对其感到乏味，这个网站就失去了吸引力。故要尽量避免使用雷同的图形，选择一些新颖的图片。一般地，放到 Web 页面上的图形应该尽量小一些，这样可以节省下载时间。如果一个图形超过了 100K，就很难被人接受了，一般使用的较大的图片应不超过 15K。在使用图形时还要考虑到另外一个问题：由于受线路速度的限制，现在许多访问者在浏览时都关闭了自动下载图像的功能。但事实上，大部分浏览者都比较喜欢在浏览的同时下载图片，因此应该把每个页面上所放图片的总规模控制在 30K 以内。

（11）页面质量要高。如果一个网站上有拼写和语法错误，必然给访问者留下不好的印象，以至于影响网站及金融企业的形象。因此进行网站设计时也应该像报纸杂志的出版那样，要有专人对其内容进行拼写和语法等校对，尽量避免此类问题发生。另外，网站中还可能存在一些无效链接。可以通过测试每一个链接，校验 HTML 文档的语法和结构，减少页面的链接错误，保持网站良好的形象。

（12）注重网络文明。互联网作为一个新的人类虚拟社区，也有自己的一套价值观和网络文明。在设计网页时，要注重网络文明或礼仪，既不要对人进行侮辱或者自我炫耀，也不要随便发布未经同意的页面链接，更不要发表未经所有者授权的具有版权的资料，最好是提供一些建设性的反馈意见。不要随便公开访问者的注册信息，保护访问者的隐私。注重网络文明和礼仪可以使网站受到好评，赢得更多的访问者，从而提高访问率及交易率。

5. **接入互联网**

要在互联网上建立网站，就必须考虑如何连接到互联网上。现阶段的营销网站主要通过 Web 服务器来实现与互联网进行信息交互和沟通。金融企业建设自己的 Web 服务器时，需要投入大量资金，包括架设网络、安装服务器，运转时需要投入很大的资金租用通信网络。除了建立自己独立的服务器主机的方式外，还有虚拟主机、主机托管、租用网页空间等方式。每种方式都有其各自的优点与缺点，金融企业可以根据自己的具体情况选择以何种方式接入互联网。

确定了互联网接入方式后，就需要选择 SIP（互联网服务提供商），以获得物理接口。一般而言，由于所有的主机服务都是普通互联网服务提供商提供的附加值服务，所以寻找互联网服务提供商与寻找主机服务商类似。主机服务商与互联网服务提供商之间的最大区别是互联网服务提供商不提供诸如网站统计、备份等额外服务。

提供商的选择将决定金融企业信息的传播是否迅速、畅通和信息的覆盖范围，从而直接影响公司网站能否有效运行。在选择 SIP 时，主要应考虑的问题是：网络扩张能力、地理位置、价格问题、线路通畅与否、提供哪些附加服务。金融企业在进行网上营销之前，首先应该挑选一个 SIP 来维护本企业的 Web 网站，在如此多的 SIP 面前，金融企业不要轻率选择，应对上述问题进行全盘考察和比较研究后再作最后决策。

6. **网站的维护和推广**

（1）网站的维护。

金融企业网站建成后，不管其规模大小都不可能一劳永逸，网站不断维护更新和网站推广是网站有效运行的前提和保障。网站维护主要包括：信息维护、美工维护、技术维护、安全性维护等。

网站管理员应该定期对网站进行必要的更新和维护，并且注明最后一次修改或更新的时间，这样访问者就可以知道网站内容的及时性和可靠性。

浏览者对一个 Web 网站的最大抱怨也许就是它的失效链接了，消除失效链接的方法就是经常维护。首先在把每个链接放到主页上之前，应该对其有效性进行验证，但由于 Web 网站经常会发生变化，因此 Web 管理员在将其放到 Web 网站上之后不能就此不管了，还必须定期检查，确定它们目前是否还有效。要想完全避免失效链接的情况可能会有一些困难，但如果每一个 Web 网站都很注意这一点，整个情况可能就会大为改观。

（2）网站的推广。

金融企业的网站建成以后，一般都会希望能有更多人访问，尤其是被自己的潜在客户浏览，让他们详细地了解自己，并产生商业效益。但是，如果不进行一系列的宣传，其被访问率就会降低，金融企业的产品与服务在网上就不为人所知，因此，金融企业在建立网站后应立即着手利用各种手段进行推广。

网站的推广要结合各种媒体和方式，多方面的营销推广才是有效的。有数字表明，靠搜索引擎和网站间的交叉链接方式推广网站的比例分别为 32%和 10%，可见在互联网上推广网站的重要性，当然也要利用一些传统的媒体进行宣传。

目前，网站的推广方式有两大类：

第一，利用传统媒体的网站推广。

传统媒体仍然是目前人们接触最多的信息传播媒介，在传统媒体上推广金融企业的营销网站，就是要设法在各种传统媒体，如电视、广播、报纸等公开出版物上宣传本企业的网站及其特点，要清楚地介绍客户感兴趣的内容、网站内最重要的内容和对客户最有价值的内容。除了借助传统媒体外，金融企业可以自身进行推广，在任何出现本公司信息的地方都加上本公司的网页地址，如名片、办公用品、宣传材料、媒体广告等。有可能潜在的客户在去金融企业之前，会有意识地去访问其网站，获取相关的信息。

第二，在互联网上的网站推广。

金融企业除了利用传统媒体进行网站推广，还可以利用互联网本身的特点在网上推广。在互联网上进行网站推广有许多方法，常用的有：搜索引擎、新闻组、电子邮件、友情链接、邮件列表等。

进行网站推广时还应注意：不要发垃圾邮件，很多电子邮箱的拥有者对于垃圾邮件都很反感，这样会对金融企业网站形象带来破坏。

7. **网站的评价**

网站的评价也是网站建设的重要一环，但是往往容易被忽视。网站的评价可以在网站建设当中进行，也可以在其推出后一段时间里进行。网站评价包括网站设计评价、网站推广评价、网站流量评价和信息构建评价等内容。

（三）金融营销网站设计的主要内容

1. **标识系统设计**

必须慎重考虑 Web 上使用的术语体系，那些意义模糊或者基于内部组织系统使用的词汇对于公共网站都不适用。因此必须为网站创立一套标识系统，标识系统是网站信息组织和导航系统的直接体现，通过它可以向用户传递网站表现形式的信息，帮助用户理解网站内容，开展互动交流。

完善的标识系统统一了网站各个功能系统的表现形式，体现了网站用户而不是网站建设者的思想和语言，使用户能更好地理解网站的形象和功能。同时，建立好的标识系统可以保证网站被搜索引擎检索到的频率。

网站的标识系统按功能可以分为以下几种类型：

（1）上下文链接标识。

（2）导航系统标识。

（3）索引标识。

（4）标题类型标识。

（5）图标标识系统。

对于任何一个网站来讲，试图创建包含整个人类知识的标识系统都是不可能的。由于标签代表两个事物的联系，用户和内容是不断变化的，所以标识系统建成后不可能一成不变，一段时间后需要进行适当的调整和改进。执行用户测验和定期分析搜索日志，有助于标识系统的调整。

2. **导航系统设计**

导航系统是用户所能感受到的网站内容与结构的外在表现。网站导航系统需要解决以下问题：我在哪里？我曾经去过哪里？我可以去哪里？网站的导航系统是在充分了解用户访问网站的各种方法后，为用户设计出的一条清晰易掌握的浏览路线，使用户知道自己如何从一个页面到另一个页面、从一个网站跳转到另一个网站、从一种思想跳跃到另一种思想，可以方便快捷地在网站上找到自己所需要的信息，准确定位自己的当前位置，而不致迷失方向，这样会使用户建立起对网站的信任和忠诚。

基本导航系统设计的主要类型有：全局导航系统、局部导航系统、语境导航系统。而作为网站基本导航系统补充形式的辅助导航系统，则从另一个角度反映网站的内容，为用户提供了获取网站资源的另一种途径，其作用类似于软件文档或帮助系统，其形式多样，包括内容目录、索引、网站地图、指南、快速演示等。

3. 检索系统设计

以上设计的标识系统、导航系统的作用，主要是引导用户更有效地浏览网站信息，可以将其看作浏览系统。浏览是非正式的和随机的，没有特定的目的，认知负荷也较低，完成任务的效率低而且较大程度地依赖外部的信息环境，但是能较好地形成关于整个信息构建的概貌。面对大量信息，除了信息浏览，用户还希望能获得信息检索的功能。与浏览相比，检索的目的性较强，认知负荷大，活动效率较高。检索系统对用户的下一步行为有很大的引导作用，因此，强大的检索系统是营销网站必不可少的功能。

面对具有不同信息需求的用户，设计出单一的理想检索界面是不可能的。尽管需求各异，但用户检索信息的步骤大体相同：在检索界面提交提问式，由搜索引擎根据提问式对所有的信息内容进行搜索，并在检索界面上反馈搜索的结果。

搜索引擎是影响搜索结果的一个重要因素。搜索引擎种类繁多，可以自己设计，也可以花钱外购，但要注意不要与其他网站一样，以免用户认为此搜索引擎没有特色。

由于搜索引擎对检索系统的质量好坏影响很大，如果能提供好的搜索引擎，那么就相当于拥有了好的检索系统，由此可见搜索引擎设计的至关重要性。遵循以下原则，就有可能设计出可用性很强的检索系统：

第一，将多种检索方式综合到一个检索界面，既能引导用户进行“信息消费”，又能满足不同层次的用户需求，还可以提供这种综合检索方式的帮助页面，从而指导用户有效地使用。

第二，在网站中，用户的浏览、检索和询问行为并不是孤立进行的，这三种方式可能会交替使用。用户先找到一定的信息，从中学习新知识，从而改进他们的提问方式，然后再次查找信息、再学习、再改进提问方式。用户的目标会在这样的信息活动过程中逐渐变化而渐趋明晰。反复定义检索条件和范围，并且浏览分类信息才能找到正确信息，浏览和检索两大功能体现在同一页面，比较符合用户的习惯，可以使用户方便地浏览到充分信息，从而使其完成检索任务。

4. 用户体验设计

良好的用户体验设计可以使网站吸引顾客并促成交易。互联网突破了传统交易在时间、空间以及记忆力上的弊端，使顾客的交易流程都可以在网上完成，这些交易及服务的整个过程，即所谓的用户体验。对于金融营销网站来说，妥善管理这些用户体验很重要，因为这些用户体验会影响他们对网站产品及服务的认识和接受程度。

进行用户体验设计的主要任务就是要确定：使用者是谁？他们的目的是什么？他们在网站上可能发生的体验是什么？这些体验会在何处发生？在何时发生？为什么会发生这些体验？当这些体验发生时，他们会对网站产生哪些反应？等等。

用户体验设计的步骤如下：

（1）界定目标用户及其需求。对用户的界定需要考虑的是用户是谁、他们的目的何在、他们要实现什么等问题。确定目标用户的需求要通过对用户进行长时间、大量的调查分析，建立用户数据库，然后对用户行为进行分类、归纳、分析等。用户的需求是多样化的且具有复杂性，例如用户浏览网上理财产品可能会有不同的需求，根据其需求程度可划分为：马上购买、未来 2 个月之内购买，以及还没有最终确定是否需要这种理财产品而只是先做一些调查，还可以是想学习如何建立一个网站、对网站进行某种调查以及在网上查找某种信息等等。不仅如此，即使同一用户的需求、行为也会随时期或信息选择的深度不断改变，因此设计时要考虑全面，尽量适应多重用户的各种需求。

（2）创建情景。首先对目标用户群进行分类，选择其中一批重要的用户类型建立情景，为每一个用户（真正的用户）写一个情景，为用户创造一个人物、背景，以及需要完成访问站点的任务，这个任务是从目标用户的需求清单中提出的。然后，想象这个特定的用户将怎样完成这项任务。站点的规模和目标用户的多寡决定了需要创建的用户情景的多少，通常，3～6 个情景就足够了，当然也可以根据自己的需要进行选择。

（3）用户体验设计工具。可以使用的几种工具是：个性化服务工具、简化购物流程工具、互动交流工具。

（4）有效性测试。比较精确的测试方法是使用跟踪技术，使用网站的大致访问次数以及被访问过的页面的日志和统计报告；跟踪用户的浏览路径、对用户的检索过程进行跟踪分析是确定精确信息的方法。

第三节　网络金融营销的战略与策略

一、网络金融营销的战略规划与实施

网络金融营销战略在金融企业的发展战略中是一个不可或缺的重要子战略，是网络经济时代金融企业营销战略的一个重要组成部分，它是指金融企业对自己金融产品与服务的网络营销目标以及对自己网络金融产品与服务的市场营销目标的总体把握，是对本单位金融产品与服务的网络营销及其网络金融产品与服务的市场营销全局的谋划。

（一）制定网络金融营销战略的基本原则

1. 服务和服从于金融企业发展的整体战略

网络金融营销战略是金融企业发展战略的有机组成部分，网络金融营销战略必须服务和服从于金融企业发展的整体战略，网络金融营销的战略目标和战略措施必须紧紧围绕金融企业发展的整体战略，一切为了实现金融企业发展的总目标。

2. 以网络信息技术未来发展的科学预测为基础

网络信息技术是推动网络金融及金融电子商务产生与发展的原动力，网络信息技术的创新与发展决定着网络金融的创新与发展，同时也决定着网络金融营销手段、营销工具、营销方式的革新换代与升级发展，网络金融营销战略的制定必须以网络信息技术未来发展的科学预测为基础，只有对网络信息技术的未来发展作出科学的预测，制定出的网络金融营销战略才会合乎网络金融的发展规律，才能对金融企业的网络金融发展目标的顺利实现起到科学的指导作用。

3. 以潜在的网络金融交易需求及服务数据为依据

消费需求是市场运行的基础与动力，网络金融的交易及服务需求同样也是网络金融市场运行的动力之源，潜在的网络金融交易及服务需求决定着网络金融市场未来的运行方向和运行轨迹，潜在的网络金融交易及服务需求自然也就成为制定网络金融营销战略的基础依据。要使网络金融营销战略的制定做到有的放矢，就必须对所有网民的网络金融交易及服务意向进行实际调研，以获取网络金融需求的真实情报数据，这些情报数据是制定网络金融营销战略最科学、最可靠的基础依据。

（二）网络金融营销的战略定位与目标

1. 网络金融营销的战略定位

战略定位就是确立网络金融营销的战略思想与战略方针。网络金融营销战略思想的确立，就是在金融企业内部形成上下统一的认识：对网络金融营销必须实施战略化管理，树立网络金融的战略营销观念，应用一切可以利用的网络信息技术和营销手段去挖掘网络金融服务的目标受众，树立网络金融条件下的企业形象，塑造网络金融业务的名牌企业。战略方针是指关于战略形势、战略准备、战略谋划和战略实施的一整套观点的精辟、简练的概括，它贯穿于网络金融营销战略的全局，渗透于战略过程的各个阶段，对战略目标、战略重点、战略措施等都具有决定意义。正确的战略方针首先要围绕金融企业的整体发展战略及其发展目标，其次要准确把握网络金融的竞争情报，最后是要瞄准金融信息技术的发展趋势与网络金融业务的创新动向。

2. 网络金融营销的战略目标

网络金融营销的战略目标至少要包括网络金融产品与服务的开发目标、推广目标、渠道目标及销售目标等四个子目标。

网络金融产品与服务是现代网络通信技术与传统金融业务相结合的产物，是金融创新业务的一个重要类别，具体包括网上银行、手机银行、网络证券、手机证券、网络保险、网络期货等等。

网络金融产品与服务的开发目标，主要是指上述各类网络金融业务的通信网络与终端系统的技术开发目标。

网络金融产品与服务的推广目标，实质上就是培育网络信息技术受众、挖掘潜在的网络金融消费群体，使所有的金融客户（包括机构和个人）最终都能接受并享用网络金融产品与服务，并能形成网络金融产品与服务的品牌效应，树立良好的社会形象，获得无形资产的最大增值。

网络金融产品与服务的渠道目标，是尽可能地争取有限的合格网上金融业务机构为合作伙伴，因为金融行业是一类特殊的行业，金融产品与服务是一类特殊的商品，大多数国家和地区都对金融行业实施行业管制，网络金融产品与服务由于额外增加的潜在技术风险，其行业管制则更加严格，网络金融产品与服务的渠道商除了具有代销、承销与经纪资格外，还必须具备或取得网上金融业务资格，严格的市场准入制度制约着网络金融产品与服务的分销渠道与分销网络的扩展。

网络金融产品与服务的销售目标包括两个方面：一是网络金融产品与服务销售的资金额，如一定时期内网上银行的存贷款余额、股票或基金的网上发行金额等，二是所涉及的金融产品销售数量，如网上证券发行数量、网上期货合约的张数等。

（三）网络金融营销战略规划的核心内容

网络金融营销是通过网络通信及数据处理新技术来改进、改造甚至颠覆传统的营销渠道与方法的，它将触及金融企业的组织、文化和管理等各个方面，实施网络金融营销战略必须进行认真细致的组织规划与有效执行，否则，将不能真正体现出战略的竞争优势。

网络金融营销战略规划可细分为目标规划、技术规划、组织规划、管理规划等。

目标规划即目标分解，一是横向子目标（网络金融产品与服务的开发目标、推广目标、渠道目标及销售目标等）的分解，二是阶段性目标的分解，无论是横向子目标还是阶段性目标，都应当作出定性与定量的规定。

技术规划即网络金融营销适用技术和适用人才的配置与安排，网络金融与网络营销是要依靠强大技术支持的金融商务活动，一切适用的网络营销技术和手段都将予以考虑，在技术手段的选型上，既要优中选优，又要尽量覆盖和适应所有人群的应用习惯，在此基础上再去考虑资金的投入和系统的购买安装，以及业务人员的再培训与客户培训。

组织规划即金融企业部门结构及其职能的重置与调整，网络金融与传统金融业务有很大区别，不但需要增设像电子商务部、信息安全部等新型部门，而且客观上要求必须加大或提高其他各部门职能的技术含量，即各业务部门职能的重新定位。

管理规划即新任务、新条件下的组织管理、业务管理、技术管理和经营管理的重新筹划。组织变化后必然要求管理的变化，网络金融营销管理要密切关注与相关部门业务关系的变化，尤其注意业务与技术系统接口上的变化。

（四）战略规划的实施

1. 战略规划实施的技术措施

网络金融是典型的技术诱发型和技术推动型金融业务，网络营销也离不开网络通信技术的支持，从内含扩大再生产的思路出发，网络金融营销的首要战略措施应当是技术措施。技术措施要解决的问题是：在既定的战略周期内将构建怎样的网络金融产品与服务体系，并应用怎样的网络营销技术手段去完成既定的战略目标。一方面需要依据网络金融技术的战略预测，紧密掌握网络金融的前沿技术，去逐步丰富和完善网络金融产品与服务体系；另一方面需要密切关注网络营销的适用技术，利用一切可以利用的网络营销技巧与技术手段，将网络金融产品与服务最大限度地推向所有社会公众。一要做好网络金融技术与网络金融服务的宣传普及工作，二要加强网络营销技术手段在金融营销业务上的渗透与应用，注意网络营销新工具、新方法的组合运用，将主动营销理念和技术战略思想贯穿于网络金融营销行动的始终。

2. 战略规划实施的人才措施

尽管在《中华人民共和国职业分类大典》和国家《职业分类与代码》中还找不到网络金融营销职业的分类，但现实中网络金融营销确实已经形成了一类新的细分职业，近年来各大证券公司、基金管理公司及各大商业银行与保险公司等，基本都增设了电子商务部门或网络营销部门。网络金融营销作为金融行业的一种新的营销手段、作为金融电子商务领域的一个新的职业门类，已悄然显现出了它的无穷魅力。网络金融营销是金融电子商务的灵魂与基础，金融电子商务的实现离不开网络金融营销的推动，网络金融营销事业将会为社会提供成千上万的新的职业岗位，网络金融营销的高科技营销手段，在推动金融事业创新发展的同时，也会因其对市场开拓的特有速度与网络扩散效应而快速造就出一个崭新的致富群体。这种财富积聚效应又进一步促进了网络金融营销人才的社会地位的提高，并加速了网络金融营销的职业化进程。

一个比较有前景、比较诱人的职业，往往也必定是技术含量与技能要求较高的职业，网络金融营销职业也不例外。网络金融营销人才是一个集金融业务知识、网络信息技术、市场营销技能、网络工具运用技能等多种知识技能于一体的复合型人才，一个合格的网络金融营销人才，应当是既掌握了金融学与金融市场学的基本理论，又熟悉金融市场的各种金融产品、金融工具与金融服务，既能开展网络金融营销管理的信息资源规划与系统平台建设，又能保证网络金融服务的金融安全与信息安全，既掌握市场营销的基础理论与方法，又具备市场营销的实战能力，既能熟练运用各种网络工具开展市场营销，又具备引导客户、培育客户和留住客户的工作能力。“欲治兵者，必先选将”，符合上述综合素质的网络金融营销人才的猎取、培养与储备，是实现网络金融营销战略目标不可缺少的战备措施。

3. 战略规划实施的客户措施

该措施的基本要点是：面向全社会，以网络金融产品与服务的宣传普及为基点、以客户培训为手段、以挖掘并争取最大的潜在客户群体为目标而采取的一系列行动策略。首先需要面向全球、面向全社会，进行网络金融产品与服务的宣传和普及，引导公众突破信息技术的神秘误区，争取更多的潜在客户并做好其产品应用培训工作，使网络金融产品与服务尽快走进平常百姓家，这一点要与上述的技术战略相对接。其次要建立完备的 CRM 数据库和畅通的客户交流渠道。CRM 数据必须详细反映客户对网络金融产品与服务的应用习惯及其年龄结构、学历情况、职业构成、地区分布等基本信息。同时要通过呼叫中心、网上交流平台等随时与广大客户进行互动交流与沟通，定期不定期地开展客户需求调查，使 CRM 数据库始终保持实时的动态更新。最后要对 CRM 数据库进行深度挖掘，据此进行数据库营销和精准营销，针对不同客户类群的个性需求与共性需求投放不同的适宜的网络金融产品与服务。

4. 战略规划实施的协同措施

由于金融业存在行业壁垒，金融营销渠道自然也会受到行业准入与业务资格限制，因此金融营销渠道就成了稀缺资源，网络金融业务由于信息技术安全问题更是受到严格限制，网络金融营销渠道就更加稀缺。不过，随着金融业由分业经营到混业经营的发展和各类金融机构开展综合理财业务的需要，以及我国加入 WTO 后外资金融机构的逐渐进入，金融服务业的生态链明显拉长，金融行业呈现出了既竞争又合作的和谐局面，合作共赢的商业模式在不同类型的金融企业间普遍运用。尤其是在资本市场活跃期的基金代销业务更是普遍红火。在金融营销渠道成为稀缺资源的行业生态环境下，这种合作共赢的运营模式的必要性更加突出。网络金融营销渠道的开拓更应采取这种共赢模式的协同战略，不但要与相关联的金融企业进行协同，还要与相关的网络通信运营商、网络金融解决方案提供商及网络金融媒体等进行战略协同与合作，寻找自己适宜的战略合作伙伴，形成紧密的网络金融营销战略联盟，构筑一个从网络金融产品与服务的网上宣传推广到网上客户培训、从网络金融产品与服务的自营自销到联盟伙伴的渠道分销、从金融企业自身的网站推广到合作联盟网站间的协同推广、从金融企业之间的合作到金融企业与电信运营商及合规网络媒体或门户网站的全方位立体协作的系统，使各种网络营销工具与网络营销技术手段在网络金融营销阵地上形成强大的“交叉火力”，让有限的渠道资源发挥出最大的协同效用。

二、网络金融营销的策略分析

相对于传统的营销策略，网络金融营销产生了新的挑战。首先，金融机构的营销环境发生了根本性变化。网络构造了虚拟市场，传统营销以分支机构等实物资本为优势在现实世界进行营销的方式不适合虚拟市场的要求，需要以智能资本为核心的网络营销方式。其次，营销对象的变化。网络客户与传统营销对象有了质的不同，目前网络用户大部分都是受过现代高等教育、收入颇丰的年轻人，他们思想活跃，乐于接受新鲜事物，勇于尝试，是有别于传统消费者的新人类。因此，网络营销要以挖掘他们的潜在需求为首要目标进行营销策略组合。最后，营销方式的变化。传统营销以产品为导向，通过价格优势、促销、分销等手段的运用达到营销目的，而网络营销以满足消费者需求为导向，通过客户信息系统的反馈，分析需求偏好，发现潜在需求，以成本优势提供个性化的服务，使消费者获得心理或生理上的满足，并通过持续的在线交流，使客户最终成为忠诚稳定的客户群，达到营销目的。总之，网络营销是以科技为先导，以创新为动力，利用网络与客户交互式沟通进行直接主动的营销。

（一）实施以 4C① 为基础的网络营销策略

1. 开发具有网络交易特点的金融产品

从网络技术的发展来看，基于宽带的网络拥有庞大的数据库和数据处理能力，网络

① 由美国营销专家劳特朋教授（R. F. Lauterborn）在 1990 年提出的与传统营销 4P 理论相对应的 4C 理论，主张以消费者需求为导向，重新设定了市场营销组合四个基本要素，即消费者（customer）、成本（cost）、便利（convenience）和沟通（communication）。该理论旨在强调企业首先应该把追求顾客满意放在第一位，其次是努力降低顾客的购买成本，然后要充分注意到顾客购买过程中的便利性，而不是从企业的角度来决定销售渠道策略，最后还应以消费者为中心实施有效的营销沟通。

金融为金融产品与金融服务提供了几乎无限改进的可能。与此同时，随着客户对新技术接受程度的逐渐提高，他们对金融产品和服务的个性化需求和期望越来越高。为了满足客户的需求，扩大市场份额和增强竞争实力，网络金融营销必须充分利用网络优势，重视开发具有网络交易特点的金融产品。

通过网络营销的产品应是在网络上易于表达的，具体来说应有如下特点：

（1）具有高科技含量或与电脑相关。

（2）以网络族为目标市场。

（3）市场可以涵盖较大的地理范围。

（4）客户经由网络信息即可作出购买决策。

（5）网上销售费用应低于其他渠道。

金融产品和服务因其天然的虚拟性，恰恰拥有以上特征。具体来看，开发具有网络交易特点的金融产品的策略如下：

第一，注重产品的组合开发以及服务的更新。大力发展风险较低的以收费为特征的中间业务、代理业务、个人业务等新领域，使之成为新的利润增长点。

第二，重视网络相关技术的应用。例如银行，在信贷业务领域，利用网络上的搜索引擎软件，为客户提供适合其个人需要的消费信贷、房屋抵押信贷、信用卡信贷、汽车消费信贷服务。

第三，体现业务的全能化。将银行、保险与证券等各类金融业务融为一体，以网络为媒介呈现在客户面前，满足客户从信用卡、外汇、汽车和房屋贷款到保险、债券，甚至纳税等各种金融需求。

第四，提供个性化、有人情味的金融服务，加深其对网络金融服务的依赖性。通过对客户账户信息的管理和分析，为所有客户提供理财定制产品，进而使其获得难忘的体验。还可以向客户提供金融信息定制服务，如利率、汇率、股票指数等金融市场信息服务；经济、金融新闻等公共信息服务；各类金融产品信息服务。

第五，加强新技术的应用。关注网络技术的发展，应用成熟技术加强网络金融服务的标准化，采用新技术进入新市场、新渠道，如支持手机终端，开发具有缴纳电话、水、电、气、有线电视费用以及网上购物、活期转定期、购买基金和投资产品、跨账户汇款等功能的新产品。

2. 降低客户获取金融产品的成本

网络营销中，金融产品和服务的定价必须测定顾客需求以及以对满足需求的价格认同为基础。由于节省了开设分支机构等配套设施的支出，只需创建一个网站就可辐射全球范围，提供金融服务，经营成本大大降低，金融机构应当将节省的成本通过合理的产品降价与顾客分享。

网络营销的定价模式如下：消费需求→产品服务功能→开发与服务成本→市场同行业比较→可能接受的综合性能价格比。由于网上信息传递迅速及时，客户的需求信息能迅速归档入库，在线营销专家根据这些信息及需求统计作出满足消费需求的方案，因此依据这个模式进行满足需求的定价是完全可行的。此外，网上金融产品定价在某种程度上不仅取决于金融企业本身的信誉和服务的质量及对客户心理的满足，更重要的是反应的时效性。

3. **提升网络“渠道”购买的便利性**

充分利用各种信息网络，设计最便利的渠道，接通客户或接受客户的呼叫请求。要忘掉固化的地点、渠道和实体分销商及分销体系，从客户的便利性着手，通过电话网络、计算机互联网络、广播电视网络等多种信息网络，实现与客户的沟通及互动。这种网络化的便利渠道要针对不同客户群体的实际状况，不仅考虑网络到客户的可达性，还要遵循最低成本、最恰当的服务的原则。比如在同一住宅小区内，收入高且知识水平高的客户最适合网上银行的交易通道，而知识水平低的客户可以通过营业网点来接受服务。这种便利性网络渠道原则应贯穿于营销的售前、售中、售后全过程，处处、时时让客户感到方便。

4. **通过全面的实时沟通建立稳固的客户关系**

全面沟通取代传统的促销方式，在金融业务的网络化营销中尤为重要。全面沟通的策略要求所有的金融业务与服务都要以客户的综合调研、客户档案化管理、综合服务思路、7×24 小时服务模式、自助与互动相结合方式等作为与客户交流的基础。而网上产品及交易、呼叫中心、客户经理等服务手段要随时准备满足客户的沟通需求。

在沟通内容方面，除接受客户的委托外，还要提供客户定制功能、信息推送功能等。在营销中，要重视与客户的双向沟通，以积极的方式适应客户的情感，建立基于共同利益的新型的企业—客户关系，同时双向沟通也有利于协调矛盾，融合感情，培养忠诚的客户，而忠诚的客户既是稳固的消费者，也是金融企业业务最理想的推销者。

为了提高与客户沟通的质量和效率，金融企业除了与客户实时沟通外，还需要在其他方面拓宽网络在线沟通的范围，主要包括：（1）组织内部的实时沟通；（2）商业信息的实时沟通；（3）企业文化的沟通；（4）与其他关系主体的实时沟通。

（二）实施多渠道的整合营销策略

虽然网络营销相比传统营销具有多方面的优越性，但并不意味着网络营销可以脱离或者完全替代传统营销。事实上，由于互联网只是人们生活中的一部分内容，而且大部分人并没有上网，即使对于经常上网者来说，也还没有达到只接受互联网信息而忽略其他传统媒体信息的地步。因此，网络营销只是商业银行营销中的一部分，网络营销只有与传统营销相结合才能发挥更好的效果。

整合是网络营销传播关键之所在，整合营销包含三方面的含义：一是网络营销与传统营销的整合；二是网络营销各种手段的整合；三是产品与服务一体化整合。

网络营销与传统营销的整合，即利用传统营销的推广手段，策略性地与网络营销融合在一起，来推广网上的服务，使其发挥更大的功效。具体包括公共关系、公共宣传、广告、网络广告、营业推广等，同时向传统媒体和网络媒体发布信息是一种效果较好的推广方式。例如在报纸、杂志、电视等媒体上做广告，常见的还有路牌广告、宣传册、信函广告、组织研讨会等多种形式，也可同时采取演示光盘、FAQ、在线问答、热线电话等网络方式，比如在在线问答的页面上标示热线电话或网上预约等等，将传统渠道和网络渠道相结合。这些方式交叉使用效果会更好。

网络营销各种手段的整合，即各种网络营销手段之间的关系不是孤立的，更不是排他的。为加强网络营销的效果，可以采取多种手段齐头并进的方式，比如广告宣传可以选择电子邮件、门户广告、博客软文、网络视频等形式，将自己的品牌影响力最大化，新产品信息发布可以选择在线黄页、分类广告、论坛、博客网站、供求信息平台、行业网站等平台。还可以和其他金融企业的网站进行联合，与各金融企业的交易系统建立网站链接，综合多家金融企业的网上服务，建立综合金融服务网站。所有的工作都应与网络营销效果有关，从网站策划、网页制作、服务方式等基本环节做起，最终目标都是取得最好的宣传和推广效果。

产品与服务一体化整合，顺应未来对金融客户一体化的全面综合服务的潮流，也就是说，一个界面，少数几个账户，却拥有所有可能的金融服务。因此，要丰富网络金融的产品和价格，突破单个企业提供产品的局限性，为未来混业经营、金融业的全球性融合与兼并留下拓展空间。

传统金融企业要开展网络金融服务与营销，必须将“鼠标”与“水泥”有机地整合在一起，要学习网络公司的做法，利用现代的网络技术拓展金融服务市场与业务，改造传统服务流程。同时，尽力将各种金融服务融合到网络中，以避免将金融网站做成空洞的“花瓶”。

实践证明，传统的金融营销渠道和网络紧密结合才是最有效的。传统的金融渠道一旦拓展网络空间，往往能在客户资源、传统网点和网络技术之间找到更好的结合点，从而迅速占领市场。

（三）实施差异化营销策略

网民作为一个特殊群体，有着与传统市场客户群截然不同的特性，通常注重自我个性，各自有一些独特的、不同于他人的思想和喜好。他们头脑冷静，擅长理性分析，不会轻易受舆论左右，对众多的“轰炸式”的广告有相当强的抵抗力，并对新鲜事物有执着的追求，且不同的网民其消费心理差异很大，尤其是随着网民队伍发展壮大，这种趋势将更为明显。面对这样的新型客户群体，科学地制定差异化营销策略是网络金融营销的关键。

一方面，由于网络需要进行数据传输和交换，因此标准化不可避免，同时金融服务也要求多家机构产品具有可比性，因此，产品标准的制定将是未来的趋势。但另一方面，由于客户需要个性化的服务，网络金融产品与服务又必须做得人性化，了解客户的交易习惯和偏好，并以此为依据，主动向客户提供感兴趣的市场信息，满足不同客户的不同需要，提供给客户全程动态的服务。因此，网站专业化是网站发展的必然趋势。

金融企业要针对这些客户的不同需求和层次差异，根据自己的资信能力、市场定位，推出相应的金融产品和金融服务，尤其是使自己银行网站的金融服务内容、营销风格和运作套路与竞争者有所不同而形成差别化、排外性和独占性，目的是让客户在金融服务的共性中感受到特殊性，进而选择本企业。

1. 建立和运用客户数据库是差异化营销的基础

客户数据库在差异化营销中扮演着重要的角色，它是协助将传统型营销工具转移到差异化营销作业中的最主要的工具。与消费品、工业品生产企业相比，金融企业有着先天的优越性，因为它掌握着大量的真实的客户档案。金融企业应该不断完善客户数据库，在设置账户时适当增加一些有利于实施差异化营销的项目。通过整理和分析客户资料，如客户资金或交易量的增减、客户对金融产品或服务的不同选择、资金流动的趋势等等，及时了解客户变化了的需求，并对此作出相应的营销对策。因此，做好客户数据库的建设和维护，有利于正确选择目标市场和进行准确的市场定位。

2. 确定细分市场后的营销组合策略

价格的相对刚性和服务的相对灵活性是金融企业网络营销的特点之一。实施差异化营销就是金融企业根据细分市场客户的不同需求，提供不同的便利性服务和支持性服务，采取不同的营销组合策略，并且随着客户需求的变化不断开发和更新服务产品，为客户提供方便、舒适、快捷的服务。随着人们工作的日益繁忙和生活节奏的不断加快，为之提供迅速、规范、高质量的服务必然成为金融网络营销的趋势。金融企业应开发适应不同类型客户的服务渠道，如网上银行、电话银行、智能化服务等，不断分流前往柜台服务的客户。

3. 提供高质量服务是差异化营销的最佳切入点

只有良好的服务才能留住老顾客、争取新顾客。帕累托“2/8”营销原则表明，企业80%的利润来自20%的品牌使用者，80%的其他客户则只带来20%的利润。金融网络营销的重点就是要将这20%的顾客转变成忠实客户，而提供高质量的服务无疑是一个最佳的切入点。金融产品的创新，竞争对手很容易模仿，而以高质量服务为切入点，一旦形成了具有自己特色的服务风格，竞争者就难以在短时间内模仿成功。因为金融服务质量的提高，要以高素质的员工、先进的经营理念和优良的企业文化为基础，这些都是无形的软实力。

利用网络提供高质量的服务，要注意不能与传统方式的服务相脱离，更不能相对立。网上服务和人工服务二者可以结合起来，目前还有许多客户不熟悉互联网，偏重于选择传统人工服务方式，这样就更要处理好网上服务和人工服务的关系。要注意网络服务的及时性和网上售后服务的完善性，尽可能体现出网上服务的便捷性优势，在客户问题解决时和解决后，可以发送电子邮件与客户保持密切联系，增强客户的信任感。

4. 实施CIS①，实现金融企业形象差异化

在网络金融环境下，客户需要在虚拟空间进行金融操作，客户与网络金融服务提供者之间的信任关系将越来越重要，要求网络金融提供者的品牌具有广泛的认同度。这种品牌是信任的基础，是客户对网络金融服务质量的认可。因此，基于信誉、安全、规模、技术甚至独特的企业文化和经营方式的品牌形象策略，将是未来金融企业的重要发展方向之一。CIS是金融企业品牌的外化，使之具有与竞争者不同的可识别形象。

因此，金融企业实施CIS工程，就是通过对企业、市场、服务、理念、视觉、行为

---

① CIS（Corporate Identity System）即企业形象识别系统，是企业规模化经营而引发的企业对内对外管理行为的体现，由理念识别（Mind Identity，MI）、行为规范（Behaviour Identity，BI）和视觉设计（Visual Identity，VI）三部分组成。

等一系列整体的定位和统一，实现企业形象的差异化，加深客户对企业和产品的印象。中国工商银行在2002年整合电话银行、网上银行、手机银行等业务，推出全新的电子银行品牌“金融e通道”，就是电子银行业务准确定位、创立品牌、展现新世纪工商银行电子银行新形象的需要，也是实现与其他商业银行网上银行差异化的需要。

（四）加强网络金融风险的防范与控制

网络金融突破了时间、空间的限制，改变了传统金融企业的经营模式，使金融风险更具复杂性，对金融企业的经营管理和风险管理也提出了新的挑战。例如，中国金融认证中心一项关于网上银行用户行为特征的调查显示，网上交易的安全性能是用户选择网上金融交易时最重要的因素。例如，近年来因电脑黑客、木马病毒、诈骗短信等导致的网上银行资金被盗事件频繁发生，一些用户对网上银行的安全性更加忧虑，从而不敢或不愿尝试使用网上银行。这已经成为阻碍网上银行业务持续健康发展的主要原因。因此，加强对网络金融风险的管理成为金融机构风险防范面临的新课题。

第四节　网络银行运营与营销

一、网络银行的运营模式

银行在整个金融体系中处于核心地位，银行业的网络化是金融业网络化发展中最重要的部分。因此，本章专门展开对网络银行的运营及营销的深入叙述。而其他金融行业，如保险业、证券基金业等网络营销的内容，限于篇幅不在此详述。

对网络银行，巴塞尔委员会的定义为：“网络银行是指那些通过电子通道提供零售与小额产品和服务的银行”（BCBS，1998）。美国联邦储备委员会的定义为：“网络银行是将互联网作为其产品、服务和信息的业务渠道，并向其客户提供个人或公司业务服务的银行”（FRB，2000）。由此，可以根据网络银行和传统银行的分离程度，将网络银行分为两类。一是基于传统银行建立的网上银行业务；二是与传统银行完全分离，不设立物理网点的纯网络银行，如美国的安全第一网络银行、康普银行以及我国的微众银行及网商银行等。

随着我国第一家网络银行，即北京银行网络银行在2013年9月正式上线，我国网络银行如雨后春笋般相继出现。城市商业银行是网络银行队伍中的主力军。另外，中国建设银行、中国光大银行、中信银行、河北银行及青岛银行等网络银行的建设也在快速发展。

在国外网络银行的运营模式主要包括纯互联网银行、全球性网络银行、作为子品牌的网络银行、作为事业部的网络银行等几种。结合我国银行业发展的实际情况与特点，目前在我国的网络银行主要有四种运营模式，即“纯线上模式”“线上＋线下模式”“线上＋企业模式”“线上＋线下＋企业模式”。

“纯线上模式”，指网络银行不设立物理网点，完全凭借线上的渠道为客户提供金融服务。目前，主要包括独立的网络银行官网或从母行官网进入网络银行的登录界面，手机客户端即App，微信银行这三种方式，有的网络银行只有App或官网，大多数网络银行都拥有独立的官网及App，如重庆银行网络银行、小马Bank等。

“线上＋线下模式”，即包含由官网、App等多种电子化服务渠道构成的线上渠道，以及由网络银行实体门店包括ATM、自动存取款机（CRS）、智能银行机（VTM）、自助缴费终端等多种自助设备所形成的线下渠道。而对于实体门店，既包含设立独立的便民网络门店，如北京银行网络银行，也包含依托于母行的营业网点的形式，如渤海银行的好e通。线上与线下渠道的结合构建了立体化的服务体系，可以满足不同客户多层次、多元化的金融需求。

“线上＋企业模式”，主要是指网络银行通过与第三方企业的战略合作，利用对方企业的相关优势，主要是在客户数据获得与分析、产品的合作开发、提高金融服务的安全性与可靠性等方面，促进网络银行的快速发展。目前在我国，网络银行主要与互联网企业、基金公司、大数据公司及电信运营商合作。如北京银行网络银行与360公司，民生银行与阿里巴巴，上行快线与易方达基金，贵阳银行网络银行与九次方大数据公司，好e通与中国电信、中国联通等之间的合作。

“线上＋线下＋企业模式”，即将上述几个模式相结合，既有利用互联网的无形渠道，也有实体门店的有形渠道，同时还与其他企业有战略合作关系，如北京银行网络银行、好e通等。

资料14-2

离线商务渐成金融营销新渠道

车险渠道成功已创新了离线商务模式（O2O），即“消费者线上完成购买、线下享受服务”。O2O在车险领域已成功运行了8年，渠道占比近30%，以国内最早获得车险电销牌照的平安为例，截至2016年12月31日，“平安好车主”App绑车用户已突破1 774万，月度活跃率占据汽车后市场领域第一位。此模式完全可能在其他个人消费金融产品领域实现复制。

O2O在车险领域的成功，核心在于把线下销售团队搬到线上，从而降低销售渠道成本，让利于消费者，同时使企业将更多的精力投入提升产品服务品质中。如平安车险电销团队规模从2007年几百人迅速扩张到上万人，人均产能远高于线下团队，使万人团队达到了几万人的效果。2007年，保监会正式批准了电销渠道私家车商业险15%的费率优惠，成为渠道飞速扩张的助推剂。

与此同时，随着渠道成本的降低，更多的人性化服务被写进电销车险的产品之中。如平安率先推出的免费道路救援服务，正逐步成为整个车险行业的标配服务并保持行业领先地位。此外，如免费代驾、代验车、代办维修等人性化服务也出现在了部分区域的电销车险产品之中。

中国平安、腾讯、阿里巴巴联手宣布将推出互联网金融平台，推进金融离线商务模式扩张的步伐，并延伸至信托、理财等其他金融产品营销之中。目前，依靠大量线下销售团队拓展业务的金融产品，如信用卡、贵金属理财等产品，都具备 O2O 操作的可行性。加之银行本身推出的电子银行、手机银行就是 O2O 支付的重要环节，无形中为金融产品 O2O 提供了便利条件。

二、网络银行的主要特点

1. 简单便捷，注重用户体验

客户在传统银行的营业网点获取金融服务时，一般都会排队等候较长时间，这降低了客户对该银行服务的满意度。而网络银行利用互联网的简单快捷，简化了烦琐的操作流程，如南粤 e+宣称不超过 30 秒完成注册，使客户不需排队，也不受时间和地点的限制，因为大多数网络银行都是 7×24 小时全天候服务，客户可以随时享受高效、便利的金融服务。另外，客户不管以前是哪家银行的客户，现在只需要轻松绑定网络银行，就可以实现免费的存取汇功能，有的网络银行甚至可以利用如微信号、QQ 号等，在关联后登录，体现了网络银行相对于传统银行更加注重用户体验。

2. 定位于中小企业及年轻消费群体

与传统银行相比，网络银行在整体实力、知名度及客户数量等方面还是有很大差距，因此要想获得长远的发展，网络银行就必须找准自己的定位。目前，中小微企业及个人是传统银行比较容易忽视的一类客户，所以大多数网络银行都将目标客户定位于这类群体，利用这一利基市场，构建自身的核心竞争力。同时，由于网络银行的新颖性，部分保守的客户无法完全接受与信任，所以大多数网络银行又将个人客户定位于“新兴”人群，即易于接受新事物的互联网重度用户，而这部分人群基本上为 25～45 岁之间的年轻群体，如橙子银行的口号就是“年轻人的银行”。

3. 普惠大众，产品少而精

由于大多数网络银行没有实体门店，大大降低了运营成本，而节约下来的这部分资金都将以高存款利率、低门槛的贷款利率等方式，给客户提供更实惠的金融服务。另外，在金融产品方面，大多数网络银行都提倡“少而精”的口号，根据目标客户的特点，设计出多层次、多元化，且简单实惠、安全稳健的相关理财产品、贷款产品等，致力于为客户打造全新的“零距离”金融服务体验。

三、网络银行营销策略

网络银行营销的目的主要有：(1) 维护并传播银行形象、推销产品；(2) 提高业务效率和增进客户满意度，以提高客户对网络银行使用的黏滞性。

网络银行营销的具体策略仍然采用“4P”组合策略，但要注意发挥网络的特点与优势，而不应是传统的柜台业务模式的重复或延伸。

1. 产品策略

应扩大推广网上银行业务产品的范围，加大创新产品的推广，如招商银行创设的

"财富账户""票据通"等。另外，通过对营业网点排队时间过长的现象进行重点分析，找出可以分流到网上处理的业务产品并广泛宣传推广，引导客户通过网上银行办理业务，既可以缩短客户排队时间，又可以提高网上银行的柜台替代率，获得双赢的效果。

2. 价格策略

在定价过程中要适当地向能提高柜台替代率的业务产品倾斜，如同城、异地的转账汇款等。同时在业务管理、系统技术支持等方面要制定灵活的价格调整机制和实施方案，可采取以下形式：

（1）实施关系定价。网上银行业务的外部性使得定价策略更多考虑的是在价格和客户估价服务之间建立和传递一种明确的关系。即网上银行可以根据客户的信用情况和经营实力，争取或留住顾客，实行差别定价。

（2）捆绑式销售定价。在捆绑式销售时，可以保持网上银行的基本价格不变，降低捆绑产品或服务的价格，以达到扩大消费需求、增加网上银行收益的目的。

3. 渠道策略

实施"多渠道并举"方式。把传统营销渠道和网络渠道紧密结合起来，通过营业网点、广播、电视、报纸、互联网等多种渠道形式推广网上银行，尤其要加强网上推广，与国内知名金融财经类网站合作开办网上银行专栏，如和讯网、同花顺网、中金网、东方财富网等。选择实力强、信誉好的商业企业进行合作，避免由于对方产品质量不佳、服务不完善、配送不及时等原因给银行带来负面影响。通过合作，最大程度地共享客户资源、网络资源。

加强渠道的管理。建立定期上门回访和电话回访客户的制度，通过回访取得客户的需求；建立支行定期向分行反馈客户需求的制度。通过各种渠道获得客户对产品信息的及时反馈，收集客户对产品和促销活动的意见和建议，帮助银行找出客户的消费行为和规律，加强对网上银行的监测工作，鉴定当前提供的服务是否符合客户的需要，并及时响应每一位客户现在和未来的需要，对客户的个性化需求进行预测，设计更符合需要的产品和服务，提高客户的忠诚度和满意度，增强网上银行的竞争实力。

4. 促销策略

运用广告、人员推销、营业推广和公共关系等各种促销手段，将其有机地结合起来使用。同时把握整体营销的原则，总分行之间联动，整体配合，统一形象、统一理念进行宣传；根据市场、区域、效益等因素，结合业务发展的不同阶段，分出层次，有所侧重。注重网上银行形象和品牌的推广，宣传时强调品牌理念，强调产品与品牌的联系，让顾客一见到产品就联想到品牌，从品牌联想到一种抽象化、意念化的企业形象。在宣传内容设计上，抓住网上银行方便快捷的特点和客户要求安全的心理，突出宣传网上银行服务"更安全、更方便、更快捷"的特点，保持网上银行在公众中良好的信誉和持久竞争力。

资料 14-3

国外网络金融典型案例

BeatThatQuote.com 作为国外一个成功的网络金融创新的突出代表，其经营业务和模式都值得国内的网络金融机构参考和借鉴。它于2005年2月推出上线，网站总部设在伦敦。这是一个金融价格服务的B2C网站，其主要经营业务如表14－1所示。

表14－1　BeatThatQuote.com的主要经营业务

货币业务		保险业务			公共事业
银行业务	非银行业务	物品类保险	人身类保险	特殊保险	燃气和电力
抵押贷款	投资	汽车保险	人身保险	收入保险	宽带
信用卡	年金	房屋保险	疾病保险		家庭电话
活期账户	退休金	摩托车险			数字电视
储蓄账户		卡车险			
		宠物险			

对该表作如下说明：

第一，该网站经营业务丰富，但是债券和投资业务类型却不多，只是按照风险程度的不同分成了高、中、低风险三种投资。同时，不同的风险程度对应了不同的回报率，具体的投资则由专门的资金管理者操作，类似于基金。但其中还有一种特殊的投资方式：ISA，也是英国独特的金融产品，是一种特殊的储蓄账户。年满16岁的人持有这张ISA卡之后便可以对其进行投资，方式类似于存款，但与其他投资不同的是，投资所得的收益是免缴所得税的，并且没有投资金额和取款时间的限制。

第二，虽然该网站抵押贷款的抵押品只有不动产，但是抵押贷款业务的种类细分成了很多种，如住房抵押贷款、购买转让贷款、转抵押贷款、政府廉租房购买贷款、资本释放房产抵押贷款、商务抵押贷款。这种情况的出现可能有如下原因：住房问题是长久以来困扰英国的一个民生问题，1985年英国房价每套平均为31 000英镑，而到了2006年涨到了每套平均为18万～22万英镑。所以政府非常重视住房问题，使用了很多行政手段以及经济手段，例如推行购买转让贷款（鼓励市民住私人出租房）、政府廉租房购买贷款（鼓励市民住公租房）。同时，作为一个金融电子商务网站，该网站提供价格比较服务，最大的特点就是优惠、节省，因此网站的业务项目更贴合实际。该网站所有的业务项目都是和人们的日常生活息息相关的，这是该网站能成功吸引大量用户并拥有很高的客户忠诚度的原因。除了传统的网上银行和保险业务，该网站引入的公共事业业务更加体现了这一点。

第三，从盈利模式上来看，该网站也与一般的金融网站有很大的不同，传统的金融咨询网站靠流量、访问量和点击率来吸引广告投资，金融信息数据服务类型的网站则依赖信息、数据、客户端的服务费。BeatThatQuote.com作为价格比较金融网站，不同于其他类型，其盈利模式主要依靠佣金收入，在用户通过该网站提供的数据选择了相应公司提供的金融服务后，该公司会付给网站相应的推荐佣金。另外，在用户通过网站的推荐接受了专家顾问的服务后，网站也会从专家顾问处抽取佣金。

以往的金融服务平台包括第三方支付平台、P2P网络借贷平台、金融信息服务机构，现在，BeatThatQuote.com丰富了金融服务平台的内容。作为价格比较平台，其最大的特点就是把各类产品按照价格、利率等重要项目的大小、高低等排列，可以很直观地看到性价比的排名，方便用户做比较。第三方支付平台的出现是基于消费者对于网络支付环节的便捷和信用的需求，P2P 网络借贷平台的出现则是由于消费者对于融资便捷和高利率回报的需求，金融信息服务机构看中了用户对特定领域信息的需求，而价格比较平台则满足了用户对于快捷性、参考排名的需求。在数据量庞大的网络时代，这种平台的出现具有跨时代的意义。

资料来源：王琴，王海权．网络金融发展趋势研究．商业时代，2013（8）．

资料 14-4

余额宝“抢了银行的饭碗”?!

随着互联网的发展与普及，互联网对金融业的发展产生了深刻的影响。20 世纪 90 年代中期至今，我国商业银行的传统金融服务业务实现了用户互联网自助办理。2010 年之后，一些互联网企业，特别是掌握互联网入口的第三方机构，利用大数据、云计算和数据挖掘技术等现代信息技术，不断推出创新性的互联网金融模式产品。比如阿里巴巴公司推出的阿里小贷，是大电商企业在小微贷领域的创新；人人贷、拍拍贷等公司推出的互联网个人对个人（peer to peer）的信贷业务。互联网金融创新逐步打破了传统商业银行在金融业务多方面的垄断。2013 年 6 月，支付宝网络技术有限公司开通余额宝功能，与天弘基金公司合作，直销中国第一只互联网基金。如果你有 1 万元，通过银行活期存款，一年的利息只有 35 元，但通过余额宝，1 万元一年或许可以产生 300～400 元的收益。作为一种全新的互联网金融产品，在不足一个月的时间内，客户转入余额宝的资金规模已突破百亿元，这种爆发式增长的原因是余额宝在多方面进行了创新。

1．金融产品模式创新

互联网基金面世，推出不久就受到违规争议。支付宝公司只有第三方基金支付牌照而没有基金销售资格，因此支付宝公司不得代销基金。支付宝公司为规避监管风险，在余额宝的设计上把基金销售行为定义为直销，并严格按照直销来设计业务流程，支付宝收取提供交易平台的对价（管理费），这样就成功地规避了监管风险。证监会对余额宝在第三方支付业务与货币基金产品的组合创新上给予了肯定和支持。余额宝的另一大产品创新亮点在于将即时支付（T＋0）融入客户消费场景，在为客户提供账户增值的同时，丝毫不影响客户所有的支付体验，支付宝客户可以使用余额宝资产在淘宝网站进行实时支付或转账到他人的支付宝。

2．营销创新

余额宝在营销渠道上开创了基金公司在大电商平台直销基金的模式。目前，天弘基金是余额宝服务的唯一产品提供者，增利宝（基金账户）也是唯一与余额宝进行对接的产品。增利宝利用支付宝的渠道优势，在零推广成本下，将产品直接显现在近 8 亿的客户群体面前，独享规模近 200 亿元的市场。增利宝基金规模在短期内就突破了百亿元，默默无闻的天弘基金公司迅速成为中国规模最大的货币基金管理者，公司品牌价值得到了极大的提升。公司正是利用互联网的营销渠道优势创造了奇迹。

余额宝在营销流程上开创了互联网一站式销售模式。余额宝为了给客户提供一个极佳的购物体验，尽量转化每一个支付宝客户。天弘基金和支付宝在后台系统为余额宝提供了大量技术支持，实现了增利宝便捷的“一键开户”流程。客户将钱转入余额宝，就即时购买了增利宝，而客户如果选择将资金从余额宝转出或使用余额宝资产进行购物支付，则相当于赎回增利宝基金份额，所有流程操作即时生效，便捷流畅。

余额宝在营销策略上围绕“提升客户价值为中心”进行创新，在营销上突出强调购买增利宝资金门槛仅为1元，是所需资金门槛最低的一只基金。余额宝让客户的备付金“每1元”天天都增值，不少客户通过余额宝尝试了人生的第一次理财，享受到“大众理财”带来的魅力和增值感。余额宝细致入微地围绕“提升客户价值为中心”的创新，得到了客户的高度认同，支付宝备付金不断流向余额宝。

3. 技术应用创新

支付宝客户的备付金具有小额性和流动不定性的特点，特别是在“节日促销”期间具有流动爆发性的特点。基金公司要吸收支付宝的备付金，难点在于如何化解备付金流动性爆发而带来的风险。货币型基金虽然相当安全，但突发性大规模赎回会导致基金的流动性不足，迫使基金出售未到期的资产而发生亏损。随着信息科学技术的发展，天弘基金公司委托金证公司，利用大数据技术，锁定支付宝客户，把握客户购物支付的规律，对“大促”和节前消费等影响备付金流动的因素进行事先预测，有效地解决了备付金的流动性风险，保证了增利宝产品的低风险度。天弘基金与支付宝公司合作，通过利用大数据技术的创新，实现了增利宝流动性与收益性的高效匹配，让客户的备付金增值得到了充分保证。

余额宝的推出得到了支付宝客户的极大认可，也进一步加快了互联网对金融市场的重构步伐。商业银行应该充分重视互联网金融带来的变革，并积极主动创新，采取相应的措施适应市场的变化，在激烈的竞争中存活下来。

资料来源：邱勋．余额宝对商业银行的影响和启示．新金融，2013（9）．

本章小结

网络金融历史不长，但发展迅速，给传统金融产业带来了巨大冲击。金融网络营销的概念有双重含义，一方面是传统的金融业务的触网营销，另一方面是专为网络金融业务开展的营销活动。网络金融交易主体包括卖方、买方和第三方交易中介。网络金融营销有着不同于传统营销的特点，主要体现在四大特点上并表现为八大优势。

网络金融营销的功能主要有信息搜索、信息发布、市场商情调查、销售渠道开拓、品牌价值扩展和延伸、特色服务、客户关系管理、经济效益增值等八个方面。创建一个有效的营销网站，首先需要注意完整性，其次要遵循一定的步骤，最重要的是内容要全面。网站设计的主要内容包括：标识系统设计、导航系统设计、检索系统设计、用户体验设计。

网络营销是网络经济时代金融机构或金融企业营销战略的一个重要组成部分。制定网络金融营销战略遵循的基本原则是：服务和服从于金融企业发展的整体战略、以网络信息技术未来发展的科学预测为基础、以潜在的网络金融交易需求及服务数据为依据。

网络金融营销战略规划可细分为目标规划、技术规划、组织规划、管理规划等。通过技术、人才、客户、协同等措施，实施战略规划。从策略层面看，主要的网络金融营销策略有：更新营销观念、建立完善的金融营销体制、创建网上金融服务的品牌、整合网络营销方式、加强新产品开发、金融服务标准化和个性化的统一等等。

通过对金融行业的代表——网络银行的特点、运营模式以及“4P”营销策略的了解，可以窥见网络金融行业的状况。

重要术语和概念

网络金融　网络金融营销　第三方交易中介　主页　域名　标识系统　检索系统　战略目标　战略规划　协同战略　网络银行

复习思考题

1. 简述网络金融营销的概念及其双重含义。
2. 与传统营销模式相比，网络金融营销有什么特点与优势？
3. 什么是网络金融营销顾客决策的便利性、自主性？
4. 网络金融营销比传统营销有更强大的功能，请举例说明。
5. 网络金融营销网站主要由哪些部分组成？
6. 简要说明营销网络建设的一般步骤。
7. 营销网站的“好”域名有什么特点？登录金融企业网站，搜集实例并说明。
8. 请说明金融营销网站设计的主要内容，并登录有关金融企业网站，用实例说明。
9. 简述金融企业进行网络金融营销的战略与策略。
10. 说明网上银行（券商、保险公司等金融机构）的特点、运营模式及营销策略。

拓展阅读

1. 赵海军，等. 网络金融营销学. 北京：电子工业出版社. 2013
2. 谢平，邹传伟. 互联网金融模式研究. 金融研究，2012（12）
3. 吴晓光，等. 网络金融环境下提升商业银行竞争力探析. 金融发展研究，2011（10）
4. 冯娟娟. 互联网金融背景下商业银行竞争策略研究. 现代金融，2013（4）

第十四章实训项目

金融营销实训

图书在版编目（CIP）数据

金融营销/杨米沙主编；刘飞雨，方芳副主编. --4版. --北京：中国人民大学出版社，2022.4
新编21世纪金融学系列教材
ISBN 978-7-300-30520-2

Ⅰ.①金… Ⅱ.①杨… ②刘… ③方… Ⅲ.①金融市场-市场营销学-高等学校-教材 Ⅳ.①F830.9

中国版本图书馆CIP数据核字（2022）第054305号

新编21世纪金融学系列教材
金融营销（第四版）
主　编　杨米沙
副主编　刘飞雨　方　芳
Jinrong Yingxiao

出版发行	中国人民大学出版社		
社　　址	北京中关村大街31号	**邮政编码**	100080
电　　话	010-62511242（总编室）		010-62511770（质管部）
	010-82501766（邮购部）		010-62514148（门市部）
	010-62511173（发行公司）		010-62515275（盗版举报）
网　　址	http://www.crup.com.cn		
经　　销	新华书店		
印　　刷	天津中印联印务有限公司	**版　　次**	2011年8月第1版
开　　本	787 mm×1092 mm　1/16		2022年4月第4版
印　　张	22.5 插页1	**印　　次**	2025年6月第5次印刷
字　　数	511 000	**定　　价**	52.00元

教学支持说明

1. 教辅资源获取方式

为秉承中国人民大学出版社对教材类产品一贯的教学支持，我们将向采纳本书作为教材的教师免费提供丰富的教辅资源。您可直接到中国人民大学出版社官网的教师服务中心注册下载——http://www.crup.com.cn/Teacher。

如遇到注册、搜索等技术问题，可咨询网页右下角在线 QQ 客服，周一到周五工作时间有专人负责处理。

注册成为我社教师会员后，您可长期根据您所属的课程类别申请纸质样书、电子样书和教辅资源，自行完成免费下载。您也可登录我社官网的“教师服务中心”，我们经常举办赠送纸质样书、赠送电子样书、线上直播、资源下载、全国各专业培训及会议信息共享等网上教材进校园活动，期待您的积极参与！

2. 高校教师可加入下述学科教师 QQ 交流群，获取更多教学服务

经济类教师交流群：809471792

财政金融教师交流群：766895628

国际贸易教师交流群：162921240

税收教师交流群：119667851

3. 购书联系方式

网上书店咨询电话：010－82501766

邮购咨询电话：010－62515351

团购咨询电话：010－62513136

中国人民大学出版社经济分社

地址：北京市海淀区中关村大街甲 59 号文化大厦 1506 室　100872

电话：010－62515803　010－62516948

传真：010－62514775

E-mail:jjfs@crup.com.cn